浙江省金融学重点专业资助系列教材之一

投　资　学

——基于理论教学与生生合作项目

主　编　田剑英
副主编　张庆伟
　　　　陶海飞
　　　　徐新华

中国财政经济出版社

图书在版编目（CIP）数据

投资学/田剑英主编．—北京：中国财政经济出版社，2011.3
浙江省金融学重点专业资助系列教材　基于理论教学与生生合作项目
ISBN 978-7-5095-2741-2

Ⅰ.①投…　Ⅱ.①田…　Ⅲ.①投资学-高等学校-教材　Ⅳ.①F830.59

中国版本图书馆CIP数据核字（2011）第016917号

责任编辑：刘五书　　　　责任校对：胡永立
封面设计：郁　佳　　　　版式设计：董生萍

中国财政经济出版社出版
URL：http：//www.cfeph.cn
E-mail：cfeph@cfeph.cn

社址：北京市海淀区阜成路甲28号　邮政编码：100142
发行处电话：88190406　财经书店电话：64033436
北京富生印刷厂印刷　各地新华书店经销
787×960毫米　16开　28.75印张　453 000字
2011年3月第1版　2011年3月北京第1次印刷
印数：1-3 000　定价：42.00元
ISBN 978-7-5095-2741-2/F·2332
（图书出现印装问题，本社负责调换）
本社质量投诉电话：010-88190744

前 言

随着近20年来金融市场全球化程度的进一步加深，大量新型证券衍生产品得以产生，计算机技术的发展创造了新的交易方式，学术交流促进了投资理论的飞速发展，这些发展变化在短期内给投资领域的从业人员和授课教师带来了机遇和挑战。目前投资学课程的基本思路是，以金融产品投资或证券投资或衍生品虚拟资本为研究对象，掌握有价证券的发行、交易、选择、定价、组织管理及其市场运行规律等知识，为广大投资者提供具体而科学的方法和基本技巧。所以，探讨投资学如何不断适应这种变化需求的教学范式，必将有助于促进教学改革，为21世纪我国投资学课程的发展服务。教育部2001年“4号文件”、2005年“1号文件”和2007年的“1号文件”都强调了推动高等学校以提高人才培养质量为重点的教育教学改革，要求各高校应坚持用最新的科学文化成果教育学生，融传授知识、培养能力和提高素质为一体，促使学生广泛参与科研和社会实践，加大对学生创新精神与实践能力的培养力度，促进整个高等教育质量的提高。这种以能力型教育到素质型教育的转变，都要求投资学教育思想和观念的变革与更新。

本书的知识结构表现在证券市场结构、资本市场理论、资本资产定价、固定收益证券和衍生金融产品创新等几方面，具有内在的逻辑关系，并呈现出递进关系。投资学重点是介绍金融市场有关的基本原理和基本理论，如投资理论分析、收益与风险分析、投资决策等方面。目前，投资学已经成为高等院校经济和管理类专业普遍设置的课程。早在1999年，中国证券市场刚刚起步的时候，我们就开设了投资学课程，并编写了讲义。十多年来，国内外证券市场发生了深刻的变化，同时，经过十年来的教学实践，我们积累了比较丰富的经验。基于以上考虑，我们在原有教材的基础上，从内容到编排上都作了重大的改进和补充，这就是呈现在您面前的这本《投资学》教材。

本书主要阐述投资学的基本原理以及资本市场理论，兼顾无风险收益分析。本书共分五部分：第一部分为证券市场结构，主要介绍投资的概念、特点、种类、投资与投机的关系、影响投资的经济因素。以我国证券市场为研究对象，围绕一级市场（发行市场）、二级市场（交易市场）的交易规则、股票指数等，主要介绍证券投资的背景、证券及其衍生品、证券发行与流通市场、证券机构、投资公司的组织构架与运作机制等。第二部分为现代投资理论篇，主要介绍有效资本市场假说、证券投资组合理论。第三部分为资产定价与金融决策，主要介绍资本资产定价模型和套利定价模型等。第四部分介绍固定收益证券，包括我国债券发展进程、债券的种类、价值分析（附息券和折现券）、收益分析（到期收益、复收益和兑回收益等）、利率风险（久期）和信用风险（评级）、免疫等。第五部分介绍衍生金融市场与行为金融，包括我国衍生金融市场的发展进程、期货的种类（主要以中国证券监督管理委员会（以下简称中国证监会）批准的品种为主）、期货的原理、期货的作用；期权的特征、原理和作用；其他金融市场的创新等等。本教材运用国际比较、数理推演、实证分析等先进方法，以科学的体系、丰富的内容，全面、系统地归纳了现代投资的基本框架、结构体系、要点提示和学习指导。通过知识拓展模块，突出阐释了现代投资理论及实践的最新发展及其趋势，注重教材基础性与学科前瞻性的结合。典型案例的分析及恰到好处的提示，生生合作项目能力训练模块的设计，赋予其生动教学启迪思维的实效。课后编有大量习题，并附有详细答案，供学生练习以检验对知识的掌握深度和灵活运用的程度。

本书既吸收了西方投资学的理论精要，同时又努力联系中国证券市场的实际情况，引用中国证券市场的素材和数据，尽量使内容适合中国国情，具有时代感和现实感。本书引用的资料力求最新。

本书内容丰富、覆盖面广、材料翔实，对证券基础知识有全面的阐述。证券市场分析和现代投资理论部分逻辑严密，具有一定的深度，要求读者具备一定的高等数学和数理统计的基础。本书既可作为金融学专业本科生的教材，又可以作为经济类和管理类其他专业的教材。任课教师可以根据不同层次学生的要求，选取其中的主要章节讲授。本书中的资料有一定的保留和参考价值。

全书共分十章。本书主编为田剑英，副主编为张庆伟、陶海飞、徐新华。编写者为田剑英（第一、三、十章）、张庆伟（第六、七、八章）、陶海飞（第四、五章）、徐新华（第二、九章）。

在本书的编写过程中，参考了大量国内外同行的著作和文献，引用的案例和对其他同类书刊、互联网资料的参考在页下或参考文献中做了相应的注释，在此向诸位作者表示敬意和感谢！

由于时间仓促，对本书的疏漏和不当之处，希望业内专家、专业教师和广大读者不吝赐教，我们将不胜感激！

作 者
2010 年 12 月
于宁波市浙江万里学院商学院

教材使用说明

一、《投资学》教材编写的出发点

《投资学》以金融投资或证券投资或衍生品虚拟资本为研究对象，对有价证券的发行、交易、选择、定价、组织管理及其市场运行规律等进行研究，是现代金融学的核心课程。它的知识结构表现在证券市场结构、资本市场理论、资本资产定价、固定收益证券和衍生金融产品创新等几方面，具有内在的逻辑关系，并呈现出递进关系。投资学重点是介绍金融市场有关的基本原理和基本理论，如投资理论分析、收益与风险分析、投资决策等方面投资理论。目前，投资学已经成为国内外高等院校经济和管理类专业普遍设置的课程。

国外教材，如（美）兹维·博迪、亚历克斯·凯恩、艾伦·J. 马库斯著的《投资学》（机械工业出版社出版）和威廉·夏普《投资学》等，是美国最好的商学院和管理学院的首选教材，在世界各国都有很大的影响，并被广泛使用，适用于我国“853”工程、“211”工程院校金融专业高年级本科生、研究生及MBA学生。其特点是书本较厚，书中例子均为美国证券市场数据和事件，内容涉及面较广。

国内教材，如21世纪高等学校金融学系列教材《投资学》（张元萍主编，中国金融出版社2007年版），适用于高校硕士和博士研究生使用。其他《投资学》教材版本也很多，但内容和侧重点都有所区别，如《投资学》（张仲敏、钱从龙主编，东北财经大学出版社2000年版）作为工商管理、会计学、营销学专业课程体系中的一门课程的专业选修教材；《投资学》（朱宝宪主编，清华大学出版社）、《投资学》（刘红忠，高等教育出版社所出版的教材）、《投资学》（张中华，中国统计出版社2001年版）、金德环的

《投资学》教材等等，多为国内一本院校本科生使用。一些高等学校或者与经济相关的中等专业学校使用的《投资学》教材，多类似于专业的西方经济学理论，如《投资学导论》（谢进城等主编，中国财政经济出版社2002年版）。

师生互动是当代教学的改革要求，合作教学是大学课程的发展趋势。而将“互动”与“合作”融合起来，形成一种新的教学新模式，有助于教学目标从“应试教育”向“素质教育”转型，有利于教师角色从“知识传授者”向“学习指导者”转变，有益于学生认知体系的自我生成，进而提高大学教学的教育质量，促进大学生身心和谐与全面发展。生生合作是学生的知识自我生成和建构的基础。学生通过自我认知、自我评价、自我调控、自主行动等方式，在教学组织的开放互动过程中向其他同学展示自我，达到不断调整自己的行为、观念的目的。

在整个投资学课程教学中，要求学生建立生生合作项目的学习小组，选择具体的研究项目，随着项目阶段性任务的展开，教师进行理论精讲，指导学生小组进行案例设计和项目合作研究，除了课堂教学，学生需要进行大量的自主学习，小组合作逐步完成每阶段的调研任务。生生互动的过程总是合作与竞争形式相伴并存，所以我们在《投资学》教学过程中，为了让学生掌握投资学的某项技能，允许学生看书自学、看投资学有关的录像、小组讨论、到券商那里调研或到实验基地操作实践，使其自主地完成学习过程，培养自我学习、独立工作的精神。本课程还注重培养学生的自学能力，如在教学过程中将教学目标与学生学习的兴趣结合起来、以多样化的教学方式来深化教学效果、教学中给学生提供环境支持、开辟金融相关学科体系的网站等。

二、《投资学》教材编写的特点

接下来具体描述《投资学》课程“基于理论教学与生生合作项目”的合作性学习开展的程序和方法，仅供同行参考。

（一）根据《投资学》课程的知识模块，设计生生合作项目所要达到的目标

改革教学内容和课程体系，要考虑知识的完整性和系统性，需要补充大量的现代科技、文化发展的新情况、新知识，但不宜过分追求系统性和完整性，在教学过程中要给学生留下思维的空间和余地，按照合作式教学的思想

和观念，在体系上有所突破和创新，图0－1、表0－1、表0－2就是根据《投资学》的知识结构特点，设计的生生合作互动的教学思路。

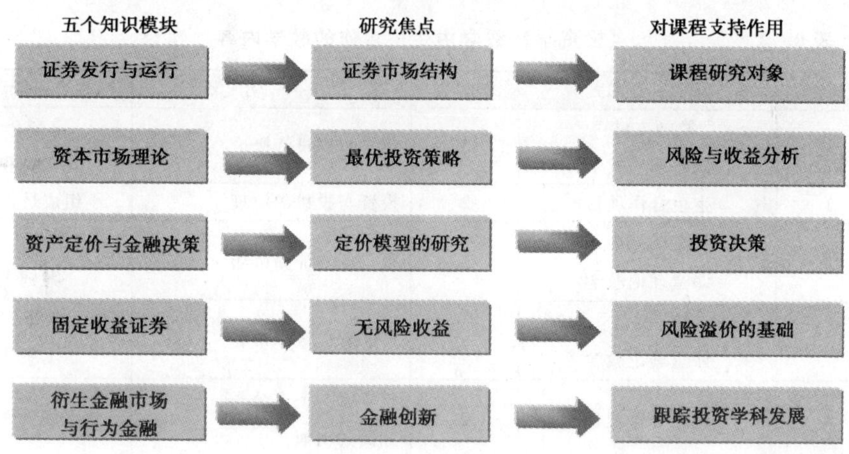

图0－1 《投资学》课程的五个知识模块

表0－1 《投资学》教学中生生合作互动的设计

生生互动教学的内容	相关的教学任务	合作的课堂教学情境	合作的效果	生生合作教学原理
课程内容相关案例教学	课程的知识点	师生间进行着积极的互动	深化对课程的理解	内互动，学生不断将同伴的论点、解决问题的策略等内化
个人资产组合设计	资本市场理论；收益与风险分析	四人组成一个项目小组，针对具体项目问题进行探讨	在项目拉动下，达到专业课程学以致用的效果	表征性互动，即知识、能力具有优势的学生代表了教师的角色，互动小组实际上成为课堂教学的缩影
股票定价与估价	资本资产定价与金融决策	学生的互动学习、个别化的学习行为并存	学会股票的估价与价值分析	竞争性的生生互动
衍生金融与行为金融	最优投资策略和金融创新	学生间的合作、帮助行为出现的比率大大增加	拓宽学生本课程的知识面	有效性互动，即生生之间积极参与学习过程，平等对话

注：表中内容是我们多年投资学教学所设计。

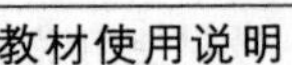

（二）针对《投资学》课程的教学内容，明确理论教学和生生合作项目的章节（表0－2）

表0－2　《投资学》教学中生生合作的教学内容

周次	课堂组织形式	学时数	内　容	学习要求及评价
1	教师主讲：课堂理论教学	3	第1章　投资概论	掌握；课堂提问
2	生生合作项目	2	投资与投机的原理	小组成员评价
2	教师主讲：课堂理论教学	1	第2章　证券市场	掌握；案例
3	教师主讲：课堂理论教学	3	第3章　效率市场	掌握；案例
4	生生合作项目	2	投资者、上市公司、券商的功能	小组成员评价
4	教师主讲：课堂理论教学	1	第3章　效率市场	了解；案例
5	教师主讲：课堂理论教学	3	第4章 资产组合理论	了解；习题
6	生生合作项目	2	投资行为与信息不透明	小组成员评价
6	教师主讲：课堂理论教学	1	第4章　资产组合理论	掌握；习题
7	生生合作项目	1	投资组合收益率与风险之间的匹配关系	小组成员评价
7	教师主讲：课堂理论教学	2	第5章　资本资产定价模型	掌握；习题
8	教师主讲：课堂理论教学	1	第5章　资本资产定价模型	掌握；习题
8	生生合作项目	2	证券的实际资产价格	小组成员评价
9	教师主讲：课堂理论教学	3	第6章　套利定价理论	掌握；习题
9	生生合作项目	2	套利行为及其机会	小组成员评价
10	教师主讲：课堂理论教学	3	第7章　债券	掌握；习题
11	生生合作项目	2	收益率曲线分析	小组成员评价

续表

周次	课堂组织形式	学时数	内 容	学习要求及评价
12	教师主讲：课堂理论教学	3	第 8 章 衍生金融工具导论	了解；案例
13	生生合作项目	2	利用衍生产品进行风险管理专题案例分析	小组成员评价
13	教师主讲：课堂理论教学	1	第 9 章 投资公司	了解；案例
14	生生合作项目	2	投资公司的模拟	小组成员评价
15	教师主讲：课堂理论教学	4	第 10 章 行为金融与投资	掌握；习题
16	生生合作项目	2	行为金融的文献综述	小组成员评价

注：表中内容是我们多年来投资学教学的内容。

（三）采用“教师课堂理论主讲，生生合作项目”的教学组织形式

投资学课程教学在项目拉动下，通过在小组合作性活动中的生生合作教学，学生之间倾听他人的意见，相互讨论材料，通过小组成员间认知、情感等方面的积极互动，最终实现全体学生的整体进步，达到通过专业课程学习学以致用的效果。本课程改变以往由教师单纯进行理论讲授的教学方式，将一个大班分成 n 个小组，要求每个讨论班的学生以不同能力、性别、文化、背景和任务的学生混合搭建生生合作小组，形成 4 人左右的合作小组；小组组成要本着互补原则，尽可能做到男女生搭配，不同寝室、不同性格和不同能力取向的学生搭配，并选出小组长。小组组长为组内成员分配角色，比如项目设计负责人、数据分析与资料收集负责人、报告撰写负责人、图表及 PPT 制作负责人、小组汇报负责人等。

（四）密切课程案例的小型项目，设计生生合作教学的情境

在教学实践中，从现实或实践中“抽取”推动教学的项目，教学内容围绕项目研究过程进行重新组织和拓展，之后伴随教学过程的进展，金融市场中需要解决的业务问题被不断提出，从而进行该课程学习的意义就不断被揭示出来。金融学专业课程的教学在项目推动下，《投资学》专业课程学习追求的学以致用的效果已经不断凸显出来。“案例式”的小型项目不是直接来自实际的项目，而是经过对问题或数据抽象后的具有典型性的金融市场重大事件和违规违法案例，以体系化的独立作业的形式出现，通过能力测试、

模块设计、情境认知、角色互动逐渐增强学生的学习积极性。

（五）加强生生合作的学习条件建设

在“基于理论教学与生生合作项目”模式下，学生是学习的主体。通过开展合作性学习，使学生从被动的“受”转化为主动的探究，发挥其学习的主动性、积极性和创造性。要实现这一转变，必须为学生课后的学习创造足够的教学辅助设施和条件，使学生有条件自主学习、有准备地参与课堂讨论和训练。因此，需要学校图书馆配备丰富的课程学习资料，课程组教师要开发适宜的教学案例、生生合作学习指导书，建设课程教学网站，搭建师生交流平台，为学生开展生生合作项目学习提供重要的条件保证。

（六）生生合作中自我评价交流和定期地评价相结合的形成性评价

生生合作的课堂教学中，必须创设情境，全面客观、适时、及时地让学生主动参与评价交流，从而激发学生学习的情感，促使学生积极主动投入到各项学习活动中。学生在自我评价交流中，教师要善于引导学生对自己在解决问题过程中的成功之处和不足之点进行自我评价。这样的自我评价，促使学生信息互补，形成自我反思、自我总结、自我发展、自我完善的学习过程。合作性学习小组必须定期地评价小组成员的活动情况，以保持小组活动的有效性。评价是小组合作学习不可缺少的一环，特别是学生之间的评价交流，有利于促进学生发展。可借鉴诺丁汉大学等国外大学的做法，规定时间提交作业，加大作业等平时项目在课程评价中的比重，强调过程考核。

三、本书导读

教师开始本章上课后，先告诉学生本章学习内容（或目标），重点与难点，让学生心中有数，这是第一步。第二步，通过引导案例，实行启发式教学，让学生从通俗易懂的案例中，领悟教师讲授的知识点的内涵。本书在每章字里行间配有与本书内容相关的小资料、小案例、国际视野、小组讨论、名人名家的话语等，浅显易懂，编写手法生动活泼，让学生轻松阅读。

每章后面配有小结，便于理解、总结学习内容。知识扩展，是补充本书学习的资料。课后思考，即课后的习题、案例等，以深化学生对本书的理解。

每章后面专有生生合作项目的情境设计。生生合作的主要思路是：第一步，选定项目（或提出问题，或案例）；第二步，生生合作的情境设计（各位同学如何进行角色定位）；第三步，生生合作的过程与任务完成；第四步，总结与评价。关键是第二步，如何设计一个情境（即模拟场景）。

每章后面配备了相应的知识扩展的阅读材料、思考与练习、阅读书目和自测题，这些材料有助于丰富学生对《投资学》课程的理解。有些问题可以在书中直接找到答案，有些则需要结合相关的理论知识分析解决。

具体可用表0－3说明本书每章的结构。

表0－3　　本书每章的学习程序与结构

【本章教学要求】包括教学要求、教学重点、教学难点
【引导案例】所选案例有代表性，注明出处，配备若干个思考题
【正文】书的理论部分，夹叙名人名言、小案例、小资料等
【本章小结】
【知识扩展】作为教学内容的延伸，是与本章内容联系密切的观点解读、前瞻性问题等
【本章阅读书目】
【生生合作项目】
【思考与练习】包括简单、选择、计算、论述等

目　录

第1章 投资概论

【本章教学要求】

本章主要讲授投资学的基本问题、投资学的产生发展及其理论体系。通过这一章的学习，学生应当了解投资的基本概念，包括投资学的发展，投资学的基本含义等，初步掌握金融市场上的投资分析技能。

【教学重点与难点】

教学重点：投资的基本概念和决策分析方法。

教学难点：投资与投机的联系与区别。

【引导案例】

郁金香狂热

有史以来，投机的繁荣和衰败闹剧就一直上演着，最早如追逐圣杯的闹剧。圣杯据说是用圣贤的遗骨和独角鲸的角（实际上是独角鲸的长牙）制成，供国王们使用的可以中和毒药的高脚酒杯。但是，在欧洲第一宗有大量文字记载的案例当属17世纪初期发生于荷兰的狂潮，史称“郁金香狂热”。在其高峰时期，家庭的财富被葬送在一只植物球茎上。这可以作为包括我们的时代中所发生的投机狂潮在内的巨大投机狂热的缩影，一个警戒世人的绝好例证。

郁金香的名字起源于土耳其语，意为“缠头巾”花。在16世纪中期，游经土耳其的旅行家们被这种花的美丽所打动，并把它带回维也纳。很快它引起了广泛注意，几年之内开始在德国种植，接着是比利时，然后是荷兰。在16世纪70年代后期，它传播到英格兰，这种新颖的花卉在宫廷内流行。这是涉及一些新鲜、有趣、有价值的东西，公众兴趣理所当然地集中到它身上。就这样，郁金香变成了投机兴趣的典型标的。在17世纪初的法国，郁金香非常盛行，可以发现后来狂热的早期踪迹。

人工栽培的郁金香偶尔会发生引人注目的变异，这种变异更增加了对郁金香的投机兴趣。种植者会急切地巡视自己的花圃，搜寻这样一种“变迁”。“整形”过的花朵如果漂亮，就可以期待愿意出高价的买家。买家用这样的花培育下一代花卉，再以高价出售，就像今天赛马大会的得胜者把赛马用做繁殖的雄亲，可以从种马场赚到一大笔钱一样。

茎基发黄（称做“污底”）或形状难看会被淘汰，完美的花朵成为“花种”。

在17世纪20年代初，对于郁金香及其变异的热忱登陆荷兰，最罕见的物种可以卖到几千弗洛林（英国一种银币，值2英镑，于1971年停用）。逐渐地这种狂热从一小部分人传播扩散到整个荷兰社会。很快，几乎所有的家庭都建起了自己的郁金香花圃，几乎布满了荷兰每一寸可以利用的土地。

起先，交易发生在冬季。投机者可能会带着一些样品和一定量的球茎来到聚集着郁金香交易者的旅馆。在那里，他可以用五百弗洛林买来的“德隆普大将”外加二百弗洛林现金交换到“博尔元帅”，寄希望于一周内再以一千弗洛林出手。到1634年，从苦力到贵族，每个社会阶层都屈从于这种热忱。很快，交易全年都在进行，安排于第二年春天交货。我们现在所说的“看涨”和“看跌”期权在那时被创造出来并广泛交易。通常，投机者并无意实际上要求拥有他们所买进的东西，他们更希望很快地将他的合同以赢利的价格再出售给他后手的热衷者。这被称做买空卖空。

郁金香在17世纪遇到了比今天的商品期货更多的问题。因为合同背后没有会员公司支持，而且，如果谁最后真的要在数月之后接收一个特定球茎的交割，也不能确保他已经得到了合同所规定的标的，还要等到它真的开花以后。为了规范这一活动，荷兰颁布了新的法律，设置了郁金香的特别公证人，指定了进行郁金香交易的固定场所。

当狂热升级时，其他经济活动放慢了。郁金香的价格令人目眩地向上升，不动产被抵押来保证它们的主人可以获得参加投机郁金香价格继续上涨的权利。新的买方力量推动价格更多地上涨。一颗“总督”球茎可以卖四条牛、八头猪、十二只羊、四车黑麦或两车小麦、两桶白酒或四桶啤酒两桶黄油和半吨干酪，外加大量家具。在蓝色本色上有红白条纹的“奥古斯都”的售价是两倍于上述价值的现金外加马匹齐全的马车一辆。荷兰人开始相信，不光荷兰的其他投机者，其他外国投机者也会愿意接受永远上升的价格。实际上，此前在法国，一只稀有的球茎就被用做一件珍贵的宝石。

一个故事可以说明那个时代的氛围和人们的心情。当所有的荷兰家庭都已潜心养植郁金香的时候，海牙有一个鞋匠，在一小块种植园地上最终培育出了一种黑色的郁金香。一伙来自海尔勒姆的种植者拜访了他，说服他把花卖给他们。鞋匠以1500弗洛林的价格把宝贝卖给他们，买家中的一个人立即把黑色郁金香摔到地上，又用脚碾踩，直到它变成一滩烂泥。鞋匠惊呆了。买家们解释说，他们也培育出一只黑色郁金香，毁掉这只，他们自己的花就是独一无二的了。他们情愿付出一切代价，如果有必要，一万弗洛林也在所不惜。心碎的鞋匠郁郁寡欢，据说不久便因懊恼过度而过世。

价格不可能高到天上，物极必反。报应终于来了。当疯狂的价格最后坍塌时，荷兰的整个经济生活都崩溃了。债务诉讼多不胜数，法庭已经无力审理了。很多大家族衰败了，有名的老字号倒闭了。许多年后，荷兰的经济才得以恢复。郁金香的狂热灼伤了荷兰人的心灵，之后的几个世纪里再没有类

似的事件发生。

（资料来源：股票入门，http：//www. stockcl. com/gushifengyun/5100. html）

案例思考

1. 在17世纪的荷兰，郁金香是一种十分危险的东西。1637年的早些时候，当郁金香依旧在地里生长的时候，价格已经上涨了几百倍甚至几千倍。一棵郁金香可能是二十个熟练工人一个月的收入总和。郁金香的故事说明了什么？

2. 郁金香事件在一个市场已经明显失灵的交换体系下，政府到底应该承担起怎样的角色？

1.1 投资的概念与分类

1.1.1 投资的含义

投资（Investment）这个词在当今社会经济活动中使用的频率越来越高，使用的范围也越来越广泛。一般意义上来说，投资是人类生存和发展过程中一种主要的行为方式，即人类为了组织社会生产和再生产，就要不断地将有限的社会资源加以分配，以获取更多的财富。然而，人类在不同的社会经济形态和历史阶段，对投资的认识和理解并不完全相同。

“投资”一词的出现至少有200年左右的历史，近现代的经济学名著几乎都涉及这一范畴，特别是20世纪以来，中外学者对其解释多不胜数，见仁见智，众说纷纭。

经济学意义上的投资即生产资本、资产的形成或增加。马克思在《资本论》中反反复复提到“投资”一词：“投资，即货币转化为生产资本。”显然，马克思所说的投资主要是指G—W，即货币转化为生产资本或其他生产要素。这里的生产资本主要是指实物资本，包括固定资本和流动资本。《资本论》中的“投资”，在不少地方也是作动词用，即将“货币”、“价值”或“资本”投入生产或流通领域的过程。

凯恩斯在其最有影响的著作《就业、利息和货币通论》[①] 中指出：“所谓本期投资，一定等于资本设备（出于本期生产活动）在本期中之价值增益”。“净投资，换言之，即资本设备之价值之净增益”。“我们对购买房产，购买机器或购买一批制成品或半成品，都一样称为投资。一般来说，所谓新投资（以别于再投资），是指从所得之中，购买一件资本资产”。“投资之意义，既包括一切资本设备之增益，不论所增者是固定资本、运用资本或流动资本”。

现代意义上的投资，除了有形资产即固定资产与流动资产的投资外，还包括人力资本等无形资产的投资。约翰·伊特韦尔等人主编的《新帕尔格雷夫经济学大辞典》对“投资”一词作了较为详尽的描述：“投资就是资本形成——获得或创造用于生产的资源。资本主义经济中非常注重在有形资本——建筑、设备和存货方面的企业投资。但是政府、非营利公共团体、家庭也进行投资，它不但包括有形资本，而且包括人力资本和无形资本的获得。原则上，投资还应包括土地改良或自然资源的开发，而相应地，生产度量除包括生产出来用于出售的产品和劳务外，还应包括非市场性产出。”[②]

保罗·萨缪尔森（Paul A. Samuelson）在《经济学》[③] 一书中写道：“投资的意义总是实际的资本形成——增加存货的生产，或新工厂、房屋或工具的生产……只有当物质资本形成产生时，才有投资。”“对于经济学者而言，投资的意义总是实际的资本形成——增加存货的生产，或新工厂、房屋和工具的生产。对于一般人而言，投资的意义仅仅是购买几张通用汽车公司的股票，购买街角的地基或开立储蓄存款的户头。”

《简明不列颠百科全书》第七卷中写道：“投资指在一定时期内期望在未来能产生收益而将收入变换为资产的过程。”

---

① 凯恩斯：《就业、利息和货币通论》，商务印书馆1996年版，第56页。

② 约翰·伊特韦尔等：《新帕尔格雷夫经济学大辞典》，经济科学出版社1992年版，第263页。

③ 保罗·萨缪尔森：《经济学》，商务印书馆1988年版，第263页。

而威兼·夏普（William Sharpe）在《投资学》（第5版）一书中是这样定义的："投资就是为获得可能的不确定的未来值而作出的确定的现值牺牲。"

在我国，对于投资的含义，随着社会主义经济体制的演化，在认识上也有所不同。

20世纪80年代以前，对投资的理解是："在社会主义制度下，一般是指固定资产投资"（《辞海》）。这种观点是因袭前苏联而来的，是高度集中的计划经济体制下的产物。因此，在计划经济体制的制约下，新中国成立至20世纪80年代后期，我国的投资理论实际上就是固定资产投资的理论。20世纪80年代后期至今，我国社会主义市场经济体制逐步形成，投资被赋予新的含义和新的实践内容。在我国，投资已成为一种比固定资产投资含义更广更深的经济行为。由周道炯主编的《当代中国经济大辞典》认为："投资，是指一定经济主体（法人和自然人）为形成资产而投入资金（资本）或经济要素以获得收益的经济活动。这里的经济主体是指形形色色的法人和自然人；在商品经济社会中表现为公司、企业、集团、事业单位、政府、资本家、地产商、家庭个人及外国厂商等。"①

上述观点的共同之处在于都是强调一定数量的货币、资本及实物的投入，而带来新的实际生产要素的扩大和未来收益的增加。投资（Investment）是为取得未来的资产使用权而转让现在的资产使用权，这些用于投资的资产可能是来源于自有、借款、储蓄或未来消费。投资者希望通过投资增加他们的财富来满足未来的消费。财富（wealth）是现时收入和所有未来收入的现值之和，可以是现金、证券和实物。所有能储存的财富叫做资产。投资学（Investments）涉及分析和管理投资者的财富，就是研究投资的过程（Investment process）。

实际上，投资的含义究竟如何，或者说，怎样对投资下一个准确的定义，东西方学者存在很大的差别。即使西方学者对投资概念的界定，不同的经济流派也有不同的表述。我国过去将投资的含义，限定在固定资产投资范围。西方从事投资学研究的学者，虽然认为广义的投资含义，也包括进行基本建设的直接投资，但投资一词，主要指金融投资，特别是指通过金融市场进行的证券投资。

---

① 周道炯主编：《当代中国经济大辞典》，中国经济出版社1993年版，第1页。

1.1.2 投资方式的分类

投资方式可作较细的分类如图1-1所示。

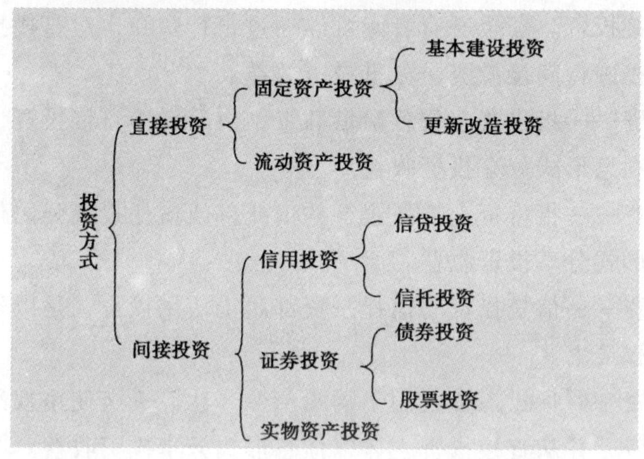

图1-1 投资方式示意图

间接投资最终是为了转化为直接投资。下面介绍各种投资方式的含义。

固定资产投资——指投入资金运用购置和建造固定资产。固定资产是指在社会再生产过程中，能够在较长时期（通常在一年以上）为生产、生活等方面服务的物质资料。固定资产按其经济用途，可分为生产性固定资产和非生产性固定资产两大类。

基本建设投资——指投入资金运用于建筑、购置和安装固定资产的活动，以及与此相联系的其他工作，其范围包括通过新建、扩建、改建、恢复、迁建等形式实现的固定资产再生产的投资。

更新改造投资——指投入资金运用于原有固定资产的更新和技术改造，也是实现固定资产再生产的重要形式。

流动资金投资——指投入资金运用于增加流动资产，以满足生产和经营中周转的需要。在任何时候，流动资金都是以货币计量的流动基金（生产储备资金、生产资金）和流通基金（成品资金、货币资金）的总和。铸币、黄金和外汇储备属于国民经济中的流通基金。流动资金的数量同生产和经营的规模成正比，同流动资金的周转速度成反比。流动资金投资是对国民经济中原有流动资金的增加，应以在加速周转的条件下满足生产和经营需要为原

则。

投资主体进行直接投资的资金，并不一定是自己所有的，而是可以通过银行中介进行直接融资的。向资金所有者直接融资，从而取得资金的所有权，进行直接投资。资金所有者则可以通过银行中介，对直接投资的主体让渡资金使用权进行间接投资，分享投资效益。

信贷投资——指将资金贷款给借款者，由后者作直接投资，前者从直接投资主体以利息形式分享投资收益。

信托投资——指将资金委托银行的信托部或信托投资公司代为投资，并以信托受益形式分享投资收益。

信用投资——信贷投资和信托投资都属于信用投资，是以资金换得借据或信托受益权证书。

债券投资——指投入资金用于购买债券，让渡资金使用权给债券发行者进行直接投资，并从直接投资主体以债息形式分享投资收益。

股票投资——指投入资金用于购买股票，让渡资金使用权给股票发行者（股份公司）进行投资，并从股份公司以红利形式分享投资收益。

证券投资——债券和股票都是有价证券，对发行证券的公司而言，都属于直接融资的工具。购买债券、股票都称为证券投资。

实物资产投资——它是一类特殊的投资方式，西方投资学将其纳入间接投资范畴，尽管其投资的内容及性质与上述几种投资方式有较大的差异。它包括购买房地产、贵金属、首饰、宝石、古董、邮票、各种名贵艺术品等有形资产的投资，其目的是为了保值和增值。这种实物投资要求投资者必须了解或熟悉所投资领域的专门知识，如购买名贵艺术品，则必须具备相应的鉴赏能力。

明确了投资方式的分类之后，有必要进一步阐明间接投资（这里的含义排除实物资产投资）与直接投资之间的关系。就投资的性质而言，间接投资是将货币资金转化为金融资产，并没有实现为社会的实物资产，所以并不引起社会总需求的增加。然而，间接投资的归宿是直接投资，金融资产只有转化为资本存量即固定资产总量时，才成为直接投资，才引起社会总需求的增加。所以，计算社会固定资产总投资时，应以直接投资总量为根据，不能把间接投资计算在内，以免造成重复计算。

综合以上所述，投资概念包括内涵和外延两部分。在内涵上，投资既是指为获得预期收益的一定量货币、资金，也是指这种预期的实现过程。在外延上，投资既是指固定资产投资及实际资本的形成，同时又是指金融资产投资及虚拟资本的运动。而且，投资在外延上一般有广狭之分。广义的投资包容了直接投资、间接投资等，既包括经济意义上的投资，也包括金融意义上的投资。现代投资学意义上狭义的投资仅仅指金融投资（Financial Investment），其主要内容是证券投资（Securities Investment）。因此，本书的内容将围绕金融投资的理论及实务问题而展开。

1.2 投资的要素

1.2.1　投资者的目标

投资者的目标是什么？可能各人的回答不尽相同。有人将投资的目标仅仅看做是取得最大的利润或回报，那就将投资的目标看得过于简单化了。应该看到，投资必然涉及一定的风险，换句话说，投资可能得不到回报，甚至有一定的损失。投资完全有可能出现这样的后果。因此，期望将风险控制在一定的限度内，是投资的一个重要因素。也就是说，投资获利的主要约束是使风险最小化，这称做为避险心理。可以这么假设：若面临两种证券作投资选择，其预期收益相同，但风险有别，那么，一个理智的投资者将选择风险最小的证券；如果两种证券风险程度相同，理智的投资者将选择预期收益大的证券。因此，投资要在两个重要的目标之间加以权衡：使利润最大或者使风险最小。

1.2.2　持有期

投资是一个行为过程。从投入到获得报酬，要经过一定的时间。人们作证券投资，购买股票或债券，心理上有一个未来的到期日，即兑现日。从购买日到最终兑现日的时间长度称做持有期。购买金融资产的持有期结果很短，那么，不是真正意义上的投资，只能称为投机，甚至是赌博。

赌博和投机之间、投机和投资之间的持有期很难作一个精确的划分。美国国家税务局（The Internal Revenue Service）对长期资本所得征收所得税的税率给予优惠。这里，长期资本所得指的是一年以上拥有资产的增值。我国证券市场是个新兴的发展中的市场，规范化程度不高，市场具有较强的投机性。这样的背景下，长期投资还没有成为股票市场的主流，投资者购买股票的平均持有期比西方成熟股市投资者的平均持有期要短得多。

1.2.3 持有期回报

投资是为了获得未来报酬而采取的一种经济行为，收益即投资所取得的报酬。为了衡量投资者在一定持有期内的收益，我们定义了持有期回报（Holding Period Return，简记为 HPR）。这是个重要的概念，它用以测定投资者财富增加或减少（如遭受损失）的速度。HPR 的定义由公式（1－1）表示：

$$HPR = \frac{\text{持有期的总收入}}{\text{购买价格}} \times 100\% \qquad \text{式 } 1-1$$

以普通股投资收益为例，投资者能够得到以下两种收入：

（1）股票价格的升值所得收入，或者股价贬值造成损失，这称做资本所得或所失。

（2）从现金红利的支付得到收入。

这样，普通股的 HPR 可用公式表示，如式（1－2）：

$$HPR = \frac{\text{价格变化} + \text{现金红利}}{\text{购买价格}} \times 100\% \qquad \text{式 } 1-2$$

如通用汽车公司的股票在 2 月 9 日以 64 美元的价格购买，一年后的 2 月 9 日以 66.50 美元卖出。这一年持有期中股票价格上升 2.50 美元。如果一年中还派发现金红利 3.90 美元，那么投资者的 HPR 是：

$$HPR = \frac{2.50 + 3.90}{64.00} \times 100\% = 10\%$$

1.2.4 投资风险

获取的报酬是不确定的，即是以风险为代价的。时间间隔越长，由于不可测因素越多，不确定性就越大，即风险性越大。每一项投资都有不同程度的风险，也就是说投资的回报是不确定的。有些投资的回报不确定性大，有的就小。当投资者作投资决策时，不仅要考虑预期回报，而且一定要比较投资的风险。风险大小主要看投资回报波动幅度的大小，或者说回报这个变量相对于其平均值（预期回报）的离散程度的大小。在统计上，是用方差、标准差来衡量一个变量的离散程度的。

1.3 证券市场的投机

证券市场的买卖行为，有时被认为是一种投资行为，有时被看做是一种投机行为。如何理解这种现象，首先应从证券市场投资行为的形成来考察。

1.3.1 证券市场的投机行为

证券市场在世界上已有两百多年的历史，投资行为与投机行为自始至终贯穿其中。为此，我们必须追溯证券市场投机行为产生的历史原因。

证券是一种有价证券，无论是作为债权证书的债券，还是作为所有权证书的股票，其投资的初衷都是为了获取债息或股息，作为其投资回报，将证券投资看做金融资产保值增值的一种手段。然而，证券市场的发展，特别是股票市场的发展，使得当前世界上单纯指望获取股息和红利作为投资目的的投资者人数比例有很大的下降。道理很简单，股票流通市场的价格是不断变化的，投资者经常可以从股票价格的波动中获取价差收益，股息及红利与价差收益相比往往显得微不足道。于是，许多投资者非常重视股票市场的供求关系和股票价格的变动趋势，通过买卖交易获取价差收益。当然，他们要为此承担一定的风险。这就是证券投机行为的起因。

那么，造成证券市场投机行为的市场原因是什么呢？或者更深一层的剖析，证券市场本身构造了怎样的机制，从而导致投机活动的产生和发展？

我们要先认清证券市场的性质。证券投资是指法人或个人用货币购买股票或债券等有价证券，藉以获取收益的行为。它并不涉及资本存量的增加，是一种长期信用活动。证券市场的流通关系使得资本市场增加了新的内容，同时又使证券市场与实物资本市场分离，逐步形成了自身发展及运行的规律。这种规律表现在两个方面：一方面，证券发行市场与流通市场的分离。这两个不同层次的市场与处于实物资本市场中的企业各自有不同的关系。证券发行的依据是企业经营或政府、金融部门筹资的要求，因此，证券发行市场直接反映了实物部门的具体需要。但证券在一级市场上往往匆匆而去，停留的时间很短，短则几天，长则几个月，一级市场发行的证券就流入了二级市场。证券的生命周期大部分是在二级市场渡过的。许多证券从一级市场创造出来以后不再与一级市场发生联系。证券在二级市场的流通活动与投资者的各种动机相联系。有为取得债息、股息收益的投资行为；有为资金周转需要的买卖行为；有为博取价差而获高额盈利的投机行为；也有为了参与某公司经营决策，控制或收购某公司股权的股票购买行为等。证券一旦进入二级市场，就成了一种金融工具，各种投资者出于各自的利益动机，实施其市场行为。另一方面，证券市场上的投资活动几乎没有特定的地点要求，可以通过任何中介机构进行买卖活动，投资周期也无特定的限制，可长可短，视投资者愿望而定。证券交易的清算交割也无特定的时空限制。而实物资本市场上的投资活动都要遵循一般的经济运行的周期性规律。正是由于证券市场流通活动与实物资本市场活动的脱离，证券市场流通活动实际上形成了一种虚拟资本的活动，这为证券投资活动向投机活动转化提供了种种可能性。

我们不妨回顾和分析一下世界证券史上证券投资向投机转化的背景与原因。

1.3.1.1 股票交易方式的演变

交易方式的演变大致经过以下四个阶段：(1) 现金与股票交易；(2) 股票与股票交易；(3) 跨时间的股票交易；(4) 象征性的股票交易。现金与股票交易是最早的交易方式，也是最常用的货币与金融商品互相交换的方式，投资者之间的交易在证券交易所法规的指导下进行。股票与股票交易往往在不同公司的股票中间进行。当两种不同股票的市场价格一致时，这种交易只是两个公司股东之间的地位转换。由于价格一致，交易双方是平等的，既节约了两笔交易费，又节省了人力。当两个公司的股票价格不一致时，由于考虑佣金和经营上的不确定因素，股票是按其内在价值进行交易的。交易行为与风险连接在一起。跨时间的交易活动依赖于投资者正确的预见。一旦预见与实际的交易情况发生背离，投资者必定受到不同程度的损失。所谓跨时间的交易就是期货交易，股票的期货交易主要指股票指数期货交易。这种跨时间交易行为与实物资本市场的发展前景和经营状况有关，有时又可以脱离实物资本的发展而运动，理论上就进入到了投机阶段。因此，判断投资行为与投机行为是十分复杂的。到20世纪70年代，证券交易发展到了一种象征性的交易。1973年美国芝加哥交易所首先开创了期权（Option）交易，并为这种交易的规范化创造了一系列条件。期权交易购买的是某种证券将来某个时候的买入或卖出的选择权，通过准确预测某种证券的价格趋势而取得盈利。期权交易节省了投机的资本，它使证券更加虚拟化，导致证券市场虚假繁荣。期货和期权交易使交易量大大突破了证券交易的实际数量。无疑，这种以小博大的杠杆效应，使投机的成分几倍、几十倍地扩大了。在证券市场，投资者认为行情看涨时，先买后卖，这种行为称为“多头”（Long position）；反之，投资者认为行情看跌时，从经纪人处融券卖出，价格下跌到一定程度时，再以低价买回，这种行为称为“空头”（Short position）。这种买空或卖空行为并没有促进实物资本市场融通资金，没有促进实物资本的运动，因此，买空卖空行为是证券投资走向投机的重要步骤。

1.3.1.2 经纪人行为的演变

经纪人的作用主要是充当投资者交易者的中介人。但随着证券交易的发展，经纪人的作用也不断发展变化。经纪人作用的演变是这样的。起初，买卖双方投资者找同一个经纪人，即该经纪人成为买卖双方的中介人。后来演变为每个投资者有自己的经纪人，买卖双方的交易由各自的经纪人代理进行。由于经纪人长期从事证券交易，他与信用机构的关系越来越密切。经纪人通过向信用机构贷款和自己拥有的资金，可以向投资者提供一定数量的融资。政府用法律限制经纪人的这种活动，规定投资者的保证金（Margin）比率在30%—50%，不能低于这个水平，以控制风险。同时投资者要求经纪人参与投资，可以防止经纪人的欺诈行为，经纪人参与投资后要关心投资者的利益。这样，经纪人行为变得复杂了。以保证金作融资交易的投资者与经纪人联系在一起，经纪人的中介作用开始动摇。

1.3.1.3 上市公司行为的转变

上市公司虽以经营为主，但也不得不参与证券投资。这是因为实物资本市场与货币市场发生分离后，社会竞争在两个市场都有反映。为了确保董事

会要求的公司利益，经营管理人员需要随时了解证券市场的动向，以扩大经营，同时，必须影响和吸引公司的所有者——股东。因此，股份公司参与证券市场的投资与投机有以下四种行为：

（1）用发行新证券影响市场，一种是单纯为筹集资本发行新债券，另一种是可转换债券，若干年后可转换为普通股，体现了公司的发展意图。

（2）发行短期认购权证。它是公司在配售新股时，给予老股东的一种配股认购权证。由于配股权证可以流通转让给第三者，又增加了投机性。

（3）发行长期的认购权证。它可以长期流通，在流通阶段无普通股所拥有的权利，权证持有者最终是否认购股票，取决于他们对股票价格趋势的预期。因此，长期权证在流通阶段的买卖交易，本身就是一种投机活动。

（4）股票面值的改变。面值的拆细或合并，将在流通市场造成一定的效应，使其投机性增强了。

1.3.1.4 投机行为的多重化

投资公司的加入使证券投资复杂化，助长了投机行为。由于投资公司的投资管理比较专业化，能分散风险，信息来源广，具有独立性等优势，投资公司活动十分频繁。占投资公司业务活动很大比例的是共同资金（Mutual fund)。投资公司利用共同基金从事各种不同形式的投机活动。它们的主要形式有：

（1）增长型基金，投资于既表现活跃收益又较高的证券，属于风险性较大的投资。

（2）活跃型基金专门投机于那些价格低、波动幅度大的股票。

（3）货币市场基金，从事短期的货币交易业务。

（4）收益型基金，投资于收益高且比较稳定的股票或债券。

（5）平衡基金，选取一部分最带有风险性但预期收益最大的股票和债券，同时买进最稳定的大公司股票，进行冒险和投机。

证券市场发展的过程表明了，证券市场的投机活动是伴随着市场本身的发展而共生的。虚拟资本的投资活动必然伴随着投机活动，投机是投资的孪生子。证券市场从它诞生之日起，它的交易机制就决定了市场的性质。投机性伴随着投资性而生。投资是证券市场赖以生存的基础，投机则是润滑剂。它加速了证券的周转，促进了市场的活跃，使之更具生命力。

1.3.2 从股票流通市场功能看股票投机的实质

我们可以从股票及股票流通市场的功能出发来剖析股票投机的实质。这也是有效地管理和参与股票市场投资活动的一个出发点。

1.3.2.1 股票的性质决定其投机性

1. 股票是动态的财产所有权

从法权关系上看，股票是一种财产所有权证书。但对这种所有权的理解不应局限于静态，而应是动态的。因为这份财产是一种经营性资产，从经济发展的眼光看，公司的资产是在不断运营过程中逐渐增值的。于是，股票持有者拥有的股权也是不断地在自我增值，股票的含金量在扩张。

2. 股票的增值在流通中得到反映

股票使所有权市场化，使抽象意义上的资产转化为资本市场交换过程中用价格度量的标准化金融商品。股票流通本质上就是资源的重新配置。它引发了市场经济体制下资源配置方式的革命，导致社会资源的优化配置。股票的增值也只有在流通中通过不断变化的价格得到反映。

3. 股票的增值是一种预期

股票投资者对财产所有权增值的评估只能是一种预期，而不是现实。对它的评估是由市场作出的。股票的市场价格是由全体投资者的共同行为产生的，这就决定了股票的属性必然是投机的。

投机是什么？英文原文叫 Speculation，它的含义是思索、推测和预测。因此，一个合格的投资者，必须持有理性的投资观念，在对证券未来价值预期的基础上，寻求较好的买入或卖出的时机。事实上，即使你标榜自己是个投资者而非投机者，但在购入证券之前，总要理性地分析某种证券的投资价值，期望在某一时间阶段中以该证券的较低价格买入，便于获取较高的投资收益率。寻找合适的买卖时机，恐怕就是投机的本意，这是任何投资者回避不了的现实问题。从这个意义说，任何证券投资都包含有投机的成分。

1.3.2.2 投机的划分

证券市场挂牌上市的证券很多，对其预期各不相同，投资和投机很难严格划分。我们可以对投机活动从理论上加以区分。从逻辑角度划分，投机可分为理性投机与非理性投机；从法律角度划分，投机可分为合法投机与非法

投机。

理性投机者对于证券的投机是建立在对宏观经济的发展、行业与市场前景、公司业绩的预测以及国家政策取向等因素综合分析的基础上，挖掘证券收益的潜力。这种投机行为实际上体现了一种价格发现功能，证券市场的理性投机无形中形成了证券价格发现机制。如果没有这种价格发现机制，证券市场将成为死水一潭，缺乏价格的波动，缺乏充分的流通，缺乏资源优化配置的功能。这样的证券市场势必然没有生命力，是难以持久的。证券市场的理性投机是活跃证券市场不可缺乏的有机组成部分。它与证券的投资观念是不矛盾的。而非理性投机则是撇开了理性投机赖以存在的基本分析，不顾宏观经济情况，不顾证券的内涵质地，采用博傻手法炒作证券，使证券价格完全脱离实际，脱离人们普遍的预期收益。由于非理性投机缺乏基础，最终必然以失败而告终。18 世纪英国南海公司股票的暴涨暴跌，1929 年纽约股市的狂热投机遍及全国，最终爆发金融危机等事例，都反映了证券市场非理性投机造成的严重恶果及其对参与这种非理性投资者造成的重大伤害。因此，投资者应该从理论上认识理性投机与非理性投机的本质差异，同时在实践中提高自己辨别理性投机与非理性投机的能力，从而保护自己，免遭参与非理性投机给自己造成的损失。

1.3.2.3 从法律角度来看合法投机与非法投机的差别

合法投机指的是在法律法规制约下的投机性交易行为，非法交易行为则是触犯法律或法规的投机行为，通常表现为虚假和欺诈行为。世界各国对证券管理的法律调整差异较大。有的国家制定专门的证券法和证券交易法，如美国、日本等，对证券管理十分严格。有的国家则没有单独的证券法，只在公司法或商法中对股票、债券加以规定，对证券交易所的交易没有专门立法。这些国家主要依靠证券交易所自身制定的规章制度来约束各会员的行为，对证券管理较为宽松。纵观世界证券史，非法投机现象屡见不鲜。20 世纪 90 年代初期，俄罗斯“三 M”公司股票诈骗案就是一例。这些现象的出现，往往与缺乏健全的法律法规或者有法不依、执法不严相联系，于是演绎出一幕幕钱权交易或欺诈事件。

我国证券市场的建立和发展，对于企业和政府筹集资金、促进现代企业制度的建立，发展社会主义市场经济体制，起到了十分积极的作用。迄今为止，我国已颁布了《中华人民共和国公司法》（1993 年 12 月 29 日第八届全国人民代表大会常务委员会第五次会议通过)、《中华人民共和国证券法》(1998年12月29日第九届全国人民代表大会常务委员会第六次会议通过)以及许多证券方面的法规。这些法律法规的颁布为规范证券发行和交易行为，保护投资者的合法权益，维护社会经济秩序和社会公共利益，促进社会主义市场经济的发展提供了法律保障。

1.3.3 投资与投机的区别

证券市场上的投资与投机难以明确地区分开，投机活动永远无法绝迹。实际上，对于投资与投机的行为在一般商品的买卖上比较容易辨别。然而在瞬息万变的证券市场上，投资与投机仅仅是一线之隔。因为有时候投资者本来打算买进质地优良的证券后，想长期拥有，获取红利和长期资本增值，这种行为自然应属投资。但是一旦股市发生变化，投资者眼见形势不妙，为了减少损失，只好立即脱手，这种短期买进卖出的行为又类似于投机。所以，投资与投机并无绝对的界限。若要加以区分，可以从下面几个方面来考察：

1.3.3.1 从行为的动机及承担风险的大小来区分

因为投资与投机的未来收益都带有不确定性，因而都包含有风险因素。当行为的动机是为了谋求短期的买卖差价，而且甘冒很大风险来追逐可能有偶发的暴利者称之为投机；当行为的动机是为了将资金购买上市公司发行的证券，以期望获得较长时期的收益回报及资本增值，并且宁愿牺牲部分收益来承受适度的风险，这种行为称做为投资。

1.3.3.2 从持有证券时间的长短来区分

投资者一般愿意购买证券后长期持有，享受收益回报及资本增值。而投机者则热衷于交易的快速周转，从频繁的买进卖出中获得价差利润。这一点也不能过于绝对。有的投资者购买短期证券，以避免长期风险；有的投机者购买长期证券，以获取较长时间的差价收入；投机者买进证券后“套牢”，被迫长期投资，这种情况不在少数。所以投机也可称为“短时间的投资”。

1.3.3.3 从资金来源作区分

投资者使用的是自己的资金，有多少钱购买多少证券，不超过自己的实际能力办事。而投机者的交易经常融资融券，涉及信用交易，用不属于自己

的钱或用较少的钱做较大的交易。这种行为有较强的投机性。伴随着的是高风险或高收益。

1.3.3.4 从对证券所作分析的方法作区分

投资者注重于基本分析，即立足于对证券的质地、公司的业绩、宏观经济背景及行业发展前景等因素作细密的分析和评价，从而作投资决策。投机者着重于技术分析，注重于证券市场的价格表现，研究价格变化的规律，寻求买进与卖出的时机。他们也作基本分析，但这主要是配合价格变化而已，并非长期持有。

以上从四方面来区分投资与投机并非是绝对的。其实，区分投资与投机行为最本质的是上述第四点。即投资者注重的是证券内在价值的分析，而投机者注重的是证券价格的波动。

1.3.4 投机的作用

证券市场上的投机活动是一种普遍的现象，它既有积极作用，也有消极作用。其积极作用主要有两方面：

第一方面，有助于平衡证券市场价格。

因为投机者在低买高卖的活动中，能对于高涨的价格起到一定的抑制作用，而对于低落的价格又能起到一定的支持作用。这样，使供求情况不断地得到调整，使证券价格在变化中趋于均衡。

第二方面，有助于证券的流动性和交易的连续性。

由于投机者的存在，使证券买卖流通量增大。如果证券投资者都作长期投资，则二级市场流通量将很小，交易活动将成为死水一潭。这将不利于市场的活跃和发展。投机者的频繁交易使得证券高度流动，投机者和投资者买进卖出都很方便，随时可以变现。这样，就保持了证券市场正常和连续地运行。

证券投机也有其消极作用。由于投机者的目的的是获取尽可能大的利润，过度的投机行为会造成证券价格暴涨暴跌，影响市场的稳定性。

因此，我们应正确地认识投机的两重性，使广大的投资者形成正确的投资理念。鼓励投资，限制投机，当然不是消灭投机。实际上，证券市场上的投机是永远不可能灭绝的。限制投机是充分利用和发挥投机的有利、积极的作用，而减少投机的不利、消极的作用。

1.4 金融市场

1.4.1 金融市场的特点

金融投资市场是资金、有价证券、外汇和黄金等金融工具确定价格和进行交易的场所和机制。金融投资市场与要素市场和产品市场相比，有如下特点：

其一，在金融市场上，市场参与者之间的关系已不是一种单纯的买卖关系，而是增加的资金的使用权和所有权的暂时分离或有条件的让渡，投资者在金融市场上的交易可以是直接的，也可以是间接的，但无论如何交易，其所形成的都是一种借贷关系和委托代理关系，或者更确切地说，是一种资金融通行为，满足了社会对于资金的有效配置的需求。

其二，金融市场交易的对象是一种特殊的商品即货币资金。金融市场上之所以会发生货币资金的借贷和有条件的让渡，是因为当其转化为资本使用时能够带来增加的货币资金余额。

其三，金融市场交易的场所大部分是无形的，通过电信及计算机网络等进行交易的方式已越来越普遍。

正因为金融市场具有以上所述的特点，它即满足了社会对资金流动性的需求，又满足了投资者的投资需求，所以我们也把它称为金融投资市场。

1.4.2 金融投资市场的类型

按标的物划分：货币市场、资本市场、外汇市场和黄金市场

1.4.2.1 货币市场

它是指以期限一年以内的金融资产为交易标的物的短期金融市场。这个市场的主要功能是保持金融资产的流动性，以便随时转换成现实的货币。它的存在，一方面满足借款者的短期资金需求，另一方面也为暂时闲置的资金找到了出路。

1.4.2.2 资本市场

它是指期限在一年以上的金融资产交易的市场。主要包括：一是银行中长期贷款市场，另一是有价证券市场。但是，由于以下两个原因，一般可将资本市场视同于证券市场：其一，证券市场在世界各主要国家长期资本市场的两大部分中最为重要；其二，从世界金融市场发展趋势而言，资产证券化特别是长期资产证券化已成为一种潮流，构成了当今世界资产活动的主要特征。

通常，资本市场主要指的是长期债券市场和股票市场。它与货币市场的区别：

（1）期限差别。资本市场上交易的金融工具均为一年以上，最长者可达数十年，有些甚至无限期，如股票等。而货币市场上一般交易的是一年以内的金融工具，最短的只有几天。

（2）作用不同。货币市场所融通的资金，大多用于工商企业的短期周转资金。而资本市场所融通的资金，大多用于企业的创建、更新、扩充设备和储存原料。

（3）风险不同。货币市场的信用工具由于期限短，因此流动性高，价格不会发生剧烈变化，风险较小。资本市场的信用工具，由于期限长，流动性低，价格变动幅度较大，风险也较高。

1.4.2.3 外汇市场

它是指以不同货币计值的两种票据之间的交换的各种短期金融资产交易的市场。

1.4.2.4 黄金市场

它是指专门集中进行黄金买卖的交易中心或场所。

1.4.3 金融投资市场的结构

1.4.3.1 金融市场的参加者

指那些期望通过在金融市场中买卖各种金融产品而达到筹措资金、获取利润、规避风险、匹配期限、调整利率等目的的活动主体，如个人、企业、金融机构、中央银行、各级政府及外国机构等。

1.4.3.2 金融市场的中介人

指资金融通过程中在资金供求者之间起媒介和桥梁作用的人和机构，如银行、信托投资公司、证券公司、保险公司、经纪人、交易商等，他们一方面可以作为金融市场参加者为自己买卖金融工具，而更主要的一面则是为其他交易提供买卖中介服务。

金融机构主要的任务：

（1）通过金融市场把顾客自己拥有的资产或金融工具转换成他们偏好的其他一种或多种金融工具；

（2）为顾客设计金融工具并帮助顾客把他们推销给其他市场参加者；

（3）为自己买卖金融工具；

（4）向顾客提供投资理财咨询；

（5）为顾客管理证券资产。

1.4.3.3 金融产品

金融产品是资金融通过程的载体，是企业筹集资金和投资者运用资金的工具，是金融管理者在金融市场上的买卖对象。

（1）金融产品的基本性质：

①货币性。即他们可以直接作为交换媒介实现交易安排，如现金、支票或可以用较少的费用把他们转化为货币，如定期存款、国库券。

②可分性。即可以以不同金融产品的单位为交易单位，进行可多可少单位的投资。

③可逆性。即金融工具所具有的可重新转换成现金的性质。

④收益性。是指投资者由于持有某一种金融工具而可能获得的增值收入，它可以是正值，也可以是负值。

⑤流动性。流动性的大小取决于一种资产的市场容量的大小，如果交易者众多，则资产很容易转手，流动性较大；反之，则流动性较小。

⑥风险性。是指投资者由于持有金融工具而造成损失的可能性。

（2）金融产品主要种类：

①票据，如本票、汇票、支票、典当票等；

②债券，包括政府债券、公司债券、金融债券等；

③股票，包括国家股、法人股、流通股等；

④可转让大额存单 CD；

⑤合约，包括各种期货、期权合约；

⑥权证，包括股权证、债权证、可转换债券等；

⑦协议，如回购协议、抵押协议、转让协议等；

⑧基金券；

⑨其他，如房屋产权证、邮票、文物等。

1.4.3.4 金融市场的管理者——政府和中央银行

政府作为金融市场参加者主要表现为发行国债筹集资金；作为金融市场的管理者，其主要职能在于运用经济和法律手段限制金融机构职能，降低金融机构风险。中央银行在金融市场上的身份和地位也是双重的，它既作为金融市场参加者进行买卖活动，同时又作为金融市场上的主要管理者，制定金融市场活动的基本规则和管理，作为金融市场参加者的机构，直接和间接地影响交易活动，并利用对货币供应量的调控，从根本上控制和协调整个金融市场上的资金供求规模。

1.4.4 金融投资市场的功能

金融市场最基本的功能就是引导资金的转移，即从那些由于支出少于收入而积蓄了盈余资金的人那里，把资金引导到那些资金短缺的人手里。具体地讲，现代经济金融市场有以下几个功能：

储蓄功能。在日常的经济生活中，当人们手中的资金除了日常开支而有了盈余时，在货币与金融市场上销售的债券、股票与其他金融工具就为人们的储蓄提供了一条有利可图的、低风险的出路。储蓄通过金融市场流向投资，这样通过金融市场就能生产出更多的金融商品与服务，从而提高整个社会的收入与生活水平。当储蓄下降时，整个社会的投资与生活水平将开始下降。

财富功能。对于选择储蓄的企业和个人，在金融市场上销售的金融工具为其提供了一条致富的途径。

流动性功能。对于以金融工具形式储存的财富，金融市场提供了以很小的损失风险将这些工具转化为现金的手段。

信贷功能。信贷由资金的贷放组成，以未来支付的承诺作为回报。

支付功能。金融市场通过提供金融产品与服务实现其支付职能。

防范风险功能。金融市场通过销售保险单为企业、消费者与政府提供了为防范生命、健康、财产与收入的手段。

政策功能。政府通过合理的操纵利率与信贷以及公开市场业务，影响公众的借款与支出计划，这反过来又会影响生产与价格的增长，从而达到政府宏观调控的目的。

本章小结

• 投资是为取得未来资产使用权而转让现在的资产使用权。财富是现时收入和所有未来收入的现值之和。投资回报率（简称回报）是投资者因投资而得到的财富变化的百分数。

• 资产分为实物资产和金融资产。投资者可投资于金融资产（主要是可销售的证券）和实物资产如贵金属和不动产。

• 金融资产有不同的分类方法：（1）根据合约性质分为债权和股权；（2）根据金融资产期限的长短分为货币市场和资本市场的金融资产；（3）根据金融资产发展的先后次序分为原生和派生的金融资产。

• 金融市场是买主和卖主交换金融资产的场所。可以按不同方法分类：（1）根据合约性质分为债权市场和股权市场；（2）根据金融资产的期限长短分为货币市场和资本市场；（3）根据交易性质分为初级市场和二级市场；（4）根据组织结构不同分为拍卖市场、场外交易市场和中介市场；（5）根据资产交割日期的不同分为现货市场和派生的融资工具市场。

• 金融中介机构是自行发行金融资产并且使用收益购买其他机构的金融资产，包括存款机构、保险公司、养老基金和投资公司等。本书着重介绍投资公司。另一类金融机构是为直接融资市场服务的，叫做证券业，包括投资银行、经纪公司和交易商。

• 预期回报是投资者事前预期未来某个时期的回报。风险是回报的标准差。理性的投资者只在预期有足够的回报补偿时才愿意承担较大风险。

知识拓展

阅读材料：投资理论的起源

现代金融理论的发展是金融投资理论产生的思想基础，金融投资活动反过来又为金融理论的进一步创新提供了实践的舞台。虽然金融投资学是20

世纪80年代才开始成为一门独立的金融学科，但金融投资的思想却早在两三千年前就开始出现，其实践活动自那时起就一直在持续进行。

古希腊时期，人们已有期权的思想萌芽。亚里士多德《政治学》一书载有古希腊一名智者（名字叫泰利斯）以预定橄榄榨油机租金价格而获利的例子。在冬季，泰利斯通过对星象进行研究，预测橄榄来年春天的收成。因此，经与农户协商，他得到第二年春天以固定价格使用榨油机的权利。橄榄丰收使榨油机供不应求时，泰利斯通过转让榨油机使用权利而获利。这便是购买和转让看涨期权最早期的实践活动。从欧洲16世纪"郁金香球茎热"投机中期权思想的应用到期权正式应用于农产品和工业品的保值，都可以看到这些思想的作用痕迹。然而，直到19世纪的后期，随着工业革命的完成和市场经济中企业制度的建立，金融理论进入加速发展的态势时，才为现代金融工程的出现奠定了思想基础。

1896年，美国经济学家欧文·费雪提出了关于资产的当前价值等于其未来现金流贴现值之和的思想。这一思想对后来的资产定价理论的发展起到奠基石的作用。

1934年，美国投资理论家本杰明·格兰厄姆（Benjiamin Graham）的《证券分析》一书，开创了证券分析史的新纪元。其理论被当时的证券业奉为"证券业的圣经"。

1938年，弗里德里克·麦考莱（Frederick Macaulay）提出"久期"的概念和"利率免疫"的思想。所谓久期，就是指资产持有人得到全部货币回报的平均时间，它事实上是个加权平均数，其权数是证券有效期内各笔收入的现值相对于证券价格的比。久期的概念对于债券投资具有十分重要的意义。久期概念在麦考莱提出几十年后，才被广泛接受和应用。

1952年，哈里·马克维茨发表了著名的论文"证券组合分析"，为衡量证券的收益和风险提供了基本思路。他利用概率论和数理统计的有关理论，构造了一个分析证券价格的模型框架。在他的模型中，证券的价格是一个随机变量，证券的价值和风险可以用这个随机变量的数学期望和方差来度量。从一般的心理分析出发，马克维茨假定经济理性的个人都具有厌恶风险的倾向，也即收益一定时采用风险最小的投资行为，即在他的模型中，投资者在收益一定时追求最小方差的投资组合。虽然模型排除了对风险爱好者的分析，但是，毫无疑问现实中绝大多数人属于风险厌恶型，因而他的分析也具有一般性。在一系列理论假设的基础上，马克维茨对证券市场分析的结论是：在证券市场上存在着有效的投资组合。所谓“有效的投资组合”就是收益固定时方差（风险）最小的证券组合，或是方差（风险）固定的情况下收益最大的证券组合。这一理论为金融实务努力寻找这种组合提供了理论依据，其分析框架成了构建现代金融工程的各理论分析的基础。

1958年，莫迪利安尼（F. Modigliani）和默顿·米勒（M. H. Miller）在《美国经济评论》上发表论文“资本成本、公司财务与投资理论”，提出了现代企业金融资本结构理论的基石——MM定理（Modigliani - Miller Theorem），这一理论构成现代金融理论的重要支柱之一。

到了20世纪60年代，马克维茨的思想被人们广泛接受，其他学者进一步发展了他的理论。金融界的从业人员也开始应用这些发展的理论进行资产组合选择和套期保值决策，并用定量化的工程思想指导业务活动。另外，马克维茨的学生威廉·夏普（Willam Sharp）提出了马克维茨模型的简化方法——单指数模型。同时，他还和简·莫森（Jan Mossin）、约翰·林特纳（John Lintner）一起创造了资本资产定价模型（简称CAPM），这一理论与同时期的套利定价模型（APT）标志着现代金融理论走向成熟。在此之前，对于金融产品的价格，特别是瞬息万变的有价证券的价格，人们一直感到一种神秘的色彩。人们认为这些价格是难以捉摸的。夏普的CAPM和APT的模型给出了包括股票在内的基本金融工具的理论定价公式，它们既有理论依据又便于计算，从而得到了人们的广泛认同。根据这两个模型计算出来的理论价格也成了金融实务中的重要参考。夏普的理论与马克维茨的理论一脉相承。在马克维茨对有价证券收益与风险的数学化处理的基础上，夏普引入了无风险证券，利用数学规划的方法，分析了存在无风险证券条件下理性投资者的决策问题。通过分析，他得出了著名的资本市场线方程和证券市场线方程，明确揭示了个别证券与整个证券市场的关系。在夏普的理论中，投资者的有效投资组合必定是“无风险证券”与“市场组合”的某种组合，而市场组合只与市场本身的构成有关，与其他因素无关；任何个别有价证券的理论价格都可以分解为两个部分：与市场组合相关的部分和只与自己相关的部分。因此，每一个别有价证券的风险也就被分为两个部分：系统风险和非系统风险。对风险的分类是夏普理论的主要贡献，与风险分类相关的两个著名的系数——α系数和β系数已经成为华尔街投资者的常识。与夏普理论不

同，套利定价模型（APT）源于一个非常朴素的思想，那就是在完善的金融市场上，所有金融产品的价格应该使得在这个市场体系中不存在可以让投资者获得无风险利润的机会。如若不然，对套利机会的追寻将推动那些失衡的金融产品的价格恢复到无套利机会的状态。根据这一思想决定金融产品价格的方法就是无套利定价模型法。

20世纪70年代，美国经济学家罗伯特·默顿（Robert Merton）在金融学的研究中总结和发展了一系列理论，为金融学和财务学的工程化发展奠定了坚实的数学基础，取得了一系列突破性的成果。

1973年，费雪·布莱克（Fisher Black）和麦隆·舒尔斯（Myron Scholes）在美国《政治经济学杂志》上发表了著名论文“期权与公司债务定价”，成功推导出期权定价的一般模型，为期权在金融工程领域内的广泛应用铺平了道路，成为在金融工程化研究领域最具有革命性的里程碑式的成果。布莱克和舒尔斯采用无套利分析方法，构造一种包含衍生产品头寸和标的股票头寸的无风险证券组合，在无套利机会的条件下，该证券组合的收益必定为无风险利率，这样就得到了期权价格必须满足的微分方程。可以建立无风险证券组合的原因是股票价格和衍生品价格都受同一种基本的不确定性的影响：即基础资产（这里指股票）价格的变动。在任意一个短时期内，看涨期权的价格与标的股票价格正相关，看跌期权价格与标的股票价格负相关。如果按适当比例建立一个股票和衍生品的证券组合，股票头寸的盈利（亏损）总能与衍生品的亏损（盈利）相抵，因而在短期就可以决定组合的价值。这里关键的是，在非常短的时期无风险证券组合的收益必定是无风险利率。由此，布莱克和舒尔斯推出了他们的期权（不支付股息的股票欧式期权）定价公式。

布莱克和舒尔斯期权定价公式的推出是现代金融理论的重大突破。默顿克服了公式中无风险利率和资产价格波动率为恒定的假设，将该模型扩展到无风险利率满足随机条件的情况。布莱克、舒尔斯和默顿的工作，为期权等衍生品交易提供了客观的定价依据，促进了金融衍生工具的极大发展。舒尔斯和默顿为此获得了1997年诺贝尔经济学奖。

布莱克—舒尔斯—默顿期权定价模型问世以后，金融学者对模型的适用条件做了更为完善的补充和修正。比如针对该模型考虑的是价格连续变化的情况，考克斯（Cox）、罗斯（Ross）和鲁宾斯坦（Rubinstein）提出了用二项式方法来计算期权的价格；罗尔（Roll）运用连续时间定价法给出了证券支付红利时的看涨期权定价公式；布雷纳（Brenner）和格莱（Galai）研究了期权提前执行时的平价关系等。

到了20世纪80年代，达莱尔·达菲（Darrell Duffie）等人在不完全资本市场一般均衡理论方面的经济学研究为金融工程的发展提供了重要的理论支持，将现代金融工程的意义从微观的角度推到宏观的高度。他们的工作从理论上证明了现代金融工程的合理性及其对提高社会资本资源配置效率的重大意义。他们证明了金融工程不只是只有价值转移的功能，金融工程的应用可以通过增加市场的完全性和提高市场效率而创造实际的价值。金融工程所代表的金融活动的工程化趋势不仅为金融业本身带来益处，而且为整个社会创造了效益。

金融理论的发展一直遵循着这样一种趋势：工程技术领域和基础自然科学领域的最新成果很快被应用于金融领域，它对于推动金融工程的发展是令人瞩目的。这种推动作用建立在对效益和风险分析的基础上。西方主流经济学的基本方法是供给与需求的分析，以至于有了“教会一只鹦鹉学会说‘供给’与‘需求’两个词，它也会成为经济学家”的说法。而金融理论创新性地提出了无套利分析方法，将金融市场上的某个头寸与其他金融市场头寸结合起来，构筑起一个在市场均衡时不能产生不承受风险的利润的组合头寸，由此测算出该头寸在市场均衡时的价值即均衡价格。现代金融理论的研究取得的一系列突破性成果，如资本资产定价模型、套利定价理论和期权定价公式等，都是灵活地运用这种无套利的分析技术而得出的。在“无套利均衡”的理论分析基础上，大量金融工程产品被创造出来并投入实际应用。

【本章阅读文献】

［1］张元萍：《现代投资理论与实务》，首都经济贸易大学出版社2004年版。

［2］汉姆·列维：《投资学》，北京大学出版社2004年版。

［3］威廉·F. 夏普：《投资学基础》（第3版），电子工业出版社2004年版。

［4］杨海明等：《投资学》，上海人民出版社1998年版。

【生生合作项目】

组建生生合作小组

在本课程的第一次课后，要求每个讨论班的学生以不同能力、性别、文化、背景和任务的学生混合搭建生生合作小组，形成4人左右的合作小组；小组组成要本着互补原则，尽可能做到男女生搭配，不同寝室、不同性格和不同能力取向的学生搭配，并选出小组组长，为组内成员分配角色，比如项目设计负责人、数据分析与资料收集负责人、报告撰写负责人、图表及PPT制作负责人、小组汇报负责人等。

各小组长在第二次课前，按照主讲教师的具体要求，提供小组名称、小组成员的信息名单，包括学号、姓名、专业班级、个人电话、E-mail以及将在项目中担当的角色。

在今后的讨论课中，每一位同学都要在完成课前作业和预习任务的基础上，积极参与讨论和发言，小组要对讨论情况进行必要的记录和总结。小组内部要合理分工、团结协作，在组长的带领下，共同完成市场调研任务。

投资学课程网站地址为：http：//tzx. js. zwu. edu. cn。课程作业提交和答疑可以网上进行，课程网站上的调研阅读资料和课件、习题、案例以及往届学生的优秀作业供大家参考，同学们可以进入并点击“师生交流”等栏目进行网上学习。

本章生生合作安排

任务布置时间：第一周

生生合作讨论时间：第二周

目的：要求学生通过本章学习，了解和掌握投资学的研究对象、使学生熟悉投资的基本概念及分类，掌握投资决策的分析方法，理解投资与投机之间的区别与联系，了解影响投资的基本因素。

课前要求：

本次讨论课前学生要完成以下任务：

1. 每位同学结合小组选定的项目主题，用一周的时间查阅与主题直接相关的二手资料5—10篇，进行详细阅读和评述分析，提出本组项目正（投资）反（投机）双方辩论的思路和框架。

2. 要求每组同学课后都认真准备，上课提交案例分析的文稿，准备课堂发言，积极参与讨论。

3. 分派资料：把资料按赞成和反对分好类，以便于每两个学生都有资料完成任务。资料包括立论点，待组织的证据资料和查询更多资料的指南。

4. 确立各个角色：除了要确定谁是正方和反方外，还有其他在活动中起积极作用的角色，比如，观点提出者、检查者、准确性验证和详述人。

5. 本章案例生生合作具体方案：

选题的基本原理：____投资与投机的原理____

姓名：________

选题：________年级：________

上课论题和总结：________

指导性目标：________

所需时间：__3分钟陈述，8分钟辩论__小组规模：________

所需材料：________

正面：________

反面：________

小组任务：________

角色：________

项目实施方案和流程：

1. 每组同学汇报各位同学对本组项目的所作出的贡献大小，提出本组项目的研究思路和框架。

2. 按照撰写的内容和格式要求，生生合作小组撰写项目分析的文稿Word和PPT两种版本。案例分析内容要完整，研究目的明确，各项目阐述清晰，形成详细的讨论结论。

3. 组间的合作：让学生进行互检和互助。当全班学生都很好地完成了任务时，奖励和赞扬可以向全班显示出合作的好处。

4. 其他组同学监督学生的行为。这是个很有意思的环节。当学生辩论时，巡视一下看看他们是否知道分配的任务、步骤和资料。如果学生能正确使用辩论技巧，要及时做出反馈和表扬。

5. 老师提供帮助：学生对学术性的资料感到棘手，老师可以帮助他们理清、重新说明或详细阐述他们要知道的内容。如果学生在操作辩论步骤时遇到难题，老师可以建议一些进行更有效行为的步骤。

6. 老师的总结。为了巩固学生所学到的东西，老师可以让组与组之间对比，归纳这一案例的重点或复习重要的事实依据。

内容和格式要求：

本次讨论课后，小组完成项目分析的 Word 和 PPT，第二周网上/书面（根据教学条件和教师要求）提交。

Word 版的格式要求：宋体小四号字，1.25 倍行距，A4 纸排版。网上提交文件请按以下方式命名：例如，“金融 082（2-1）”，意思是“金融学专业 082 班第二组的第一次作业”。请按照此格式网上提交作业，以利于教师对作业进行评阅和对小组进行指导。

思考与练习

一、多项选择题

1. 根据交易工具期限，可以将金融市场分为(　　)。

A. 资金市场　　B. 资本市场

C. 货币市场　　D. 证券市场

2. 从金融市场的运行看，金融市场体系的其他组成部分，都与证券市场密切相关，这表现在(　　)。

A. 证券市场虽主要属于资本市场，但与货币市场关系密切

B. 长期资金来源于证券市场

C. 任何金融机构的业务都直接或间接与证券市场相关，而且证券金融机构与非证券金融机构在业务上有很多交叉

D. 证券市场是资金需求者筹集资金的场所

3. 股票市场交易的对象是股票，股票的市场价格经常处于波动之中，它受(　　)等因素影响。

A. 股份公司的经营状况　　B. 股份公司的盈利水平

C. 政治、社会、经济情况　　　　　D. 证券公司

4. 债券与股票的相同点在于(　　)。

A. 无论是债券还是股票，尽管它们有各自的特点，但它们的性质都属于有价证券

B. 经济主体在社会经济生活中，必然会产生对资金的需要，从资金融通角度看，债券和股票都是筹资手段

C. 就整个社会考察，如果市场是有效率的，那么债券的平均利率和股票的平均收益率会大体上接近，或者其差异将反映两者的风险程度

D. 债券和股票的持有人都能通过选举董事行使对公司的经营决策权和监督权

5. 投资于某项事业时，涉及的最基本的三个方面是(　　)。

A. 投资主体　　　　　B. 投资客体

C. 投资目的　　　　　D. 投资形式

E. 投资行为

6. 直接投资的实质(　　)。

A. 投资目的与投资手段的统一　　B. 资金所有者与使用者的统一

C. 资金所有者与投资目的的统一　D. 资产所有权与资产经营权的统一

E. 资产使用权与资产经营权的统一

7. 投资是(　　)的统一。

A. 要素使用权　　　　　B. 要素所有权

C. 要素投入权　　　　　D. 资产所有权

E. 收益占有权

8. 金融投资的形式主要是(　　)。

A. 证券投资　　　　　B. 信用投资

C. 股票投资　　　　　D. 债券投资

E. 信托投资

9. 在行为资产定价模型中，投资者被分为(　　)。

A. 理性交易者　　　　　B. 信息交易者

C. 非理性交易者　　　　D. 保值交易者

E. 噪声交易者

二、简答题

1. 投资的含义是什么?

2. 市场经济和计划经济下的投资有什么不同?

3. 投资有哪些要素? 投资者的目标是什么?

4. 证券市场上的投资与投机如何区分?

5. 证券投机有何积极作用和消极作用?

6. 为什么说投资是要素投入权、资产所有权、收益占有权的统一?

7. 试述金融投资在社会经济中的功能?

8. 为什么投资活动出现了虚拟化、衍生化的趋势?

三、论述题

1. 联系商品经济发展实际，试述金融投资在聚集投资资金方面的重要作用?

2. 联系期货市场、证券市场、外汇市场实际，阐述投机的经济功能?

第2章 证券市场

【本章教学要求】

本章主要介绍证券市场的含义与功能、证券发行的制度与发行方式、证券上市与交易制度以及股票价格指数等知识。通过本章学习，要求学生了解证券市场的基本含义与功能，熟悉证券市场的主要参与主体，掌握股票和债券等的发行制度和发行方式，理解并掌握证券交易的基本制度以及能够掌握股票价格指数的计算以及在实践中的应用。

【教学重点与难点】

教学重点：证券市场的含义与功能　证券市场的参与者　证券发行的方式　发行制度　证券交易制度

教学难点：证券交易的流程和交易规则　股票价格指数的理解与运用

【引导案例】

1997年香港股市风险

一、主要过程

以1990年8月24日股票2918点为起点，香港恒生指数开始一路走高。1993年，美国投资银行摩根士丹利不断提高港股在其全球投资组合中的比重，引发美国等国际基金纷纷涌入香港股市。于是，香港恒生指数开始飙高，1993年12月10日突破10000点，1994年2月4日创出历史新高12157点。随着1997年香港回归的日益临近，投资者对香港前途充满信心，1997年6月20日恒指突破15000点，1997年8月7日达到最高点16673点，相比1990年的2918点，涨幅达659%。

1997年5月，泰国金融危机爆发。10月20日开始，国际游资开始疯狂沽空港元，使香港汇市剧烈震荡。在这种情况下，特区政府开始了捍卫行动，一方面通过外汇基金在市场上抛售美元吸纳港元；另一方面宣布加息。这些措施在汇市取得明显的效果，但是加息和减少港元供应量直接导致股市、楼市下跌。1997年10月8日恒生指数为14838点，10月28日跌为9059点，13天（除去市场休息日）下跌了5578点。

到1998年1月中旬，恒生指数已经跌破8000点，但国际游资仍不罢休，8月份又开始了新的大规模的冲击。到8月中旬，恒生指数跌穿7000点，最低跌至6660点。8月中旬特区政府动用外汇基金直接入市护盘，到8月28日共动用1181.2亿港元。这稳定了证券市场的信心，使股指很快止跌回升，最终国际炒家被彻底击退。

二、主要经济后果

香港股市的风险泡沫，给国际“金融大鳄”以可乘之机。在其打压之下，恒生指数从1997年8月7日16673点开始急剧下跌，10月28日跌破10000点，跌幅达45.6%。股市市值两个月之内蒸发21000亿港元，缩水1/3。1998年继续下跌，同年8月13日达到6660低点。

股灾后，香港楼市在短短一年内大跌7成，超过10万名业主遭遇“负资产”。在很长一段时间里，楼市都未能恢复元气，整体楼价不到1997年的60%，并仍有逾6000名业主未脱离“负资产”之列。

另外当时港元的汇价相对于亚洲已经贬值的货币明显偏高，香港产品出口和香港的旅游、零售业也受到影响。这就不可避免地造成通货紧缩、需求下降、失业增加、市场萧条。

案例思考

1. 导致这次香港证券市场风险的主要原因是什么？
2. 这次香港证券市场的风险为什么会导致严重的后果？
3. 这次香港证券市场风险给我们什么启示？

2.1 证券市场概述

2.1.1 证券市场的定义、特征与结构

2.1.1.1 证券市场的定义

证券市场是股票、债券、投资基金等有价证券发行和交易的场所。证券市场是金融市场的重要组成部分，在金融市场体系中居于基础地位。

广义的金融市场包括货币市场、资本市场等。货币市场是融通短期资金的市场，资本市场是融通长期资金的市场。资本市场又可以进一步细分为中长期信贷市场和证券市场。证券市场通过证券信用的方式融通资金，通过证券的买卖活动引导资金流动，有效、合理地配置社会资源，支持和推动经济发展。因而证券市场是资本市场的核心和基础，是金融市场的重要组成部分。

2.1.1.2 证券市场的特征

证券市场具有以下三个显著特征：第一，证券市场是价值直接交换的场

所。有价证券都是价值的直接代表，它们本质上是价值的一种直接表现形式。由于证券市场的交易对象是各种各样的有价证券，所以证券市场本质上是价值的直接交换场所。第二，证券市场是产权直接交换的场所。证券市场的交易对象是作为经济权益凭证的各种有价证券，它们本身就是一定量的财产权利的代表，所以证券市场实际上是财产权利的直接交换场所。第三，证券市场是风险直接交换的场所。有价证券既是一定收益权利的代表，同时也是一定风险的代表；有价证券的交换在转让收益权的同时也把该证券所特有的风险转让出去，所以，从风险的角度分析，证券市场也是风险的直接交换场所。

2.1.1.3 证券市场的结构

证券市场的结构是指证券市场的构成及其量的关系，它有两种最基本的结构关系。

（1）纵向结构关系。这是一种按证券进入市场的顺序而形成的结构关系。按这种顺序关系划分，证券市场可分为证券发行市场和证券流通市场。证券发行市场是发行者以筹集资金为目的，按照一定的法律规范和发行程序，向投资者出售新证券所形成的市场。在发行过程中，证券发行市场作为一个抽象的市场，其买卖活动并不局限于一个固定的场所。证券流通市场是已发行的证券通过买卖交易实现流通转让的场所。

（2）横向结构关系。这是按有价证券的品种而形成的结构关系。这种结构关系的构成主要有股票市场、债券市场、基金市场等。股票市场是股票发行和买卖交易的场所。股票的发行人一般是股份有限公司。股份有限公司通过发行股票募集公司的股本金或在营运过程中通过发行股票扩充公司的股本金。股份公司在股票市场上筹集的资金是长期稳定、属公司自有资本性质的资金。股票市场交易的对象是股票，股票的市场价格除了与股份公司的经营状况和盈利水平有关外，还受到其他诸如政治、经济、社会甚至心理预期等多方面因素的综合影响。因此，股票价格经常处于波动之中。债券市场是债券发行和买卖交易的场所。债券的发行人有中央政府、地方政府、金融机构、公司和企业。债券发行人通过发行债券筹集的资金一般都是有一定期限的，必须按时还本并支付约定利息的债务资金。债券是债权凭证，债券持有者与债券发行人之间是债权债务关系。债券市场的交易对象是债券。债券因有固定的票面利率和期限，其市场价格相对股票价格而言比较稳定。基金市场是基金发行和流通的市场。封闭式基金在证券交易所挂牌交易，开放式基金则通过投资者向基金管理公司不断申购和赎回的方式实现流通。

2.1.2 证券市场的功能

2.1.2.1 证券市场在国民经济中的地位

中国证券市场是改革开放的产物，正确认识中国证券市场在国民经济中的重要地位，是证券市场得以稳定、健康发展的前提。

首先，证券市场是金融市场的一部分，因此也是社会主义市场体系中的重要组成部分。作为金融市场的重要组成部分，证券市场在金融市场体系中居于重要地位。在不同的社会制度、经济基础和文化传统背景下，证券市场在金融市场中的地位不同。在发达国家，股票和债券是金融市场上最主要、最活跃的金融资产，证券市场的交易覆盖了整个金融市场，是金融市场最重要的组成部分。但是，中国的金融市场有其独特的形成与发展模式，在中国金融市场从萌芽到初步形成的阶段，证券市场并没有充当首要角色，而是以银行同业拆借市场为主，证券市场、票据贴现市场、外汇调剂市场为辅。同时，与发达国家金融市场所不同的是，金融市场的四大子市场——货币市场、资本市场、外汇市场和黄金市场都各自服务于某一特定的领域，有着不可替代的作用。因此，中国证券市场不可能覆盖社会经济的各个方面。在中国未来的金融市场模式中，证券市场只能与其他市场同步协调发展。

其次，作为直接融资市场，证券市场是国民经济发展中的重要环节。实行社会主义市场经济，必然会有证券市场。建立发展健康、秩序良好、运行安全的证券市场，对我国优化资源配置、调整经济结构、筹集更多的社会资金、促进国民经济的发展具有重要作用。在过去的十几年里，证券市场为国民经济建设筹集了大量资金，对推动国有企业改革、建立现代企业制度、促进经济结构的调整、支持国民经济的增长起到了重要的作用，是国民经济发展中的重要环节之一。

2.1.2.2 证券市场在国民经济中的功能和作用

证券市场作为通过证券信用方式来融通中长期资金的市场，具有筹资、配资和监督等方面的特有功能。

1. 筹集资金功能

筹集资金是证券市场的首要功能。在国民经济运行过程中，货币在各部门之间进行流动与循环，由此造成不同类型的经济单位在任何一个时期的货币收入与支出不可能完全相等。无论是政府、企业还是居民都会出现收支不等的情况，既有收入大于支出的资金盈余者，也有收入小于支出的资金短缺者。一般情况下，居民部门大多是资金盈余者，可视为净储蓄部门，而企业和政府部门往往是资金短缺者。这样，一方面，企业和政府部门经常作为资金的需求方，需要筹集资金来满足其经济和政治活动的需要；另一方面，居民部门作为资金供给方，又在寻求投资的渠道。这就是说，需要在资金需求者与资金供给者之间融通资金，以维持和推动社会政治经济生活的正常运行。证券市场以证券形式为资金需求者和资金供给者提供了一种良好的机制和场所，资金需求者通过发行证券的方式融入资金，而资金供给者通过投资证券的方式实现资金价值的增值。

2. 资本配置功能

证券市场的资本配置功能是指通过证券价格引导资本的流动方向而实现资本合理配置的功能。在证券市场上，证券价格的高低是由该证券所能提供的预期报酬率的高低来决定的。一般来说，能提供高报酬率的证券来自于那些经营状况好、发展潜力巨大的企业，或是来自于新兴行业的企业。由于这些证券的预期报酬率高，因而其市场价格也相应较高，从而其筹资能力就强。这样，证券市场就通过价格机制引导资本流向产生高报酬率的企业或行业，从而使资本发挥尽可能高的效率，实现资本的合理配置。

3. 监督与评价功能

证券市场的价格变化，在很大程度上是对证券发行人的生产经营状况、盈利能力、资本实力、未来发展前景以及公众形象变化的反映。如果不考虑其他因素的影响，仅就公司本身的因素而言，一家公司证券价格的上涨往往表明投资者看好该公司的经营前景和市场竞争力；反之，如果证券价格下跌，则表明投资者对该公司的信任度减弱，预期公司的经营效益和市场竞争力会下降。所以，证券市场价格变化在反映企业实际经营状况、未来发展前景、资本实力和市场竞争力变化的同时，可以给企业加以强大的外部压力，从而有效地促进企业不断改善经营管理，提高经济效益，增强市场竞争力和树立良好的社会形象。

4. 证券市场是政府宏观调控的重要场所

证券市场是一国中央银行宏观调控的场所。从宏观经济角度看，证券市场不仅可以有效地筹集资金，而且还有资金“蓄水池”的功能，即通过市场对资金的吞吐和投向，影响和调节经济运行。各国中央银行只是通过证券市场这种“蓄水池”的功能来实现其对货币流通量的宏观调节，实现货币政策目标。

5. 证券市场在经济动荡时期还可以为企业起到“缓冲器”的作用

目前，一些发达国家的各类证券资产的总额已经数量不同地超过了银行贷款形式的金融资产，如美、日等国目前已超过一倍以上。他们的企业不是把资金全部都投入生产过程，而是有选择地购进一些证券，以促进自身资产负债结构的优化，甚至商业银行也是如此。这样做可以加强企业在宏观经济环境变化时的适应能力，提高发生如下情况时的抵御水准。假如发生如下情况：当银行抽紧银根、获得贷款条件恶化时，企业可以通过有选择地出售部分证券，以缓解流动资金不足的困难，保持生产规模的相对稳定；当银根放松、资金比较充裕时，企业又可以通过证券市场买入证券，以保持资产的流动性和盈利水平。可见，证券市场能够起到在经济动荡时期减少信贷风险的“缓冲器”作用。

2.1.3 证券市场的参与者

证券市场的参与者是证券市场运转的动力所在。证券的发行、交易和证券市场的管理都有不同的参与主体。一般而言，证券市场的参与者包括证券市场主体、证券市场中介、自律性组织和主管机构四大类。这些主体各司其职，充分发挥其作用，构成了一个完整的证券市场参与体系。

2.1.3.1 证券市场主体

1. 证券发行人

证券发行人是指为筹措资金而发行债券和股票的政府及其机构、金融机构、公司和企业。证券发行人是证券发行的主体，如果没有证券发行人，证券发行及其以后的证券交易就无从展开，证券市场也就不可能存在。证券发行人根据需要决定证券的发行，并委托证券承销商将证券推销给证券投资者，从而构成证券的发行过程。

证券发行人可分为债券发行人和股票发行人。债券发行人有发行政府债券的中央政府和地方政府、发行金融债券的金融机构以及发行企业债券的公司企业。股票发行人则是指股份有限公司。

政府是证券市场主要的资金需求者，作为债务人，在证券市场上发行政府债券。政府债券是证券市场的重要品种，可分为中央政府债券和地方政府债券。中央政府债券，即国债，包括国库券和公债券。我国国债种类有国库券、财政债券、重点建设债券、国家建设债券、保值债券、特种国债、转换债券及国库收款凭证等。中央政府发行债券的目的通常是扩大财政收入来源，弥补财政赤字，进行大型工程项目的政府投资以及归还旧债的本息。地方政府债券是由地方政府发行的债券，目的是为地方建设筹集资金。

公司、企业作为证券的发行人，发行的证券种类繁多，有股票和债券两大类。股票和债券又可以细分为多种。公司企业发行的证券是证券市场的主要品种，发行的目的是筹集生产经营发展的资金。

金融机构作为证券发行人在证券市场上发行金融债券，目的是增加开展各项金融业务的资金来源。近年来，我国政策性银行发行的金融债券主要是为重点建设项目和进出口政策性贷款等筹措资金。股份制金融机构还可以发行股票。

2. 证券投资者

证券投资者是证券市场的资金供给者。正是由于有众多证券投资者的存在才保证了证券发行的完成，同时，也活跃了证券市场的交易。

证券投资者类型甚多，投资的目的也各不相同。有的意在长期投资，以获取高于银行利息的收益，或参与公司的经营管理；有的则意图投机，通过买卖证券的价格和时机的选择赚取市场价差。若加以分类归纳，证券投资者主要有机构投资者和个人投资者两大类。

（1）机构投资者。机构投资者主要有政府部门、企事业单位、金融机构和公益基金等。机构投资者在社会经济活动中的身份地位、资金来源、投资目的、投资方向各不相同，但一般具有投资的资金量大，收集和分析信息的能力强，注重投资的安全性，可通过有效的资产组合分散投资风险，对市场影响大等特点。

政府机构进行证券投资的主要目的不是获取利息、股息等投资收益，而是为了调剂资金余缺和实施宏观经济政策（尤其是中央银行）。通过买卖政府债券开展公开市场业务，目的是调节货币供应量，进行宏观经济调控。

事业单位用于证券投资的资金，按照国家的规定必须是该单位有权自行支配的各种预算外资金，进行证券投资的目的是使预算外资金保值和增值。

公司企业不仅是证券发行人，也是证券投资者，它们可以用自己闲置的短期资金或暂时不用的积累资金进行短、中、长期投资，企业还可以通过股票投资达到参股、控股的目的。企业将债券作为企业资产的组成部分，既有利保持企业资产的流动性，又能使企业从中获得收益。因此，国内发行的许多债券，特别是短期债券多以企业为主要发行对象。

金融机构是证券市场上主要的机构投资者。参与证券投资的金融机构可分为三大类。

①银行及保险公司。这里所说的银行，包括商业银行、专业银行、政策性银行等。商业银行等其他银行进行证券投资主要是为了保持银行资产的流动性来分散风险，所以多投资于期限短、质量优的债券。银行的证券投资活动受政府法令制约，通常商业银行等只能投资于国债、地方政府债券和投资级企业债券，而不允许购买普通股票和投机级债券。保险公司的证券投资主要考虑本金安全和收益率，往往投资于期限长且收益率较高的证券。但各国政府对保险公司的证券投资都加以严格管制，一般对持有国债不加限制，而对地方政府债券、企业债券则只限于高等级债券。

②证券经营机构。它是证券市场上最主要的机构投资者，其证券投资的目的是获取盈利，但有时也负有稳定市场价格的责任，所以在投资操作上既注重本金安全，又注重盈利性和流动性。由于证券经营机构资金实力雄厚，进出金额巨大，且有专家操作，因此它们的投资活动对证券市场的影响甚大，是证券市场能否稳定的重要因素。

③基金管理人。证券投资基金是一种利益共享、风险共担的集合证券投资方式，其管理人负责管理和运用基金，主要从事股票、债券等金融工具投资。

（2）个人投资者。个人投资者是指从事证券投资的社会公众个人，他们是证券市场最广泛的投资者。个人投资者投资的主要目的是追求盈利，谋求资本的保值和增值，所以十分重视本金的安全和资产的流动性。单个的投资者受资本和投资能力所限，其投资额不可能很大，但由于社会公众是广泛群体，其集合总额十分可观，因此不能轻视个人投资者对证券市场稳定和发展的群体影响力。

个人投资者的资金主要来源于储蓄。也可通过向证券公司进行融资融券进行信用交易。

2.1.3.2 证券市场中介

证券市场中介是连接证券投资者和筹资者的桥梁，是证券市场运行的核心。在证券市场起中介作用的实体是证券经营机构和证券服务机构，通常把两者合称为证券中介机构。证券市场功能的发挥，在很大程度上取决于证券中介机构的活动。通过它们的经营服务活动，沟通了证券需求者与证券供应者之间的联系，不仅保证了多种证券的发行和交易，还能起到维持证券市场秩序的作用。

1. 证券经营机构

证券经营机构又称证券商，是指依法设立可经营证券业务的、具有法人资格的金融机构。证券经营机构的主要业务有代理证券发行、代理证券买卖或自营证券买卖、兼并与收购、研究及咨询服务、金融创新、其他代理业务等。随着证券品种的增多和证券市场的发展，证券经营业务的专业性逐渐增强，证券经营机构成为证券市场上不可或缺的中介组织。

根据1998年12月颁布的《中华人民共和国证券法》，我国对证券公司实行分类管理。将证券公司分为综合类证券公司和经纪类证券公司，由国务院证券监督机构按照其分类颁发业务许可证。综合类证券公司可以经营证券经纪业务、证券自营业务、证券承销业务和经国务院证券监督管理机构核定的其他证券业务；经纪类证券公司只能从事单一的经纪业务。综合类证券公司必须将其经纪业务和自营业务分开办理，业务人员、财务账户均应分开，不得混合操作。开展自营业务必须以自己的名义进行，不得假借他人或者个人的名义进行，不得将其自营账户借给他人使用。自营业务所使用的资金必须是自有资金和依法筹集的资金。客户的交易结算资金必须全额存入指定的商业银行，单独立户管理，严禁挪用客户交易结算资金。

证券公司办理经纪业务，必须为客户分别开立证券和资金账户，并对客户交付的证券和资金按户分账管理，如实进行交易记录，不得作虚假记载，采用其他委托方式的必须作出委托记录。

2. 证券服务机构

证券服务机构是指依法设立的从事证券服务业务的法人机构，主要包括证券登记结算公司、证券投资咨询公司、信用评级机构；会计师事务所、资产评估机构、律师事务所和证券信息公司。

2.1.3.3 自律性组织

自律性组织一般为证券行业协会和证券交易所。

1. 证券行业协会

证券行业协会是证券业的自律性组织，是社会团体法人。证券行业协会的权力机构是指由全体会员组成的会员大会。证券法规定，证券公司应当加入证券行业协会。

证券行业协会应当履行协助证券监督管理机构组织会员执行有关法律，维护会员合法权益，为会员提供信息服务，制定规则，组织培训和开展业务交流，调解纠纷，就证券业的发展开展研究，监督检查会员行为及证券监督管理机构赋予的其他职责。

美国的全美证券商协会还负责监管所有非纽约股票交易所及美国股票交易所会员的证券经纪公司，并管理场外市场的交易活动。

2. 证券交易所

根据我国的证券法，证券交易所是提供证券集中竞价交易场所的、不以营利为目的的法人。其主要职责有：提供交易场所与设施；制定交易规则；监管在该交易所上市的证券以及会员交易行为的合规性、合法性，确保市场公平，公布行情等。

2.1.3.4 证券监管机构

现在，世界各国证券监管体制中的机构设置可分为专管证券的管理机构和兼管证券的管理机构两种形式，它们都具有对证券市场进行管理和监督的职能。

在我国，证券监管机构是中国证券监督管理委员会及其派出机构。

【小资料】

QFII与QDII的概念及原理

QFII作为一种过渡性制度安排，是那些货币没有自由兑换、资本项目未完全开放的新兴市场国家或地区实现有序、稳妥开放证券市场的特殊通道。准确地说，所谓QFII（Qualified Foreign Institutional Investors）即合格的境外机构投资者制度，是指允许合格的境外机构投资者在一定规定和限制下汇入一定额度的外汇资金，并转换为当地货币，通过严格监管的专门账户投资当地证券市场，其资本利得、股息等经批准后可转为外汇汇出的一种方场开放模式。

由此可知，QFII制度的实质是一种有创意的资本管制。在这一机制下，打算投资境内资本市场的人士必须分别通过合格机构进行证券买卖，以便政府进行外汇监管和宏观调控，目的是减少资本流动（尤其是短期"游资"）对国内经济和证券市场的冲击。因而，QFII机制的运作要涉及三个核心问题。

其一是合格机构的资格认定。包括注册资本数量、财务状况、经营期限、是否有违规违纪记录等考核标准，以选择具有较高资信和实力、无不良营业记录的机构投资者。

其二是对合格机构汇出汇入资金的监控。一般有两种不同的手段：一种是采取强制方法，规定资金汇出汇入的时间与额度；另一种是用税收手段，对不同的资金汇入汇出时间与额度征收不同的税，从而限制外资、外汇的流动。

其三是合格机构的投资范围和额度限制。投资范围限制主要对机构所进入的市场类型以及行业进行限制。投资额度包括两个方面：一是指进入境内市场的最高资金额度和单个投资者的最高投资数额（有时也包括最低投资数额），二是合格机构投资于单个股票的最高比例。

QDII（Qualified Domestic Institutional Investors，认可本地机构投资者机制），是允许在资本账项未完全开放的情况下，内地投资者向海外资本市场进行投资。QDII意味着将允许内地居民外汇投资境外资本市场。QDII将通过中国政府认可的机构来实施。

（摘自2002年7月11日《上海证券报》网络版）

2.2 证券发行市场

2.2.1 证券发行市场的定义与特点

2.2.1.1 证券发行市场的定义

证券发行市场是指发行、推销新的证券的市场，是整个证券市场的起点和证券交易的基础。它包括证券从规划到销售的全过程，是资金需求者直接获得资金的市场。通过证券发行市场，资金从供给者手中转入需求者手中，也就是把储蓄转化为投资，从而创造新的实际资产和金融资产，增加社会总资本和生产能力，以促进社会经济的发展。

2.2.1.2 证券发行市场的主要特点

1. 无固定场所

新发行证券的认购和销售不一定在有组织的交易所进行，有的由发行者自行向投资者销售，有的由投资银行承购后再向投资者分销，也有一部分由承购者在证券交易所购买。

2. 没有统一的发生时间

股票发行者根据自己的需要和市场行情定向自行决定何时发行。但每次具体的发行都有发行期限的限制。

2.2.2 证券发行市场的主要功能

2.2.2.1 为政府、金融机构和企业提供筹措资金的渠道

证券发行市场拥有大量的定型证券商品，发行者可以参照各类证券的期限、收益水平、参与权、流通性、风险度、发行成本等不同特点，根据自己的需要和可能来选择确定发行何种证券，并依据当时市场上的供求关系和价格行情来确定证券发行数量相价格（收益率）。发行市场上还有众多的为发行者服务的中介机构，它们可以接受发行者的委托，利用自己的信誉、资金、人力、技术和网点等向公众推销证券，帮助发行者及时筹措到所需资

金。发达的发行市场还可以冲破地区限制，为发行者扩大筹资范围和对象，在本地或外地面向各类投资者筹措资金，并通过市场竞争逐步使筹资成本合理化。

2.2.2.2 为资金供应者提供投资和获利的机会，是实现储蓄向投资转化的场所

政府、企业和个人在经济活动中可能出现暂时闲置的货币资金，证券发行市场提供了多种多样的投资机会。储蓄转化为投资是社会再生产顺利进行的必要条件。

2.2.2.3 引导资金流向，是优化资源配置的重要场所

在现代经济活动中，生产要素都跟随着资金流动，只有实现了货币资金的优化配置，才有可能实现社会资源的优化配置。证券发行市场通过市场机制选择发行证券的企业，那些符合国家产业政策、经营业绩良好的企业更易于从证券市场上筹集到所需要的资金。

2.2.2.4 证券发行市场是促进企业转制的重要条件

建立现代企业制度是我国经济体制改革面临的重要任务，股份公司则是现代企业制度的重要形式。将部分企业转变为股份制企业的意义，不仅在于通过发行证券筹措资金，更重要的是转变企业经营机制，为发展社会主义市场经济构筑微观经济基础。

2.2.2.5 政府是参与和调节经济的重要依托

在当代经济中，政府已成为重要的经济部门之一，证券发行市场是政府筹措资金的重要场所。政府通过市场发行各种长短期债券，或用于平衡财政收支，或用于建设性投资，而通过发行市场发行的政府债券，又成为中央银行进行公开市场业务操作的主要工具。

2.2.3 股票发行市场

2.2.3.1 股票的发行目的和种类

股票的一般发行目的是筹集资金以满足企业发展需要。为筹资发行股票又分两种情况：一是为设立新公司首次发行股票，二是为发展已有公司的资本规模而发行增资股票。

1. 新公司首次发行股票——设立发行

通过发行股票设立新公司，一般又分为发起设立和招股设立两种方式。

发起设立是公司发起人在公司设立时，必须足额认购首次发行的全部股票，无须向社会筹资。在这种情况下，股份有限公司创建时的资金来源，就只是发起人认购股票所缴资金，这样每个发起人就都是公司的原始股东。发起人在认购股份后，可以一次缴足认购款，也可以分期缴纳，期限由发起人共同议定。认购款可以用现金支付，也可以按预先协议用设备、房屋、地产等实物资产，经作价后抵缴股款。发起设立方式比较简便，只要注册申请，经过批准，即可开始新公司的营业活动。

招股设立是发起人在公司设立时只认购一部分股票，其余部分必须向社会公开招股，使之达到预定的资本总额。为此，发起人应先向主管机关申请，经核准后，公布招股书。招股书的主要内容有：公司的基本情况（名称、营业范围、股份总额等）、发起人认购情况、认购开始和结束的时间、股金交付方式、期限以及代收股金的金融机构等。公众认购股票时，需填写认股书，包括认购股数、金额等。股票发行结束后，发起人应通知所有股东参加公司创立大会，讨论公司章程，选举董事会，之后公司宣告成立，开始营业。

2. 老公司发行增资股票——增资发行

为发展已有公司（即老公司）的资本规模而发行增资股票，一般要比前一种情况复杂一些。再度发行股票是老公司扩大经营规模，扩充资本总量，以加强其市场竞争力的最有效的途径。老公司发行新股时，仍要向主管部门申请变更登记。申请书应包括：原定股份总额、已发行股份额、公司财产及承销人的情况等。申请获准后，要先由公司职工优先认购一部分，然后再由原股东按原有股份比例认购，余下部分转给承销者面向社会出售。

老公司发行增资股票，主要是为了扩大本公司的生产经营。增资或者是为了筹措设备资本，即增加设备投资，购买新的机器和扩建厂房；或者为了筹措营运资本，即增加流动资本，特别是在银根紧缩，难以通过银行贷款解决流动资金需要时，用股票增资方式解决则比较好，或者为了筹措偿还债务的资本（增资偿债虽从表面看是偿债，实际上往往是为了公司的资金周转）；也有的是为了改善公司财务结构。总之，老公司发行增资股票是为了满足营运资本的需要。

2.2.3.2 股票发行制度

1. 股票发行制度的含义与分类

股票发行是指发行人在市场中出售代表一定股东权利的股票的行为。股票发行制度是指支配股票发行行为和明确市场参与各方的权利和责任的一系列规则体系，其核心内容是股票发行决定权的归属。发行制度科学与否决定着股票市场资金配置的效率，也决定着股票市场的资金筹集、转换机制、优化资源配置和分散风险等功能的顺利实现。

依据股票发行决定权归属的不同，发行审核制度主要分为核准制和注册制。核准制遵循实质管理原则，发行人除必须履行强制性披露义务外，还必须符合一系列实质性条件，在赋予发行人自主决定发行股票权的同时，由监管当局对发行行使最后的决定权。注册制遵循公开原则，发行人必须按法定程序向监管部门提交有关信息，申请注册，并对信息的完整性、真实性负责，完全赋予发行人和市场对股票发行的决定权。另外，在许多经济转型国家或证券制度尚不发达的国家，还实行带有额度控制的审批制，完全由政府垄断发行决定权。

2. 我国股票发行制度演变历程

实施科学严谨的股票发行制度，有利于从证券市场入口把好关，正本清源，防患于未然，从而保证上市公司的质量，有效地增强和恢复投资者的信心。我国证券市场建立二十多年来，股票发行制度经历了几次大的变革。

(1) 自1990年我国证券市场建立，直至2000年，我国股票发行制度实施的一直是行政审批制度。

这种“审批制”是完全计划发行的模式，实行“额度控制”，即拟发行股票的公司在申请公开发行股票时，要在征得地方政府或中央企业主管部门同意后，向所属证券管理部门提出发行股票的申请。经证券管理部门受理审核同意转报中国证监会核准发行额度后，公司可提出上市申请，经审核、复审，由中国证监会出具批准发行的有关文件，方可发行股票。

我国的证券市场是在改革开放和现代化建设中逐步成长起来的。证券市场建立初期，由于法规不够健全，市场各方参与者还不成熟，各行业、各地区发展不平衡，要求上市的企业质量参差不齐，需要加以宏观调控和严格审查，因而对股票发行申请采用了审批制，股票发行决定权归属政府，这主要表现在以下几个方面：

①额度管理。由国务院证券委员会同国家计划委员会制定年度或跨年度全国股票发行总额度，然后把总额度按条块分配给各地方政府及中央部委。

②两级行政审批。企业首先向其所在地地方政府或主管中央部委提交额度申请，后报送中国证监会复审，形成第二级审批。中国证监会对企业的质量、前景进行实质审查，并对发行股票的规模、价格、发行方式、时间等作出安排。

③价格限制。基本上采用定价发行方式，通过规定发行市盈率限制股票的发行价格。

1996 年，国务院证券委员会在其公布的《关于 1996 年全国证券期货工作安排意见》中，针对“额度控制”存在的问题，着手进行改革，推行“总量控制、限报家数”的管理办法，即由国家计划委员会、证券委员会共同制定股票发行总规模。中国证监会在确定的规模内，根据市场情况向各地区、各行业部门下达企业个数，并对企业进行审核，改变了原来仅规定额度总量未限制上市家数，大型企业难以进入市场的状况，使一批具有行业代表性，对国民经济有重要意义的大企业得以进入市场。1997 年，中国证监会发布《关于做好 1997 年股票发行工作的通知》，增加了拟发行股票公司预选材料审核的程序，由中国证监会对地方政府或中央企业主管部推荐的企业进行预选，改变了两级行政审批下单纯由地方推荐企业的做法，开始了对企业的事前审核。2000 年 3 月，《中国证监会股票发行核准程序》颁布，对通过科技部和中国科学院论证的高新技术企业优先审核，开始了对“额度控制”的突破。

从“额度控制”到“总量控制、限报家数”，使中国股票发行审核体制逐步趋于合理，有效地解决了早期股票发行体制下存在的某些突出的矛盾。但不可否认的是，无论“额度控制”还是“总量控制、限制家数”，都仍然属于计划性质的管理体系，注定了只能是一项过渡性的制度安排：①“总量控制、限制家数”的措施在支持大型企业上市的同时，强化了对国有企业的支持，客观上限制了其他经济成分的企业，使在国民经济中活跃并占有重要地位的民营和外商投资企业难以进入市场，造成证券市场上市公司结构性的矛盾；②在产业政策方面，重点支持农业、能源、交通、通讯、重要原材料等基础产业和高新技术产业的企业，而金融、房地产、商品流通业受到

严格限制；③优先鼓励和支持国有企业发行股票收购兼并有发展前景但目前亏损企业的政策，在实际操作中变异为单纯为国有企业解困、客观上影响了上市公司的质量。

在这种审批制下，从企业的选择到发行上市的整个过程透明度不高，市场的自律功能得不到有效发挥，弊端较多，无法保证上市公司质量。

（2）在1999年7月颁布的证券法中，明确要求我国股票发行制度要实施核准制。

随着我国证券市场不断规范发展，实行股票发行核准制的条件已基本成熟。1999年7月1日正式实施的《中华人民共和国证券法》明确确立了核准制的法律地位。1999年9月16日，中国证监会推出了股票发行核准制实施细则。随后，中国证监会陆续制定了一系列与配套的法律法规和部门规章，为实施核准制创造条件。2001年3月17日，正式取消了股票发行的额度和指标，核准制取代了行政审批。

核准是指发行人在发行股票时，不需要各级政府批准，只要符合证券法和公司法的要求即可申请上市。但是发行人要充分公开企业的真实状况，证券主管机关有权否决不符合规定条件的股票发行申请。从发行审批制向核准制的演进使中国股票发行制度发生了根本性的变革，是证券市场的重大制度创新。由股票发行市场的变革所引发的一系列转变，也对我国证券市场的长远发展产生了积极而深远的影响：①核准制的实施转变了中国证监会发行监管的职能，使之成为制定标准和规则，促进法规和政策体系的完善，并以此维护一个公平、公开、公正的市场；②核准制的实施要求市场参与各方明确各自的权利和责任，大力推进发行机制的市场化，确立市场机制对配置资源的基础性地位。核准制的核心内容是通道制，即对券商每年授予一定的发行股票的数目。通道的分配根据证券公司的规模大小而定，大的不超过8个通道，小的不少于2个通道。通道制实行以来，取得了一些良好效果：①为监管部门调控市场供求关系提供了一种相对公平的排队机制；②通过不良记分制、通道暂停与扣减等措施，客观上促使券商提高了执业水准。但是，通道制作为一种临时性的安排，实施以来功能越来越弱化，显现出通道周转率低等妨碍高层次竞争和牺牲市场效率的弊端。逐步改善通道制成为中国证监会一直以来研究的问题。

（3）2003年1月，在中国证监会召开的全国证券期货监管工作会议上，逐步建立上市保荐制度被列为监管工作的重点之一。

2003年1月，股票上市保荐制度开始浮出水面。要规范证券发行市场的运行，提高上市公司的质量，必须明确市场参与各方（包括发行人、中介机构、投资者和监管机构）的权利和责任。引入公开发行和上市保荐制度，是目前完善和发展核准制的重要方式，该方式通过明确规定了具有主承销商推荐股票发行上市的保荐责任，落实发行决定权的不同内容在监管机构、发行人和中介机构中的分配。

保荐制度的实施一方面要求对现存核准制度进行相应的配套改革，同时也为简化发行审批程序、放松发行管制准备了有利条件。因为保荐人已经承担相应的督导、审阅、报告的责任，随着其市场信誉机制的建立，现行核准制度也应作出相应调整，从而可整合和优化配置保荐人资源与监管机构的审核资源，减少监督部门的审批环节和审核压力，缩短审批时间，提高市场效率。完全赋予发行人和市场对股票发行的决定权，为股票发行制度由核准制向注册制过渡创造了条件。

【小资料】

核准制下发行的第一股——北京用友软件

目前世界上有关国家、地区依据其证券市场成熟程度，以及法律背景对股票发行监管主要采取注册制和核准制两种模式。

注册制强调，发行人申请发行股票时，必须依法将公开的各种资料完全准确地向证券监管机构申报。证券监管机构的职责是对申报文件的全面性、准确性、真实性和及时性作形式审查，不对发行人的资质进行实质性审核和价值判断，而是待发行人股票的良劣留给市场判断。注册制的基础是强制性信息公开披露原则，遵循“买者自行小心”理念。

核准制吸取了注册制强制性信息披露原则，同时要求申请发行股票的公司必须符合有关法律和证券监管机构规定的必备条件。证券监管机构除进行注册制所要求的形式审查外，还关注发行人的法人治理结构、

营业性质、资本结构、发展前景、管理人员素质、公司竞争力等，并据此作出发行人是否符合发行条件的判断。核准制遵循的是强制性信息公开披露和合规性管理相结合的原则，其理念是“买者自行小心”和“卖者自行小心”并行。

自1990年我国证券市场建立以来，上市公司的股票发行采用的一直是审批制，应属于广义上的核准制。审批制主要采用行政和计划手段，由地方政府或部门根据发行额度推荐发行上市。证券监管部门行使审批职能。2001年3月开始，我国正式实施核准制，拟发行股票的公司按照中国证监会发布的《股票上市发行核准程序》等规定进行申报，发行审核委员会按照规定进行审查，符合条件的由中国证监会核准发行，不符合条件的不许发行，没有计划和额度的限制。在核准制情况下，行政审批权力大大弱化，发行过程的透明度大大提高，股票的发行价格由市场决定。2001年5月，号称全国软件业“老大”的用友软件在上海证券交易所成功发行新股。作为第一家核准制上市公司，用友软件的发行价格高达36.68元，创造了自股票全面上市以来发行价格的最高；其发行市盈率也达到64.35倍。用友软件招股说明书是第一份按照中国证监会新准则要求编制的招股说明书，它从编制所体现的原则和理念、披露的具体内容到形式，较过去的招股说明书都发生了重大变化，体现了核准制下新的要求和特点。不仅招股说明书信息披露的广度和深度加大，信息质量提高，而且强调了公司治理结构相关当事人的披露，同时发行人、主承销商、会计师和律师各方的责任更加明确。

（摘自人民网，http：//www. People. com. cn/GB/jingji/35，2001年05月22日）

2.2.3.3 股票发行方式

各国政治、经济、社会条件的不同，特别是金融体制和金融市场管理的差异使股票的发行方式多种多样。根据不同的分类方法，可作如下概括。

1. 公开发行与非公开发行

这是根据发行对象的不同来划分的：

（1）公开发行。公开发行又称公募是指事先没有特定的发行对象，向社会广大投资者公开推销股票的方式。采用这种方式，可以扩大股东的范围，分散持股，防止囤积股票或被少数人操纵，有利于提高公司的知名度，为以后筹集更多的资金打下基础，也可增加股票的适销性和流通性。在公募发行中，发行公司的股东和职员都可以认购，但股东和职员的过多认购会改变公开募集的性质，所以法律对其认购比例有一定限制。通常大股东认购额不得超过发行总额的20%，职员认购额不得超过30%。

（2）非公开发行。非公开发行又叫私募，是指发行者只对特定的发行对象推销股票的方式。通常在两种情况下采用：一是股东配股，又称股东分摊，即股份公司按股票面值向原有股东分配该公司的新般认购权。二是私人配股，又称第三者分摊，即股份公司将新股票分售给股东以外的本公司职工、往来客户等与公司有特殊关系的第三者。无论是股东还是私人配售，由于发行对象是既定的，因此，不必通过公募方式，这不仅可以节省委托中介机构的手续费，降低发行成本，还可以调动股东和公司各关系方的积极性，巩固和发展公司的公共关系。但缺点是这种不公开发行的股票流动性差，不能公开在市场上转让出售，而且也会降低股份公司的社会性和知名度，还存在被杀价和控股的危险。

2. 直接发行与间接发行

这是根据发行者推销出售股票方式的不同来划分的。

（1）直接发行。直接发行指股份公司自己承担股票发行的一切事务和发行风险，直接向认购者推销出售股票的方式。采用直接发行方式时，要求发行者熟悉招股手续，精通用股技术并具备一定的条件。如果认购额达不到计划招股额，新建股份公司的发起人或现有股份公司的董事会必须自己来认购出售的股票。因此，只适用于有既定发行对象或发行风险少、手续简单的股票。一般情况下，不公开发行的股票或因公开发行有困难的股票；或是实力雄厚，有把握实现巨额私募以节省发行费用的大股份公司股票，才采用直接发行的方式。自己发行可节约手续费，但发行风险要自己承担，发行剩余部分要自己全部认购。

（2）间接发行。间接发行又称间接招股，是指发行者委托证券发行中介机构出售股票的方式。这些中介机构作为股票的推销者，办理一切发行事务，承担一定的发行风险并从中提取相应的收益。

股票的间接发行有3种方法。

①代销，又称为代理招股，推销者只负责按照发行者的条件推销股票，代理招股业务，而不承担任何发行风险，期满仍销不出去的股票退还给发行者。由于全部发行风险和责任都由发行者承担，证券发行中介机构只是受委托代为推销，因此，代销手续费较低。

②余额包销。即股票发行者与证券发行中介机构签订推销合同明确规定，在约定期限内，如果中介机构实际推销的结果未能达到合同规定的发行数额，其差额部分由中介机构自己承购下来。这种发行方法的特点是能够保证完成股票发行额度，一般较受发行者的欢迎，而中介机构因为需要承担一定的发行风险，故承销费高于代销的手续费。

③全额报销。发行新股票时，证券发行中介机构需用自己的资金一次性地把将要公开发行的股票全部买下，然后再根据市场行情逐渐卖出，中介机构从中赚取买卖差价。若有滞销股票，则由中介机构减价出售或自己持有。由于发行者可以快速获得全部所筹资金，而推销者则要承担全部发行风险，因此，包销费更高于代销货和承销费。包销又可分为协议包销、俱乐部包销和银团包销方式。协议包销，是由一个承销公司包销发行人待发行的全部证券，采用这种形式，发行风险由该公司独立承担，手续费也全部归这个公司所获。银团包销，是由一个承销公司牵头，若干承销公司参与包销活动，以竞争的形式确定各自的包销额，并分别按包销额承担发行风险，收取手续费。俱乐部包销，是由若干承销公司合作包销，每个承销公司包销的份额、所承担的风险及所获得的手续费都平均分摊。

股票间接发行时究竟采用哪一种方法，发行者和推销者考虑的角度是不同的，需要双方协商确定。一般来说，发行者主要考虑自己在市场上的信誉、用款时间、发行成本相对推销者的信任程度；推销者则主要考虑所承担的风险和所能获得的收益。

3. 有偿增资、无偿增资，是按照投资者认购股票时是否交纳股金来划分的。

(1) 有偿增资。有偿增资指认购者必须按股票的某种发行价格支付现款，方能获得股票的一种发行方式。一般公开发行的股票和私募中的股东配股、私人配股都采用有偿增资的方式。采用这种方式发行股票，可以直接从外界募集股本，增加股份公司的资本金。

（2）无偿增资。无偿增资指认购者不必向股份公司缴纳现金就可获得股票的发行方式，发行对象只限于原股东。采用这种方式发行的股票，不能直接从外部募集股本，而是依靠减少股份公司的公积金或盈余结存来增加资本金，一般只在股票派息分红、股票分割和法定公积金或盈余转作资本配股时采用无偿增资的发行方式，按比例将新股票无偿交付给原股东，其目的主要是为了股东利益，以增强股东信心和公司信誉或为了调整资本结构。由于无偿发行要受资金来源的限制，因此不能经常采用这种方式发行股票。

股票发行必须遵循法律程序，只有经过法定程序发行的股票才是合法股票。股票的发行分为设立发行和发行新股两类。设立发行是股份公司成立以募集资本所进行的股票发行，这是股份公司的首次发行；发行新股是指股份公司成立后因增加资本、扩大经营的需要而进行的股票发行。

【小资料】

什么是路演？

路演译自英文 Road Show，是国际上广泛采用的证券发行推广方式，指证券发行商发行证券前针对机构投资者的推介活动，是在投资、融资双方充分交流的条件下促进股票成功发行的重要推介、宣传手段。通过投资银行家或者支付承诺商的帮助，在发行市场上出售股票，以便有助于提高股票潜在的价值叫路演。

路演的目的：促进投资者与股票发行人之间的沟通和交流，以保证股票的顺利发行。

在海外股票市场，股票发行人和承销商要根据路演的情况来实现以下目的：

①查明策略投资者的需求情况，由此决定发行量、发行价和发行时

机，保证重点销售。

②使策略投资者了解发行人的情况，作出价格判断；利用销售计划，形成投资者之间的竞争，最大限度地提高价格评估。

③为发行人与策略投资者保持关系打下基础。

路演的主要形式：举行推介会。推介会上，公司向投资者就公司的业绩、产品、发展方向等作详细介绍，充分阐述上市公司的投资价值，让准投资者们深入了解具体情况，并回答机构投资者关心的问题。随着网络技术的发展，这种传统的路演同时搬到了互联网上，出现了网上路演，即借助互联网的力量来推广。网上路演现已成为上市公司展示自我的重要平台，推广股票发行的重要方式。

路演推介所需资料和服务内容：专业精美的企业推介画册（中/英文）；招股说明书（中/英文）；研究报告（产品技术分析/市场分析/募集资金可行性分析报告）；发行公司文件封套（中/英文）；幻灯片和幻灯彩册（中/英文）；企业推广录像带（中/英文）、礼品、文件礼品袋等。

路演推介还将提供推介会、新闻发布会、上市仪式、上市酒会的场租，会场布置及其所需器材、展板、图片、背景牌和横条、度牌、同声翻译器材等的租赁和制作，以及演讲者的名牌、名片、名套、胸花等服务。

路演推介活动中应注意的问题：

①防止推销违例。

②宣传的内容要真实。

③推销时间应尽量缩短和集中。

④把握推销发行的时机。

2.2.4 债券发行市场

2.2.4.1 债券的发行主体

债券发行是将债券由发行者手中转移到投资者手中的过程。债券的发行主体，主要是债券的发行者，具体包括政府、金融机构、股份公司以及企业等。

1. 政府

政府根据信用原则，为了达到特定的目的，也经常采取债券的形式筹措资金。政府又分为中央政府和地方政府。中央政府为了弥补国库暂时性资金不足，可发行短期国家债券，即国库券；为了某种特定目的，也可发行中长期国家债券，即公债券。可在国内以本币币种发行，也可以在国外以外币币种发行。地方政府为了发展地区经济（如建设某个大型项目、修建基础设施等），也采用举债的形式发行地方政府债券，简称地方债券。

2. 金融机构

金融机构主要包括银行及非银行性质的金融机构（如信托投资公司发行的目的主要是筹集信贷资金。

3. 股份公司

股份公司为了增加资金而发行债券。这种方式不仅比增发新股票简单，而且比较灵活。

4. 企业

经董事会决定后，可申请发行债务。企业在具备发行资格的条件下，可以作为发行者，通过发行债券筹集资金。这是企业最直接、最有效的资金来源之一。

2.2.4.2 债券发行方式

债券发行方式有三种分类方法：从发行对象的范围大小看，分为公开发行（公募）与私人发行（私募）；从是否有证券发行中介机构的参与看，分为直接发行与间接发行；从发行条件及投资者的决定方式看，分为招标发行与非招标发行。

1. 招标发行

招标发行是债券发行者通过招标方式来决定债券投资者和债券的发行条件的方法之一。因为是公开进行，属于公募性质，故称“公募招标”。公募招标有时通过中介机构，有时直接进行。

招标发行债券，发行人可以发行数量较大的债券，由发行人决定发行条件，还能获得最高价格。但对发行人也存在不利之处，如发行公司必须切实把握进度时间，不能中途变更或终止；所需费用比协商议价高。

2. 非招标发行

非招标发行是债券发行人与债券承销商或投资银行直接协商发行条件，以便适应发行人的需要和现行市场状况。债券发行人可以根据以往发行债券的经验、类似的发行报告以及有关投资银行的情况，与承销商确定最好的发行条件。

【案例】

中国IPO询价第一股：华电国际（600027）

2005年1月1日，中国证监会发布《关于首次公开发行股票试行询价制度若干问题的通知》及配套文件《股票发行审核标准备忘录第18号——对首次公开发行股票询价对象条件和行为的监管要求》正式实施，从此中国股票发行定价进入了询价制的时代。该通知要求，首次公开发行股票的公司及其保荐机构应通过向证券投资基金管理公司、证券公司、信托投资公司、财务公司、保险机构投资者和合格境外机构投资者（QFII）等询价对象询价的方式确定股票发行价格。向询价对象配售股票的比例为：公开发行数量在4亿股以下的不超过20%；在4亿股以上（含4亿股）的不超过50%。询价对象应承诺将累计投标询价获配的股票锁定在3个月以上。目前通过发审会审核、等待发行的公司，都必须采用询价方式发行。该通知还规定，询价分为初步询价和累计投标询价两个阶段。

在初步询价阶段，保荐机构要向询价对象提供有关价值分析报告，询价对象再根据自己的判断申报具体的价格区间。其后，根据询价对象的报价结果确定发行价格区间及相应的市盈率区间。发行价格区间确定后，向询价对象进行累计投标询价，并根据累计投标询价结果确定发行价格。如果投资者的有效申购总量大于本次股票发行量，但超额认购倍数小于5倍时，以询价下限为发行价；如果超额认购倍数大于5倍时，则从申购价格最高的有效申购开始逐笔向下累计计算，直至超额认购倍数首次超过5倍为止，以此时的价格为发行价。

引进新股询价制的目的是将新股发行的定价权交给机构投资者。

定价方式的改变所产生的最直接的影响首先是新股发行的定价水平。

其次，对二级市场利好。长期而言，询价制度将增加股票市场资金的供应，因为保险机构、财务公司、信托公司等机构将更加积极地参与进来，这对股市是长期利好的。

再次，机构更注重研发能力。机构投资者普遍认为，询价制度对机构的研发能力提出了更高的要求。以前，基金对一级市场的研究主要集中在增发、配股、转债等发行方式中，以后，IPO的公司也要重视研发能力的提高。

最后，定价和销售能力成为投行核心。询价制度实施之后，对于保荐机构来说，帮助拟上市公司争取投资者的认同将成为发行成功或失败的关键。过去，投行的主要职责是“跑会”，也就是帮助拟上市公司争取监管部门的核准，定价和销售并不是业务重点。但这种情况很快将不复存在。

华电国际于1994年6月28日在山东省济南市注册成立，1999年6月30日在香港联合交易所（H股）上市。作为一家以建设、经营发电厂和其他与发电相关的产业为主业的公司，截至2004年6月30日，公司管理总装机容量达到7980MW。2004年上半年，公司发电量为174亿千瓦时，比上年同期上升18.78%，总收入47.67亿元，较上年同期上升16%，实现净利润6.59亿元，每股收益为0.13元。华电国际成为第一家询价机制发行证券的企业，一是因为华电国际已是H股上市公司，信息披露比较充分，市场风险相对较小；二则是由于其所处行业为电力行业，在国内A股市场有与之接近的公司如华能国际、国电电力等，比价效应会让其询价更为接近市场认可水平。此次华电国际发行数量不超过7.65亿股A股，其中向中国华电集团公司定向配售不超过1.96亿股，在网下通过累计投标询价向配售对象配售不超过2.845亿股A股。主承销商中金公司将在北京、上海和深圳向77家机构进行初步询价。

中国华电集团已书面承诺，按照本次A股公开发行价格以现金全额认购定向配售部分，在国家关于国有股和法人股流通的新规定出台之前，这部分股份暂不上市流通。公司此次发行募集资金投向四个项目，即投资4.755亿元收购广安公司80%的股权、投资约3.7亿元用于广安电厂二期工程、投资约1.85亿元用于宁夏中宁电厂扩建工程、投资约10亿元建设邹县电厂四期工程，总投资约需20.305亿元。

华电国际作为询价制下发行股票的第一家，从发行价格的确定到路演推介形式，市场化程度都大大提高。从程序上来看，华电国际此次发行主要分为三个阶段，发行过程历时10天。第一阶段是以预路演的形式，确定发行价格区间。公司在刊登招股意向书后，中国国际金融有限公司作为保荐机构和主承销商将进行为期三天的预路演，分别在北京、上海和深圳向中国证券业协会公布询价对象中的77家进行初步询价。这77家询价对象包括证券公司15家、证券投资基金管理公司36家、财务公司14家、信托投资公司9家以及合格境外机构投资者（QFII）3家。初步询价于2005年1月19日结束，根据询价情况确定股票发行的价格区间。

第二阶段是进行正式路演确定发行价格，正式路演分为现场路演和网上路演。根据预路演确定的发行价格区间，2005年1月20日，公司将刊登《初步询价结果公告》、《网下发行公告》、《网上路演公告》，开始为期两天的路演和累计投标询价，以配售对象累计投标情况确定发行价格。

第三阶段是正式向配售对象按比例配售和向二级市场投资者进行市值配售。2005年1月22日刊登《累计投标询价定价结果公告》、《市值配售发行公告》，配售对象开始缴款申请配售；24日，二级市场投资者市值申购、配号，同时公布网下累计投标询价配售结果、退还网下配售对象多余申购款项；25日，公布市值配售中签率，根据中签率进行网上申购的摇号抽签；26日公布中签结果；27日，中签投资者缴款或放弃认购。

根据《通知》，华电国际向77家机构进行了初步询价，初步询价结果公告显示，77家询价对象的报价区间为1.9元/股至3.38元/股。主承销商和发行人根据此询价结果并综合考虑发行人基本面、所处行业、可比公司估值水平及市场情况，最终确定本次网下配售对象累计投标询价的发行价格区间为2.3元/股至2.52元/股。

中金公司最终确定给出的发行价格落在了初步询价区间的上限，2.52元。

案例思考

1. 结合案例总结询价发行的步骤。

2. 询价发行与以往的定价发行制度相比有哪些进步？

3. 华电国际的询价发行在实际操作中还存在哪些问题？该如何完善？

4. 查找资料，比较当前的询价发行制度较华电国际的询价发行有了哪些改革？

2.3 证券流通市场

证券二级市场（流通市场）是转手买卖已发行证券的市场，为已从一级市场获得证券的投资者提供流动场所。已发行证券在二级市场中各投资者之间流动，卖出证券的收益归证券现在的持有者所有，而不再属于最初的发行公司。

2.3.1 证券的上市

关于证券上市的程序有如下内容：

1. 股票上市程序

根据《中华人民共和国公司法》、《中华人民共和国证券法》和有关法规，我国A股上市的一般程序为：①公司上市申请。②证券交易所上市委员会审批。③订立上市协议书。④股东名称送交证券交易所备案。⑤披露上市公告书。⑥挂牌交易。

2. 债券上市程序

所谓债券上市，就是指证券交易所承认并接纳某种债券在交易所市场上挂牌交易。各国对于债券上市都制定有一定的标准，上市过程也就是各有关机构对其债券审查是否达到标准的过程。综合各国债券上市的实际操作，一般债券上市的程序如下：①发行公司提出上市申请；②证券交易所初审；③证券管理委员会核定；④订立上市契约；⑤确定上市日期；⑥挂牌买卖。

3. 证券上市的费用

根据证券交易所的市场业务规则，上市公司股票上市后，应当按照上市协议的承诺和证券交易所的收费规则缴纳上市费用。上市费用分为上市初费和上市月费两类，不包括为上市付给律师事务所、会计师事务所、审计师事务所以及一些印刷费用、广告费用等间接费用。

4. 证券上市的暂停与停止

由于证券发行人生产经营情况的变化，使取得上市资格而上市的证券也可能在上市过程中不再符合上市标准，于是就有了上市的暂停与终止问题。

一般的讲，未切实履行咨询公开的承诺，未切实遵守交易所的规则及其授权规定，未切实履行证券上市合同，股东及企业有意散布虚假消息，操纵和影响股价等，都可能被勒令停牌、暂停上市，而情况严重时则会被终止上市。

按《中华人民共和国公司法》对股票暂停上市的规定，股票暂停上市包括四种情形：①上市公司股本总额、股权分布等发生变化不再具备上市条件；②上市公司不按规定公开其财务状况，或者对财务会计报告作虚假记载；③上市公司有重大违法行为；④上市公司最近三年连续亏损。上市公司出现上述第①、②、③所列情形之一的，证券交易所根据中国证监会的决定暂停其股票上市。上市公司出现上述第④项所列情形的，证券交易所作出暂停其股票上市的决定。交易所在作出暂停股票上市决定后的两个交易日内通知公司并公告，同时报中国证监会备案。

另外，还有一些特殊情况的暂停，如上市股份公司召开股东大会，公布增资配股和送股、分红方案，以及有影响其股价的突发性事件发生等，也应自动暂停上市。债券到本息兑付日前1周也应自动终止上市。

2.3.2 证券的交易

2.3.2.1 证券交易的类型

1. 按交易的时间划分，证券交易有现货交易和期货交易

①现货交易。现货交易也称现金现货交易、即期交易。它是指证券买卖成交后，按当时的成交价格清算和交割的交易方式。也就是说，在这种交易方式中，证券买卖双方同意在成交时马上交割，卖者交出证券，买者以现金或支票支付买进价款。由于现货交易要通过现金账户进行，整个交易按证券交易所或场外交易的基本程序进行，因此，现货交易的一个显著特点是实物交易（实行无纸化交易后，现货交易也无需实物交易，只通过证券账户划转即可），即卖方必须向买方转移证券，故采用现货交易方式的投资者一般不是为了投机，而是为了长期投资，希望能在未来时间内获得较稳定的分红或利息收入。

现货交易是最普通的交易。证券交易所内的证券交易和柜台交易市场上的证券交易，大多数都属于现货交易，现买现卖，成交后即办理清算交割手

续。因此，现货交易是证券交易的基本类型。在实际交易过程中，很难做到在成交时马上就交割，交割常在成交后的一个较短的时间内进行。

②期货交易。期货交易又称期货合约交易、定期清算交易。相对现货交易而言，期货交易可以概括为以“现时价格、预约成交、定期交割”的交易方式。期货交易的过程是：买卖双方通过交易所经纪人签订一份成交协议，以协议签订日期的价格作为买卖成交价格，在约定的一定时日办理清算交割。对于买卖双方来讲，都要承担相应的义务，即买方有到期买进的义务，卖方有到期卖出的义务，而不管交割时的价格高低，自己是否亏本或盈利。由于买卖双方在此之前都可能有相反的合约，因此，实际交割只对买进和卖出的差价，或卖出与买进的差价进行交割清算。若买卖的数额相等并且价款也相等，这时不存在实际的交割。事实上，期货交易的目的并不是交出或收买实际证券，其真正目的在于冲销价格波动的风险，所以在全部的期货交易中，只有极小部分是以现货来交收的。

期货交易具有回避利率和股票价格变动风险的机能。投资者可以预先确定所需资金的筹措利率及资金运用利率，以便有计划地安排资金。此外，期货市场通过买卖双方的交易，反映现在和将来的现货和期货两个市场的供求关系，因而具有指示股票价格的功能。

期货交易具有较大的投机性和风险性。绝大多数的期货交易者在期货交易到期之前，就通过对冲买卖了结了交易。期货价格的不断变动，给期货交易者提供了谋利的可能性，加之期货交易的保证金较低，参加交易者可用较少资金进行较多数额的证券交易。这样，大多数期货交易者进行期货交易承担了比现货交易更大的风险，换取了更大的利润。

2. 按交易对象的品种划分，有股票交易、债券交易、可转换债券交易、认股权证交易、金融期货交易

2.3.2.2 证券交易制度

投资者要在证券交易所内买卖证券，必须委托证券交易所会员经纪人进行，同时还必须遵守证券交易的一系列规章制度。只有这样，才能保证证券交易所的证券交易活动在公平和有秩序的条件下进行。

1. 交易单位及价值

从国际惯例看，证券交易所的标准买卖单位称为一手。所有买卖必须是一手或其倍数，每手股数并无统一的标准，视各证交所而定。不足一手股数

称为零股。我国上海、深圳证券交易所股票交易以100股为一手。

股价变动的最少单位称为价位。价值大小由证交所视股票价格的高低而定。通常股价越高，价位越大；反之则越小。如我国上海、深圳证券交易所的股票交易价位均为1分。

2. 竞价方式

在证券交易所中，证券商竞价的方式主要有以下三种：

①口头竞价。口头竞价指证券商在规定的交易台前或划定区域内，相互以口头喊价的方式直至成交。

②书面竞价。书面竞价主要包括申报、成交、结果处理等程序。它与口头竞价的区别在于成交过程须经中介经纪人配对撮合才能成交。

③电脑竞价。电脑竞价即证券商利用计算机联网系统进行证券交易。计算机的交易程序主要由申报输入、撮合成交、成交信息反馈三部分组成。

3. 交易费用

进行股票交易时，买卖双方均需缴付以下费用：

①经纪佣金。佣金比例的规定在不同国家和不同证券交易所不尽相同。我国上海、深圳证交所规定佣金在委托买卖成交后办理交割，按不超过实际成交金额的3‰收取；香港联交所则规定为成交金额的2.5‰。

②印花税。股票交易双方必须缴纳印花税。印花税的比率各国也各不相同。以我国为例，财政部决定从2008年9月19日起，对证券交易印花税政策进行调整，由现行双边征收改为单边征收，税率保持1‰。即对买卖、继承、赠与所书立的A股、B股股权转让书据，由立据双方当事人分别按1‰的税率缴纳股票交易印花税，改为由出让方按1‰的税率缴纳股票交易印花税，授让方不再征收。

③所得税。这是对股票交易中增值收益部分征收的税。目前很多国家旨在培育和繁荣股票市场，对该税多采取免收政策。我国目前尚未征收此税。

④过户费。股票买卖意味着股权的转换，因此，投资者在股票买卖成交后，都必须缴付一定数额的过户费。在我国，上海市场股票过户费为每1000股1元标准征收，深圳市场免收过户费。国债和基金交易不纳印花税，国债也没有过户费。

4. 清算交割

①清算系统。证券的清算是证券商在证券交易成交后，对应收或应付的

证券数量、价款分别同证券交易所进行轧抵的差额计算过程。通常清算在成交后当即进行。

目前，证券交易均采取计算机自动对盘和“无纸化”方式交易，清算也采用通过中央结算公司的转账结算方式。我国的证券交易所清算在以中央结算公司为中心的三级清算体系中进行。所谓三级清算是指，由异地资金集中清算中心同中央结算公司进行地区净额计算（一级清算），由证券商同异地资金集中清算中心在当地进行净额清算（二级结算），由投资者同证券商进行资金清算（三级清算）。三级清算系统加速了资金周转，提高了交割效率，也有利于证券商提高资金使用效率，减少资金沉淀。

②证券的交割。证券的交割是指证券经纪商在事先约好的时间内，按照清算的单据上应收、应付差额集中同证券交易所办理转账与交接的交易了结行为，也包括证券商与委托人之间证券与价款的交接行为。交割一般在交割日进行。

5. 交易方式

证券交易所的证券交易方式主要有现货交易、期货交易、信用交易和期权交易等。

①信用交易。这实际上是股票期货交易的一种，又叫垫头交易。它是指股票交易者通过交付保证金而得到经纪人信用的交易。具体办法是：购买一定量的股票时只缴纳部分保证金，其余部分由经纪人垫付，经纪人代客买进的股票扣押并收取利息。经纪人的垫款来自银行放贷。这样，股票交易与银行信用便直接联系，其结果，总有一部分银行放款用于购买股票，即被投入股份公司。

②期权交易。它又叫选择权交易，是一种在一定时期内股票买卖权的交易。买方买期权是花钱购买一种权利，这种权利可使他在规定时期里的任何时候，从事先协议好的价格，向期权的卖方购买或出卖既定数量的某种股票，不管此时股票的价格如何变动。期权交易通常要签订协议合同，合同主要规定期权有效期、股票的种类和数量、股票价格、期权价格（购买期权费用）等。

我国目前股票交易在现货交易的基础上，随着股票流通的增大和企业、个人投资行为的增多，信用交易、期权交易等其他交易方式也已经逐步推出。

2.3.2.3 证券交易的原则与限制

1. 一般性原则

证券交易活动要遵循"公正、公平、公开"。

2. 特定原则

①交易的"三优先"原则。在证券交易中，无论选择哪种竞价方式，都必须按照"三优先"原则决定成交顺序。"三优先"即价格优先、时间优先和委托优先。价格优先包括两层含义。一是委托买卖时，市价申报优先于限价申报。二是买进申报时，出价高的优先于出价低的；卖出申报时，要价低的优先于要价高的。时间优先是指相同价位上的申报，以申报的时间先后为序。委托优先是指在同一价格、同一时间上的申报，委托买卖应优先于自营买卖。

②集合竞价撮合配对产生开盘价的决定原则。其一，高于决定价格的买进申报与低于决定价格的卖出申报须全部满足；其二，与决定价格相同的一方（买方或卖方）须全部满足；其三，所有满足条件的委托买卖股票申报均以决定价格成交。

③交易中的限制。为了确保市场的公平和秩序，保护投资者的正当权益，各国对以下融资融券证券交易和内幕交易均有一定的管制。

A. 融资融券交易。又称"证券信用交易"，是指投资者向具有证券交易所会员资格的证券公司提供担保物，借入资金买入交易所上市证券或借入交易所上市证券并卖出的行为。包括券商对投资者的融资、融券和金融机构对券商的融资、融券。修订前的证券法禁止融资融券的证券信用交易。

融资是借钱买证券，证券公司借款给客户购买证券，客户到期偿还本息，客户向证券公司融资买进证券称为"买空"。

融券是借证券来卖，然后以证券归还，证券公司出借证券给客户出售，客户到期返还相同种类和数量的证券并支付利息，客户向证券公司融券卖出称为"卖空"。

融资融券的推出对证券市场产生了一定的影响：一是是融资融券交易可以将更多信息融入证券价格，可以为市场提供方向相反的交易活动，当投资者认为股票价格过高或过低，可以通过融资的买入或融券的卖出促使股票价格趋于合理，有助于市场内在价格稳定机制的形成。二是融资融券交易可以在一定程度上放大资金和证券供求，增加市场的交易量，从而活跃证券市场，增加证券市场的流动性。三是融资融券交易可以为投资者提供新的交易方式，可以改变证券市场单边式的方面，为投资者规避市场风险的工具。四是融资融券可以拓宽证券公司业务范围，在一定程度上增加证券公司自有资金和自有证券的应用渠道，在实施转流通后可以增加其他资金和证券融通配置方式，提高金融资产运用效率。

B. 内幕交易。所谓内幕交易，是指机构或个人以获取利益或减少损失为目的，利用内幕信息进行证券发行、交易活动。各国都以法律形式禁止内幕交易。

内幕交易包括下列行为：内幕人员利用内幕信息买卖证券，或根据内幕信息建议他人买卖证券；内幕人员向他人泄漏内幕信息；使他人利用该信息进行内幕交易；非内幕人员通过不正当手段或者其他途径获得内幕信息、并根据该信息买卖证券或者建议他人买卖证券等。

按我国《禁止证券欺诈行为暂行办法》规定，对内幕交易根据不同情况，没收非法所得，并处5万元以上50万元以下的罚款。对泄漏内幕信息的内幕人员除没收所得外，还应依据国家其他有关规定追究其责任。

C. 操纵交易。与内幕交易一样，操纵交易也为各国证券法规所禁止。操纵交易，是指证券投资机构或个人以获取利益或者减少损失为目的，利用其资金、信息等优势或者滥用职权操纵市场交易，影响证券市场价格，制造证券市场假象，诱导或者致使投资者在不了解事实真相的情况下作出证券投资决定，扰乱证券市场秩序。操纵市场行为具体包括：通过合谋或者集中资金操纵证券市场价格；以散布谣言等手段影响证券交易；为制造证券的虚假价格，与他人串通，进行不转移证券所有权的虚买虚卖；出售或者要约出售其并不持有的证券，扰乱证券市场秩序；以抬高或者压低证券交易价格为目的，连续交易某种证券；利用职务便利，人为地压低或者抬高证券价格等等。

【案例】

股市神话的破灭——亿安科技股价操纵案

“亿安科技”，一个原本不起眼的普通股票，从1998年8月的5.6元/股

左右，最高上涨到2000年2月的126.31元/股，涨幅高达21.5倍，引起了市场的极大震动，被广大投资者誉为“中国股票市场的神话”。可是好景不长，在这之后股价开始一路下滑。鉴于股票出现的异常波动，中国证监会于2001年1月10日宣布正在查处涉嫌操纵“亿安科技”股价案。消息一出，市场一片哗然，当天股价全天封死在跌停板上，之后股价连连跌停，作为中国股票市场上的第一只百元股票和中国网络股的“先驱”，“亿安科技”创造的股市神话就这样破灭了。

一、事件过程

“亿安科技”前身为深圳市锦兴实业股份有限公司（简称“深锦兴”），于1992年5月7日在深圳证券交易所上市交易，1999年8月更名为广东亿安科技股份有限公司，“深锦兴”股票随之正式更名为“亿安科技”。“亿安科技”股票从1999年10月25日到2000年2月17日短短的70个交易日中，股价由26元/股左右不停地上涨，到2000年2月15日，“亿安科技”股价突破百元大关，成为自沪深股票实施拆细后首只市价超过百元的股票，这引起了市场的极大关注。

鉴于股票出现的异常波动，中国证监会对此股票交易展开调查，调查表明“亿安科技”股票的飙升纯属广东欣盛投资顾问有限公司、广东中百投资顾问有限公司、广东百源投资顾问有限公司和广东金易投资顾问有限公司等四家公司的操纵行为。调查结果表明，上述四家公司自1998年10月5日起，集中资金，利用627个个人股票账户及3个法人股票账户，大量买入“深锦兴”（后更名为“亿安科技”）股票。持仓量从1998年10月5日的53万股，占流通股的1.52%，到最高时2000年1月12日的3001万股，占流通股的85%。同时，还通过其控制的不同股票账户，以自己为交易对象，进行不转移所有权的自买自卖，影响证券交易价格和交易量，联手操纵“亿安科技”的股票价格。截至2001年2月5日，上述四家公司控制的627个个人股票账户及3个法人股票账户共实现盈利4.49亿元，股票余额77万股。

从调查的结果来看，炒作“亿安科技”的这四家公司明目张胆地违反了《中华人民共和国公司法》和《中华人民共和国证券法》，肆无忌惮地操纵股票价格，牟取暴利。为此，中国证监会对联手操纵亿安科技股票价格的

4家广东投资顾问公司进行处罚：没收违法所得并罚款总计8.98亿元，限3个月内卖出剩余股票77万股，盈利予以没收。

二、影响与评析

操纵亿安科技股价的四家庄家公司，从1998年10月5日开始，在长达两年多的时间内采用集中资金、自买自卖等方式影响和控制股票价格，将一只每股几元钱的股票炒作到每股126元的最高价，庄家的账面盈利曾一度达到20多亿元，在股市暴跌至最低每股20多元后，广大中小投资者蒙受了巨额经济损失，这是中国证券交易市场近年来愈演愈烈的证券欺诈现象中的最典型的代表。从"亿安科技案"处罚结果来看，这种对于操纵者毁灭性的处罚使我们领会到了管理层的良苦用意：一方面表明管理层对于市场违法行为严惩不贷，坚决维护良好市场秩序的决心；另一方面，向市场非法操纵者发出警告，以处理代表性的案件来起到杀一儆百的作用，使其自觉遵守市场规则，从而提倡一个全新的投资理念。总之，"亿安科技"的查处与处罚对于市场操纵行为起到了较大的震慑作用，打击了市场投机的嚣张气焰，引导市场参与者形成一种全新的投资理念，这将有利于我国股市的健康发展。

《中华人民共和国证券法》第七十一条规定："禁止任何人以下列手段获取不正当利益或者转嫁风险：（一）通过单独或者合谋，集中资金优势、持股优势或者利用信息优势联合或者连续买卖，操纵证券交易价格；（二）与他人串通，以事先约定的时间、价格和方式相互进行证券交易或者相互买卖并不持有的证券，影响证券交易价格或者证券交易量；（三）以自己为交易对象，进行不转移所有权的自买自卖，影响证券交易价格或者证券交易量；（四）以其他方法操纵证券交易价格。"第七十四条规定："在证券交易中，禁止法人以个人名义开立账户，买卖证券。"

上述四家公司的行为直接违反了《中华人民共和国证券法》第七十一条、第七十四条的规定，构成《中华人民共和国证券法》第一百八十四条、第一百九十条所述的行为。事实上"亿安科技"案的查处与处罚不但向我们再一次证明中国股市存在严重的违法违规行为，还引出了很多令人深思的问题。

案例讨论题

1. 操纵股价者该不该被追究刑事责任？

2. 中小投资者的损失是应该自己承担还是应该获得赔偿？

3. 亿安科技公司本身并不是干干净净，亿安科技领导层该不该承担相应责任？

参考资料：

①中国“证监会正查处操纵亿安科技股票案”，《上海证券报》，2001年1月10日。

②“亿安科技带给股市7大启示”，《江南时报》，2001年6月17日。

③ http：//www.158china.com，2001年1月11日和4月26日，财经资讯亿安科技有关报道。

2.3.2.4 证券交易的程序

1. 开户

一个从未买过股票的投资者应按规定到指定地点办理股票账户。他应承诺本人遵守证券交易管理办法和交易市场业务规则，若有违反或发生交易纠纷，按照有关规定办理；并缴纳若干手续费用，领取股票账户然后凭股票账户到任意一家交易所会员证券公司办理资金开户，按规定存入一定数额的资金并领取到资金账户卡后，开户工作就完成了。

2. 委托和竞价成交

目前，我国上海证券交易所场内买卖股票采用计算机终端申报。受托买卖股票双方的交易员（红马甲）在交易场内的席位上采用电脑终端输入买卖股票的信息，由证交所电脑主机按既定成交原则自动撮合配对，直到成交。

投资者在申报委托之前，必须首先了解当日股票行情动态显示的项目：

前收盘，即前一个交易日各种股票的收盘价。

开盘价，即当日上午开盘前通用集合竞价方式产生的各种股票的第一笔成交价。我国上海证券交易所规定，上午9：30开市，9：15至9：25为集合竞价申报时间。在此期间，各证券经营机构驻场交易员（红马甲）可向证交所电脑主机按通常的方法输入各种股票的委托买卖信息，不过此时输入的委托，电脑主机只接受，不撮和配对。当集合竞价申报时间一结束，电脑主机自动将已输入各种股票的所有买卖申报，按能实现各种股票成交量最大的价位进行撮合配对产生当日的开盘价。

集合竞价撮合配对产生开盘价的决定原则是：其一，高于决定价格的买进申报与低于决定价格的卖出申报须全部满足；其二，与决定价格相同的一方（买方或卖方）须全部满足；其三，所有满足条件的委托买卖股票申报均以开盘价格成交。

最高价，即迄今为止当日各种股票出现的最高价位。

最低价，即迄今为止当日各种股票出现的最低价位。

最新价，即各种股票最新产生的即时成交价。

涨跌和涨跌百分比，这两项指标表示即时最新价与前一交易日收盘价相比的涨跌情况和涨跌的百分比。

买入价，即各种股票最新即时最高的买入申报价位。

卖出价，即各种股票最新即时最低的卖出申报价位。

成交量，即各种股票当日截止时累计成交的股数。

了解了上述项目，投资者就可根据动态行情的显示，凭股票账户和资金账户填写委托单。证券商接受委托，即通知本公司场内代表。

3. 交割及过户

股票买卖成交后，当天自动完成过户，第二天就可到办理委托的证券商柜台处办理交割手续。由于目前证券交易实行电脑成交过户一体化和股票非实物交割制度，实际上交割仅为买方从股票账户上确认买入，卖方从股票账户上确认卖出。过户后新股东便正式享有股东的合法权利。

2.3.3 股票价格指数

2.3.3.1 股票价格指数的概念及作用

1. 股价指数的概念

由于经济、政治、市场和技术等各种因素的影响、股票价格经常处于变动之中。为了能够及时、准确并全面地反映这种变化趋势，世界各证券市场

都编制股价指数，将一定时点上成千上万种此起彼落的股票价格表现为一个综合指标，代表该证券市场一定标准的价格水平和变化情况。股价指数是指用以表示多种股票平均价格水平及其变动并衡量股市行情变动的指标。它是表明股份总水平变动的相对数。以某个时期的价格水平同基期的价格水平对比为前提，并将两者的比值乘以基期的指数值即为计算时期的股价指数。

2. 股价指数的作用

股价指数不仅是反映股市变动情况的重要指标，也是股票投资者从事投资决策不可缺少的信息，而且还是反映国民经济状况的“晴雨表”。

①股市行情的指示器。股价指数可以作为一个综合性的指标，用来衡量整个股市总的价格水平及其变化程度。因此，它是反映股市行情变化的重要指标，是股价升降变化的指示器。它能够比较正确地反映股票行市的变化和股票市场的发展趋势，有利于投资者进行投资选择和分析经济形势。股价指数还可以显示政治、经济、社会以及其他因素的变化情况。人们通常将世界各主要证券市场股指列表进行分析，从中观察、研究各市场的动态，掌握各股市的涨跌趋势，了解该国经济发展状况和趋势。

②为投资者提供投资信息。股价指数都是定期公布的。无论是股价平均数还是股价指数，都以“点”作为它的单位，如果今天股价指数的点高于昨天，则是股价总水平上涨的反映；相反，则是股价总水平下跌的反映。每个投资者可以根据股价指数的升降变化，了解即时股市行情，预测未来股市趋势；同时，结合对本国、本地区的经济状况以及世界经济与政局的变化等因素分析，选择投资对象和投资时机。因此，股价指数是投资者不可缺少的信息。

③反映经济变化的“晴雨表”。各地对股价指数的编制是选择该地区上市的有代表性、经济实力也较雄厚的公司的股票作为计算对象。在一般情况下，这些公司业绩的好坏会直接影响其股价的起落，也能反映出本国或本地区经济运行情况及其发展趋势。因此，股价指数又是观察了解和分析某国或某地区经济状况的重要指标，被喻为反映国民经济状况的“晴雨表”。

3. 股票价格指数的主要计算方法

股价指数包括狭义的股价指数和股价平均数两个方面。通常在计算股价指数时，都将股价指数和股价平均数分别计算。股价平均数是反映多种股票价格变动的一般水平，通常用算术平均数表示。股价指数则是反映不同时期的股价变动情况的相对指标，通过股价指数，就可以了解计算时期的股价比基期的股价上升或下降的百分比率。由于股价指数是一个相对指标，因此就一个较长的时期来说，股价指数比股价平均数能更为准确地衡量股价变动。

（1）股价平均数。股票价格平均数反映一定时点上市股票价格的绝对水平，它可分为简单算术股价平均数、修正的股价平均数、加权股价平均数三类。人们通过对不同时点股价平均数的比较，可以看出股票价格的变动情况及趋势。计算股价平均数或指数时经常考虑以下四点：一是样本股票必须具有典型性、普通性，为此，选择样本对应综合考虑其行业分布、市场影响力、股票等级、适当数量等因素。二是计算方法应具有高度的适应性，能对不断变化的股市行情作出相应的调整或修正，使股票指数或平均数有较好的敏感性。三是要有科学的计算依据和手段。计算依据的口径必须统一，一般均以收盘价为计算依据，但随着计算频率的增加，有的以每小时价格甚至更短的时间价格计算。四是基期应有较好的均衡性和代表性。

股价平均数可以通过算术平均数和调整平均数两种方式计算。

①算术平均数。股价算术平均数是指采用股票的总价格平均分配到采样股票后所得出的平均数。其基本方法是：从市场上每种采样股票中取出一股，将其收盘价格相加，再除以采样股数，得出的商便是股价平均数。例如，设采样股数为n，各采样股票的收盘价为 p_i 只（$i=1, 2, \cdots, n$），则公式为：

$$\text{股价平均数}=\frac{\text{采样股票总价}}{\text{采样股数}}=\frac{\sum_{i=1}^{n}P_i}{n}$$

假定从某股市采样的股票有 A，B，C，D 四种，其价格分别为 15 元、12 元、10 元和 13 元，利用上述公式，即得出市场股价平均数：

$$\text{股价平均数}=\frac{15+12+10+13}{4}=12.5\ (\text{元})$$

算术平均数的特点是算起来简单易懂，然而其不足之处有两个方面：首先，计算时未考虑权数。例如 A，B，C，D 四种股票的股本各异，它们对股市的影响也不尽相同，因此，这种平均数比较容易受少数投机股价大起大落的影响。其次，当其中某只股票发生拆股时，会导致平均数发生不合理的下跌。如上述 A 种股票以 1 股拆为 3 股时，股价势必从 15 元降为 5 元，这里的平均数量就不是按上面计算出来的 12.5 元，而是 $(5+12+10+13)\div 4=10$ 元，这就是说，由于 A 股拆股技术上的变化，导致股价平均数从

12.5元下跌为10元。这还未考虑其他影响股价的因素，但也显然不符合平均数作为反映股价变动指标的要求。因此，出现拆股时，股价平均数须作调整。

②调整平均数。为了克服在拆股后平均数发生不合理的下降，就必须采用纠正的方法来加以调整平均数。常用的方法有调整除数和调整股价两种。

调整除数，即把原来的除数调整为新的除数。在前面的例子中，经调整后的新的除数应为：

$$调整除数=\frac{拆股后的价格}{拆股前的价格}=\frac{5+12+10+13}{12.5}=3.2$$

将新的除数代入下式中，则：

$$股价平均数=\frac{拆股后的总价格}{新的除数}=\frac{5+12+10+13}{3.2}=12.5\text{（元）}$$

所得出的平均数与未拆股时计算的一样，股价水平也不会因拆股而变动。道·琼斯股价平均数在发生拆股时就采用此法进行调整。

调整股价，即将拆股后的股价还原成拆股前的股价。其具体方法是：A股股价标股前为 P_{n-1}，拆股后新增股本为 R，其股价为 P'_{n-1}，则调整股价平均数的公式为：

$$调整股价平均数=\frac{P_1+P_2+P_3+\cdots+(1+R)\ P'_{n-1}}{n}$$

$$=\frac{(1+2)\ 5+12+10+13}{4}=12.5\text{（元）}$$

式中 $(1+R)\ P'_{n-1}$之中 $(1+R)$，其中1为原来的股数，由于拆股后变为3股，新增加股数为2，故式中 $(1+R)=(1+2)$。当股票发生拆股时，选择上述两种方法调整股价平均数都可以。但后一种方法更为清楚，算起来也很方便。

(2) 股价指数计算。股价指数的计算方法通常采用平均法、综合法和加权法。

①平均法。采用平均法计算股价指数，应先计算采样股票的个别股价指数，再加总求算术平均数。现假定某市场四种股票的交易资料如表2-1所示。

设基期第 i 种股价为 $(i=1, 2, \cdots, n)$，计算时期第 i 种股价为 P_{1i}，股票采样数目为 n。基期值为100，则公式为：

$$股价指数=\frac{1}{n}\sum_{i=1}^{n}\frac{P_{1i}}{P_{0i}}\times 100$$

将表中数字代入上式，得：

$$股价指数 = \frac{1}{4}\left(\frac{8}{5}+\frac{12}{8}+\frac{14}{10}+\frac{18}{15}\right)\times 100 = 142.5$$

表2－1　　四种股票的交易资料

项目／种类	股价（元）		交易量（股）	
	基期（P_0）	计算期（P_1）	基期（Q_0）	计算期（Q_1）
A	5	8	1000	1500
B	8	12	500	900
C	10	14	1200	700
D	15	18	600	800

②综合法，是指分别把基期和计算时期的股价相加，而后两者相比并乘以基期值。其公式为：

$$股价指数 = \sum_{i=1}^{n} P_{1i} \div \sum_{i=1}^{n} P_{0i} \times 100$$

若将表2－1中数据代入上式，则得：

$$股价指数 = \frac{8+12+14+18}{5+8+10+15}\times 100 = 136.84$$

从平均法和综合法计算股价指数来看，两者都未考虑到，由于各种采样股票的股本量和交易量的不同，而对整个股市股份的影响不一样等因素，因此，计算出来的指数也不够准确。为了使股价指数能更准确地反映市场股价的变化，则需要加入权数进行计算。

③加权法。加权法计算股价有采用股本量作为权数和用交易量作为权数两种具体方法：

用交易量作为权数计算股价指数的公式为：

$$\frac{\sum_{i=1}^{n} P_{1i} \times Q_1}{\sum_{i=1}^{n} P_{0i} \times Q_1}$$

式中 P_1 为计算时期的股价，P_0 为基期股价，Q_1 为计算时期的交易量。如运用表中数据，所计算的股价指数即为：

$$股价指数 = \frac{8\times1500+12\times900+14\times700+18\times800}{5\times1500+8\times900+10\times700+15\times800}\times 100 = 139.47$$

上式选用的是计算时期的交易量，此外，也可以选用基期交易量作为权数。利用上表数据，选用基期交易量计算出来的股价指数即为：

$$股价指数=\frac{8\times1000+12\times500+14\times1200+18\times600}{5\times1000+8\times500+10\times1200+15\times600}\times100=138.66$$

用股本量作为权数计算股价指数的公式为：

$$股价指数=\frac{\sum P_1Q}{\sum P_0Q}\times100$$

式中 Q 为上市公司的股本量，假定前面所说 A、B、C、D 四个公司股本总量分别为 5000 万元、2000 万元、6000 万元和 3000 万元，那么，利用上表所列股价算出来的股价指数即为：

$$\frac{8\times5000+12\times2000+14\times6000+18\times3000}{5\times5000+8\times2000+10\times6000+15\times3000}\times100=130.32$$

必须指出的是，无论股价平均数还是股价指数的计算，所采用的股票都是在市场上具有代表性的公司股票，而不是全部股票。

本章小结

- 证券市场是证券交易的场所，也是资金供求的中心。
- 证券市场的功能表现为：为资金需求者提供筹措资金的渠道；为资金供应者提供投资的机会，实现储蓄向投资转化；形成资金流动的收益导向机制，促进资源配置的不断优化。根据市场的功能的划分，证券市场分为证券发行市场和证券流通市场。
- 证券市场参与者主要由证券市场主体、证券中介机构、自律性组织和证券监管机构组成。
- 证券发行人主要是政府、企业和金融机构。
- 证券市场上的投资者包括个人投资者和机构投资者，后者主要是证券公司、商业银行、保险公司、社保基金、证券投资基金、信托投资公司、企业和事业法人及社会团体等。
- 证券中介机构包括证券公司、证券登记结算公司、会计师事务所、律师事务所、资信评级公司、资产评估事务所等。
- 我国的证券发行制度为核准制。发行申请需由保荐人推荐和辅导，由发行审核委员会审核，中国证监会核准。

• 股票发行的目的有两种，一是为设立新公司首次发行股票，二是为发展已有公司的资本规模而发行增资股票。

• 股票的发行方式按发行对象不同分为公开发行与非公开发行；按出售股票的方式不同分为直接发行与间接发行。间接发行又分为三种：代销、余额包销和全额报销。

• 证券流通市场是转手买卖已发行证券的市场，为已从一级市场获得证券的投资者提供流动场所。

• 证券的交易原则：价格优先、时间优先；交易规则：交易时间、交易单位、价位、报价方式、价格决定、涨跌幅限制等。

• 证券交易的程序包括开户、委托和竞价成交、清算和交割。

• 股价指数是指用以表示多种股票平均价格水平及其变动并衡量股市行情变动的指标。股价指数不仅是反映股市变动情况的重要指标，也是股票投资者从事投资决策不可缺少的信息，而且还是反映国民经济状况的“晴雨表”。

• 股票价格指数的计算方法包括平均法、综合法和加权法。

知识拓展

一、世界著名股票指数

(一) 道·琼斯股票指数

道·琼斯股票指数是世界上历史最为悠久的股票指数，它的全称为股票价格平均数。它是在1884年由道·琼斯公司的创始人查理斯·道开始编制的。其最初的道·琼斯股票价格平均指数是根据11种具有代表性的铁路公司的股票，采用算术平均法进行计算编制而成，发表在查理斯·道自己编辑出版的《每日通讯》上。其计算公式为：

股票价格平均数＝入选股票的价格之和除以入选股票的数量

自1897年起，道·琼斯股票价格平均指数开始分成工业与运输业两大类，其中工业股票价格平均指数包括12种股票，运输业平均指数则包括20种股票，并且开始在道·琼斯公司出版的《华尔街日报》上公布。在1929年，道·琼斯股票价格平均指数又增加了公用事业类股票，使其所包含的股票达到65种，并一直延续至今。

现在的道·琼斯股票价格平均指数是以1928年10月1日为基期，因为这一天收盘时的道·琼斯股票价格平均数恰好约为100美元，所以就将其定为基准日。而以后股票价格同基期相比计算出的百分数，就成为各期的股票价格指数，所以现在的股票指数普遍用点来做单位，而股票指数每一点的涨跌就是相对于基准日的涨跌百分数。

道·琼斯股票价格平均指数最初的计算方法是用简单算术平均法求得，当遇到股票的除权除息时，股票指数将发生不连续的现象。1928年后，道·琼斯股票价格平均数就改用新的计算方法，即在计点的股票除权或除息时采用连接技术，以保证股票指数的连续，从而使股票指数得到了完善，并逐渐推广到全世界。

目前，道·琼斯股票价格平均指数共分四组，第一组是工业股票价格平均指数。它由30种有代表性的大工商业公司的股票组成，且随经济发展而变大，大致可以反映美国整个工商业股票的价格水平，这也就是人们通常所引用的道·琼斯工业股票价格平均数。第二组是运输业股票价格平均指数。它包括20种有代表性的运输业公司的股票，即8家铁路运输公司、8家航空公司和4家公路货运公司。第三组是公用事业股票价格平均指数，是由代表着美国公用事业的15家煤气公司和电力公司的股票所组成。第四组是平均价格综合指数。它是综合前三组股票价格平均指数65种股票而得出的综合指数，这组综合指数虽然为优等股票提供了直接的股票市场状况，但现在通常引用的是第一组——工业股票价格平均指数。道·琼斯股票价格平均指数是目前世界上影响最大、最有权威性的一种股票价格指数，原因之一是道·琼斯股票价格平均指数所选用的股票都是有代表性的，这些股票的发行公司都是对本行业具有重要影响的著名公司，其股票行情为世界股票市场所瞩目，各国投资者都极为重视。为了保持这一特点，道·琼斯公司对其编制的股票价格平均指数所选用的股票经常予以调整，用具有活力的更有代表性的公司股票替代那些失去代表性的公司股票。自1928年以来，仅用于计算道·琼斯工业股票价格平均指数的30种工商业公司股票，已有30次更换，几乎每两年就要有一个新公司的股票代替老公司的股票。原因之二是，公布道·琼斯股票价格平均指数的新闻载体——《华尔街日报》是世界金融界最有影响力的报纸。该报每天详尽报道其每个小时计算的采样股票平均指数、百分比变动率、每种采样股票的成交数额等，并注意对股票分股后的股票价格平均指数进行校正。在纽约证券交易营业时间里，每隔半小时公布一次道·琼斯股票价格平均指数。原因之三是，这一股票价格平均指数自编制以来从未间断，可以用来比较不同时期的股票行情和经济发展情况，成为反映美国股市行情变化最敏感的股票价格平均指数之一，是观察市场动态和从事股票投资的主要参考。当然，由于道·琼斯股票价格指数是一种成份股指数，它包括的公司仅占目前2500多家上市公司的极少部分，而且多是热门股票，且未将近年来发展迅速的服务性行业和金融业的公司包括在内，所以它的代表性也一直受到人们的质疑和批评。

（二）标准·普尔股票价格指数

除了道·琼斯股票价格指数外，标准·普尔股票价格指数在美国也很有影响，它是美国最大的证券研究机构即标准·普尔公司编制的股票价格指数。该公司于1923年开始编制发表股票价格指数。最初采选了230种股票，编制两种股票价格指数。到1957年，这一股票价格指数的范围扩大到500种股票，分成95种组合。其中最重要的四种组合是工业股票组、铁路股票组、公用事业股票组和500种股票混合组。从1976年7月1日开始，改为400种工业股票，20种运输业股票，40种公用事业股票和40种金融业股票。几十年来，虽然有股票更迭，但始终保持为500种。标准·普尔公司股票价格指数以1941年至1943年抽样股票的平均市价为基期，以上市股票数为权数，按基期进行加权计算，其基点数为10。以目前的股票市场价格乘以股票市场上发行的股票数量为分子，用基期的股票市场价格乘以基期股票数为分母，相除之数再乘以10就是股票价格指数。

（三）纽约证券交易所股票价格指数

纽约证券交易所股票价格指数是由纽约证券交易所编制的股票价格指数。它起自1966年6月，先是普通股股票价格指数，后来改为混合指数，包括在纽约证券交易所上市的1500家公司的1570种股票。具体计算方法是将这些股票按价格高低分开排列，分别计算工业股票、金融业股票、公用事业股票、运输业股票的价格指数，最大和最广泛的是工业股票价格指数，由1093种股票组成；金融业股票价格指数包括投资公司、储蓄贷款协会、分期付款融资公司、商业银行、保险公司和不动产公司的223种股票；运输业股票价格指数包括铁路、航空、轮船、汽车等公司的65种股票；公用事业股票价格指数

则有美国的电话电报公司、煤气公司、电力公司和邮电公司的189种股票。

纽约股票价格指数是以1965年12月31日确定的50点为基数，采用的是综合指数形式。纽约证券交易所每半个小时公布一次指数的变动情况。虽然纽约证券交易所编制股票价格指数的时间不长，但因它可以全面及时地反映其股票市场活动的综合状况，较为受投资者欢迎。

（四）日经道·琼斯股价指数（日经平均股价）

系由日本经济新闻社编制并公布的反映日本股票市场价格变动的股票价格平均数。该指数从1950年9月开始编制。最初根据东京证券交易所第一市场上市的225家公司的股票算出修正平均股价，当时称为"东证修正平均股价"。1975年5月1日，日本经济新闻社向道·琼斯公司买进商标，采用美国道·琼斯公司的修正法计算，这种股票指数也就改称"日经道·琼斯平均股价"。1985年5月1日在合同期满10年时，经两家商议，将名称改为"日经平均股价"。按计算对象的采样数目不同，该指数分为两种，一种是日经225种平均股价。其所选样本均为在东京证券交易所第一市场上市的股票，样本选定后原则上不再更改。1981年定位制造业150家，建筑业10家、水产业3家、矿业3家、商业12家、路运及海运14家、金融保险业15家、不动产业3家、仓库业、电力和煤气4家、服务业5家。由于日经225种平均股价从1950年一直延续下来，因而其连续性及可比性较好，成为考察和分析日本股票市场长期演变及动态的最常用和最可靠指标。该指数的另一种是日经500种平均股价。这是从1982年1月4日起开始编制的。由于其采样包括有500种股票，其代表性就相对更为广泛，但它的样本是不固定的，每年4月份要根据上市公司的经营状况、成交量和成交金额、市价总值等因素对样本进行更换。

（五）《金融时报》股票价格指数

《金融时报》股票价格指数的全称是"伦敦《金融时报》工商业普通股股票价格指数"，是由英国《金融时报》公布发表的。该股票价格指数包括在英国工商业中挑选出来的具有代表性的30家公开挂牌的普通股股票。它以1935年7月1日作为基期，其基点为100点。该股票价格指数以能够及时显示伦敦股票市场情况而闻名于世。

（六）香港恒生指数

香港恒生指数是香港股票市场上历史最久、影响最大的股票价格指数，由香港恒生银行于1969年11月24日开始发表。恒生股票价格指数包括从香港500多家上市公司中挑选出来的33家有代表性且经济实力雄厚的大公司股票作为成份股，分为四大类——4种金融业股票、6种公用事业股票、9种地产业股票和14种其他工商业（包括航空和酒店）股票。这些股票占香港股票市值的63.8%，因该股票指数涉及到香港的各个行业，具有较强的代表性。恒生股票价格指数的编制是以1964年7月31日为基期，因为这一天香港股市运行正常，成交值均匀，可反映整个香港股市的基本情况，基点确定为100点。其计算方法是将33种股票按每天的收盘价乘以各自的发行股数为计算日的市值，再与基期的市值相比较，乘以100就得出当天的股票价格指数。由于恒生股票价格指数所选择的基期适当，因此，不论股票市场狂升或猛跌，还是处于正常交易水平，恒生股票价格指数基本上能反映整个股市的活动情况。自1969年恒生股票价格指数发表以来，已经过多次调整。由于1980年8月香港当局通过立法，将香港证券交易所、远东交易所、金银证券交易所和九龙证券所合并为香港联合证券交易所，在目前的香港股票市场上，只有恒生股票价格指数与新产生的香港指数并存，香港的其他股票价格指数均不复存在。

二、我国境内的股票指数

（一）上证股票指数

系由上海证券交易所编制的股票指数，1990年12月19日正式开始发布。该股票指数的样本为所有在上海证券交易所挂牌上市的股票，其中新上市的股票在挂牌的第二天纳入股票指数的计算范围。

该股票指数的权数为上市公司的总股本。由于我国上市公司的股票有流通股和非流通股之分，其流通量与总股本并不一致，所以总股本较大的股票对股票指数的影响就较大，上证指数常常就成为机构大户造市的工具，使股票指数的走势与大部分股票的涨跌相背离。上海证券交易所股票指数的发布几乎是和股市行情的变化相同步的，它是我国股民和证券从业人员研判上海股市股票价格变化趋势必不可少的参考依据。

（二）深圳综合股票指数

系由深圳证券交易所编制的股票指数，1991年4月3日为基期。该股票指数的计算方法基本与上证指数相同，其样本为所有在深圳证券交易所挂牌上市的股票，权数为股票的总股本。由于以所有挂牌的上市公司为样本，其代表性非常广泛，且它与深圳股市的行情同步发布，它是股民和证券从业人员研判深圳股市股票价格变化趋势必不可少的参考依据。在前些年，由于深圳证交所的股票交易不如上海证交所那么活跃，深圳证券交易所现已改变了股票指数的编制方法，采用成份股指数，其中只有40只股票入选并于1995年5月开始发布。

【本章阅读文献】

［1］陈永新、刘用明：《证券投资学》，四川大学出版社2005年版。

［2］胡吕生、熊和平、蔡基栋：《证券投资学》，武汉大学出版社2002年版。

［3］张亦春等：《金融市场学》，高等教育出版社2008年版。

［4］陈水新、刘陆克：《证券市场与投资》，成都科技大学出版社1995年版。

［5］杨海明、王燕著：《投资学》，上海人民出版社1998年版。

［6］中国证券业协会：《证券市场基础知识》，中国财政经济出版社2009年版。

［7］中国证券从业协会：《证券交易》，中国财政经济出版社2009年版。

［8］吴晓求：《证券投资学》，中国人民大学出版社2001年版。

【生生合作项目】

本章生生合作项目安排：

发行路演模拟

任务布置时间：第一周

生生合作讨论时间：第五周

目的：通过路演模拟生生合作项目的实施，让学生能够理解并掌握发行人如何跟投资人进行沟通和交流，以保证股票的顺利发行。

项目简介：此次学生企业发行融资模拟路演是由学生按照实际路演要求，向全班同学进行路演演讲，同时教师对路演进行点评，进而为今后进行真正的融资路演提供模拟演练的机会。

课前要求：

组建小组合作团队，明确角色分工：

将班级成员划分成不同的小组团队，每组大约4个成员。4人小组中推选一位小组长，小组长主要负责小组各个成员的任务分工，小组课外学习和研讨的计划和时间安排、会议组织等事项。其他小组成员主要是配合小组长展开相应的工作。

教师在小组团队中的角色定位：

为学生推荐合适的参考书目；引导学生进行任务分工和相应的进度安排方案设计；帮助学生理清、重新说明或详细阐述路演工作流程及各环节要求。

项目实施方案和流程：

第一步：先由教师根据班级学生人数进行分组，一般全班同学分成四组，每组同学各自成立公司高管团队（董事长、总经理、监事长、财务总监、市场总监、技术负责人等分别由不同人员担任），然后各小组由组长牵头确定自己小组的模拟发行公司（建议从现有的沪深股市中小板或者创业板上市公司中选取）。

第二步：各小组由组长负责分工，安排组员根据自己承担的模拟职位准备各自的路演材料（见附件），汇总并制作幻灯片（Powerpoint形式），完成后发到教师邮箱或者教学网站。路演资料应包括如下内容：

（1）公司简介；

（2）管理团队介绍及各自职责；

（3）公司所处行业及产品介绍（处于的发展阶段、独特性、在同类型产品中的市场地位、发展的市场潜力）；

（4）公司的商业及盈利模式；

（5）财务状况；

（6）融资金额及募集资金投资项目；

（7）公司的风险等。

第三步：上课时由各小组派出各自高管团队代表分别发表演讲，然后回答其他小组同学代表投资者提出的问题，最后由教师作出路演点评。每个小组路演演讲的时间为12分钟，同学和老师提问8分钟。

第四步：教师对每个小组团队的形成性学习过程进行评价，主要考核的因素包括：

（1）小组团队的分工和项目实施安排是否合理，资料阅读是否充分，各个成员能否进行有效的合作，按时按质完成相应的任务。（权重：40%）

（2）小组团队能否正确地阐述对本章内容和知识点的理解，小组所运用的路演操作方法是否合理和有效。（权重：30%）

（3）参与课堂答辩的表现。小组团队是否能够清楚地建立起自己的理论依据，对其他小组所运用的方法和结论能否提出相应的质疑，对股票发行路演活动能否提出自己的见解和认识。（权重：30%）

内容和格式要求：

本次讨论课后，小组完成项目分析并制作 Word 和 PPT 文件，第五周网上/书面（根据教学条件和教师要求）提交。

Word 版文件的格式要求：宋体小四号字，1.25 倍行距，A4 纸排版。网上提交文件请按以下方式命名，例如，“金融 082（2-1）”，意思是“金融学专业 082 班第二组的第一次作业”。请按照此格式网上提交作业，以利于教师对作业进行评阅和对小组进行指导。

三、附件：路演公司简介

公司名称			
所属行业		企业性质	
公司负责人		电话/手机	
公司地址			邮编：
公司属于	初创期（　）	成长期（　）	扩张期（　）
公司基本资料： 1. 公司简介（所属行业及产品介绍等）： 2. 商业及盈利模式： 3. 财务状况： 4. 管理团队： 5. 市场规模、行业市场占有率（市场与竞争分析）以及发展速度： 6. 融资金额及募集资金投向分析 7. 公司风险			

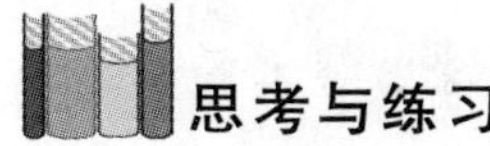

思考与练习

一、选择题

1. 无偿增资会使(　　)。

A. 总股本增加　　B. 总股本减少
C. 总股本不变　　D. 总股本增加或不变

2. 深圳证券交易所综合指数不包括(　　)。

A. 深圳综合指数　　B. 深圳成份指数
C. 深圳 A 股指数　　D. 深圳 B 股指数

3. 下列不属于证券市场显著特征的选项是(　　)。

A. 证券市场是价值直接交换的场所
B. 证券市场是财产权利直接交换的场所
C. 证券市场是价值实现增值的场所
D. 证券市场是风险直接交换的场所

4. 证券业协会和证券交易所属于(　　)。

A. 政府机构　　B. 政府在证券业的分支机构
C. 自律性组织　　D. 证券业最高监管机构

5. 我国依照法定条件和法定程序对发行人的股票发行申请文件作出予以核准或者不予核准股票发行申请的决定，并出具相关文件的机构是(　　)。

A. 证券公司　　B. 发行审核委员会
C. 中国证监会　　D. 证券交易所

二、综合题

1. 我国股票发行制度经历了哪些演变？我国 2004 年出台的新股发行询价制度的主要内容有哪些？

2. 影响股票发行价格的因素有哪些？

3. 股价指数的作用有哪些？

4. 股票价格指数如何编制？我国的股票价格指数在实际运行中存在哪

些问题?

5. 查找资料了解编制上证指数和沪深300指数的背景、样本股的选择方式和编制方法。

6. 关注2010年以来我国沪深两市主要股价指数的走势。

7. 看一遍中国证监会发布的《关于首次发行股票试行询价制度若干问题的通知》。

8. 熟悉一个近期以询价方式发行的股票的询价、定价过程和缴款方式。看一次新股发行的网上路演。

9. 试简述我国证券发行制度的演变。

10. 试述我国股票市场目前存在的问题及解决的措施。

第3章
效 率 市 场

【本章教学要求】

本章主要讲述有效市场假说理论核心，并从假设前提、检验过程等方面，分析其存在的缺陷及其借鉴意义。通过本章学习，学生应当了解效率市场假说及其效率市场的分类，即弱有效率市场、半强有效率市场和强有效率市场，理解效率市场假说的主要思路，效率市场假说对投资决策的现实意义。

【教学重点与难点】

教学重点：本章重点掌握有效市场假说理论，包括其假设前提、有效市场类型，即三种效率市场及其与信息的关系。

教学难点：本章难点在于对效率市场假说的缺陷的分析与把握，即效率市场的检验。

【引导案例】

2007年杭萧钢构事件

（一）背景资料

杭萧钢构公司成立于1994年12月，前身为1985年5月创办的萧山县长山金属钣厂，2000年12月改制为股份有限公司，主要股东为单银木、潘金水、戴瑞芳和浙江国泰建设集团有限公司。公司于2003年10月公开发行2500万股A股，发行价11.24元，注册资本增加到7736.68万元。2003年11月公司股票在上海证券交易所挂牌上市，成为国内建筑钢结构行业首家上市公司，公司股票简称为杭萧钢构，股票代码为600477。公司目前主要拥有安徽杭萧钢构、山东杭萧钢构、河南杭萧钢构、江西杭萧通力钢构、广东杭萧钢构、河北杭萧钢构、浙江杭萧物流、浙江汉德邦建材等8家控股子公司。

（二）杭萧钢构事件回顾

2007年2月12日，杭萧钢构事件突然爆发，股价连续3个涨停。

2007年2月15日，杭萧钢构第一次复牌后又是连续3个涨停。

2007年2月27日，杭萧钢构开始停牌，停半个月。

2007年3月13日，杭萧钢构披露与中国国际基金公司签订合同，以344.01亿元总价承建安哥拉某工程。当天股票复牌后，又是连续4个涨停。

2007年3月19日，上证所对杭萧钢构实行停牌处理。至此，杭萧钢构10个交易日股价飙升至10.75元，累计涨幅159%。同时，对于344亿元合同的质疑之声充斥整个市场。

2007年3月22日，中国证监会表态，对杭萧钢构的信息披露问题，以及是否存在二级市场操纵、内幕交易行为进行调查。

2007年4月27日，中国证监会经调查认定杭萧钢构合同信息披露方面违规，并已将有关证据及线索移交公安机关。

2007年5月11日，上证所公开谴责杭萧钢构及其董事长等人。

2007年5月14日，杭萧钢构披露中国证监会已向该公司及相关负责人共开出70万元“罚单”。

2007年6月11日，浙江省公安机关对涉嫌泄露内幕信息罪的犯罪嫌疑人罗高峰、涉嫌内幕交易罪的犯罪嫌疑人王向东、陈玉兴执行逮捕。罗高峰为杭萧钢构证券事务代表，陈玉兴为其前任。

（三）天价订单

与香港一家注册公司签订合同，宣称将以344.01亿元的总价款承建非洲安哥拉安居家园工程。随之而来的便是连续10个疯狂的涨停板，停牌当日还有大笔机构大单高位买入。一系列令人咂舌的动作让杭萧钢构成为了近日最为引人关注的股票。

这个天价大单一经出现，质疑声便从四面八方扑面而来。我们不禁要问这个质疑声是从何而来？

让我们先来看一下这份合同所涉及的对象：

合同中涉及的安哥拉位于非洲西南部，属于偏远国家，且经济也不发达，不像欧美发达国家这么透明，难以核实订单的真实性。而且，安哥拉经历过多年战乱，履约能力较差。虽然安哥拉国家很小，但涉及数百亿元的重建工程一般也是会向全球招标，况且这个工程金额如此巨大，怎么会没有全球招标的过程呢？

而近两年杭萧钢构的盈利能力每况愈下，一季度所披露的每股收益仅1.9分。即使按2006年全年每股收益9分计算，杭萧钢构的市盈率也高达350倍。也就是说，忽略其盈利能力下降与收益不分配的可能性，投资者收回投资也需要350年。

所以，如此大的订单，的确值得质疑。

（四）惊天内幕

但是价值近350亿元的订单不仅涉及客观因素，背后隐藏着惊天内幕，更是不得不让我们感叹！

就在2007年2月13日，公司股价连续两个涨停，上海证券交易所询问公司有无经营异常情况，公司称没有异常情况。上证所要求公司作进一步了解，并提醒公司如有异常情况要及时公告，可是公司一直到2月15日才披露正在商谈一个境外合同项目。

虽然公司称合同尚未有实质性的履行，如对方未支付相应款项，公司存在不持续执行的可能。但是相关信息的披露丝毫没有影响市场的表现，而且信息发布不及时，没有迅速报告给有关部门，予以公告。对投资者产生了误

导，以为该项目的实施条件不存在重大不确定性，会使公司2007年业绩产生较大幅度增长。

同时，这份合同的保密工作也不到位。

原来，杭萧钢构公司从2006年11月开始与中国国际基金有限公司接触，洽谈安哥拉公房由混凝土结构改成钢结构的项目，众多部门的参与就已经表明信息泄露的风险已经很大。2007年2月8日，双方就这个项目的价格、工期和付款方式等基本内容达成一致。这天成为“安哥拉项目”内幕信息形成日。明知该合同难以保密，该公司董事长单银木却在2月12日下午的公司年度总结表彰大会讲话中泄露了信息。这给了一部分有心人士以可乘之机。

在担任杭萧钢构证券事务代表时的陈玉兴已听闻该消息。于是在他离职后不久下指令给王向东（专业股民），于2007年2月12日建仓买入“杭萧钢构”股票2776996股。在2月13日、14日，陈玉兴又根据从罗高峰（证券事务代表）处获得的内幕信息，指令王向东分别购入杭萧钢构股票2398600股和1787300股，并指令王向东继续持有股票。而当陈从罗处得知证券监管机构要调查杭萧钢构，将有关情况告知王向东并指令次日卖出“杭萧钢构”。16日，王按指令将“杭萧钢构”股票共6961896股全部卖出，非法获利4037万元。而此时，杭萧钢构股价已从2月12日的4.55元疯涨至10.75元。

（五）杭萧钢构事件的反思

发行人、上市公司依法披露的信息，必须真实、准确、完整，不得有虚假记载、误导性陈述或者重大遗漏。

我国的违规成本太低，以至于在巨大的利益诱惑面前，很难做到“资本讲道德”，而“资本讲道德”是股市健康发展的必要条件，也是构建和谐社会的一个重要方面。

杭萧钢构事件在本质上违背了“注重公平”原则，从中反映出的我国股市违规操作的严重性。所以，相关部门应该完善法律法规，严格监管和严格执法而有效打击内幕交易、市场操纵、信息欺诈等不公平行为，将信息披露透明化、证券交易公平化。

（资料来源：“杭萧钢构事件全记录”，万晓玲《浙江市场导报》，2007年12月25日）

案例思考

1. 杭萧钢构公司与中基公司的合同是不是“一张纸”，即杭萧钢构公司合同是否真实存在。

2. 杭萧钢构公司有没有能力完成巨额的合同。

3. 中基公司是不是“骗子公司”。

4. 安哥拉是否存在近40亿美元的合同。

5. 钢结构工程合同344亿元人民币是否合乎逻辑。

3.1 效率市场理论背景

股票价格是如何决定的？其过程为何？在20世纪60年代，此议题引起欧美学术界及业界之好奇，也曾引发重大争议。早先，争议的焦点在于连续的股票价格变化间是否相互独立，不受彼此之影响。例如股票A之价格今天涨3元，昨天涨2元，前天跌3元……这些前后期价格涨跌之间是否有某种关联？彼此是否是独立事件？这些问题便是争议之重点。“有效市场假说”起源于20世纪初，这个假说的奠基人是一位名叫路易斯·巴舍利耶的法国数学家，他把统计分析的方法应用于股票收益率的分析，发现其波动的数学期望值总是为零。直到1964年，金融经济学奠基人古特纳（Cootner）把路易斯·巴舍利耶的这篇题为：《股票市场价格的随机特征》（The Random Character of Stock Market Prices）收集在古特纳选集的古典卷中，才为世人关注。

到20世纪50年代，毛瑞思·肯德尔（Maurice Kendall[①]，1953）对一个时期股票价格的表现进行了研究，发现股价的发展似乎是随机的。数量分析学派的观点以收集在古特纳选集中的罗伯特（Robert，1964）的论文为代表，罗伯特呼吁要普遍运用基于肯德尔（1964）论文的统计分析，他声称："证券价格的变化就好像轮盘赌的轮子转动一样，每种结果都与过去的历史统计不相关，而相对的频率又是在时际中合理的稳定"。罗伯特进一步说明了变化模型的不相关性，而概率则"必须时际稳定"的论点，指出变化模型的理论基础是：如果市场是不完善的轮盘赌的轮子，"人们就会注意到不完善性并按其行事，最终消除不完善"。奥斯本（1964）在其正式发表的有关布朗运动的论文中，坚持股票价格循着随机游走的途径运动的观点。他指出，股票市场价格的变化过程就好像流体粒子的运动，即人们通常所说的布朗运动。

法玛（Fama）吸收了巴舍利耶、肯德尔和奥斯本观察的精华，以理性投资者为假设前提，即收益的随机游走意味着市场有效率但又不局限于此。法玛的假说是更为宽泛意义上的有效率，随机游走只是市场有效率的一种形式。于1965年，法玛在其发表于《商业杂志》上的题为《股票市场价格的行为》（The Behavior of Stock Market Prices，pp. 34－105，1965. 1）论文中，在这些考察基础之上，形成了有效率市场假说（EMH），指明了市场是鞅模型，或者"公平博弈"，就是说，信息不能被用来在市场上获取利润。从纯形式上说，有效率市场假说并不要求实际的不相关性或者只接受不相关的同等分布的观察。

有关市场效率的定义为数不少，芝加哥大学教授法玛（Fama，1976）对此提出一简单的建议："谈市场效率，便是要求市场在决定证券价格时，能正确地使用当时所有可用之信息。"詹森（Jensen，1978）也提出了另一种定义："如果针对任一信息，投资人皆无法利用此信息赚得利润，那么这个市场便是有效率的。此利润指经过调整风险后之报酬，所有相关成本并已扣除。"萨缪尔森（Samuelson，1965）与孟德诺（Mandelbrot，1966）两位教授也提出严格论证，认为连续价格变化间的彼此不相关与市场效率之观念相一致。

随着相关争议的演进及相关研究的发展，由法玛教授提出的市场效率假设遂脱颖而出，认为证券市场若是具有弱式市场效率，那么投资人根据证券过去

---

① Maurice Kendall，"The Analysis of Economic Time Series，Part I：Prices"，*Jounal of Royal Stastical Society*，96（1953）.

交易的价量及相关信息所形成的投资策略，都无法获得超额报酬；亦即技术分析（Technical Analysis）无效。若证券市场具半强式市场效率，则投资人利用任何已公开信息（含过去价量信息）所形成的投资策略，均无法获得超额报酬；如此，投资人所作的任何基本面分析（Fundamental Analysis），如总体经济分析、产业分析与个别公司之财务分析均无意义。若证券市场具有强式市场效率，则投资人即使有内线消息亦无法获得超额报酬，更不用说公开信息。

【名人名言】

从事职业投资者，好像是参加选美竞赛：报纸上登出一百张照片，要参加竞赛者选出其中最美的六个，谁的选择结果与全体参加竞赛者之平均爱好最相接近，谁就得奖。以至于，每一参加竞赛者都不选他自己认为最美的六个，而选他认为别人认为最美的六个。每一个参加者都从同一观点出发，于是都不选他自己认为最美者，也不选一般人认为最美者，而是运用智力，推测一般人认为的最美者。这已经到了第三级推测，我相信有些人会运用到第四第五级，甚至比此更高。

——凯恩斯

如果投资者在资本市场上确定资产价格时，能够使用其所获得的全部信息，那么，资本市场就是有效率的即有效率市场。在金融投资理论中，没有哪一个定义能像“资本市场”这样，既受到广泛的检验又使人难以相信，然而它却构成了资本市场理论的基石，它左右了近40年来金融投资理论的发展。

3.2 证券市场有效性的基本含义

市场的有效性是指根据某组已知的信息作出的决策不可能给投资者带来

经济利润。显然证券市场的有效性是指证券市场效率，包括证券市场的运行效率（efficiency run）与证券市场的配置效率（efficiency allocation），前者指市场本身的运作效率，包含了证券市场中股票交易的畅通程度及信息的完整性，股价能否反映股票存在的价值；后者指市场运行对社会经济资源重新优化组合的能力及对国民经济总体发展所产生的推动作用能力的大小。“有效市场假说”包含以下几个要点：

第一，在市场上的每个人都是理性的经济人，金融市场上每只股票所代表的各家公司都处于这些理性人的严格监视之下，他们每天都在进行基本分析，以公司未来的获利性来评价公司的股票价格，把未来价值折算成今天的现值，并谨慎地在风险与收益之间进行权衡取舍。

第二，股票的价格反映了这些理性人的供求的平衡，想买的人正好等于想卖的人，即认为股价被高估的人与认为股价被低估的人正好相等，假如有人发现这两者不等，即存在套利的可能性的话，他们立即会用买进或卖出股票的办法使股价迅速变动到能够使二者相等为止。

第三，股票的价格也能充分反映该资产的所有可获得的信息，即“信息有效”，当信息变动时，股票的价格就一定会随之变动。一个利好消息或利空消息刚刚传出时，股票的价格就开始异动，当它已经路人皆知时，股票的价格也已经涨或跌到适当的价位了。

“有效市场假说”实际上意味着“天下没有免费的午餐”，世上没有唾手可得之物。在一个正常的有效率的市场上，每个人都别指望发意外之财，所以，我们花时间去看路上是否有钱好拣是不明智的，我们费心去分析股票的价值也是无益的，它白费我们的心思。

当然，“有效市场假说”只是一种理论假说，实际上，并非每个人总是理性的，也并非在每一时点上都是信息有效的。“这种理论也许并不完全正确”，曼昆说，“但是，有效市场假说作为一种对世界的描述，比你认为的要好得多。”

有效性的基本假设是证券存在一种客观的均衡价值，股价已反映所有已知的信息，且价格将趋向于均衡价值。这一假设意味着投资者是理性的，其购买和出售行为将使证券价格趋向其内在价值，且调整到均衡的速度，依赖于信息的可利用性和市场的竞争性。高度竞争且又有众多掌握完全信息的参与者的市场，将会相当快速地调整到均衡；相反只有很少参与者又只具有很不完全的信息流的市场，则可能要经历一个相当缓慢的调整过程。根据信息对证券市场的反映程度，可将证券市场的信息分为三种不同层次类型：历史的信息（证券公司过去的价格和成交量）、已公开的信息（包括盈利报告、年度报告、财务分析人员公布的盈利预测和公司发布的新闻、公告等）、所有信息（包括所谓内幕信息）。罗伯特（Harry V. Robert）根据股票对相关信息反映的范围不同，相应将市场效率分为三个不同的层次：弱有效率市场（Weak - form Effiency）、次强有效率市场（Semi - strong form Efficiency）、强有效率市场（Strong form Efficiency）①。法玛进一步对这三种效率市场与信息之间的关系做了阐述②，表明在三种市场中股票的价格都具有随机漫走的特征（如图 3 - 1 所示）。

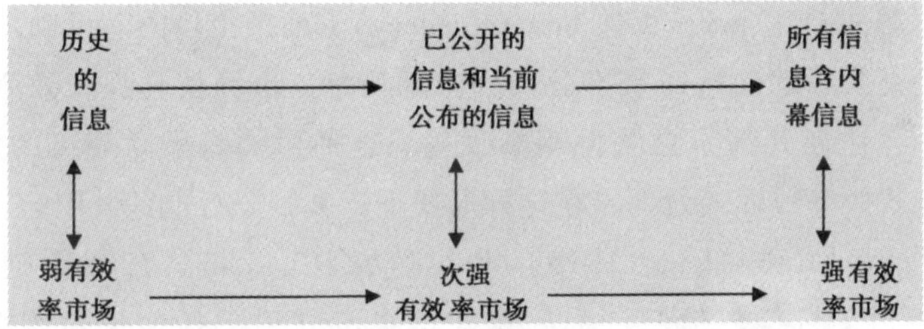

图 3 - 1　市场的有效性与其所反映的信息之间的关系

除股票价格对各类信息的反应灵敏程度外，交易成本也是判断证券市场金融效率的重要参数，包括直接的交易成本和间接的交易成本。直接的交易成本如交易佣金、税收等，间接的交易成本是投资者能否在证券市场上获得有效的信息及投资者是否按自已的意愿买卖股票，实现理想的投资效率组合。此外，在证券市场上可供投资者选择的证券投资品种是否丰富，也会影响证券交易的连续性。

与这三类信息相对应，有效率的市场可分为：

其一，弱式效率（Weak - Form Efficiency）。如果证券的现价已经反映了过去的信息，则市场为弱式效率。任何人都不会通过过去的信息而获取超额收益。弱式效率的存在意味着，以过去信息为根据的技术分析的无用，也

---

① H. V. Roberts, "Satistical Versus Clinical Prediction of the Stock Market". Unpublished Paper Presented to the Sepairar on the Analysis of Security Prices, University of Chicago, May, 1967.

② E. Fama, "Efficient Capital Market: A Review of Theory and Empirical Work", *Journal of Finance*, Vol. 25, No. 2 (May, 1970), 383 - 417.

表明按随机游走运动的市场为弱式效率。

其二，半强式效率（Semistrong - Form Efficiency）。如果证券价格反映了所有“公开的”信息，则市场为半强式效率。任何人都不会通过“公开”信息而获取超额收益。半强式效率也一定是弱式效率，这是因为所有公开信息也包括过去的价格和成交量。由于证券分析师基于所有投资者可获得的信息形成了价值，大量的不相关的估计会导致整个市场的“公平”价值（符合随机游走），因此，以分析微观和宏观经济的变化为业的基础分析师就成为半强式效率的一个组成部分，用于证券分析的成本或者信息成本也就成为证券价格的一个组成部分，所以，有信息成本的市场也就是半强式效率。

其三，强式效率（Strong - Form Efficiency）。如果市场能够反映所有可知的信息，无论是公开的信息还是不公开的内幕信息，市场就是强式效率。在强式效率市场中，任何人都不会获得超额收益。这种形式是最高等级的效率形式，包含着半强式效率或弱式效率。在这种形式下，基础分析也是没用的。

鲁宾斯坦（Rubinstein，1975）和拉萨姆（Latham，1985）则对市场效率的定义进行了延伸。他们认为，倘若信息没有引起任何证券组合的变化，市场就被认为是关于信息有效率的。也许人们对一条信息的内容会有不同的看法，以致于一些人买了某种资产，而其他人则以这种方式卖掉这种资产，所以市场价格不受影响。如果信息没有改变价格，那么市场被认为是法玛意义上的有效率而非鲁宾斯坦或拉萨姆意义上的有效率。鲁宾斯坦—拉萨姆的定义不仅要求价格不变，而且要求没有任何交易上的变化。因此，这种市场效率是比法玛的强式效率更强的形式。

3.3 证券市场的有效性对证券市场运行及其检验

3.3.1 证券市场的运行

证券交易制度指有组织的证券交易场所为履行其基本职能而制定的与证券交易有关的运作规则，它反映了证券市场的运行。证券市场微观结构理论将证券市场微观结构的内涵等同于交易制度结构，著名经济学家莫林·奥哈拉（Maureen O'Hara）认为，市场微观结构是指证券交易价格的形成过程和运作机制[①]；世界银行集团国际金融公司顾问杰克·格林（Jack Glen）将证券市场微观结构具体化为证券价格形成过程中的四项微观因素，包括交易品种、证券市场参与者构成、交易场所构成以及参与者行为所遵循的交易制度结构，这四项因素虽都在一定程度上影响价格运行，但前三项一般由政府机构决定，因此，证券交易制度影响着证券市场资源配置功能的发挥，是证券市场的内生变量[②]。

流动性、有效性、交易成本、稳定性和透明度构成了证券交易制度目标的五个方面（图3-2），它们有着既统一又矛盾的辩证关系。证券交易的本质在于证券的流动性，证券通过流动以反映市场化的资本关系，反映特定的财产权利的交易关系，静止不动的资本是无法满足其要求不断增值的本性的。以交易价格的形成过程为主线，证券交易制度划分为六方面内容：（1）交易委托方式；（2）价格形成机制；（3）委托匹配原则；（4）信息披露方式；（5）市场稳定措施；（6）其他选择性手段等。前三项内容是证券交易制度所必须具备的基本要素，其中价格形成机制是证券交易制度的核心。

3.3.2 三个层次的效率市场对证券市场运行的影响及其检验

3.3.2.1 弱有效市场对证券市场运行的影响及其检验

弱有效市场认为当前股票价格充分反映市场的历史信息，包括证券的历史价格序列、收益率、交易量数据和其他一些市场产生的信息，如零售交易、批量交易和股票交易所专家证券商或其他特别的组织进行的交易。由于它假定当前市场价格已经反映了过去的收益和任何其他证券市场信息，所以，弱有效市场假设意味着过去的收益率和其他市场数据应该与将来的收益率没有什么关系（即收益率应该是独立的）。这样，遵照根据过去的收益率或者任何其他过去的市场数据得出的交易规律进行买卖的话，是得不到超额收益的。用序列相关分析法来进行说明，首先计算每天（t）的股票价格变化 P_t，然后利用回归分析法比较 ΔP_t 与前一天（$t-1$）的股价变动 ΔP_{t-1} 的关系，即：

---

① O'Hara, M, *Market Microstructure Theory*, Blackwell Publisher ltd., 1995, p1.

② "An Introduction to the Microstructure of Emerging Markets", IFC, Discussion Paper, [M] 24, p3.

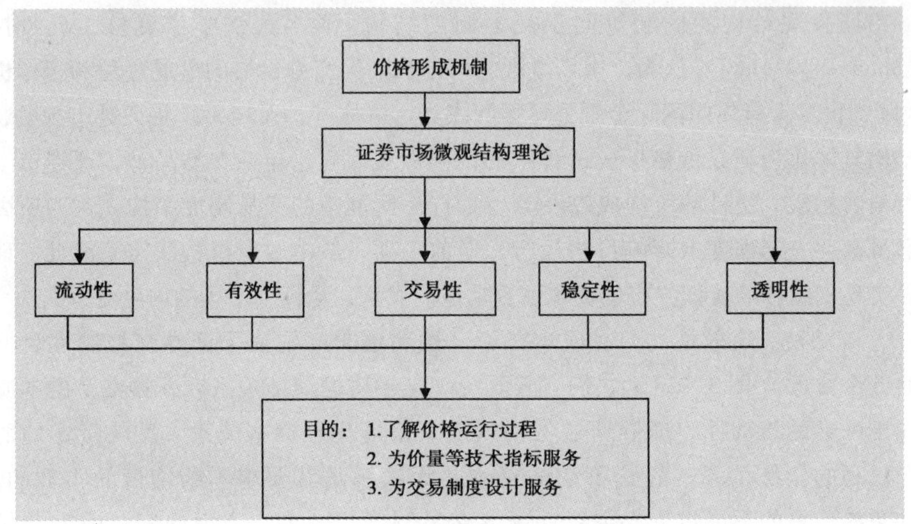

图 3－2 证券交易制度的目标

$$\Delta P_t = \alpha + \beta \times \Delta P_{t-1}$$

α：截距，β：斜率，有三种情况（如图 3－3 所示），第（1）、（2）两种情况说明过去的股价变化对投资者来说具有重要意义，投资者可以利用过去股价的变动建立起一个具有经济价值的交易模型赚取超额利润，第（3）种情况证明了投资者根本无法实现任何超额利润。

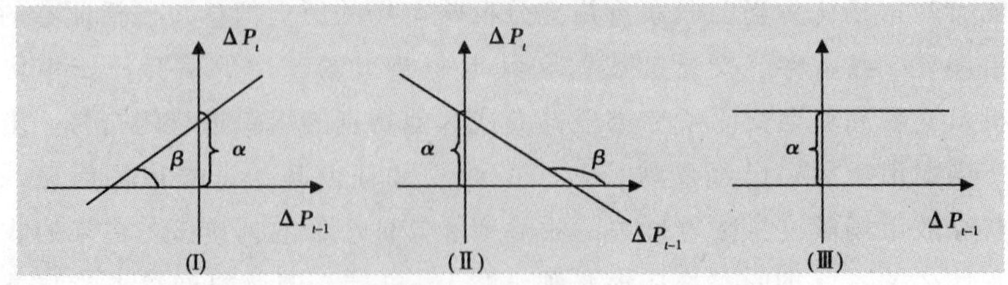

图 3－3 市场的有效性与其所反映的信息之间的关系

（Ⅰ）表示前一天的股价变动 ΔP_{t-1} 能产生 ΔP_t，即第 $t-1$ 天有股价上涨，$\Delta P_{t-1}>0$，表示第 t 天的股价必然上涨，并且股价的上涨幅度大于平均水平。

（Ⅱ）表示前一天的股价变动 ΔP_{t-1} 能产生 ΔP_t，即第 $t-1$ 天有股价下跌，$\Delta P_{t-1}<0$，表示第 t 天的股价必然上涨，并且股价的上涨幅度大于平均水平。

（Ⅲ）表示前一天的股价变动 ΔP_{t-1} 与 ΔP_t 没有关联，即第 $t-1$ 天有股价上涨并不表示第 t 天的股价也会上涨，并且股价的上涨幅度大于或低于平均水平。

摩尔（Moor）随机抽取华尔街挂牌的29只股票，计算每只股票每周的变化，平均相关系数为-0.06，基本趋于0，说明无法利用每周股价的波动来预测未来股价的波动。法玛取道·琼斯工业指数样本30种股票，间隔天数为1、2、3、4、5天不等，相关系数基本趋于0，也说明股价变动遵循随机漫步模式。东北大学教授李凯等[①]也运用序列相关性和游程检验方法，对我国股票市场的有效性进行了检验，利用上证综合指数周末收盘价（1995年12月22日至1999年4月8日）和深证综合指数周末收盘价（1996年6月7日至1999年4月8日）两种方法检验结果表明两个市场均具有弱有效性的特点；在对个股进行检验时，总体所选样本的有效性检验得以通过，与大盘相一致，但个别股票表现出具有一定的价格相关性。这表明，我国股票市场近年来总体发展是趋向于规范而有效的，但其有效程度还不高。

3.3.2.2 半强式有效市场对证券市场运行的影响及其检验

半强式有效市场认为，证券价格能迅速调整反映所有可公开信息的公布，也就是说证券市场价格全面反映所有可公开的信息，包含弱有效市场假设所考虑的所有市场信息，如股票价格、收益率、交易量等都是公开的，还包括所有非市场的信息，如收益与股息分配公告、市盈率（P/E）、股息收益率（D/P）、账面价值比（BV/MV）、股份分割、有关经济新闻和政治新闻，说明了从这些公布的重要信息中，投资者不会从其交易中获得超过一般水平的收益，因为证券价格已经反映了所有这样的公开信息。所公布的信息分为三个时间段：市场估计期、信息公布、事后检验。其市场回归模型为：

$$Rit = \sigma i + \rho Rmt + eit$$

其中，Rit 为股票 i 第 t 时的收益率，Rmt 为 t 时的市场指数收益率，ρ 为估计值，σ 为截距，eit 为偏差（超额收益），公司因素对收益率的影响。这样超额收益为：$eit = Rit - \sigma i - \rho Rimt$，然后用有关期间的累计超额收益率 $\sum \mathrm{eit}$ 就可以检验市场的有效性，如果 $\sum \mathrm{eit} = 0$，证明价格对信息的反应是迅速的。法玛曾对股份分割作了检验：发现股份分割前30个交易日股价开始

① 李凯、路迹、杨丽琴、张俊国："我国证券市场有效性实证分析"，《东北财经大学学报》（自然科学版），2000年第3期。

上涨，分割后股价趋于平稳。

证券投资基金作为证券市场的主要机构投资者具有信息披露的完整性、准确性、及时性和投资运作的规范性。复旦大学国际金融系课题组（2001年8月24日）对我国基金公布基金投资组合（1999年1月5日至2000年12月29日）进行了检验，从实证检验结果来看，在基金公布投资组合公告前后，累积超常收益率基本呈下降的趋势，没有出现我们预期的正超常收益率的情况，表明信息公布前市场价格对信息的反应是过度的，半强式市场的有效性不成立，超常收益率下降，主要是与基金投资组合公告的时滞性有关。

3.3.2.3 强有效市场对证券运行的影响及其检验

强有效市场认为股票价格反映了所有公开的和未公开的信息（内幕消息），这意味着任何投资都不可能有独占的渠道获得有关价格形成的信息，它包含了弱有效市场和次强有效市场的假设，1971—1991年Malkiel把研究基金等专业投资机构或内幕人士（投资者关系广泛，研究力量雄厚）的投资收益与正常投资情况下的收益比较，发现基金的总收益和扣除管理费用后的净收益都低于市场平均水平，表明美国证券市场已是强有效市场。但在我国信息披露制度还不健全，获得内幕消息的往往从股市获得超常经济利润，阻碍了我国证券市场健康、快速的发展。例如“银广厦事件”，在证券市场中引起了巨大的连锁反应，它采取了虚拟无形资产的手段，以高科技为幌子，使其股票受到追捧；其天津的分公司，还以拥有“神奇科技”的谎言欺骗数万股民一年之久，数家基金与上市公司不同程度地遭到牵连，无法数计的股民遭到重大损失。说明我国证券市场信息披露不规范，还不具备强有效市场特征。

【小案例】

我国的A股和H股的差价

A股与H股价差，是指同一家中国上市公司的A股和H股存在不同价格的现象。始自2006年的一轮牛市中，因2007年5月印花税调整中股票市场大跌，A股市场在2007年6月再度大幅上涨，上证指数创下了6100多点的历史新高，而香港恒生指数也创下了21900多点的新高，但是，在两地上市的我国公司在现阶段基本出现了该公司H股价格远低于A股的现象。在2008年金融危机之后，A股和H股指数都呈现了不同程度的变化，而不同的股票的A股和H股在不同的时间，却出现了不同的差价（见表3-1）。

表3-1

股票名称	收盘日期：2007年11月20日		收盘日期：2008年6月16日		收盘日期：2009年5月27日	
	收盘A股价格（人民币元）	收盘H股价格（港币元）	收盘A股价格（人民币元）	收盘H股价格（港币元）	收盘A股价格（人民币元）	收盘H股价格（港币元）
海螺水泥	70.41	66.35	48.97	60.30	41.53	55.60
中国平安	118.32	88.15	49.94	59.40	39.61	53.75
招商银行	39.23	33.25	24.22	25.70	16.86	15.82
中海发展	31.52	19.72	20.63	22.15	13.20	11.46

案例思考

1. A股与H股的价差能说明内地和香港市场中有一个市场不是有效的吗？为什么？

2. 结合本章所学内容，你认为导致A、H股价差的原因有哪些？

3.4 有效率市场假说的现实意义

我们可以对上述有效率市场假说作如下的评论：

第一，有效率市场假说是在把计量分析运用于股票收益统计的基础上形成和发展起来的。这里的计量分析是线性范式的分析，它有助于从复杂的事物中抽象出简单的模型来，从而有利于揭示事物的本质特征。但是最初的有效率市场是指随机游走（即醉汉在荒野中的“漫步”），或者像有些学者所说的，先有了统计上的随机游走模型然后才有了有效率市场假说，这是法玛意义上的弱式效率。在法玛提出有效率市场假说以前，夏普的资本资产定价模型就在不自觉地以这一假说为理论前提了。法玛的效率假说的意义就在于它奠定了资本市场理论的基础。

第二，有效率市场假说以“理性投资者”为假设前提，认为理性投资者是以理性预期为基础进行投资决策的。按照传统观点，资产价格完全是主观的，既与将来所得多少无关，也与各种支付的概率无关，这显然是一种主观性的定价，在理论上称为无知的（innocent）假设。而凯恩斯则提出了投机均衡假设，这是因为凯恩斯虽然把不确定性纳入投资分析中，但是并没把预期纳入分析中。资产价格与资产的未来支付（股息等）系统相关的假设，称为内在价值假设，它主张价格将由每个个人对一种资产的支付估计决定而不用考虑他与其他个人的二手交易价值。这个假设接近于理性投资者的理性预期假设，按照理性预期假设，所预测的资产价格是根据所预期的资产未来支付而形成的，包括他们向第三方的二手交易价值。因此理性预期市场是有效率的市场，因为价格将反映所有的信息。从这种意义上说理性投资者的理性预期假设更有助于揭示资本市场的特征。

第三，有效率市场假说的理论意义就在于它把竞争均衡理论运用到了资本市场的分析中，从而为资本资产的定价确定了理论基础。风险和收益的交换，一直是投资理论的主要内容，但是真正指明了二者关系的还在于有效率市场假说的提出，二者之间均衡关系确立的过程，就是资本资产定价形成的过程。如果有效率市场假说不成立，则意味着资本市场理论的不成立。

3.5 有效率市场假说的缺陷

资本市场作为一个复杂系统并不像有效市场假说所描述的那样和谐、有序、有层次。比如，有效率市场假说（EMH）并未考虑市场的流通性问题，而是假设不论有无足够的流通性，价格总能保持公平。故EMH不能解释市场恐慌、股市崩盘，因为这些情况下，以任何代价完成交易比追求公平价格重要得多。尽管在西方学术界很少有哪一种理论能够获得像市场有效性理论那样多的支持和如此高的学术地位，但是该理论的局限性和缺陷还是十分明显的。

其一，从理论渊源来看，市场有效性理论脱胎于西方传统经济学的市场自发理论。因此它必然带有同样的痼疾：过分夸大和神化市场调节的自发作用；否定市场运行中的内在矛盾和问题；排斥政府调控市场运行的积极作用；从理性原则出发，用先验的理论假说和抽象的模型来规范和说明复杂多变的现实；重形式，轻内容，追求逻辑体系和数学形式的完美不惜牺牲经济理论的现实性；重现象，轻本质，注重现象描述，缺乏对市场运行及矛盾运动内在机理的深入研究。由于市场有效性理论存在着上述弊端，因此在说明现实问题的时候，尤其是说明诸如“黑色星期一”之类的现实矛盾的时候往往显得力不从心，苍白无力。

其二，从认识论上看，市场有效性理论从现象形态出发，以资本市场价格不规则运动为依据，割断资本市场运行与整个经济运行的内在联系，否定经济规律对资本市场运行的支配作用，否定人们认识资本市场运动规律的主观能动性，把资本市场视为超社会超经济存在的、纯粹的“物理实验场”。这种观点是不正确的，也是脱离实际的。毫无疑问，资本市场确实是一个盲目性很大、投机性很强、易受心理预期因素和突发事件影响的特殊市场。

特殊市场自然有特殊的运行方式和特殊的运动规律。但是，同时还要看到，资本市场毕竟不是孤立存在于社会经济活动之外的市场。作为市场，它

是交换关系的总和。作为市场体系的必要组成部分，资本的运行和发展要受市场经济运行规律的制约，反映市场经济运行规律的要求。总之，资本市场的运动是一个极为复杂的过程，因此对其认识和了解必须多角度全方位地展开，如以局部认识概观资本市场运动的全貌，只会导致对资本市场运动规律的片面认识，从而得出不符合实际的结论。

其三，市场有效性理论提出的理性模型存在着致命的弱点。先从模型本身看，理性市场模型的基础是完全理性和完全信息两个基本的前提条件。其中，完全信息的假设条件是：

(1) 所有的信息都必须是公开和透明的。即将信息无偿地提供给所有的投资者；所有的投资者对信息的解释和判断不存在任何分歧，信息传递渠道畅通，不存在任何阻隔。

(2) 价格已经反映了所有可以得到的信息，并且具有高度的灵敏性和传导性。

(3) 价格是既定的量，所有的投资者只能根据给定的价格作出自己的选择。谁也不能支配和影响价格的形成，价格是唯一的调节信号。

完全理性的假设条件是：

(1) 市场是理性的，即市场是完全竞争的市场和公平与效率统一的市场，不存在资本过剩和资本短缺的问题，资本可以自由地流出流入，交易过程是在瞬间完成的，既不存在虚假交易也不存在时间和数量调整；

(2) 市场行为人是理性的，收益最大化是所有投资者从事证券交易的唯一动机，都必须自觉根据理性原则制订投资决策，调整交易数量，确立交易方式，规范交易行为，开展交易活动；

(3) 市场运行是均衡的，能根据内部机制和外部环境的变化及时迅速地进行调整，从非均衡态自动恢复到均衡态。不难看出，在上述假设条件中，市场均衡假设是从理性市场假设中推导出来的，而理性市场假设又是以完全信息假设作为前提的。由于这些假设条件之间存在着互为前提循环证明的关系，只要人们对其中的一个假设条件证伪，上述假设条件形成的逻辑链条就会即刻断裂，市场有效性理论的基石就会因此而崩塌。

应当说，市场有效性理论面临的最大挑战还是来自于西方资本市场现实的矛盾运动和内在运行危机。十分明显，若承认资本市场现实的矛盾运动和内在的运行危机，就得修改市场有效性理论的基本前提：而若无视现实矛盾的存在，市场有效性理论则会失去存在的价值。可见，市场有效性理论很难摆脱进退两难的困境。实践证明，一种理论如果不能说明现实问题，不能为解决现实问题提供有效的办法，这种理论或迟或早会被时代所抛弃。针对市场有效性理论存在的种种问题和面临的困境，有的西方学者预言，20世纪30年代的大萧条动摇了古典经济学一般均衡理论的基础，为凯恩斯革命的兴起开辟了道路。20世纪80年代的“黑色星期一”则撼动了新古典经济学市场的有效性理论的基石，将为西方经济学的又一次革命拉开序幕。

3.6 效率市场的启示及其投资策略

3.6.1 效率市场的启示

通过对证券市场效率水平的研究，投资者和股份公司财务管理人员可以得到一些有益的启示。

3.6.1.1 市场没有记忆

弱有效率市场假说指出证券的市场价格与其历史状况无关。就是说，不论证券价格过去是如何变化的，都不会对当前的市场价格产生影响。很多投资者在股价下跌后不愿出售手中的股票，希望价格回升。有些企业在公司股票价格下降时不愿发行股票，而在股价上升时则拼命增资发行，美其名曰“抓住市场时机”。实际上，在较发达的证券市场上的证券价格与它的历史状况无关，投资者和企业所依赖的价格变动趋势并不存在。某种股票可能连续下跌了一段时间，但其市场价格仍高于其实际价值，这时，不论是股东出售股票或公司发行新股，都是有利可图的。而连续上涨的股票的市场价格也可能仍低于其实际价值，这时购入股票就是个好时机。靠对证券历史价格的分析确定当前和未来的股价走势，是靠不住的。

3.6.1.2 相信市场价格

在有效率市场上，人们可以相信市场价格的正确性。证券的市场价格反

映了所有关于该证券的信息。有效率市场并不是说投资者不能在某次投资活动中获取超额利润，而是说投资者不能始终一贯地在证券投资中获取超额利润。要想始终如一地获取超额利润，就要始终比每一个投资者知道得更多。而除非总是能利用禁止利用的内幕消息，人们是无法做到这一点的。因此，投资者可能在一次投资中获取暴利，也可能在另一次投资中蒙受巨额损失。平均来讲，市场是正确的，股票交易是一场公平竞争，投资者也只能得到平均利润。

3.6.1.3 市场没有幻觉

在有效率市场上，投资者关注的证券的实际价值，他们是从投资的实际现金流入来判断证券的价值的。因此，企业无法通过拆股、改换会计方式、调整财务报表等手段欺骗投资者，影响股票价格。

3.6.1.4 股票价格的弹性大

当某一产品的替代物很多时，其价格弹性很大。在证券市场上，每一股票都是一个拥有很多替代物的商品。投资者购买某种股票并不是因为它有什么与众不同之处，而是它能够提供与其风险水平相当的收益。如果风险收益低于风险水平，这种股票将无人问津；如果风险收益高于风险水平，这种股票将使人争相购买。因此，股份公司要想保持其股价的合理，就必须保证公司的公开性，让公众了解公司的状况，认识到公司股票确实是物有所值。否则的话，将难以保证股票价格的合理，也难以吸引投资者。

3.6.1.5 不要越俎代庖

在有效率市场上，投资者并不会为别人帮助他干了他自己能干的事情而支付报酬。比如，如果投资者能自己进行多样化投资而减少投资风险，他不会要求企业经理们为之代劳。投资者之所以购买某一公司的股票，很可能是因为这一公司的风险程度和收益状况符合他们的要求，因此，企业盲目进行多样化经营，分散风险，并不一定符合其股东的要求。事实上，企业兼并，多样化经营也不会对公司股票的价格产生实质性影响。在股票市场上，各类公司的股票都有，投资者完全可以根据自己的风险偏好和资金状况选择合适的股票，而不必要公司操心此事。

3.6.1.6 寻找规律者自己消灭了规律

市场有效率是非常有趣的假说。这一假说强调的是证券价格充分反映了所有有关信息。如果证券的市场价格不能充分反映有关的信息，则投资者可以通过对这些信息的分析找出价格变化的规律和投资机会加以利用。如果证券的市场价格已经充分反映了有关信息，则投资者通过努力获取超额利润的希望就会落空。但问题是，如果人人都相信市场是有效率的，都不去做市场分析，那么证券价格肯定不能充分反映各种信息，市场就是无效率的，进行市场分析者就会有利可图。如果人人都认为市场是无效率的，认为通过市场分析等种种努力可以发现价格变化的规律和投资机会，并因此而对市场"战而胜之"，获取巨额利润在（这正是许多投资者自己所认为的），则在大家的努力之下市场就变成有效率的了，就能够充分反映各种有关信息了。比如，如果只有一个人经过对某一股票价格历史数据的分析判断该股票在一周后价格将上升20%，并因此在股票市场上买入股票等待获利，如果这一判断是正确的，他一定可以获利。但如果许多人都用同样的方法（各种分析方法并不是由某些人所独有的），对同样的数据和资料（这些数据和资料也都是对所有感兴趣的人公开的）进行分析得出了同样的判断，大家都希望马上购入股票以待获利，则该股票的价格在疯狂的购买压力之下立刻就会上涨到应有的水平，而使获利的机会化为泡影。由此可见，市场有效率正是由那些认为市场无效率或效率不高的人的努力工作所促成的，这些人越多，工作越努力，市场就越有效率。

有效率市场假说的一个根本结论是信息就是金钱。即只有新的信息才能带来价格的新的变化，掌握并利用人所不知的内幕信息进行交易是在证券交易中始终如一地获取巨额利润的惟一保证。但为了保证证券市场的公正，管理机构和法律所要限制的正是这种利用内幕消息进行的交易，否则证券市场就无法维持下去。因此，对一般投资者来说，想通过证券交易，通过对市场的分析掌握交易规律而获取巨额利润是非常困难的，或者说是不现实的。正如西方金融证券学界一句流行的话所说的："很多研究人员因此（研究证券）而名闻天下，但没有一个人因此而富甲天下。"

3.6.2 效率市场下的投资策略

由前面的探讨，我们知道证券市场的效率并不是非常完美，但是对大多数的投资人而言，尤其是较无投资知识的投资人，他们为了要得到较高的报酬，必须花颇多的成本与时间来搜集信息，而且为了换股操作或掌握进场出场时机，如此频繁的交流也需付出较高的手续费及交易税等成本，到最后，这些投资人也许会发现，他们因而多赚的，大约只相当于花那么多的代价而已，也就是说，一切努力长久而言都是白费力气的。所以这些投资人不妨可将证券市场看成是有效率的，雷德克里夫（Radcliffe）① 博士建议这些人在这样的效率市场环境下，可以采取下列步骤：

（1）分散投资：尽量购买较多样的不收费的股票型及债券型基金，这些基金都是必须有低周转率的规定。也考虑买不动产及海外共同基金。最好是买指数型基金。

（2）选择合宜的资产配置：观察各种资产指数的历史波动性，主观地决定可以接受的资产配置。

（3）避免想要掌握进出场时机的企图：最好是一旦买进就持有不动。当各类市场证券价格波动时，仍必需卖出上涨并买进下跌的资产，以维持适当的资产配置比率。只有需要资金时，才出售证券。不要尝试寻找低估价格的证券或资产。

（4）不要忽略税负：例如免税的退休基金，应该购买高值利率的债券，因为税前的获利率较高（反正退休基金是免税的，所以税前之获利率为准）。也可考虑购买配股高的股票。要注意的是，这样做可能会无法达到分散风险的效果。

（5）考虑市场性：投资组合尽量避免大量购买市场性差的证券，以免临时急需资金时，无法马上变现求售，而且急着出售，也可能卖不到好价格。

本章小结

• 有效市场假说（Efficient Market Hypothesis，EMH）是有关价格对影响价格的各种信息的反应能力、程度及速度的解释，是关于市场效率问题的研究。若资本市场在证券价格形成中充分而准确地反映了全部信息，则认为市场是有效率的，即若证券价格不会由于向所有投资者公开信息集而受到影响，则该市场对信息集是有效率的，这意味着以基础的证券交易不可能获得超额利益。

---

① Radcliffe，1994，*Investment*，4th ed. Harper Collins. p. 331.

• 有效市场假说的成立主要依赖于以下基本假定：第一，资本市场上所有的投资者都是理性人；第二，当有些投资者不完全理性时，这些投资者的交易策略是互不相干的，他们的交易将在彼此之间相互抵消，尽管非理性投资者之间交换证券会引起大量的市场交易，却不会对资产价格产生影响，价格仍将趋近于其基本价值；第三，即使这些非理性投资者的交易以相同的方式偏离于理性标准，竞争市场中理性套利者的存在也会消除其对价格的影响，使资产价格回归基本价值，从而保持资本市场的有效性。

• 有效市场的三种类型：弱式有效、半强式有效和强式有效市场。

弱式有效性（weak form）：它是最低层次的市场有效性。在弱式有效市场中，资产价格充分及时地反映了与资产价格变动有关的历史信息，例如历史价格水平、价格波动性、交易量、短期利率等。因此，对任何投资者而言，无论他们借助何种分析工具，都无法就历史信息赚取超常收益。

半强式有效性（semi – strong form）：如果资本市场中所有与资产定价有关的公开信息，包括历史信息以及投资者从其他渠道获得的公司财务报告、竞争性公司报告、宏观经济状况通告等，对资产价格变动没有任何影响，那么这类市场就归属于半强式有效市场。对处于半强式有效市场的投资者来讲，任何已公开的信息都不具备获利价值。

强式有效性（strong form）：强式有效性是市场有效性的最高层次。它表明所有与资产定价有关的信息，不管是已公开的还是未公开的信息，都已经充分及时地包含在资产价格中。即价格反映了历史的、当前的、内幕的所有信息。在上述三种市场水平中投资者都无法利用相应信息集获得超常利润。

• 有效市场假说的缺陷：完全理性又是要以确定性为条件的。当投资者面临的是一种不确定性情况，金融活动中经济主体行为会出现异化（完全理性行为的偏离），即有限理性。在一个不确定的市场中，狂想、激情和机会主义往往左右着投资者的行为。表现在证券市场中，投资者在投资过程中，出现大量的心理和行为偏差，而这种个体偏差往往可以相互影响，最终形成一种群体性偏差，导致了证券市场上长期存在与标准金融学相异的大量异象存在，同时也加大了股票价格的波动。

【知识拓展】

阅读材料：国外信息披露监管模式及其对我国的借鉴意义

全面信息披露是各国证券监管的一致理念，但由于文化背景、法律制度与证券发展历程等差异，不同国家有不同的监管模式。世界各国对信息披露监管的模式主要可以分为两派：一派认为仅需信息充分披露，投资者据以制定决策并自负盈亏；另一派则认为应导入公权力以保护投资者，促进证券市场健康发展。

（一）国外信息披露监管模式

1. 美国模式

各国监管实践无不表明，单是信息披露规定的强化仍无法防止近年来备受瞩目的很多企业丑闻案。公司披露规定本身，并不会促使不诚实的经理人变得忠实，它仅在审计人员、公司董事会、交易所、证券主管机关及司法机关等履行其角色并承担其受期待的责任时，才有其效果。正是基于这种理念，SOX法案强化了包括内控制度、外部制度、市场监督、行政监管与严厉的法律惩罚等一整套制度。SOX法案特别强化对白领犯罪的惩治，要求公司首席执行官和财务总监对呈报给美国证券交易委员会（SEC）的财务报告“完全符合证券交易法，以及在所有重大方面公允地反映了财务状况和经营成果”予以保证。如违反上述规定，一方面对违反证券法规而重编会计报表后发放的薪酬和红利应予退回；另一方面，公司首席执行官（CEO）和财务总监（CFO）们如果在“知晓”公司的定期报告不能完全符合上述要求但仍然提供书面保证，将被处上至10年的监禁，而“故意”违反第906节规定而提供不当书面保证的CEO和CFO们将被处上至20年的监禁。面对如此严厉的惩罚，不知要面对什么样的利益诱惑，那些董事长、总经理与财务负责人才会铤而走险。

2. 英国模式

英国的另类投资市场（AIM）自1995年创立以来取得了巨大成就，尤其是在最近两年，欧洲的中小企业板块步履维艰，而AIM却一枝独秀。AIM的监管指导思想是既满足中小企业的特殊需求，又满足有效监管和节约成本原则，其主要监管措施是原则导向的充分持续信息披露制度与终身保荐人制度。AIM市场规则之所以有效，不在于其原则导向的信息披露制度，更多地依赖于保荐人制度。但这种模式可能不适应我国市场。在我国的市场环境中，诚信体系仍然不健全，市场将赌注押在保荐人身上，风险太大了。

3. 澳大利亚模式

澳交所（ASX）信息披露制度一直是世界各国中做得最好的交易所之一，曾被东亚暨大洋洲证券交易所联合会（EAOSEF）评为最高分（5分）。澳交所认为，如果信息披露仅仅被作为上市公司应遵守的义务，信息披露管理工作将变得非常困难；而通过有效地与上市公司交流与沟通可以帮助上市公司提高信息披露的质量。澳交所相信其主要职责是保证市场在阳光下运作，其用于推行“披露文化”（culture of disclosure）最基本的工具是与上市公司开展积极的对话，发现问题并要求其作出解释，以增加市场透明度。澳交所发起问询的机制包括：（1）由媒体报道或券商研究报告发起问询；（2）由财务信息发起问询；（3）由其他的公告内容发起问询；（4）由股票价格与交易量异常发起问询。强制停牌制度（suspension）是澳交所促使企业披露信息的杀手锏（ultimatetool），它确保了市场不存在信息盲点（uninformed market），从而保证市场在公开、有序地运行。

（二）借鉴国外经验完善我国上市公司信息披露制度

1. 提高信息披露的及时性

在资本市场中，股价是信息的实时变量，投资者需要及时的信息来调整对公司未来的预期，从而决定买入或卖出股票。如果缺乏时效性，真实、准确、完整的信息对投资者来说没有任何价值。从理论上说，信息的及时性揭露比全面披露更为重要（WFE，2003），甚至比可靠性更为重要。可以借鉴美国的做法，缩短定期报告披露期限。缩短定期报告期限尽管会给公司增加成本，但投资者更快、更公平地获取信息所获得的收益将抵消这种成本。受我国现行制度限制（如会计年度单一、注册会计师审计时限等），缩短定期报告披露期限可以作为我国信息披露的中长期目标。或者在现有披露期限不变的条件下，借鉴日本、澳大利亚等国家的做法，实行初步年报制度（preliminary annual report），在年度结束后2个月内披露未经审计的上市公司信息披露：比较与借鉴年报。从我国目前情况来看，实行初步年报制度可采取两种方式：一是实行年报快报制度，优点是可以根据需要设定披露项目与内容，缺点是需要重新制定披露准则，时间慢，市场影响较大；二是按现行规则披露四季度报告，优点是简便易行，缺点是信息含量受现有准则限制。

2. 加强信息披露的监管

借鉴美国对信息披露的监管，我们应注意一些问题。一是财务信息的披露监管不能仅以会计准则为依据。美国安然、世通、施乐等公司的造假比中国“银广夏”等公司无疑要“高明”得多。美国公司的许多造假方法在中国大多尚未出现。如世通公司是“将一般性支出记为资本支出”，施乐公司“将通过服务、租赁、文件销售以及其他金融手段取得的收入”计入“设备销售”，给投资者造成主业突出的假象等等。二是以可理解性和实用性为披露标准。披露应强调反映交易的实质，要披露其风险所在，即增加信息披露的清晰性、充分性，使投资者通过披露了解交易的实质及风险才是最终目的。安然案件等的爆发以及证监会随后就信息披露的内容、时间性上颁布的新规定，明显折射出中国现行信息披露规范制度的不足，因此，证券监管部门应积极采取相应措施，例如，证监会应要求公司扩大在临时报告中所披露的信息，增加管理层讨论与分析部分的披露内容等等。另外还要充分发挥注册会计师对信息披露失真的监督作用。

3. 完善公司治理结构

完善上市公司法人治理结构，建立现代企业制度，加强内控制度建设，提高风险控制能力。加强股东大会、董事会、监事会三会制度，引进独立董事制度。完善公司治理结构重要任务之一是要约束大股东的行为，解决国有股、法人股的流通问题。采用独立董事制度，一定要摆正独立董事的位置，同时要出台相应的独立董事激励制度。要完善中小投资者的累积股票权和委托投票权制度，形成对大股东的约束，以切实保障中小投资者公平获取信息资源的权利，保护中小投资者的利益。这其中，如何切实保证注册会计师聘任制度的有效实施至关重要。完善公司治理结构同时要建立对公司高级管理人员的有效约束机制，规范公司高级管理人员的行为。

4. 加强法制建设

安然、世通等一系列公司丑闻让美国监管者彻底认识到，如果没有法律的保障，自律只是口号。在我国，谴责与罚款所带来的成本相对于资本市场巨额的违规收益来说实在微不足道，违反法规在某种程度上说已是一种人类理性的选择。严厉的法律制度是有序的资本市场底线，“罪”与“罚”对等的制度是证券市场有序的基本保证，通过事后严惩违约，让违约人成本大于收益，提供假设信息得不偿失。然而，系统地重构“罪”与“罚”对等的制度需要一个长期渐进的过程，它包括法律修订、犯罪行为被发现、司法、执行等一系列问题，但它是证券市场健康发展所必需的。因此必须制定专门的法律法规来规范上市公司信息披露，加强对上市公司信息披露的监管。

5. 加强社会信用体系建设

完善和健全的社会信用体系是资本市场健康发展的基础和保证。目前我国的社会信用体系还很不健全，对资本市场的发展形成了一定的约束。也在一定程度上加剧了信息不对称的状况。尽快建立全面有效的社会信用体系，不但可以节约成本，而且可以提高上市公司信息的透明度，保护投资者的合法权益。

【本章阅读文献】

[1] 杨胜刚、刘昊拓：“金融噪声交易对传统金融理论的挑战”，《经济学动态》2001 年第5期。

[2] 宿玉海：“行为金融理论对有效市场假说的反思”，《山东财政学院学报》2004 年第 5 期。

[3] 杨博：“中国股票市场有效性特征的实证分析”，《经济论坛》2005 年第 9 期。

[4] 程启清、葛敏、张素华：《信息披露案例》，中国人民大学出版社 2003 年版。

[5] 杜煊君：《中国证券市场：监管与投资者保护》，上海财经大学出版社 2002 年版。

[6] 邢精平：“上市公司信息披露比较与借鉴”，《证券市场导报》2004 年第 9 期。

[7] 林琼慧：“美国的公司财务丑闻及对我国的启示”，《东北亚论坛》2004 年第 2 期。

[8] 吴燕：“我国上市公司信息披露的现状与规范对策”，《沈阳农业大

学学报》(社会科学版)2004年第2期。

[9] 陶晓春、李文明:《效率市场与证券投资》,杭州出版社1999年版,第12—36页。

【生生合作项目】

本章生生合作项目安排:

投资行为与信息的案例研究

任务布置时间:第三周

生生合作讨论时间:第四周

目的:要求学生通过本章学习,使学生掌握有效市场的基本含义。重点掌握信息与三种市场之间的联系,并了解效率市场假说的现实意义。

课前要求:

1. 从布置的案例引导性题目中,确定一个选题。

2. 对所选内容写一篇两页纸的分析和PPT演示稿。在分析中,要求:

①搜寻并总结布置的案例材料中对分析对象有何描述;

②从其他地方找一些材料来充实你对所选理论、概念、研究或研究者的分析。

3. 确立各个角色:在生生合作互助中起积极作用的角色,比如,观点提出者、检查者、准确性验证和详述人。

4. 本章案例生生合作具体方案:

(1) 列出了讨论内容提纲和引言段;

(2) 对概念和术语的清楚定义;

(3) 对已知内容的总结和评价;

(4) 关于理论意义的描述和判断;

(5) 关于实践意义的描述和判断;

(6) 对有关讨论内容进行描述。

课堂讨论的主要环节:

1. 向生生合作小组成员准确地解释你的所学、对课程内容的理解和结论。学生要认真地学习，能准确地将这些内容表述出来。

2. 主动学习别人的知识、对课程内容的理解和结论。当别人讲述时，要仔细听，解释一下从他们身上所学的与以往自己所学的知识是怎样连贯一致的，并向他们致谢。

3. 参与智力辩论。与同学根据课文内容建立起自己的清晰的理论依据，对同学的推理和结论进行质疑，对问题进行争论直到你被说服。

4. 其他组同学监督学生的行为。看看他们是否知道分配的任务、步骤和资料。

5. 老师提供帮助：学生对学术性的资料感到棘手，老师可以帮助他们理清、重新说明或详细阐述他们要知道的内容。

内容和格式要求：

本次讨论课后，小组完成项目分析的 Word 和 PPT，第四周网上/书面（根据教学条件和教师要求）提交。

Word 版的格式要求：宋体小四号字，1.25 倍行距，A4 纸排版。网上提交文件请按以下方式命名：例如，“金融 082（2-1）”，意思是“金融学专业 082 班第二组的第一次作业”。请按照此格式网上提交作业，以利于教师对作业进行评阅和对小组进行指导。

思考与练习

一、单项选择题

1. 有效市场假设理论是(　　)提出的。

A. 巴菲特　　　　B. 索罗斯

C. 法默　　　　D. 夏普

2. 在(　　)，所有公开的可用信息假定都被反映在证券价格中。

A. 弱式有效市场　　　　B. 半强式有效市场

C. 强式有效市场　　　　D. 完全有效市场

3. 在(　　)中，证券价格充分反映了历史上一系列交易价格和交易量中所隐含的信息，从而投资者不可能通过对以往的价格进行分析而获得超额利润。

A. 弱式有效市场　　B. 半强式有效市场
C. 强式有效市场　　D. 完全有效市场

4. 在(　　)中，证券价格总是能及时、充分地反映所有相关信息，包括所有公开的信息和内幕信息。

A. 弱式有效市场　　B. 半强式有效市场
C. 强式有效市场　　D. 完全有效市场

5. 只要证券的市场价格充分、及时地反映了全部有价值的信息，市场价格代表着证券的真实价值，这样的市场就称为(　　)。

A. 完全竞争市场　　B. 自由竞争市场
C. 有效市场　　D. 完全市场

二、多项选择题

1. 根据有效市场假设理论，将证券市场区分为三种类型：(　　)。

A. 弱式有效市场　　B. 半强式有效市场
C. 强式有效市场　　D. 完全有效市场

2. 为了更准确地描述市场有效性理论，有必要对有效市场理论的定义及检验重新进行描述。1991 年，法玛（Fama）将传统的弱式、半强式及强式有效三个层次的市场有效性分类方法，改为(　　)。

A. 收益预测研究　　B. 事件研究
C. 个人信息研究　　D. 整体信息研究

3. 对于股票市场与经济增长之间的关系，不同经济学家持有不同的观点。其中包括(　　)。

A. 股票市场与经济增长之间存在很强的正相关
B. 股票市场与经济增长之间相关性不大
C. 股票市场的发展不利于经济增长率的提高
D. 以上答案均不对

三、简答题

1. 技术分析是指什么？
2. 基本面分析是指什么？
3. 弱有效市场假定及其对证券分析的影响是指什么？

4. 半强有效市场假定及其对证券分析的影响是什么？

5. 强有效市场假定及其对证券分析的影响是什么？

6. 解释异常现象，举例说明股票收益中的异常现象。

7. 简述我国个人投资者的基本状况。

8. 政府主要从哪些方面对市场参与主体行为进行影响？

9. 机构投资者行为的特点是什么？

10. 有记载的信息处理错误和行为偏差是什么？

四、论述题

1. 投资者行为的心理因素包括哪些方面？它们是如何对证券市场进行影响的？

2. 试论述证券市场中不同利益主体的责任和义务。

3. 论述股票市场对经济增长的效应。

五、分析题

1. Jonathan公司的β值为1.4，昨天公布的市场年收益率为11%，现行的无风险利率是5%。昨天Jonathan公司的年收益率为16%，假设市场是有效的，这表明了什么？

2. AMS公司昨天宣布它的商品销售额比去年同期增长3%。AMS公司的β值为1.6。昨天公布的市场年收益率为12%，现行的无风险利率是4%。昨天AMS公司的年收益率为14%，假设市场是有效的，这表明了什么？

3. Energy公司昨天宣布它将参股一家国际合资公司。AMS公司的β值为0.7。过去几周的市场收益率是10.5%，同期的无风险利率是3.5%。前天Energy公司的市场收益率是12%，昨天的是8.4%，这表明了什么？

第 4 章 投资组合理论

【本章教学要求】

本章主要介绍分散投资的重要意义、投资组合收益和风险的衡量方法，以及马克维茨（Harry M. Markowitz）投资组合理论的主要内容及其应用。通过这一章的学习，学生应当了解投资组合收益和风险的衡量方法，理解组合投资分析决策的主要思路，理解各种情形下有效边界的推导，对市场单指数模型有所掌握。

【教学重点与难点】

教学重点：马克维茨的投资组合理论

教学难点：有效边界的推导、投资组合风险的测量

【引导案例】

自2006年下半年以来，中国基金的发行行情发生了重要变化，基金的投资价值开始显现。小汪作为某企业财务部的职员，对投资理财向来比较敏感，这个时候他作为个人投资者开始涉足基金市场。考虑到自己的收入比较稳定，小汪投资基金采用了定期定额的方式，但这种定期定额不是机械地每个月的某一天定期投入一笔资金，而是根据市场实际情况，不定期投入资金。小汪的基金投资特别注重组合投资。除了对募集资金这块采用组合外，自己的家庭理财，给儿子的专项教育资金，都设计了不同的投资阵形，攻防兼备，各有侧重。像儿子的理财账户，保守投资就要多一些，60%以上都是类似债券基金、货币基金等稳健品种。不同的投资者可以根据实际调整不同基金品种在资产所占的比重。下面具体来说明小汪的股票基金投资组合：

（1）为了补充退休后养老金的不足，他每年拿出十分之三的余钱，购买长线稳定的基金。他把3万元资金按3个比例投资于养老基金，其中2万元投资激进型基金。根据基金的风格，以投资大盘股为主的基金1万元，投资小盘的基金1万元，投资混合型稳定性基金1万元。这个基金组合的投资回报率已超过20%。分配方式全部为红利再投。下一步，根据收入情况进行补充养老金，计划投入的基金分别是：激进型上选择投阿尔法或景顺系基金，稳健型上选择广发稳健或嘉实稳健基金。这部分钱由于是养老的，在10年以内不会动它。只要投进，就不会赎回。如市场发生变化，只是对补充的基金品种进行调整。

（2）每年拿十分之三的余钱，投入资金70000元进行短线基金操作，该项操作的投资收益，继续投入用于短线基金操作。

2007年1月28日，小汪在兴业全球基金相对高点上，赎回了先期投入的5万元兴业全球，盈利3.4万元。2月27日，股市大跌时，他又投入了4万元按1.6315元的净值购买了兴业全球基金（申购费率为1.5%，赎回费率为0.5%），3月19日他全部赎回，净值为1.8017元，净除手续费后，实际盈利3292元。本不想赎回，只是小汪考虑到自己有更好的投资渠道，以后有余钱了再进。2月27日，同时他还按1.4964元的净值，购买了东方精选，申购费率为1.8%，3月19日也全部赎回，当日净值为1.6702元，盈利 2717 元。同样是因为有更好的投资渠道，一个月的投资收益达到了 9%左右。可以说，小汪的投资理财策略是成功的。

（资料来源：中国投资理财网）

案例思考

1. 什么是组合投资？

2. 在小汪的投资方案中，为什么要选择不同时期、不同规模甚至不同品种的投资工具进行搭配？

3. 从小汪的投资组合方案中，你学到了什么？你觉得应该如何平衡组合投资的收益和风险关系？

证券投资的风险分散化理念由来已久。比如西方有谚语“不要把鸡蛋放在一个篮子里”，中国也有谚语“东边不亮西边亮”。现实生活中，大多数投资者会选择将不同资金分配于不同的资产上，以减少投资的不确定性。1952 年，哈里·马克维茨（Harry M. Markowitz）发表了一篇题为《证券组合选择》的论文，这篇论文在后来被认为是投资组合理论的开端。这一理论使金融学开始摆脱纯粹描述性的研究和单凭经验的操作状态，使数量化方法进入了金融领域。其基本思想就是通过分散化的投资来对冲组合的部分风险，以实现在不降低预期收益的情况下，达到投资组合风险的最小化。

4.1 投资组合的收益和风险测度

证券投资决策的实质是投资收益率和风险的权衡问题。因此，合理地衡量投资的收益率和风险是一个至关重要的问题。

4.1.1　单个证券的收益率和风险计算

单个证券的收益率往往受到各种因素的影响，比如宏观经济的波动性，行业风险以及上市公司自身的各种变数等。投资者在选择某个证券时，首先会对该证券的未来收益率做个估计，这个估计值就是证券的预期收益率。但是单个证券的实际收益率不一定刚好等于该预期值，即收益率的实际值与预期值之间有一定的偏差。实际收益率偏离预期收益率的可能性被称为单个证券的投资风险。

4.1.1.1　单个证券收益率的计算

1. 实际收益率的计算公式

证券投资者在一定时期内投资于某一证券，原先付出的投资成本是 W_0，实际获得的投资回报是 W_1，则该项证券的实际投资收益率可以通过以下公式进行计算：

$$R_i = (W_1 - W_0)/W_0 \quad \text{式 } 4-1$$

2. 单个证券预期收益率的计算公式

在投资初期，由于单个证券的收益是不确定的，投资者只能估计各种可能发生的结果（事件）及每一种结果发生的可能性（概率），因而通常用预期收益率来表示，即持有证券所可能得到的预期收益。如果收益率 R_i 为离散性随机变量，其概率为 prob（i），则预期收益率可以通过以下公式进行计算：

$$E(R_i) = \text{prob}(i)\sum_{1}^{n} R_i \quad \text{式 } 4-2$$

例如，某种证券 Z，它的投资收益受 N 种可能性事件的影响。其中，各种可能性事件发生的概率分别为 P_1，P_2，$P_3 \cdots\cdots P_n$，当每种可能性事件发生时，证券 Z 的投资收益率分别为 r_1，r_2，$r_3 \cdots\cdots r_n$，则证券 Z 的期望收益率可以通过下面公式计算：

$$E(R_Z) = P_1 r_1 + P_2 r_2 + P_3 r_3 + \cdots P_n r_n = \sum_{i=1}^{n} P_i r_i \quad \text{式 } 4-3$$

特别地，当事件 i 出现的概率相等时，该证券的投资收益率期望值也可以表示成：

$$E(R_i) = \frac{1}{n}\sum_{1}^{n} R_i \quad \text{式 } 4-4$$

【例 4－1】 假设某个时期我国证券市场上股票 X 和股票 Y 主要受到三

大宏观因素变动的影响：股市印花税调整、创业板市场推出以及股指期货的实施，三个事件对应的概率分别为 15%、60% 和 25%。经过分析，对于这两种股票来说，无论涉及其中的哪一方面改革，投资者都会改变对这两种证券的未来前景预期，从而引起它们的价格和投资收益率的变化。三种事件发生概率下股票 X 和股票 Y 所对应的收益率分别如表 4－1 所示。

表 4－1　股票 X 和股票 Y 的收益率

事　件	发生概率（%）	收益率（%）	
		股票 X	股票 Y
股市印花税调整	15	11	69
创业板市场推出	60	10	12
股指期货实施	25	7	－4

根据单个证券预期收益率的计算公式，例 4－1 中股票 X 和股票 Y 的预期收益率分别为：

$$E(R_x)=15\%\times 11\%+60\%\times 10\%+25\%\times 7\%=9.4\%$$

$$E(R_y)=15\%\times 69\%+60\%\times 12\%-25\%\times 4\%=16.55\%$$

当然，上述讨论的两个股票的影响因素只是涉及三个事件的影响。事实上，证券市场上单个证券的影响因素远不止这些，如果我们能够预测每一种事件发生的概率以及事件发生后对这个证券带来的收益率变化程度，则我们仍可以通过类似的方法得到股票 X 和股票 Y 的预期收益率值。

4.1.1.2　单个证券风险的计算

风险是指投资者投资于某种证券的不确定性，即指遭受损失的可能性。实际发生的收益率与预期收益率的偏差越大，投资于该证券的风险也就越大。单一证券风险的测定是由预期收益率的方差或标准差来表示：

方差公式：

$$\sigma_x^2 = Var(r_x) = E[(r_x - E(r_x))^2] = \sum_{i=1}^{n} P_i[r_{xi} - E(r_x)]^2 \qquad \text{式 4－5}$$

标准差公式：

$$\sigma_x = \sqrt{\sigma_x^2} = \sqrt{\sum_{i=1}^{n} P_i[r_{xi} - E(r_x)]^2} \qquad \text{式 4－6}$$

式中：σ_x^2——证券 x 收益率的方差

σ_x——证券 x 收益率的标准差

$E(r_x)$ ——证券 x 的预期收益率

P_i——证券 x 每一事件 i 对应的概率

根据单个证券预风险的计算公式，例 4－1 中股票 X 和股票 Y 的方差和标准差分别为：

$$\sigma_x^2 = 15\% \times (11\% - 9.4\%)^2 + 60\% \times (10\% - 9.4\%)^2 + 25\% \times (7\% - 9.4\%)^2 = 0.02\%$$

$$\sigma_x = \sqrt{\sigma_x^2} = \sqrt{0.02\%} = 1.43\%$$

$$\sigma_y^2 = 15\% \times (69\% - 16.55\%)^2 + 60\% \times (12\% - 16.55\%)^2 - 25\% \times (4\% - 16.55\%)^2 = 5.31\%$$

$$\sigma_y = \sqrt{\sigma_y^2} = \sqrt{5.31\%} = 23.04\%$$

4.1.2 证券组合的收益率和风险计算

现实生活中，投资者同时持有若干个资产，构成一个投资组合。下面主要介绍投资组合的收益率和风险的衡量问题。

4.1.2.1 证券组合的预期收益率计算

证券组合的预期收益率是组成该组合的各种证券的预期收益率的加权平均数，权重为各种证券在组合中的市场价值比重。

假设投资组合 P 由 n 种证券构成，其权重分别为：x_1，x_2，x_3……x_n，其收益率分别为：r_1，r_2，r_3……r_n，则该投资组合的预期收益率可以用以下公式表示：

$$E(R_p) = \sum_{i=1}^{n} [x_i E(r_i)] \qquad \text{式 } 4-7$$

4.1.2.2 证券组合收益率的方差和标准差计算

多个证券组合的风险不能简单地等于单个证券风险以投资比重为权数的加权平均数，因为两两证券之间很可能出现风险相互抵消的可能性。这就需要引进协方差和相关系数的概念。

1. 协方差和相关系数

协方差是表示两个随机变量之间关系的变量，它是用来确定证券组合收益率方差的一个关键性指标。相关系数可以看做是一种标准化的协方差。若

以 A、B 两种证券组合为例，则其对应的协方差（式 4－8）和相关系数（式 4－9）分别为：

$$COV(R_A, R_B) = \sigma_{AB} = \sum_{i=1}^{n}[R_{Ai} - E(R_A)][R_{Bi} - E(R_B)]P_i \quad \text{式 4－8}$$

$$\rho_{AB} = \frac{COV(R_A, R_B)}{\sigma_A \sigma_B} \quad \text{式 4－9}$$

式中：

R_A 代表证券 A 的收益率；

R_B 代表证券 B 的收益率；

E（R_A）代表证券 A 的预期收益率；

E（R_B）代表证券 B 的预期收益率；

σ_A 代表证券 A 的标准差；

σ_B 代表证券 B 的标准差；

P_i 代表各事件对应的概率；

n 代表事件发生数量。

2. 证券组合的方差和标准差计算

多种证券组合的方差公式计算如下

$$\sigma_p^2 = Var(r_p) = Var(\sum x_i r_i)$$

$$= \sum_{i=1}^{n}\sum_{i=1}^{n} x_i x_j cov(r_i, r_j)$$

$$= \sum_{i=1}^{n}\sum_{i=1}^{n} x_i x_j \rho_{ij} \sigma_i \sigma_j \quad \text{式 4－10}$$

其中：x_i 表示第 i 种证券占投资组合的比例，ρ_{ij}表示证券 i 和 j 的相关系数。

可见，影响证券组合风险的因素包括：（1）每种证券所占的比例；（2）证券收益率的相关性；（3）每种证券的标准差。

下面介绍两种证券组合的方差和标准差（特例）：

$$E(r_p) = x_1 E(r_1) + x_2 E(r_2)$$

$$\sigma_p^2 = x_1^2\sigma_1^2 + x_2^2\sigma_2^2 + 2x_1 x_2 \sigma_{12} = x_1^2\sigma_1^2 + x_2^2\sigma_2^2 + 2x_1 x_2 \sigma_1 \sigma_2 \rho_{12}$$

$$\sigma_p = \sqrt{\sigma_p^2} = \sqrt{x_1^2\sigma_1^2 + x_2^2\sigma_2^2 + 2x_1 x_2 \sigma_1 \sigma_2 \rho_{12}}$$

$$x_1 + x_2 = 1$$

【例 4－2】假设某个投资组合 P 主要是由股票 A 和 B 构成的，它们的预期收益率、方差和标准差以及组合所占权重的相关统计量如表4－2所示，两个股票的相关系数为0.5，求该投资组合的预期收益率和标准差。

表 4－2　　股票 A 和股票 B 的投资组合统计量

统计量	股票 A	股票 B
预期收益率	0.015	0.020
方差	0.050	0.060
标准差	0.224	0.245
权重	70%	30%

（1）根据组合的预期收益率公式，该组合 P 的预期收益率为：

$$E(r_p)=0.7\times 0.015+0.3\times 0.020=0.0165$$

（2）根据两个证券组合的方差公式，该组合 P 的方差为：

$$\sigma_p^2=0.7^2\times 0.015+0.3^2\times 0.020+2\times 0.7\times 0.3\times 0.5\times 0.224\times 0.245$$
$$=0.0207$$

随着组合中证券数目的增加，在决定组合方差时，协方差的作用越来越大，而方差的作用越来越小。这一点可以通过考察方差—协方差矩阵得知，在一个由两个证券组成的组合中，有两个加权方差和两个加权协方差。但对一个大的组合而言，总方差主要取决于任意两种证券间的协方差。若一个组合进一步扩大到包括所有的证券，则协方差几乎就成了组合标准差的决定性因素。

4.1.3　系统性风险和非系统性风险

金融投资的风险来自两个方面，系统性风险和非系统性风险。假设某个资产组合中只有一种股票，那么这一“资产组合”的风险来源主要有两个方面：首先，来自一般经济状况的风险，比如经济周期、通货膨胀率、利息和汇率等。所有这些宏观经济指标都不能准确预测，而它们可能会影响该公司股票的回报率。另外，某些因素可能对特定企业有影响，譬如国家出台的一些财政税收优惠政策可能对某些高科技类公司的经营会产生很大影响。但是，这些因素对其他公司的影响可能并不那么强烈。系统性风险由市场变动

所产生，它对所有证券都有影响，不能通过证券组合而消除。而非系统性风险可以通过有效的证券组合来消除。

4.1.3.1 系统性风险

系统性风险是指由于某种全局性的因素而对所有证券收益都产生作用的风险。这种风险来源于宏观方面的变化并对金融市场总体发生影响，又称为宏观风险。系统风险不可能通过证券投资组合来加以分散，又称为不可分散风险。具体包括市场风险、利率风险、汇率风险、购买力风险、政策风险等。

4.1.3.2 非系统性风险

非系统性风险也称微观风险，是因个别上市公司特殊状况造成的风险，这类风险只与上市公司本身相联系，而与整个市场没有关联。投资人可以通过投资组合弱化甚至完全消除这部分风险，具体包括财务风险、信用风险、经营风险、偶然事件风险等。

4.1.3.3 投资分散化

证券投资风险由两部分组成，它们是不可分散的系统性风险和可分散的非系统性风险。非系统性风险随证券组合中证券数量的增加而逐渐减少。

假设投资者把一半资金投资于某个石油生产公司，另一半资金投资于电脑公司，资产组合风险将会发生什么变化呢？影响公司的因素对两种股票影响程度的不同，将降低资产组合风险。例如某个时期内，由于石油替代品研发成功，导致市场石油销售价格下跌，但是市场电脑的销售价格却上升，此时石油公司股票将受到损害，电脑公司将获益。这两种影响相抵，将使资产组合的收益趋于稳定。

如果我们分散投资于更多的证券，将能继续分散对特定公司有影响的因素，资产组合的收益离散性将进一步下降。但是，最终我们并不能通过大量股票的资产组合把所有风险都规避掉，因为所有的证券最终还会受到共同的宏观经济因素的影响。例如，如果所有的股票都会受到经济周期的影响，我们就不能避免经济周期风险，不管我们持有多少股票。当所有的风险都对特定公司有影响时，分散化就可以把风险降至任意低的水平。原因是所有风险来源都是独立的，任何一种风险来源的暴露可以降低至可忽略的水平。由于独立的风险来源使风险降低至一个很低的水平，有时被称为保险原则（insurance principle），因为保险公司通过向具有独立风险来源的不同客户开出许多保单，每个保单只占保险公司总资产组合的一小部分，用这种分散化的方法达到降低风险的目的。所以当一个投资者拥有一个有效的证券组合时，就要测定系统性风险，这就是β系数，下面将具体对其进行阐述。

资料阅读：

幼稚分散化

1968年，约翰·埃文斯（John L. Evans）和斯蒂芬·N. 阿彻（Stephen N. Archer）在《金融时报》上发表了一篇论文，是可考证的对投资组合构建最重要的学术研究。这项研究说明了幼稚分散化（naïve diversification）怎样在股票投资组合中降低收益的离散度。这个术语是不通过任何仔细的证券分析而随机挑选投资组合各成分的投资行为。埃文斯和阿彻探寻的是当随机挑选普通股时，投资组合的大小对其总风险的影响。通过计算机模拟，它们度量了一只、两只一直到许多只证券构成的投资组合的平均方差。图4－1显示了埃文斯和阿彻的著名研究的一般性成果。它表明了随着投资组合规模的不断扩大，总风险平均来说是下降的。降到一定程度后，增加另一只证券的风险边际递减率就很小了。没有进一步分散化收益后，剩余的风险就是纯粹的系统风险（systematic risk）。

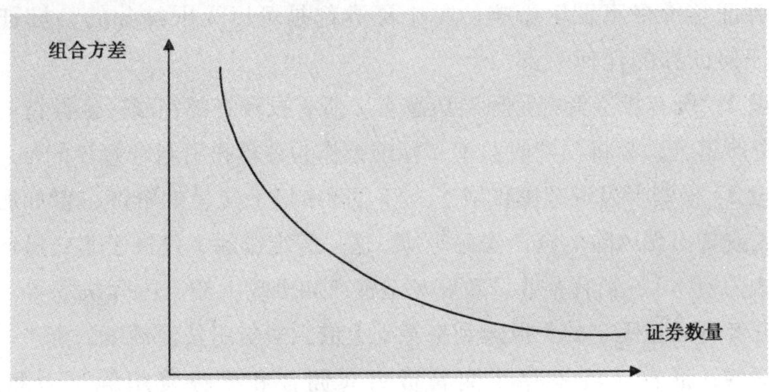

图4－1 幼稚分散化

4.2 证券投资组合理论

有了风险和预期收益率这两个指标，我们可以假设投资者从帕累托最优风险收益率组合中进行选择。如果在一定的预期收益水平下，一个投资组合比其他投资组合的风险低，或者在一定风险水平下，其预期收益比其他的高，则这个投资组合比其他投资组合占优。简单规划投资组合就是要求尽可能低风险下达到预期的收益率。在这种思想的启发下，1952 年 3 月，哈里·马克维茨（Harry M. Markowitz）发表了一篇题为《证券组合选择》的论文，把投资者在不确定条件下对多种资产的多维选择问题转化为二维组合问题，即预期收益率和方差问题，并进一步阐述了计算最优投资组合的数学简化方法。马克维茨投资组合理论的提出，标志着现代投资组合理论的产生。

4.2.1 投资组合理论的假设条件

投资组合理论建立在一系列的假设条件基础上，这些假设条件分别是：

假设 1：市场上存在着大量投资者，每个投资者的财富相对于所有投资者的财富总和来说是微不足道的。投资者是价格的接受者，单个投资者的交易行为对证券价格不发生影响。每个证券都是可以无限细分的，投资者可以购买到任何证券的任何一部分。

假设 2：所有投资者都是风险厌恶者。所有投资者都在同一证券持有期计划自己的资产组合，都将预期收益率和标准差作为评价投资组合好坏的惟一标准。

假设 3：投资者投资范围仅限于公开金融市场上交易的资产，譬如股票、债券、借入或贷出无风险的资产安排等等。这一假定排除了投资于非交易性资产如教育（人力资本）、私有企业、政府基金资产如市政大楼、国际机场等。此外还假定投资者可以在固定的无风险利率基础上借入或贷出任何额度的资产。

假设 4：证券市场不存在交易费用（佣金和服务费用等）及税赋。自然，在实际生活中，我们知道投资人处于不同的税收级别，这直接影响到投资人对投资资产的选择。举例来说，利息收入、股息收入、资本利得所承担的税负不尽相同。此外，实际中的交易也发生费用支出，交易费用依据交易额度的大小和投资人的信誉度而不同。

假设5：所有投资人均是理性的，追求投资资产组合的方差最小化，这意味着他们都采用马克维茨的资产选择模型。

假设6：所有投资者对证券的评价和经济局势的看法都一致。这样，投资者关于有价证券收益率的概率分布预期是一致的。也就是说，无论证券价格如何，所有的投资者的投资顺序均相同。

4.2.2 最小方差集与有效边界的确定

在一个存在许多种不同证券的证券市场上，投资者可以形成的投资组合是无穷的。我们把所有可供投资者选择的投资组合所构成的集合，称为投资的"可行集"（the feasible set）或机会集（the opportunity set）。比如，假设证券市场上只有两种证券X和Y，初始的比重各占50%，现在通过不断降低对证券X的投资比重，增加对Y的投资比重，每一个确定的投资比重表示一个投资组合，则以上的变化过程就可以构成无数多个投资组合。实际上，证券市场上存在着数千种、数万种证券，因此构建的投资组合数量也将是无穷的。

4.2.2.1 多种证券组合的投资"可行集"

如果改变某个投资组合中的投资比重，该投资组合的收益率和方差也将发生改变。因此，可以将每一个投资组合的预期收益率及其对应的标准差画成一个平面图。以组合的标准差作为横轴，以组合的预期收益率作为纵轴，则图上的每一个点都对应着一个可能的投资组合预期收益率和风险情况，将所有的投资组合点都描绘在一个图上，就形成了一个伞形的投资"可行集"区域（见图4-2）。

4.2.2.2 有效边界的确定

投资者总是在追求投资预期收益最大化的同时，尽量使投资风险最小化，即方差最小组合点。我们把满足这种决策要求的证券组合称作有效证券组合。

根据上述三个条件，可以概括出这样一条判定原则：给定投资组合的风险水平，能够带来最大预期收益率的组合或者给定预期收益率，能够给投资者带来最小风险的组合，即最佳证券组合。满足这一要求的证券组合集合叫做有效集或有效边界（见图4-3）。实际上，这些最小方差集落在多种证券

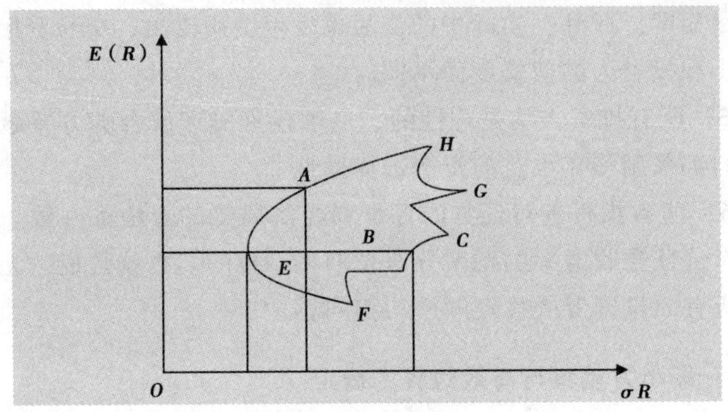

图4－2 多种证券组合的可行集

组合的机会集的左方边界上。

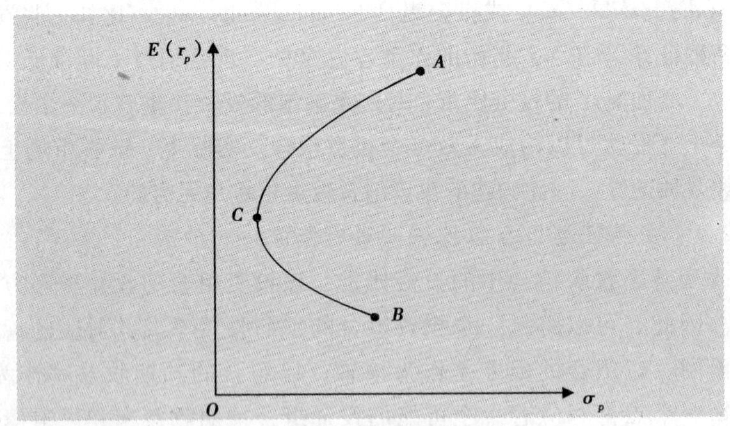

图4－3 有效边界的确定

有效集具有以下几个特点：

（1）有效边界是一条向上倾斜的曲线，反映了风险—收益率的权衡关系，即风险越大，要求的收益率越高。

（2）有效边界是一条凸向纵轴的曲线，并且是严格凸的，即有效边界上不存在凹陷的部分。

（3）构成组合的各种证券之间的相关系数越小，有效边界就越歪曲。

4.2.3 投资者效用和无差异曲线

根据有效边界的原理，投资者应该在有效边界上选择合适的投资组合。但是，最优组合点的确定，还需要对投资者的主观愿望进行分析。投资者效用是一个主观概念，可以用来衡量不同的投资组合给投资者所带来的偏好或满足程度。影响投资者投资效用的因素是很复杂的，一般来说，同样条件下，如果投资收益率增加，投资者的满足程度也将增加；同样，如果投资收益率波动增大时，投资者因为对未来的太多不确定性使其变得焦虑不安，投资效用也将减小。因此，我们可以把投资效用表示成关于投资预期收益率和投资风险的函数（这是一个简化的模型，事实上，除了这两大影响因素外，投资者效用的高低还受到许多其他因素的影响）。常用的投资效用函数可以通过以下公式表示：

$$U=E(r_p)-0.005A\sigma_p^2 \qquad 式4-11$$

式中：

U 表示投资者效用；

A 表示投资者的风险厌恶指数；

$E(r_p)$ 表示投资组合 P 的预期收益率；

σ_p^2 表示投资组合 P 的收益率的方差。

作为投资效用的每一个投资者都有自己的效用倾向曲线，在这条线上的任何一种收益—风险组合都被投资者无选择地接受，所以，这条曲线可以称作投资者效用无差异曲线。对某个投资者来说，同一条无差异曲线上的不同的投资组合给他带来的效用预期值相等，我们把这些点连接起来，就形成了无差异曲线（见图4-4）。投资者总是希望选择能够满足他们较高层次欲望的投资。

投资者效用的无差异曲线具有以下几个特征：

（1）无差异曲线向右上方倾斜。即随着投资风险的增加，要保持投资者相同的效用预期值，则必须给增加的风险提供风险补偿，因此预期收益率也跟着增加。

（2）风险厌恶者的无差异曲线凸向横轴。即随着风险的增加，对于相同幅度的风险增加额，投资者要求的风险补偿也跟着增加。即随着风险的增加，无差异曲线上的各点斜率也越来越大。

（3）同一平面上，可以有无数条无差异曲线，而且任何两条无差异曲

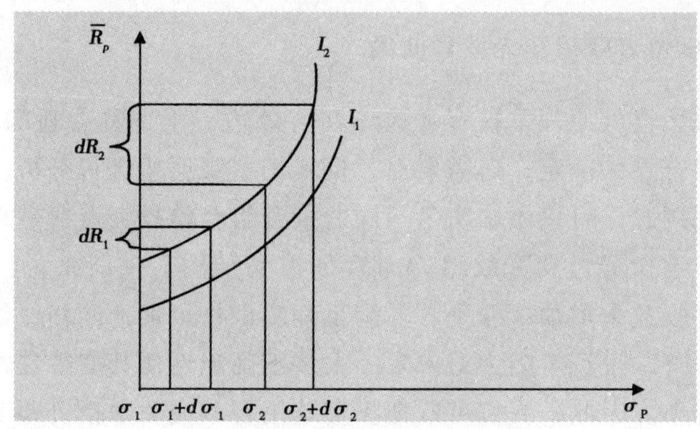

图 4－4 投资者的无差异效用曲线

线之间不会出现相交。越往左上方的无差异曲线，其效用的预期值也越大。

4.2.4 最优证券投资组合的确定

最优投资组合是投资者的无差异曲线和有效集的切点。有效集向上凸的特性和无差异曲线向下凹的特性决定了有效集和无差异曲线的相切点只有一个，也就是说最优投资组合是惟一的。对于投资者而言，有效集是客观存在的，它是由证券市场决定的，而无差异曲线则是主观的，它是由投资者风险—收益偏好决定的。厌恶风险程度越高的投资者，其无差异曲线的斜率越陡。厌恶风险程度越低的投资者，其无差异曲线的斜率越小（表 4－5）。

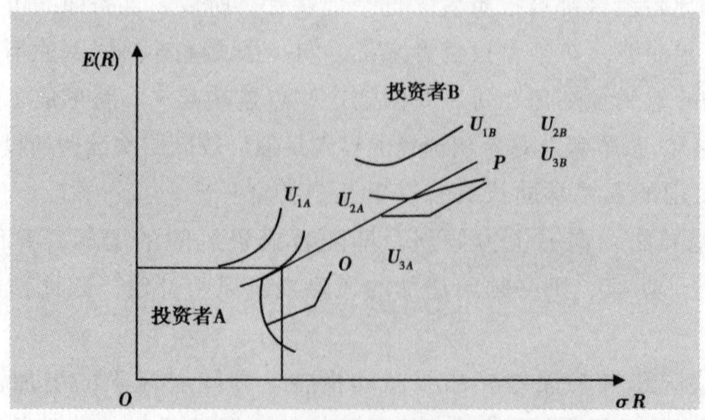

图 4－5 最优组合的确定

总之，要确定某一特定的投资者的最佳投资组合，除了在预期值和标准差的基础上评估不同的投资组合所具有的收益率和风险特征以外，还必须考虑投资者的效用无差异曲线。一般来说，投资者在有效边界与其尽可能高的无差异曲线相切之点上建立自己的投资组合，以使其投资效用达到最大化。

【案例分析】

根据基金策略调整基金投资组合

案例来自投资者的真实情况，组合评估和调整时间为2007年8月初。但其组合调整思路在目前阶段仍然有借鉴意义。

一、投资者投资目标和投资需求

投资者的资产状况较好，投资资金主要来源于固定收支结余和闲置资金，可投资资金为58.8万元，并且占可支配的流动资金的比重仅为32%。当前的投资期限为两年，但实际上相当部分投资资金没有明确的投资终止期限。因此投资者的投资目标实际上是家庭长期理财规划的一部分，实现资产的持续增值。从风险承受能力看，该投资者能够承受-25%的阶段性收益波动，因此属于高风险偏好类型。投资需求分析的结果表明，该投资者可以采取偏进攻性的组合构建思路，目前组合中基金类型配置完全选择偏股型基金；在基金风格配置上，倾向于偏积极、高回报型的基金风格。

二、投资者当期组合基本情况

投资者调整前的基金组合状况如表4-3所示。

表4-3

基金代码	基金名称	基金类型	持有市值	市值占比
240002	宝康配置	配置混合型	18.2	30.95%
000001	华夏成长	股票型	15.6	26.53%
180003	银华88	股票型	12.4	21.09%
400003	东方精选	偏股混合型	8.5	14.46%
483003	工银平衡	配置混合型	4.1	6.97%

投资者当前组合的特点是并不分散，资金集中持有，且多数基金的持有时间较长。组合中不少基金属于早期的绩优基金，从早期投资开始一直持有至今，属于长期投资类型。虽然这样的投资思路已经为投资者带来了不菲的回报，但是我们可以发现，对组合进行适当的调整将大大提高其投资效果。

（1）根据投资者的投资需求评估，配置型基金的持有比重过大。

（2）股票型基金的配置基本合理，指数基金 + 主动基金，但在品种选择上并非最优。

（3）对情况发生变化的基金没有及时做出调整。

三、组合内基金简评

表 4－4 是对投资者组合中的基金投资风格和相应的收益风险情况进行的分析。

表 4－4

基金代码	基金名称	基金类型	基金投资风格	前三年基金平均收益与风险
240002	宝康配置	配置混合型	主要投资于具有良好成长性的大型上市公司股票	业绩优异，风险程度中等
000001	华夏成长	股票型	各行业股票配置比较均匀，主要投资具有良好成长性的上市公司股票	业绩中等，风险程度中等
180003	银华 88	股票型	采用增强型指数投资，以道琼斯中国 88 指数为投资标的	业绩低于市场平均水平，风险水平中等
400003	东方精选	偏股混合型	重点投资于高速成长的优质上市公司	业绩优异，风险程度处于高风险水平
483003	工银平衡	配置混合型	股票和债券资产混合配置，股票和债券资产比例约为 6: 4	业绩中等偏下，风险程度较低

四、组合调整建议

结合投资者需求评估和对当期组合的评估，给出以下组合调整建议：

（1）根据投资者需求和投资状况评估，以积极组合为方向，组合调整目标是改善预期收益；

（2）组合内基金数量控制在6个以内；

（3）增配蓝筹型基金。

基于以上调整原则，提出如表4－5的组合配置建议。

表4－5

基金代码	基金名称	基金类型	配置比例
240002	宝康配置	配置混合	10%
450002	国海弹性	股票型	25%
360005	光大红利	股票型	15%
161601	融通新蓝筹	股票型	20%
040002	华安 MSCI	股票型	30%

从2007年8月以来的实际效果来看，调整后的基金组合在收益性上明显提高，并且这一组合具有较好的稳定性。相比调整前的投资组合，更为契合投资者的投资需求。

（资料来源：德胜基金研究中心，2007年8月23日）

案例思考

1. 为什么在投资组合调整之前，要重点分析投资者的投资需求和风险偏好？

2. 为什么要根据基金的投资策略来进行组合配置调整？

3. 总结该投资者的组合配置经验，并说明该策略是否对所有投资者具有普遍适用性？为什么？

4.3 单指数模型

4.3.1 马克维茨模型的缺陷

马克维茨模型中，要计算投资者的有效边界，首先必须估计各种证券的预期收益率、收益率标准差及各种证券两两之间的协方差。在证券数目和种类增多的情况下，有效边界的导出就变得十分繁琐。此时，进行证券组合分析所需数据有：组合中包含 n 个资产的预期收益率、方差以及协方差估计值，共 $2n+n(n-1)/2$ 个。在现实生活中，大多数金融机构的证券分析人员按照行业进行研究，但是关于行业之间的证券相关程度方面的数据分析却很少。因此，有必要对证券之间的相关结构做一定假设。

4.3.2 单指数模型概述

引起证券组合收益率波动的因素很多，但是大体上看，大多数证券的价格波动跟市场主要指数波动密切相关。一般随着市场主要指数的上扬，证券个股也会跟着上扬，反之亦然。因此，威廉·夏普提出了一种简化马克维茨模型的方法，即单指数模型（single－index model)。单指数模型的公式可以表述为：

$$r_i = \alpha_i + \beta_i r_M + \varepsilon_i \qquad \text{式 } 4-12$$

式中：

r_i 表示证券 i 的投资收益率；

r_M 表示市场收益率；

α_i 表示截距项；

β_i 表示斜率；

ε_i 表示随机误差项。

并且假设：$E(\varepsilon_i)=0$；$COV(\varepsilon_i, \varepsilon_j)=0$；$COV(\varepsilon_i, r_M)=0$；$i \neq j$

由式4－12可知，某个证券的收益率主要由两部分组成：一部分是系统收益率，是能够用市场收益率解释的部分；另一部分是非系统收益率，由影响公司的特有的因素造成的，如公司产品销售的突然上升或下降、公司出现重大的财务危机或出现管理层重大人事变动等。

由单指数模型的假设可知，系统性收益率主要受宏观经济因素的影响，而非系统性收益率主要受上市公司自身微观层面因素的影响，两者之间是不相关的。另外，不同上市公司之间的非系统性收益率也互不相关。

实际操作中，一般选择具有广泛代表性的价值加权市场指数的收益率来代表市场收益率，如美国的标准普尔500指数，我国的沪深300指数等，对 α_i 和 β_i 通常采用证券收益率波动的历史数据和时间序列回归的方法进行估计。

4.3.3　β 系数

β 系数是指证券的收益率和市场组合收益率的协方差，再除以市场组合收益率的方差。即单个证券风险与整个市场风险的比值。公式为式4－13：

$$\beta_i = \frac{\sigma_{iM}}{\sigma_M^2} \qquad \text{式 } 4-13$$

由于系统性风险无法通过多样化投资来抵消，因此一个证券组合的 β 系数 β_p 等于该组合中各种证券的 β 系数的加权平均数，权重为各种证券的市值占整个组合总价值的比重 w_i，其公式为式4－14：

$$\beta_p = \sum_{i=1}^{n} w_i \beta_i \qquad \text{式 } 4-14$$

β 系数说明单个证券系统性风险与市场组合系统性风险的关系。

$\beta = 1$ 说明该证券系统风险与市场组合风险一致；$\beta > 1$ 说明该证券系统风险大于市场组合风险；$\beta < 1$ 说明该证券系统风险小于市场组合风险；$\beta = 0.5$ 说明该证券系统风险只有整个市场组合风险的一半；$\beta = 2$ 说明该证券系统风险是整个市场组合风险的两倍；$\beta = 0$ 说明没有系统性风险。

4.3.4　单指数模型的应用

4.3.4.1　单个证券的预期收益率和风险计算

根据单指数模型的计算公式，将公式两边求期望值，则得到以下结果：

$$E(r_i)=E(\alpha_i+\beta_i r_m+\varepsilon_i)=\alpha_i+\beta_i E(r_m) \quad \text{式 4-15}$$

式4-15表明：单个证券的期望收益率的变动主要受市场收益率变动的影响，其影响大小取决于该证券对市场收益率变动的敏感性程度，即β的大小。

同样，根据单指数模型的计算公式，我们可以把单个证券i的风险分解为两部分：

$$\begin{aligned}\sigma_i^2&=E[r_i-E(r_i)]^2\\&=E\{\alpha_i+\beta_i r_m+\varepsilon_i)-[\alpha_i+\beta_i E(r_m)]\}^2\\&=E\{\beta_i[r_m-E(r_m)]+\varepsilon_i\}^2\\&=\beta_i^2E[r_m-E(r_m)]^2+2\beta_iE\{\varepsilon_i[r_m-E(r_m)]\}+E(\varepsilon_i)^2\\&=\beta_i^2\sigma_m^2+\sigma_{\varepsilon_i}^2\end{aligned} \quad \text{式 4-16}$$

式4-16表明，任何证券的总风险由两部分构成：一是系统性风险，即是由市场收益率的方差所导致的证券收益率波动；二是证券的个别风险，或非系统性风险，用随机误差项的方差来表示。

由单指数模型还可以得到证券i与证券j收益率之间的协方差（式4-17）：

$$\sigma_{ij}=\mathrm{Cov}(r_i,r_j)=\beta_i\beta_j\sigma_m^2 \quad \text{式 4-17}$$

以上公式表明，不同证券之间的相互关系是通过各自与市场的相关性体现出来的。

4.3.4.2 证券组合的预期收益率和风险计算

根据单指数模型，我们可以同样推导出投资组合的预期收益率和方差公式：

投资组合的预期收益率：

首先根据投资组合的预期收益率进行分解，得到：

$$\begin{aligned}r_p&=\sum_{i=1}^{n}x_ir_i=\sum_{i=1}^{n}x_i(\alpha_i+\beta_ir_m+\varepsilon_i)\\&=\sum_{i=1}^{n}x_i\alpha_i+\sum_{i=1}^{n}x_i\beta_ir_m+\sum_{i=1}^{n}x_i\varepsilon_i\\&=\alpha_p+\beta_pr_m+\varepsilon_p\end{aligned}$$

对上式进行两边求期望值，得到式4-18：

$$E(r_p) = \alpha_p + \beta_p E(r_m)$$ ① 　　式4－18

1. 投资组合的方差

当证券的非系统性收益率互不相关时，同样可以将投资组合的总风险分解为式4－19：

$$\sigma_p^2 = \beta_p^2 \sigma_m^2 + \sigma_{\varepsilon p}^2$$ 　　式4－19

其中：$\beta_p = \sum_{i=1}^{n} x_i \beta_i$

$$\sigma_{\varepsilon p}^2 = \sum_{i=1}^{n} x_i^2 \sigma_{\varepsilon i}^2 + \sum_{i=1}^{n} \sum_{i=1}^{n} x_i x_j \mathrm{cov}(\varepsilon_i, \varepsilon_j) = \sum_{i=1}^{n} x_i^2 \sigma_{\varepsilon p}^2$$

从以上公式可以看出，投资组合的β值是构成组合的每种证券β值的加权平均数，权数是每种证券的投资比重；而组合的非系统性风险是构成组合的每种证券的非系统性风险的加权平均数，权数是每种证券的投资比重的平方。

2. 多元化投资可以分散风险

假设一个投资组合P是由n种证券构成，各种证券的收益率互不相关。投资于每种证券的资金数量相等，则每种证券的投资比重均应为$\frac{1}{n}$，这样，投资组合P的非系统性风险为式4－20：

$$\sigma_{\varepsilon p}^2 = \sum_{i=1}^{n} \left(\frac{1}{n}\right)^2 \sigma_{\varepsilon i}^2 = \frac{1}{n}\left[\frac{\sigma_{\varepsilon 1}^2 + \sigma_{\varepsilon 2}^2 + \cdots + \sigma_{\varepsilon n}^2}{n}\right]$$ 　　式4－20

可见，通过多元化投资，投资组合的非系统性风险仅仅是各个证券非系统性风险加权平均数的$\frac{1}{n}$，组合的非系统性风险大大减弱，甚至有可能全部消除。由于个别风险可以通过多样化投资加以消除，市场就不会因为投资组合承受这类风险而给予风险补偿，真正给予补偿的是单个证券的市场风险（用β来衡量）而不是总风险（用方差或标准差来衡量）。

---

① 其中：$\alpha_p = \sum_{i=1}^{n} x_i \alpha_i$；$\beta_p = \sum_{i=1}^{n} x_i \beta_i$；$\varepsilon_p = \sum_{i=1}^{n} x_i \varepsilon_i$

4.4 无风险借贷情形下的投资组合

在实际投资活动中，为了安全起见，投资者除了购买高风险、高收益的证券资产以外，也经常购买无风险资产。在当前信用制度高度发达的社会里，投资者通过借入资金进行投资的活动也很常见，借入资金可以发挥财务杠杆的作用。因此，有必要对前面的风险资产投资组合范畴进行进一步的拓展，对投资可行性和有效集进行相应的修正。

4.4.1 无风险资产的定义

所谓无风险资产是指其预期收益是确定的资产，未来收益的标准差为零。无风险资产的收益率与任何风险资产的收益率之间的协方差及其相关系数也为零。从理论上看，只有由政府发行的、期限与投资者的投资期长度相匹配的、完全指数化的债券才可视作无风险资产。但是，在现实社会中，完全符合以上条件的有价证券非常少，因此大多数投资者将范围更广的货币市场工具作为无风险资产的替代物。这些工具主要包括：国库券、银行存单和商业票据等。

无风险资产的投资可以分为两个方向：以无风险利率贷出一定数量的资金，称为“无风险贷出”（risk - free lending），以无风险利率借入一定数量的资金，称为“无风险借入”（risk - free borrowing）。

4.4.2 引入无风险借贷后的投资组合收益率和风险

假设有一个投资组合 P，里面包含了1种无风险资产和 $n-1$ 种风险资产，两者所占的投资比重分别为 x_F 和 $1-x_F$，这里将 $n-1$ 种风险资产构成的组合称为 R。

如果无风险资产的投资比重 $x_F>0$，则说明投资者以一部分资金投资于风险证券组合 R，另一部分资金投资于无风险资产，相当于以无风险利率 r_F 贷出一部分资金，或者说存在“无风险贷出机会”，这种无风险资产和风险资产的组合称为“贷出性投资组合”。反之，如果无风险资产的投资比重

$x_F<0$，则表示以无风险利率 r_F 借入一部分资金，或者说存在“无风险借入机会”，这种无风险资产和风险资产的组合称为“借入性投资组合”。当无风险资产的投资比重 $x_F=0$ 时，则投资者所有的资产将投资于风险资产 R，即不存在“无风险借贷机会”。

假设风险证券组合 R 的预期收益率和标准差分别为：$E(r_R)$ 和 σ_R。则引入无风险资产后投资组合的预期收益率为（式4-21）：

$$E(r_p)=x_Fr_F+(1-x_F)E(r_R) \quad \text{式4-21}$$

同时，由于无风险资产的标准差为0，所以投资组合 P 的收益率的标准差为（式4-22）：

$$\begin{aligned}\sigma_p&=\sqrt{\sigma_p^2}\\&=\sqrt{x_F^2\times0+(1-x_F)^2\times\sigma_R^2+2\times(1-x_F)\times x_F\times0}\\&=(1-x_F)\sigma_R\end{aligned} \quad \text{式4-22}$$

即当存在无风险借贷机会时，投资组合的风险（标准差）等于风险证券组合的投资风险（标准差）与其投资比重的乘积。

4.4.3 引入无风险借贷后的投资的有效边界

根据无风险借贷机会下的投资组合收益率和标准差公式（公式4-19和4-20），我们可以推导出以下的公式（式4-23）：

$$E(r_p)=r_F+\frac{E(r_R)-r_F}{\sigma_R}\sigma_p \quad \text{式4-23}$$

这就是由无风险资产和风险证券组合构成的组合的机会集方程。从这一公式可以看出，当存在无风险借贷机会时，投资组合的预期收益率预期所涉及的风险（标准差）之间的关系变成了线性关系。

图4-6反映了引入无风险资产后投资组合有效边界的变化。原先的投资有效边界为 RM 曲线，无风险资产的借入和贷出把原来的有效前沿改变成了一条射线 r_FM，具体分析如下：

假设某个风险资产组合为 R，则由无风险资产和风险证券组合构成的组合的机会集是由 r_F 点出发，连接 r_F 和 R 的一条射线 r_FR。在射线 r_FR 中间的点，表示有一部分资产投资于无风险资产，是一种“贷出性投资组合”，其预期收益率和风险都大于无风险资产的收益率和风险，但是小于风险资产

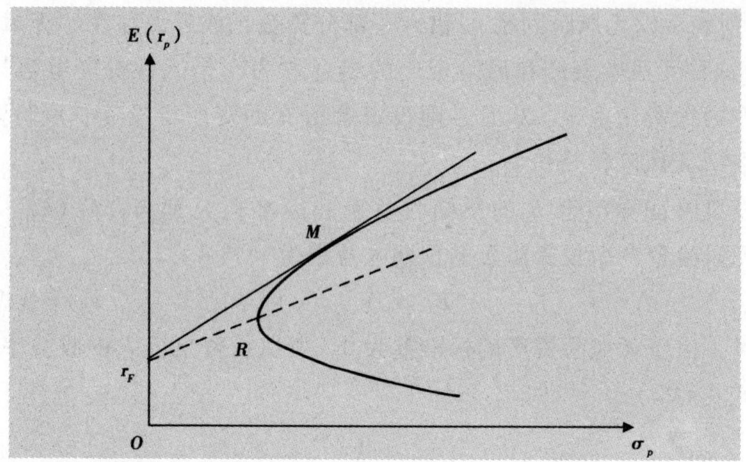

图4-6 存在无风险借贷机会的投资组合有效边界

组合 R 的预期收益率和风险。越靠近 r_F 的点，无风险证券的投资比重越大，反之，越靠近 R 的点，无风险资产的投资比重越小。在射线 r_FR 上的 R 点右侧延伸线代表的组合是卖空无风险资产，是一种“借入性投资组合”，其收益率大于组合 R 的收益率，同样风险也大于组合 R 的风险。

但是，投资组合 R 点并不代表是最优风险组合点。因为射线 r_FR 和 R 点并不相切。射线 r_FM 由 r_F 点出发，连接 r_F 和切点 M 的组合是在给定风险前提下，所有投资组合中能够实现预期收益率最大的组合点，明显优于射线 r_FR。因此，射线 r_FM 代表的投资组合集合是既包括无风险资产又包括风险证券时的投资有效边界。切点 M 是最优风险证券组合。

总之，通过引入无风险资产，投资有效边界发生了改变，投资组合的空间也在很大程度上得到了拓展。

本章小结

本章首先介绍了投资组合收益率和风险的衡量方法，这是构造投资组合的基础；然后引出了马克维茨的投资组合理论主要内容；在此基础上，分析了夏普（William Sharpe）的单指数模型，这是马克维茨投资组合模型的简化。

• 收益和风险是投资者选择金融资产的重要参考指标。收益最常用的含量指标是收益率，而投资组合的收益率等于其成分资产收益率按其对应资产权重的加权平均值。经典的投资组合理论中，度量风险的指标主要是方差和协方差，而投资组合的风险不仅与其所包含资产风险有关，还很大程度上受到这些资产间收益率的相关程度的影响。

• 投资组合理论研究的核心是投资者如何通过选择资产来使其投资组合达到最优的收益——风险状况，这里所谓的最优，是以投资者效用最大化为标准的。按照投资者对风险态度的不同，可以将其分为风险偏好者、风险中立者和风险厌恶者三类，其中金融市场中风险厌恶者占较大比例。不同种类的投资者有不同的无差异曲线类型。

• 马克维茨的均值——方差理论是现代投资组合理论的基础。马克维茨模型表明：构建投资组合的合理目标应是在给定的风险水平下形成一个具有最高回报率的投资组合。投资组合的构建过程：（1）首先需要界定适合于选择投资的证券范围（证券域）；（2）确定有效边界：在有效边界（efficient frontier）上的投资组合优于该边界下方的投资组合；（3）投资无风险证券会改变有效边界的形状，此时有效边界变成：从无风险投资收益率出发，一直延伸到跟原曲线相切点 P，再沿曲线到向上的形状。

• 单指数模型是马克维茨模型的简化，其基本假设是各种证券收益率的变动都受市场共同因素的影响，随机误差项反映的是某种证券特有的风险，与其他证券无关。

• 证券投资组合的总风险可以分解为系统性风险和非系统性风险，多元化投资可以降低甚至消除非系统性风险，但是不能降低系统性风险。

• 无风险资产是具有确定未来收益的资产，其收益率标准差为零。引入无风险资产后，投资者的有效边界发生了改变，从原来的曲线变成了直线。

知识拓展

β 值的测量

β 值是单指数模型的一个关键要素。虽然用单指数模型的分析框架来估

计 β 值是简单直接的事，但具体处理可以有多种方法，不同的方法会导致计算出的结果有很大的不同。

市场代表物的选取是一个值得考虑的重要问题。一般用的是标准普尔 500、沪深 300 等具有代表性的大盘指数。另外，计算所选取的期间也有所区别。多数人在分析时选取的是 5 年期间，但选取更长或更短的期间也有其合理性。有些投资经理需要分析的期间跨越两个市场期间，包含市场上升和市场下挫两个时间段，这时叫做市场周期。最后，衡量的时间间隔也可以不同，如某些人选择用每天的数据以有利于提高衡量的精确度，而不像一般的用月份或季度的数据。估计值中的一个更重要的问题是估计的误差。市场因素一般占一只股票风险的一半以下，一般占总风险的 25% 上下。因此，可能存在对单只股票值的较大幅度的高估或低估，这种现象在实践中是常见的。重要的是我们必须认识到，对于一个投资组合来说这个问题要小很多。因为对某些股票高估的误差可能被其他股票低估的误差所抵消。

很多国家的财务学研究者和一些商业性服务机构可以提供证券的 β 值。他们运用统计调整技术来弥补单个证券的 β 值的误差。总的来说存在这样一种趋势：值高的股票其 β 值容易被高估，而值低的股票其 β 值容易被低估。相应地，测量出的 β 值在长期内会表现出不稳定性。在单个证券层次和投资组合层次都是如此，都伴随一定程度的振荡。不管用何种统计工具计算出来的某个历史时期的 β 值，在下一个时期经常会表现出显著的差别。随时间的不稳定性是不足为怪的。事实上，我们应该预料到单个证券的 β 值总会有一些变化的，如公司通过成长的阶段到达成熟期、财务政策的 β 某些重大改变以及还有公司追求多样化战略等。这些全部或任意一种的改变以及其他一些未言及的改变，都将导致公司的风险状况发生变化，因此会导致 β 值的变动。

一种在理论上有吸引力并在实践中也比较成功的办法是，在确定单个证券的 β 值的过程中，引入基础变量协助分析。例如，支付高红利的公司能提供高的红利收益率，可以预料其风险要比低红利收益率的公司低。相应地，高负债/权益比率的公司，即高杠杆率的公司，可以预料要比财务结构中负债低的公司风险大。资产负债表上流动比率高的公司，可以预料要比流动比率低的公司风险低。最后，经营杠杆率高并面临很大的收益变异性的公司，被认为要比收益稳定型公司的风险高。

试图生成预测的 β 值作为风险的量度是一种有益的尝试。前面介绍的测量 β 值的方法都要依赖于历史数据、市场数据、基础数据或者它们的综合。估计的 β 值，是使用基础数据或精练的统计方法对历史得出的 β 值进行改进而得到的。我们可以观察并预料到证券的不稳定性。因为存在周期性或现实性的多种原因，决定公司风险的基础性因素是随时间而变的。恰当地预期这些变化是获得更优的风险量度的基础，也为提高回报率提供了机会。

正同预测股票的回报率一样，预测风险 β 值需要一种分析模型及其输入。然而，对于实际可用的风险估计模型，理论上只有相对很少的发展，相应的实践应用分析也非常少，这两方面的现状都比不上回报率模型。但是在投资过程中通过弥补性的措施来预测风险及回报率，可以创造出明显增加价值的机会。

【本章阅读文献】

[1] 韩德宗、朱晋：《证券投资学原理》，机械工业出版社 2008 年版。

[2] 朱顺泉：《投资学原理与应用》，清华大学出版社 2006 年版。

[3] 杨桂元、唐小我："组合证券投资决策模型研究"，《数量经济技术经济研究》，2001 年第 2 期。

[4] 唐小我、曹长修："组合证券投资有效边界的研究"，《预测》，1993 年第 2 期。

[5] 国涓："组合证券投资理论发展与统计方法的应用"，《财经问题研究》，2000 年第 10 期。

[6] 曹兴、邬陈锋、彭耿："基金经理激励：关于委托投资组合管理研究的评述"，《中南大学学报》（社会科学版），2010 年第 1 期。

[7] 侯振海："论我国海外证券投资的重要性及其投资组合管理"，《中国证券市场导报》，2008 年第 8 期。

【生生合作项目】

本章生生合作项目安排：

股票投资组合研究

任务布置时间：第二周

生生合作讨论时间：第六周

目的：要求学生通过本章学习，使学生掌握投资组合构建的基本原理和步骤。重点掌握投资组合收益率与风险之间的匹配关系，在此基础上构建有效的投资组合。

项目简介：

在沪、深股市范围内任意选择十个股票，然后从中选出六个股票构建一个有效的投资组合，计算相应组合投资的收益率和方差，画出投资组合的有效边界和资本市场线（CML），从而找出投资组合的最佳点（即两个曲线相切的点），并对相应的组合收益风险与大盘组合收益风险进行比较，做出评价。

课前要求：

组建小组合作团队，明确角色分工：

将班级成员划分成不同的小组团队，每组大约 4 个成员。4 人小组中推选一位小组长，小组长主要负责小组各个成员的任务分工，小组课外学习和研讨的计划和时间安排、会议组织等事项。其他小组成员主要是配合小组长展开相应的工作。

教师在小组团队中的角色定位：

为学生推荐合适的参考书目；引导学生进行任务分工和相应的进度安排方案设计；帮助学生理清、重新说明或详细阐述投资组合的核心理论和思维方法。

项目实施方案和流程：

第一步：选定沪、深股市十个股票及其交易代码，收集相应的财务和交易数据，并对这些数据进行简单的数据处理，计算出十大股票最近两年的月平均收益率、方差、标准差和风险系数β值。同时计算出同时期大盘指数的月平均收益率、方差等数据。然后对它们进行比较分析，对不同风险类型的股票进行适当分类。根据风险系数β值和相应的月平均收益率，分析以上股票是否满足高风险、高收益率的投资特征。

第二步：计算这些股票之间的方差——协方差矩阵，在此基础上，采用一定的方法，从十个股票中选出六个股票，并且构建一个有效的投资组合（满足在给定风险条件下，组合的收益达到最大；给定收益前提下，组合的风险达到最小）。

第三步：课堂研讨。小组团队要根据股票投资组合选择过程所运用的方法以及相应的体会形成一篇研究报告和 PPT 演示稿，然后在课堂上展开讨论。

讨论的主要环节包括：

1. 各个小组汇报学习阶段内容，解释对投资组合理论内容的理解，同时说明本小组是通过什么样的方法来选择有效的股票投资组合？依据的原理是什么？是否切合实际？

2. 各个小组对其他小组的投资组合构建过程或方法进行评价，在此基础上共同探讨中国股票市场的投资风险和收益率匹配关系，以及马克维茨投资组合思维在中国股票市场的适用性问题。

3. 教师对每个小组团队的形成学习过程进行评价，主要考核的因素包括：

（1）小组团队的分工和项目实施安排是否合理，资料阅读是否充分，各个成员能否进行有效的合作，按时按质完成相应的任务。（权重：30%）

（2）小组团队能否正确地阐述对本章内容和知识点的理解，小组所构建的有效投资组合方法是否合适，结论是否正确，是否具有前瞻性或创新性。（权重：30%）

（3）参与课堂研讨和观点辩论的表现。小组团队是否能够清楚地建立起自己的理论依据，对其他小组所运用的方法和结论能否提出相应的质疑，对投资组合方法在中国的适用性问题能否提出自己的见解和认识。（权重：30%）

（4）小组维持课堂纪律和团队之间合作、监督能力的培养。（权重：10%）

内容和格式要求：

本次讨论课后，小组完成项目分析的 Word 和 PPT，第六周网上/书面（根据教学条件和教师要求）提交。

Word 版的格式要求：宋体小四号字，1.25 倍行距，A4 纸排版。网上提交文件请按以下方式命名：例如，“金融 082 (2-1)”，意思是“金融学专业 082 班第二组的第一次作业”。请按照此格式网上提交作业，以利于教师对作业进行评阅和对小组进行指导。

思考与练习

一、简答题

1. 如何理解投资分散化的重要意义？
2. 影响证券组合风险的因素有哪些？
3. 金融投资的总体风险如何划分？
4. 如何理解市场证券组合的概念？
5. 投资者的有效边界如何进行推导？

二、选择题

1. 下面哪一个有关风险厌恶者的陈述是正确的？(　　)

A. 他们只关心收益率

B. 他们接受公平游戏的投资

C. 他们只接受在无风险利率之上有风险溢价的风险投资

D. 他们愿意接受高风险和低收益

E. A 和 B

2. 在均值—标准差坐标系中，无差别曲线的斜率是(　　)。

A. 负　　　　B. 0

C. 正　　　　D. 向东北

E. 不能确定

3. 艾丽丝是一个风险厌恶的投资者，戴维的风险厌恶程度小于艾丽丝的，因此(　　)。

A. 对于相同风险，戴维比艾丽丝要求更高的回报率

B. 对于相同的收益率，艾丽丝比戴维忍受更高的风险

C. 对于相同的风险，艾丽丝比戴维要求较低的收益率

D. 对于相同的收益率，戴维比艾丽丝忍受更高的风险

E. 不能确定

4. 投资者把他的财富的30%投资于一项预期收益率为0.15、方差为0.04的风险资产，70%投资于收益率为6%的国库券，他的资产组合的预期收益率和标准差分别为(　　)。

A. 0.114，0.12　　　　B. 0.087，0.06

C. 0.295，0.12　　　　D. 0.087，0.12

E. 以上各项均不正确

5. 市场风险可以解释为(　　)。

A. 系统风险，可分散化的风险

B. 系统风险，不可分散化的风险

C. 个别风险，不可分散化的风险

D. 个别风险，可分散化的风险

E. 以上各项均不正确

6. β是用以测度(　　)。

A. 公司特殊风险　　　　B. 可分散风险

C. 市场风险　　　　D. 个别风险

E. 以上都不对

7. 可分散化的风险是指(　　)。

A. 公司特殊的风险　　　　B. β

C. 系统风险　　　　D. 市场风险

E. 以上均不正确

8. 有风险资产组合的方差是(　　)。

A. 组合中各个证券方差的加权和

B. 组合中各个证券方差的和

C. 组合中各个证券方差和协方差的加权和

D. 组合中各个证券协方差的加权和

E. 以上各项均不正确

9. 当其他条件相同，分散化投资在(　　)情况下最有效。

A. 组成证券的收益不相关　　B. 组成证券的收益正相关

C. 组成证券的收益很高　　D. 组成证券的收益负相关

E. B和C

10. 假设有两种收益率完全负相关的证券组成的资产组合，那么最小方差资产组合的标准差为(　　)。

A. 大于零　　B. 等于零

C. 等于两种证券标准差的和　　D. 等于1

E. 以上各项均不正确

11. 一位投资者希望构造一个资产组合，并且资产组合的位置在资本市场线上最优风险资产组合的右边，那么(　　)。

A. 以无风险利率贷出部分资金，剩余资金投入最优风险资产组合

B. 以无风险利率借入部分资金，剩余资金投入最优风险资产组合

C. 只投资风险资产

D. 不可能有这样的资产组合

E. 以上各项均不正确

12. 按照马克维茨的描述，下面的资产组合中哪个不会落在有效边界上？(　　)

资产组合	期望收益率（%）	标准差（%）
W	9	21
X	5	7
Y	15	36
Z	12	15

A. 只有资产组合W不会落在有效边界上

B. 只有资产组合X不会落在有效边界上

C. 只有资产组合Y不会落在有效边界上

D. 只有资产组合Z不会落在有效边界上

E. 无法判断

13. 最优资产组合(　　)。

A. 是无差异曲线和资本市场线的切点

B. 是投资机会中收益方差比最高的那点

C. 是投资机会与资本市场线的切点

D. 是无差异曲线上收益方差比最高的那点

E. 以上各项均不正确

14. 对一个两只股票的资产组合，它们之间的相关系数是（ ）为最好。

A. +1.00 B. +0.50

C. 0 D. -1.00

E. 以上各项均不正确

15. 证券X的期望收益率为12%、标准差为20%；证券Y的期望收益率为15%、标准差为27%。如果两只证券的相关系数为0.7，它们的协方差是（ ）。

A. 0.038 B. 0.070

C. 0.018 D. 0.013

E. 0.054

16. 风险的存在意味着（ ）。

A. 投资者投资过程中将会受到损失

B. 期初不能确定投资结果

C. 收益的标准差大于期望值

D. 投资者最后获得的财富小于初始财富

17. 从资本市场上选择资产组合，下列（ ）说法正确。

A. 风险厌恶程度低的投资者将比一般风险厌恶者较多的投资于无风险资产，较少的投资于风险资产的最优组合

B. 风险厌恶程度高的投资者将比一般风险厌恶者较多的投资于无风险资产，较少的投资于风险资产的最优组合

C. 投资者选择能使他们期望效用最大的投资组合

D. A和B都正确

E. B和C都正确

18. 你正在考虑投资1000元于收益率为5%的国债和一个风险资产组合P，P由两项风险资产X和Y组成。X、Y在P中的比重分别是0.6和0.4，X的预期收益率和方差分别是0.14和0.01，Y的预期收益率和方差分别是0.1和0.0081。如果你要组成一个预期收益率为0.11的资产组合，你的资

金的(　　)应投资于国债，(　　)投资于资产组合 P。

A. 0.25；0.75　　B. 0.19；0.81

C. 0.65；0.35　　D. 0.5；0.5

19. 两种证券的相关系数 ρ 的取值(　　)。

A. 为正表明两种证券的收益有同向变动倾向

B. 总是介于 -1 和 1 之间

C. 为负表明两种证券的收益有反向变动的倾向

D. 为 1 表明两种证券间存在完全的同向的联动关系

E. 为零表明两种证券之间没有联动倾向

20. 马克维茨证券投资组合理论的假设条件是(　　)。[2004 年金融学联考真题]

A. 证券市场是有效的

B. 存在一种无风险资产，投资者可以不受限制的借入和贷出

C. 投资者都是风险规避的

D. 投资者在期望收益率和风险的基础上选择投资组合

21. 在均值方差模型中，如果不允许卖空，由两种风险证券构建的证券组合的可行域(　　)。

A. 可能是均值标准差平面上的一个无限区域

B. 可能是均值标准差平面上的一条折线段

C. 可能是均值标准差平面上的一条直线段

D. 可能是均值标准差平面上的一条光滑的曲线段

E. 是均值标准差平面上的一个三角形区域

22. 对一个追求收益而又厌恶风险的投资者来说，其无差异曲线(　　)。

A. 可能是一条水平直线

B. 可能是一条垂直线

C. 可能是一条向右上方倾斜的曲线

D. 位置高低的不同能够反映该投资者与其他投资者的偏好差异

E. 之间互不相交

23. 下列对无差异曲线特点的描述正确的是(　　)。

A. 每个投资者的无差异曲线形成密布整个平面又互不相交的曲线簇

B. 无差异曲线越低，其上的投资组合带来的满意度就越高

C. 同一条无差异曲线上的组合给投资者带来的满意程度不同

D. 不同无差异曲线上的组合给投资者带来的满意程度不同

24. 在无风险资产与风险资产的组合线中，有效边界上的切点组合具有(　　)特征。

A. 它是有效组合中唯一不含无风险证券而仅由风险证券构成的组合

B. 有效边界上的任意证券组合均可视为无风险证券与切点组合的再组合

C. 切点证券组合完全由市场所决定，与投资者的偏好无关

D. 任何时候，切点证券组合都等于市场组合

25. 下面关于市场组合的陈述，正确的是(　　)。

A. 市场组合是由风险证券构成，并且其成员证券的投资比例与整个市场上风险证券的相对市值比例一致的证券组合

B. 在均衡状态下，最优风险证券组合就等于市场组合

C. 市场组合是对整个市场的定量描述，代表整个市场

D. 在均值标准差平面上，所有有效组合刚好构成连接无风险资产和市场组合的资本市场线

26. 下面关于β系数的陈述，正确的是(　　)。

A. β系数反映证券或者证券组合的收益率水平对市场平均收益水平变化的敏感性

B. β系数是一个衡量证券承担系统风险水平的指数

C. β系数的绝对值越大，表明证券承担的系统风险越小

D. β系数的绝对值越小，表明证券承担的系统风险越大

三、论述题

1. 相关系数的取值如何反映两证券收益率的变动情况？

2. 当证券市场中只有风险资产可供选择时，投资者如何寻找最优证券组合？

3. 如何使用无风险资产改进马克维茨有效集？面对改进后新的有效集投资者如何寻找最优证券组合？

四、计算题

1. 假设你管理一种预期回报率为18%和标准差为28%的风险资产组合基金，短期国债利率为8%。若你的委托人决定将其资产组合的70%投入到风险资产组合基金中，另外30%投入到货币市场的短期国库券基金中，则该资产组合的预期收益率与标准差各是多少？

2. 假设我们有100万元的本钱，投资于证券1，其收益率为20%，然后在收益率为10%的证券2上做30万元的卖空，售后全部投资于证券1，则这一资产组合的预期收益为多少？

3. 三种股票的各种可能收益率的概率分布如下：

股票甲的回报	-10%	0	10%	20%
股票乙的回报	20%	10%	5%	-10%
股票丙的回报	0	10%	15%	5%
概率	0.30	0.20	0.30	0.20

假定这三种证券的权重分别为20%、50%和30%，并且它们是两两不相关的。计算由这三种证券组成的证券组合的收益率和标准差。

4. 假如证券组合由两个证券组成，它们的标准差和权重分别为20%、25%和0.35、0.65。这两个证券可能有不同的相关系数。当相关系数为多少时这个证券组合的标准差最大和最小？

5. 一个证券组合由三种证券构成，它们的β值和权重如下：

证券	β值	权重
1	0.80	0.20
2	1.20	0.30
3	1.04	0.50

求这个证券组合的β值。

6. 考虑以下你管理的风险资产组合和无风险资产的信息：$E(r_p) = 11\%$，$P = 15\%$，$r_f = 5\%$。

（1）你的委托人要把她的总投资预算的多大一部分投资于你的风险资产组合中，才能使她的总投资预期回报率等于8%？她在风险资产组合P上投入的比例是多少？在无风险资产方面又是多少？

(2) 她的投资回报率的标准差是多少？

(3) 另一委托人想要尽可能地得到最大的回报，同时又要满足你所限制他的标准差不得大于12%的条件，哪个委托人更厌恶风险？

7. 假设证券市场有很多股票，股票 A 与股票 B 的特性如下：

股票	期望收益率（%）	标准差（%）
A	10	5
B	15	10
两个股票的相关系数为 -1		

假设投资者可以以无风险收益率 r_f 贷款。则 r_f 的值为多少（提示：设想建立股票 A 与股票 B 的无风险资产组合）？

8. 假设投资者有一个项目：有 70% 的可能在一年内让他的投资加倍，30% 可能让他的投资减半。该投资收益率的标准差是多少？

9. 一位养老基金经理正在考虑三种共同基金。第一种是股票基金，第二种是长期政府债券与公司债券基金，第三种是回报率为 8% 的以短期国库券为内容的货币市场基金。这些风险基金的概率分布如下：

名　称	期望收益率（%）	标准差（%）
股票基金（S）	20	30
债券基金（B）	12	15

基金回报率之间的相关系数为 0.1 。

(1) 两种风险基金的最小方差资产组合的投资比例是多少？这种资产组合回报率的期望值与标准差各是多少？

(2) 制表并画出这两种风险基金的投资机会集合，股票基金的投资比率从 0 到 100%，按照 20% 的幅度增长。

(3) 从无风险回报率到机会集合曲线画一条切线，你用图表表现出来的最优资产组合的期望收益与标准差各是多少？

(4) 计算出最优风险资产组合下每种资产的比率以及期望收益与标准差。

(5) 投资者对他的资产组合的期望收益率要求为 14%，并且在最佳可行方案上是有效率的。

a. 投资者资产组合的标准差是多少？

b. 投资在短期国库券上的比率以及在其他两种风险基金上的投资比率是多少？

(6) 如果投资者只用两种风险基金进行投资并且要求 14% 的收益率，那么投资者资产组合中的投资比率是怎样安排的？

(7) 假设投资者面对同样的机会集合，但是不能够借款。投资者希望只由股票与债券构成期望收益率为 24% 的资产组合。合适的投资比率是多少？由此的标准差是多少？如果投资者被允许以无风险收益率借款，那么投资者的标准差可以降低多少？

第 5 章
资本资产定价模型

【本章教学要求】

本章主要讨论资本资产定价模型（CAPM）的主要思想及其基本的定价公式。通过这一章的学习，学生应该领会资产均衡定价的基本含义，掌握资本市场线和证券市场线的概念、数学形式及其模型的推导，对标准的资本资产定价模型有一定程度的了解。本章节的第一部分引入无风险资产，讨论无风险资产引入后对投资有效边界及其最优投资组合的影响，然后在此基础上，探讨如果所有的投资者都按照马克维茨的方法构建投资组合，在资本市场达到均衡的时候，证券和投资组合收益率将如何确定。

【教学重点与难点】

教学重点：资本资产定价模型基本公式及其应用

教学难点：市场证券组合　资本市场线和证券市场线的数学推导　相互关系

【引导案例】

利用股票的 β 值选股 把握结构性机会

β 系数是衡量股票收益相对于业绩评价基准收益的总体波动性的指标，用于衡量系统性风险（即市场风险）。投资者可以通过对系统风险指标的测量，在大盘处于趋势性较强的行情中进行有效的选股。β 值越高，意味着股票相对于业绩评价基准的波动性越大，反之亦然。当 $\beta=1$ 时，表示该股票的收益和风险与大盘指数收益和风险一致；当 $\beta<1$ 时，表示该股票收益和风险均小于大盘指数的收益和风险；当 $\beta>1$ 时，表示该股票收益和风险均大于大盘指数的收益和风险。

基于 β 系数的上述特性，经过对不同行业的 β 值的比较发现，一些估值水平稳定的行业如有色、交通运输、钢铁、公用事业等，他们的稳定 β 值一般都小于1，从这些行业特征我们也可以得出一般低市盈率股票和周期性股票的 β 值比较小。相反，那些有较高成长性的高市盈率股和题材股的 β 值一般都大于1。

针对不同板块 β 系数的大小，可以给投资者提供不同阶段的选股思路。以 2009 年上证指数的表现为例，1 季度大盘出现单边下跌的趋势性行情，对于仓位控制比较理想的投资者当然首先选择趋势投资，尽可能地保持较低比例的仓位是取胜之道。但对于大多数投资者而言，可能会面临持有何种股票而又能抗跌于大盘，有了 β 系数概念后，投资者就会明白为何在下跌趋势中，机构投资者更愿意换仓到 β 系数较小的股票如公用事业、交通运输等，因为他们的 β 值小于1，在下跌过程中，其跌幅可能小于大盘指数。搞清了这一原理后，我们现在面临的可能是一轮反弹行情，这时候投资者应该选择 β 系数比较大的股票，这样可以获取超过大盘指数的超额收益。我们发现这轮反弹行情中以中信证券为代表的券商股具有较高的 β 值，他们的涨幅也远超大盘。未来反弹若能延续，投资者可继续关注军工、航空、机械、新能源等高 β 值的题材股，一旦市场重新回到调整市道，则及时换入低 β 值股票，可以减少风险。

（资料来源：《上海证券报》，2009 年 5 月 9 日）

案例思考

1. 为什么不同板块的股票 β 值会出现明显的差异？

2. 为什么在大盘出现单边下跌的趋势性行情下，投资者更愿意换仓到 β 系数较小的股票，而在反弹行情中，投资者更愿意换仓到 β 系数较大的股票？

3. 该案例给我们什么样的启示？

马克维茨的投资组合理论，阐述了理性投资者在不确定性的情形下应该如何选择自己的最佳投资组合。如果证券市场上每个投资者都按照这种方法来构造其投资组合，那么在整个资本市场达到均衡时，风险证券的合理收益率应该是多少？资产怎样表现其合理的价格？这就是资本资产定价模型所要回答的问题。资本资产定价模型是由美国经济学家威廉·夏普（William Sharpe），约翰·林特纳（John Lintner）和简·莫辛（Jan Mossin）分别独立地提出。这一模型是资本市场理论的核心内容，是现代金融理论的一项重要成果。

5.1 模型的假设条件

资本资产定价模型试图回答的问题是：（1）市场均衡时资产组合的预期收益与风险之间的关系；（2）市场均衡时单个资产的预期收益与风险之间的关系。在分析以上问题之前，人们对异常复杂的市场现实进行了抽象化处理，设置了一系列看起来似乎有点苛刻的假设条件：

假设 1：投资者都是避免风险的，其目的是实现期末财富的期望效用最大化；

假设2：投资者都是市场价格的接受者（即不存在可造市的投资者），并且关于各资产回报率的预期是一致的；

假设3：资产的回报率服从联合正态分布；

假设4：存在无风险资产，投资者可以无限制的以无风险利率自由借贷；

假设5：资产的数量是固定的，而且全部资产都是可交易的和完全细分的；

假设6：资本市场没有摩擦（如无交易成本），无信息成本，并能即时为所有投资者所利用；

假设7：投资者具有同一单期投资期限，不存在任何市场的不完全，无交易税，无市场法规限制，无卖空限制等。

5.2 市场证券组合和分离定理

根据以上假设条件，所有投资者对风险证券的收益回报率和风险等预期是一致的，而且投资的期限也相同，因此投资者面对的风险证券有效边界也是相同的。同时，模型假设投资者可以以相同的无风险利率进行无风险资产的任意借贷，因此，投资者拥有相同的存在无风险借贷机会时的线性有效边界。也就是说，不管投资者各自的风险偏好如何，可供选择的投资机会对所有理性投资者来说是一样的。不同投资者之所以会选择不同的投资组合，主要是因为投资者具有不同的无差异曲线，对风险和收益的不同权衡导致他们从同一有效界面上选择不同的资产组合。

尽管投资者选择的投资组合可能不同，但是其风险资产的组合却是相同的，所不同的只是无风险资产和风险资产之间的一个比例配置不同而已。在市场均衡条件下，这个所有投资者都相同的切点证券组合 M 就称为市场证券组合（Market portfolio）。由此我们可以得出以下结论：无论投资者的偏好如何，他们所选择的风险资产组合却是相同的，其偏好上的差别主要是通过不同比例的无风险借贷来体现，这就是所谓的分离定理。

市场证券组合是由市场上所有流通中的风险证券所构成的证券组合。在这个证券组合中，投资于每一种风险资产的比重等于其相对市场价值 x_i，即该风险证券的总市场价值除以所有证券的市场价值总和，用公式可以表示为式5-1：

$$x_i = \frac{\text{风险证券 } i \text{ 的市场总价值}}{\text{所有风险证券的市场总价值}} \quad \text{式 5-1}$$

假设市场上只有三种证券A、B和C，每股对应的市场价格分别为1元、2元和5元，市场流通量分别为：200万股、150万股和100万股。那么这三种证券的流通市值分别为：200万元、300万元和500万元，三种证券的市场总市值为1000万元。根据前面所讲的组合原理，市场证券组合M的投资构成应该是：证券A、B和C所占的比重分别为0.2、0.3和0.5。

为什么当资本市场达到均衡时，切点组合一定是市场证券组合？其原因主要包括以下两个方面：

首先，假设投资者持有的切点组合里不包含市场上的某一个风险资产，根据理性投资者的原则和有效边界定义，这种资产就会导致无人投资的局面。然而市场上这种资产的供给并没有改变，于是资产供求失衡导致该资产价格下跌，收益率上升，从而引发市场不同资产之间的替代和调整，最终这种资产会进入投资者的组合以恢复市场的均衡。

其次，当市场均衡时，任何一种资产都不存在过度的需求或过度的供给，所有投资者选择的风险资产比例都应该与切点组合里的比例相同，而切点组合包含了市场上所有的资产，因此各风险资产的市值在全部风险资产的市场总价值中占的比重应当与切点组合的比重相同。

总之，当所有的资产价格调整完成时，市场进入均衡状态：每一位投资者都持有一定比例的每一种资产；每种资产的均衡价格使得其需求量等于其供给量；均衡的无风险利率使得其借入资金量等于其贷出资金量。因此，当资本市场均衡条件下，投资者持有的最佳风险组合必定是市场证券组合。

理论上，市场证券组合应该涵盖所有的风险资产，如公司的股票、债券、期权期货以及房地产等。但是，在现实中，一般用一些比较流行的、能尽可能反映市场的指数来代表市场证券组合，比如：标准普尔500指数、沪深300指数等。

5.3 资本资产定价模型

资本资产定价模型（capital asset pricing model，CAPM）最早是由美国经济学家威廉·夏普（William F. Sharpe，1964）、约翰·林特纳（John Lintner，1965）和简·莫辛（Jan Mossin，1966）分别独立地提出。该模型建立在一系列严格的假设条件下，我们将之称为标准型资本资产定价模型，如零β资本资产定价模型、多期资本资产定价模型、多β资本资产定价模型和以消费为基础的资本资产定价模型等，我们将之称作非标准型资本资产定价模型。本章只介绍标准型资本资产定价模型。

5.3.1 资本市场线（CML）

根据前面的分析，我们知道引入无风险资产后，投资组合的有效边界变成了由无风险利率R_f出发，经过市场证券组合M的直线（如图5-1），它包含了所有风险资产投资组合M与无风险借贷的组合。

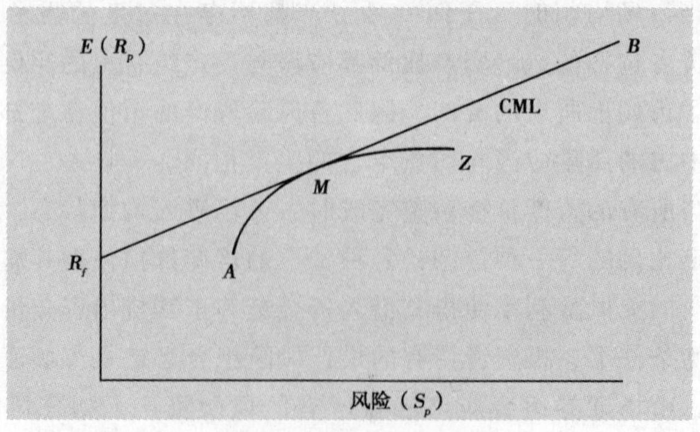

图5-1 资本市场线

根据资本市场理论，所有投资者具有相同的（或同质的）预期。因此，所有投资者的选择最终都会落在图5-1所示的直线上。因此每一位投资者都将试图构造出一个包括无风险资产与投资组合 M 的新投资组合。因为所有投资者持有相同的风险投资组合，那么在均衡时，组合中包括的全部风险资产将与市场价值成比例。如果实际情况不是如此，那么价格就会调整，直到投资组合 M 中证券价值与整个市场的价值成比例为止。这个包含所有风险投资组合的组合称为市场投资组合（market portfolio），直线 R_fM 是所有投资者将市场投资组合 M 与无风险资产这两者组合生成的投资行为的集合，就是所谓的资本市场线（CML，capital market line）。

资本市场线的公式如下式5－2所示：

$$E\ (r_p)\ =R_f+\frac{E\ (r_M)\ -R_f}{\sigma_M}\sigma_p \qquad \text{式 5-2}$$

如式5－2所示，截距 R_f 表示无风险利率，称为时间价值；资本市场线的斜率被称为风险的价格（price of risk），比例常数等于市场组合的回报率与无风险利率的差额除以二者的风险差额（即$\frac{E\ (r_M-R_f}{\sigma_M}$），表示有效投资组合每增加一单位风险时，所应该增加的期望回报率，或称为承担单位风险所要求的回报率。资本市场线表明，有效投资组合的预期收益率等于无风险利率加上风险溢价（risk premium），而风险溢价等于单位风险报酬与用标准差来衡量的组合的风险的乘积，即：

预期收益率＝无风险利率＋单位风险价值×风险数量

资本市场线的每一个点都代表有效的投资组合，而非有效投资组合都落在这条线的下方。

【例5－1】 假设某一时期无风险利率为3%，市场证券组合 M 的预期收益率为8%，标准差为5%，某个有效投资组合 P 的标准差为9%，求该组合的预期收益率 $E\ (r_p)$。

根据式5－2，得到：

$$E\ (r_p)\ =3\%+\frac{8\%-3\%}{5\%}\times 9\%=12\%$$

5.3.2 证券市场线

资本市场线（CML）说明了有效投资组合风险和回报率之间的关系及衡量其风险的适当方法，但没有说明对于无效投资组合及单个证券的相应情

况，因此必须再引入证券市场线这一概念。夏普在研究中指出，分析可以通过一种相关但不相同的方法得到扩展：大家熟悉的β系数概念可以用于衡量所有投资组合的风险，无论是有效投资组合还是无效投资组合。但是他的推导相当复杂，因此我们提供给大家的是一种更直接和直观的、对证券市场线与资本资产定价模型的推导。证券市场线和资本资产定价模型在本质上是一回事，为了叙述的方便，我们把这一概念作为资本资产定价模型，推导出以下公式（式 5－3）：

$$E(r_p)-R_f=\frac{COV(R_i, R_M)}{Var(R_M)}[E(r_M)-R_f] \qquad 式5-3$$

同时根据单指数模型的β值公式可知：

$$\beta_i=\frac{\sigma_i\rho_{iM}}{\sigma_M}=\frac{COV(R_i, R_M)}{Var(R_M)}$$

因此我们把上述写成我们更熟悉的公式（式 5－4）：

$$E(r_p)=R_f+\beta_i[E(r_M)-R_f)] \qquad 式5-4$$

式 5－4 即为证券市场线方程。证券市场线是以 R_f 为截距，以 $E(r_M)-R_f$为斜率的直线，表明β越大的证券，其预期收益率也越大。用图形可以表示为图 5－2 所示。

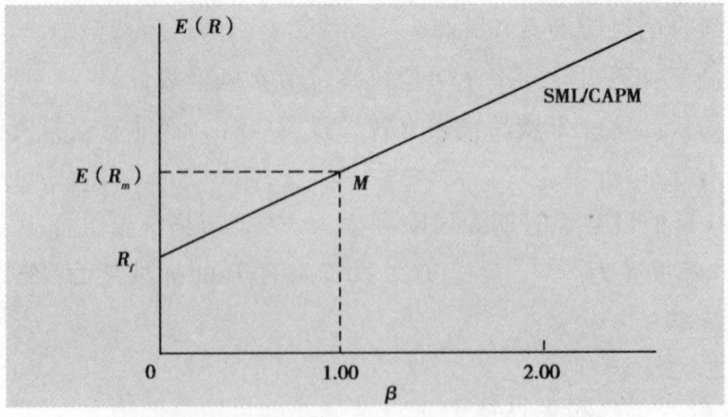

图 5－2 证券市场线

由于证券市场线是表示单种证券或投资组合的均衡情况，所有任意一种证券或投资组合如果不在 SML 线上，则表示该证券资产的市场价格可能被低估或高估了。

假设在图 5－2 中，某个证券或投资组合 P 的系统性风险为$\beta_i=2$，根据证券市场线，市场均衡时，该系统风险对应的合理收益率应该是落在这条直线上的预期收益率 $E(r_p)$，但是如果实际该点的收益率落在证券市场线的上方，则说明实际上该证券或组合的预期收益率高于合理收益率水平，因此该证券或组合的目前市场价格存在低估的现象。

从上述分析可知，当市场处于均衡状态时，SML决定证券的预期收益率，同时SML也决定证券的价格。将该说法推广至资本市场的各种资产时，证券市场线可决定资本市场各种资产的价格。因此，用以表示证券市场线的模型称为资本资产定价模型。

【例5－2】某分析师对股票A和B的未来1年的相关估值如表5－1所示，并且已经知道市场证券组合相应时期的预期收益率为20%，无风险利率为6%，试对股票A和股票B当前价格的合理性进行评价。

表5－1　　股票A和B的未来1年的相关估值表

股票	当前价格（元）	预期1年后价格（元）	预期1年内股利（元）	β值
A	10	12	0.5	0.6
B	20	22	0.2	1.8

根据资本资产定价模型，股票A和B的预期收益率分别为：

$E(r_A) = 6\% + 0.6 \times (20\% - 6\%) = 14.4\%$

$E(r_B) = 6\% + 1.8 \times (20\% - 6\%) = 31.2\%$

但预期股票A和B的实际收益率分别为：

$$\hat{r}_A = \frac{12 - 10 + 0.5}{10} = 25\% > 14.4\%$$

$$\hat{r}_B = \frac{22 - 20 + 0.2}{20} = 11\% < 31.2\%$$

因此股票A的价格被低估了，而股票B的价格被高估了。

5.3.3　资本市场线与证券市场线之间的关系

资本市场线与证券市场线同属于资本市场理论，它们有相互一致的地方，相互兼容，但两者之间也存在一些差别。资本市场线与证券市场线的关系概括如下：

(1) CML 仅适用于经过充分投资分散化处理后的有效投资组合，而 SML 则主要是适用于所有单种证券或投资分散化处理得不够充分的非有效投资组合。

(2) 在 CML 的几何图形中，衡量风险的指标是方差或标准差，它是对资产总风险（包括系统性风险和非系统性风险）的衡量；而在 SML 的几何图形中，衡量风险的指标主要是β值，它仅仅是对所有证券或金融资产所涉及的系统风险的衡量。

(3) 当证券市场处于均衡时，充分进行过投资分散化处理的投资组合处于 CML 这条直线上，而单个证券的点都处于 CML 的下方。对于 SML 来说，金融市场的均衡意味着所有单个证券或由风险资产和无风险资产构成的投资组合全部处于 SML 上。

(4) CML 可以转化为 SML。证券市场直线将系统风险作为风险的衡量方法，体现了未完全多样化的投资组合的风险与回报率的关系，即

$$E(r_p) - R_f = \frac{E(r_M) - R_f}{\sigma_M}\rho_{iM}\sigma_i$$

这种关系即是该种证券的期望回报率减去无风险利率所得的差与系统风险成比例。注意该等式的左边与资本市场直线的左边是相同的，而等式右边的比例因子又都是风险的价格。资本资产定价模型与资本市场直线只是在风险的衡量上不同：资本资产定价模型用系统风险，而资本市场直线用总风险。然而两者之间并不是一种线性的或简单的转换关系，认识这一点至关重要。

专栏阅读：证券市场线的推导

我们考察证券市场上的某一个证券 i，投资者按 $\{a, 1-a\}$ 的比例将资金在证券 i 和市场组合 M 之间分配，这样形成的组合 P 的期望收益率和标准差分别为：

$$E(R_P) = aE(R_i) + (1-a)E(R_M)$$

$$\sigma_P = [a^2\sigma_i^2 + (1-a)^2\sigma_M^2 + 2a(1-a)\sigma_{iM}]^{\frac{1}{2}}$$

将它们分别对参数 a 求导得：

$$\frac{dE(R_P)}{da}=E(R_i)-E(R_M)$$

$$\frac{d\sigma_P}{da}=\frac{a\sigma_i^2-(1-a)\sigma_M^2+(1-2a)\sigma_{iM}}{\sigma_P}$$

在期望收益率——标准差坐标图上，在由证券 i 和市场组合 M 构成的一系列组合所形成的曲线上，P 点的切线斜率为：

$$\frac{dE(R_P)}{d\sigma_P}=\frac{dE(R_P)/da}{d\sigma_P/da}=\frac{[E(R_i)-E(R_M)]\sigma_P}{a\sigma_i^2-(1-a)\sigma_M^2+(1-2a)\sigma_{iM}}$$

如果 $a=0$，把所有的资金都投资于市场组合 M，则此时 P 与市场组合 M 重合，上式变为：

$$\frac{dE(R_P)}{d\sigma_P}\bigg|_{a=0}=\frac{[E(R_i)-E(R_M)]\sigma_M}{\sigma_{iM}-\sigma_M^2}$$

由于 M 在有效组合的边界上，连接证券 i 和市场组合 M 的曲线不能穿越有效组合边界，因此，曲线上 M 点的切线一定与资本市场线重合，即切线斜率与资本市场线斜率相等。因此有：

$$\frac{[E(R_i)-E(R_M)]\sigma_M}{\sigma_{iM}-\sigma_M^2}=\frac{E(R_M)-R_F}{\sigma_M}$$

对上式变形可得证券市场线方程：

$$\begin{aligned}E(R_i)&=R_F+\frac{\sigma_{iM}}{\sigma_M^2}[E(R_M)-R_F]\\&=R_F+\beta_{iM}[E(R_M)-R_F]\end{aligned}$$

5.4 资本资产定价模型的应用

CAPM 理论是现代金融理论的核心内容，在经济学中具有广泛的应用，作用主要体现在：通过预测证券的期望收益率和标准差的定量关系来考虑已经上市的不同证券价格的“合理性”；可以帮助确定准备上市证券的价格；

能够估计各种宏观和宏观经济变化对证券价格的影响。这里我们就简短地介绍几种 CAPM 模型的应用。

5.4.1 CAPM 模型的应用情况

5.4.1.1 资本成本估计问题的应用

权益成本在公司资本预算决策和为控制边际效用确定适当收益率的具体工作是不可少的，运用 CAPM 模型需要三个因素：股票的β系数、市场风险溢酬和无风险收益。权益资本β系数的一般估计量是超额收益市场模型斜率系数的 OLS（最小二乘估计）估计量。

5.4.1.2 在 VAR 中的运用

CAPM 模型的简洁特征使他非常适合于 VAR 的分析。假定一个组合只包括一只股票，不妨称之为 A 股票，我们要计算一下组合 1 个月期的 VAR 值。假设 1 个月期市场期望收益率服从均值为 2%，标准差为 2% 的正态分布。β值等于 0.9，无风险利率等于 0.5%。在 95% 的置信水平上，该股票的 VAR 计算如下：

期望收益率 $=0.5+0.9\times(2-0.5)=0.5+1.35=1.85\%$

若初始价格等于 20 美元，则 VAR 为：

$\text{VAR}=|20\times1.85\%|=\$\,0.37$

CAPM 模型非常适用于 VAR 的计算，主要由于以下两个原因：

（1）线性。与凸性不同，在线性特征下，若预期的市场收益率服从正态分布，则组合的期望收益率也服从正态分布。

（2）可知性。与债券的持续期类似，组合的β值就是其中各股票β值得加权平均。单个股票或股票组合的系统风险值是从回归模型中推算出来的，这个回归模型就成为市场组合的特征线，定义如下：

对历史收益率和股票/股票组合的市场收益率之间做回归，就可以得出特征线。计算特征线时，需做三点说明：

（1）时间段的选择；

（2）市场组合的选择；

（3）β值的稳定性。

估计β值时，选择时间段非常重要。在这点上并没有可借鉴的理论，皆由分析师根据需要选择最适合自己的时间段。在不同时间段（例如周数据或月数据）同一只股票的 β 值有可能不相等。

案例分析

四川长虹的资本结构优化策略

四川长虹电器股份有限公司于 1994 年在上海证券交易所挂牌上市。其主营业务涵盖：视频、空调、视听、电池、器件、通讯、小家电及可视系统等产品的研发生产销售，但其主要营业收入还是来自于彩色电视的销售，2004 年年报显示，彩电收入占其主营业务收入的 74.45%。1997—2005 年四川长虹及所在行业的资产负债情况如表 5－2 所示。行业的资产负债率计算选取日用电子器具制造业的 14 家上市公司。

表 5－2　1997—2005 年四川长虹及所在行业上市公司的资产负债情况

年度	资产（万元）	负债（万元）	资产负债率%	行业资产负债率%	
				平均值	中位数
1997	1678489	781127	46.54	50.47	46.54
1998	1885244	788713	41.82	46.22	41.84
1999	1650687	358160	21.70	48.10	42.55
2000	1660501	343038	20.64	45.25	40.36
2001	1763064	488531	27.70	45.32	37.69
2002	1867037	573361	30.71	46.57	41.90
2003	2136429	817531	38.53	43.97	38.53
2004	1564903	606419	39.58	48.12	44.97
2005	1582399	577708	38.13	52.50	49.92

从长虹电器股份有限公司（以下简称长虹）历年的年报可以看到，长虹从 1994 年至 2005 年，其资金来源主要依靠股票融资，通过 2000 年之前的三次配股，长虹总共募集资金 45.576 亿元。长虹作为国有大型企业，其融资环境是非常优越的。一方面，我国股票市场的制度设计为大型国有企业的上市融资大开方便之门，长虹作为国家重点支持的国有企业，自然有得天

独厚的优势；另一方面，银行也对类似于长虹这样的国有大型企业给予了特别关照，即使在 2004 年已暴露公司存在巨额应收账款可能无法收回的巨大风险情况下，银行仍然给予其 15 亿元的短期信用贷款和 7000 万元的长期信用贷款。这种融资的便利使得长虹忽视了自身融资能力的发挥，如通过长期债券进行融资。优化公司的资本结构，首先要明确优化的目标。我们选择公司价值最大化作为资本结构优化的目标。一般来说，公司的资本成本越小，公司的价值就越大，因此，资本结构的优化就是要使得资本成本最小化。

下面使用加权平均资本成本方法确定最优资本结构。

$$WACC = k_d \ (1 - t_c) \ w_d + k_s w_s$$

其中：$WACC$ 是加权平均资本成本；k_d 和 k_S 是债务融资成本和股权融资成本；w_d 和 w_S 是债务和股权的价值比例；t_c 为税率。

①股权成本 k_S

这里的主要任务是估计不同债务水平的股权资本成本。

步骤 1：用历史数据估计公司的 β 值

采用 1999 年到 2002 年的月度数据，将长虹股票的收益率对上证综合指数收益率做线性回归分析，得到该公司的 β 值为 0.915。

步骤 2：估计无杠杆 β 系数

$$\beta_{lgv} = \left[1 + \ (1 - t_c) \ \frac{D}{E}\right]\beta_U$$

取 1999 年到 2002 年长虹的平均债务权益比率为 0.337，税率取 15%，计算得无杠杆 β 系数为 0.711。

步骤 3：利用上式重新计算不同债务水平下的 β 值

步骤 4：利用资本资产定价模型计算不同债务水平下的股权资本成本。这里还需要估计无风险利率和市场风险溢价。参考廖理（2003）的研究，无风险利率取一年期国债回购利率 5.41%，市场风险溢价为 6.78%。

②债务成本

根据税负利益——破产成本的权衡理论，负债成本随负债比率的增大而上升，负债比率较低时，破产成本不明显，当负债比率上升到一定程度，破产成本开始凸现，使得负债成本快速上升。

我们首先估计四川长虹在当前资产负债率水平下的债务成本。由于四川长虹的贷款主要为短期贷款，以银行法定 1 年期贷款利率作为该公司的债务成本。我国银行1年期贷款利率的历次调整分别为：1998年12月7日调为6.39%；1999年6月10日调为5.85%；2002年2月21日调为5.31%；2004年10月29日调为5.58%；2006年4月28日调为5.85%。我们取1999年6月到2002年1月的1年期贷款利率5.85%作为四川长虹的税前债务成本，按15%税率计算，税后债务成本为4.97%。

考虑到行业的平均负债水平在50%左右，故认为50%水平时，长虹的银行贷款融资能力不受大的影响。当资产负债率达到60%时，破产成本开始凸现，反映在税后债务成本上是其成本的激增，假设该公司的债务成本变化如表5-3所示。

③计算加权平均资本成本

表5-3 四川长虹不同资本结构下的加权平均资本成本

资产负债比率（%）	税后债务成本（%）	权益成本（%）	加权平均资产成本（%）
0	4.97	10.23	10.23
10	4.97	10.68	10.11
20	4.97	11.25	11.00
30	4.97	11.99	9.88
40	4.97	12.96	9.77
50	4.97	14.33	9.65
60	6.50	16.38	10.45
70	9.00	19.79	12.24
80	13.00	26.62	15.72
90	17.00	47.11	20.01

从表5-3可以得到，最优资本结构大致位于资产负债率在50%左右的位置，这时加权平均资本成本最低，为9.65%。可见，在资产负债率的上升没有影响到该公司的偿债能力时，提高负债率可以降低公司的资本成本。而在资产负债率的上升明显影响公司的偿债能力时，提高负债率不一定会降

低公司的资本成本。

案例思考

1. 在资本资产定价模型的应用中，无风险利率应该如何选取？
2. 市场风险溢价如何选择？
3. 关于 β 值的计算？

5.4.2 CAPM 模型的实证检验

资本资产定价模型的实证检验一直是金融领域内的一个热点问题。在实证检验过程中，资本资产定价模型是否成立以及在什么条件下成立，对资产价值的判断和经济走势的预测都有十分重要的意义。

法玛（Fama，1973）等经典研究为资本资产定价模型提供了早期的实证支持。他们对 1926—1968 年纽约证券交易所交易的普通股做了回归检验，得出的结论是风险和期望报酬率之间存在正的相关关系，同时一个证券投资组合决策的投资者会很合理地假设证券的期望报酬率与它对证券投资组合风险的影响的关系是线性的，这正是资本资产定价模型预测的。科塔里（Kothari），尚肯（Shanken）和斯隆（Sloan，1995）的实证检验也支持了资本资产定价模型。他们对法玛（Fama）和弗莱西（French）（1992）的研究结果的分析主要集中在 β 值的系数上。他们认为这个估计值具有较大的标准差，这说明在较大的置信区间上 β 值的系数有较大的取值范围，统计上不能认为其只能是正值；克里斯坦森（Christensen）和门德尔松（Mendelson，1992）等发现如果使用更有效的统计方法，平均收益率和 β 值之间关系的估计值是正的而且是显著的。

更多的实证检验是拒绝资本资产定价模型的。莱格（Reinganum，1981）等和艾伦 C. 夏皮罗（Alan C. Shapiro，1986）的研究表明，20 世纪 70 年代以后的数据显示，股票的平均收益同 β 之间不再存在正相关关系。之后，班茨（1981）在以上的研究中加入了公司规模因子来对资本资产定价模型进行检验，发现如果对股票的风险进行适当的调整，那么资本资产定价模型中那些市值较小的公司的股票平均收益率要比较大市值的公司高很多，即公司股本规模效应。法玛和弗莱西（1992）利用美国股票市场上1962—1989 年之间的数据进行了实证研究，发现即使 β 为唯一解释变量，资本资产定价模型所预言的 β 与平均收益之间的关系也是不存在的，从而挑战了资本资产定价模型。中国股票市场上的实证研究推翻资本资产定价模型的有：施东晖（1996）和杨朝军与邢靖（1998）对上海股票市场的实证研究，徐宏毅（2002）对 B 股市场的实证研究。这些实证研究的结论都是资本资产定价模型在中国股票市场上不成立的。

尽管对于资本资产定价模型的有效性有过许多讨论，对其 β 值的测量和计算有过很多争论，但是并不能否定资本资产模型的价值，无论是在理论方面还是在实际的操作方面，资本资产定价模型都具有非常高的价值，尤其在金融领域的实际应用方面。因为资本资产定价模型在一定程度上具有对市场解释的能力，所以被金融市场的投资者作为计算投资进行选择的工具。从这个模型的使用情况和讨论的频率方面可以看出，这个模型说明证券风险和收益之间的关系方面是有着十分重要的意义的。在科学推理的支持下，虽然假定对模型进行了较多的限制，但是模型依然能够较好地解释投资定价的问题。并且现在有许多后生的理论也是建立在这一模型的基础之上的，这些理论之所以能够建立，必然对资本资产定价模型进行过深入的理解和研究，对资本资产模型的合理性从另一个方面进行了解释。关于它的 β 值，在理论上有一些抽象，它所度量的市场指数如果没有合适的量来代替的话，那么 β 值也是失效的，但是也可以找到一些较有代表性的指数来代替市场组合，那么 β 值的度量精度也会大大提高。但是这需要在此基础上进行更深刻的研究并从理论和实际方面进行更严格的检验。当然它的不足也是很明显的，这一模型含有的太多的假设，有些假设是十分苛刻的，很难达到，对于这些不足仍是值得讨论和研究的。

总的来说，资本资产定价模型为人们选择资产提供了相应的指导。但是在实际应用中，该模型也存在不少缺陷，主要体现在：（1）某些投资项目或资产、证券，特别是一些新兴行业，由于缺乏历史数据而难以估计；（2）由于经济的不断变化，各种资产的值也会产生相应的变化。因此，依靠历史数据估算的值对未来的指导作用必然要打折扣；（3）模型的假设条件与实际偏差较大。在国际金融市场上，资本资产定价模型在理论上是讨论的热点，在实际应用上也是重要的工具。把资本资产定价模型应用于我国的证券市场是否合理还需要针对我国证券市场的实际情况和模型的应用范围和适应性进行讨论。

本章小结

本章首先分析了资本资产定价模型的假设条件，市场证券组合点和分离定理。在此基础上推导了资本市场线和证券市场线，并且比较分析了这两条线的关系及其在资产选择时的应用。主要观点如下：

- 资产价格的确定，实际上是市场达到均衡时投资者集体理性选择的结果。资产的均衡价格与投资者的个体偏好无关，也就是说，在确定投资者的最优风险证券组合时，无需知道其风险偏好，这就是分离定理。
- 资本资产定价模型是建立在一系列假设基础之上的，这些假设涉及市场的完全性和有效性及其投资者的行为。
- 理性的投资者都选择相同的风险组合，所不同的只是风险组合与无风险资产的投资比例；当市场均衡时，所有投资者所持有的最佳风险组合是市场组合。
- 资本资产定价模型中的资本市场线是指市场均衡时的线性有效边界，它反映了有效资产组合的预期收益率与标准差之间的均衡关系。
- 均衡状态下资产的预期收益率与其 β 值（或协方差）的线性关系即构成资本资产定价模型的证券市场线。
- 只有系统性风险才是决定资产预期收益的因素，投资者是因为承担了系统性风险而获得报酬，非系统性风险没有理由要求相应的报酬。
- 资本资产定价模型能为人们选择资产提供指导，但是也存在一些缺陷。

知识拓展

资本资产定价模型的扩展

CAPM 模型是建立在一系列严格假设基础上的市场均衡模型。一些学者在传统 CAPM 的基础上。通过放松一些假设，得到了 CAPM 的扩展形式，其中比较重要的有零 βCAPM、跨期 CAPM（ICAPM）和基于消费的 CAPM（CCAPM）、行为资本资产定价模型（BAPM）等。

（一）零 βCAPM 模型（布莱克，1972）

当投资者的无风险资产借入受到限制时，市场组合就不再是所有投资者共同的最优风险资产组合了，因此，CAPM 模型推导出的收益率——β 关系也不再反映市场均衡。为此，布莱克（Black，1972）发展了无风险资产借入受到限制条件下的期望收益率——β 均衡关系式。零 β 模型的推导建立在马克维茨有效资产组合的如下三个性质之上：

（1）任意两个最小方差有效资产组合（马克维茨有效边界组合）组成的资产组合仍然是最小方差有效资产组合；

（2）有效边界上的任一资产组合在最小方差边界的下半部分（无效率部分）上均有相应的“伴随”资产组合存在，这些“伴随”资产组合与上半部分的有效资产组合是不相关的，因而这些资产组合可以被视为有效资产组合的零 β 资产组合。

有效资产组合的零 β 资产组合可由以下作图方法得到。例如，图 5-3 中任意一个有效资产组合 P，过 P 点作有效资产组合边界的切线，切线与纵轴的交点就是资产组合 P 对应的零 β 资产组合 $Z(P)$ 的期望收益率，从该点作横轴的平行线与最小方差边界相交就可得零 β 资产组合 $Z(P)$。

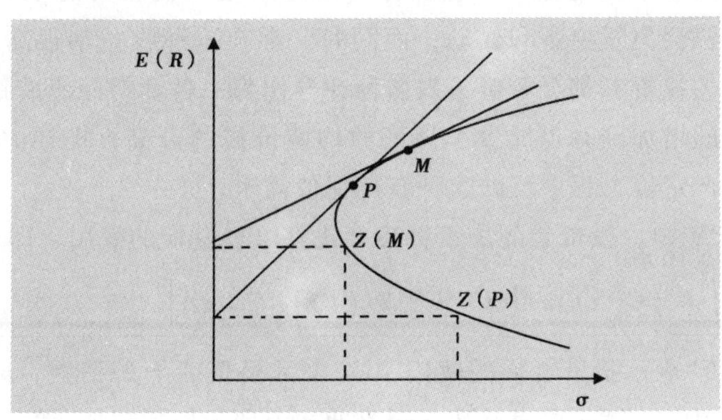

图 5-3　零 β 资本资产定价模型

（3）任意资产的期望收益率均可以由任意两个边界资产组合的期望收益率的线性函数表示。例如，考虑两个边界资产组合 P 和 Q，任意资产 i 的期望收益率可以表示为：

$$E(R_i)=E(R_Q)+[E(R_P)-E(R_Q)]\frac{\text{Cov}(R_i, R_P)-\text{Cov}(R_Q, R_P)}{\sigma_P^2-\text{Cov}(R_Q, R_P)}$$

根据性质（2），市场证券组合 M 也一定存在一个零 β 的“伴随”资产组合 $Z(M)$，根据性质（3），可以用市场组合 M 和 $Z(M)$ 来表示任意证券的期望收益率。由于 $Cov(RM, RZ(M))=0$，所以有：

$$E(R_i)=E(R_{Z(M)})+[E(R_M)-E(R_{Z(M)})]\frac{Cov(R_i, R_M)}{\sigma_M^2}$$

可得到零 $\beta CAPM$ 的一般表达式：

$$E(R_i)=E(R_{Z(M)})+\beta_i[E(R_M)-E(R_{Z(M)})]$$

（二）跨期 *CAPM*（*ICAPM*）和基于消费的 *CAPM*（*CCAPM*）

传统 *CAPM* 中的一个关键假设是投资者只考虑单一投资期，很显然这是一个不现实的假设。为了放松这一假设，把 *CAPM* 模型扩展到动态环境中，默顿（1969，1972，1973）构建了一个连续时间的投资组合与资产定价的理论框架，提出了一个跨期 *CAPM*（*ICAPM*）。

默顿认为，投资者对风险证券的需求包括两部分：马克维茨的静态资产组合最优化问题中的均值一方差成分和规避对投资机会集的不利冲击的需求。当投资机会集发生不利变动，而同时又存在一种收益率很高的证券时，每一个理性的投资者都会希望买入该种证券作为一种套期保值措施。这种套期保值需求的增加同时也导致了该证券均衡价格的升高，推导 *ICAPM* 的关键就是在资产定价方程中反映这种套期保值需求。

在 *ICAPM* 中，投资者的决策将最大化整个投资期的效用，即：

$$\max E\left\{\int_0^T U^k(C^k(t))e^{-\rho_t^k}dt+U^k(W^k(T))e^{-\rho_T^k}\mid \Omega_0\right]$$

其中，U^k 表示投资者 k 的效用，C^k 表示投资者 k 的消费，ρ 表示未来效用的贴现因子。第一项表示从 0 到 T 期的消费效用的现值，第二项表示在 T 期末财富效用的现值。

按照动态规划原理，求解上述最大化问题需要确定每一期的消费量 *Ck*

（t）和余下财富投资于每一资产的比重 Wk（t）$ni=1$。为此，定义一个性能函数 Jk（Wk，t，X）为：

$$J^k(W^k,t,X) = max\ E\left[\int_t^T U^k(C^k(\tau))e^{-\rho_\tau^k}d\tau + U^k(W^k(T))e^{-\rho^k T} \mid \Omega_t\right]$$

利用高等数学和随机微分知识，可求得（$n+1$）个最大化的一阶条件，由此可以确定投资者在每一期的消费和投资组合变量。进一步地，默顿提出了类似于托宾分离定理的"（$m+2$）基金定理"（其中，m 表示状态变量个数）。他认为投资者应该持有（$m+2$）个资产组合：（1）最优风险证券组合，即切点组合；（2）无风险资产组合；（3）与某一状态变量高度负相关的资产构成的其他 m 个资产组合（即套期保值组合）。前两个资产组合确保投资者持有均值方差有效的资产组合，即位于静态 $CAPM$ 的有效边界上，后 m 个资产组合则是为规避投资机会集的不利变动。

对所有投资者的需求方程加总，利用均衡状态下总需求等于所有资产的总价值的基本原理，最终可推导出跨期资本资产定价模型 $ICAPM$：

$$\mu_i - R_F = \beta_i^M(\mu_M - R_F) + \sum_{j-1}^{m} \beta_i^j(\mu_j - R_F)$$

在 ICAPM 中，即使 β 值为零的资产，即与市场组合不相关的资产，其收益率也可能高于无风险利率，因为还需补偿状态变量的不利变动风险暴露。

在跨期环境下，Breeden（1979）用消费变量来描述与状态变量相关的随机因素，建立了一个由单一 β 值来定价的基于消费的资本资产定价模型（CCAPM）。

Breeden（1979）的 CCAPM 可以表示为：

$$\mu_i - R_F = \beta_{ic}/\beta_{MC}\ (\mu_M - R_F)$$

其中，$\beta_{iC}=\sigma_{iC}/\sigma_{C^2}$，$\beta_{mC}=\sigma_{MC}/\sigma_{C^2}$，分别为资产组合和组合收益的消费 β 系数。如果存在一种资产组合，它与总消费变动完全相关，则上式可简化为：

$$\mu_i - R_F = \beta_{iC}\ (\mu_M - R_F)$$

在 ICAPM 中决定超额收益率的状态变量不利变动的风险被归结于一个一般的风险因子，即总消费变动风险。（$\mu M - RF$）也称为"消费风险的市场价格"。

但是最早提出消费基础资产定价模型的并不是 Breeden，而是卢卡斯。卢卡斯在 1978 年提出的消费基础模型虽然是一个离散时间模型，但卢卡斯的消费过程的欧拉方程表达式成为来众多 CCAPM 实证研究的基础。

（三）行为资产定价理论

行为资产定价理论将投资者分为信息交易者和噪声交易者两种类型。信息交易者是严格按 CAPM 行事的理性交易者，他们从不犯认知错误，不会出现系统偏差，而且不同个体之间表现出良好的统计均方差性；噪声交易者不按 CAPM 行事，他们时常犯认知错误，不同个体之间具有显著的异方差性。由于噪声交易者的存在，市场中的投资者除了面临市场系统风险以外，还面临着由噪声交易者行为带来的噪声交易者风险。

当考虑了噪声交易者风险之后，市场证券组合的均值—方差有效边界将偏离传统 CAPM 中的水平，一般来说还包含一部分超常收益率水平。也就是说，经过修正后的市场风险报酬水平将包含两部分：传统 CAPM 中 β 所代表的收益率水平以及噪声交易者风险导致的超常收益水平（图 5－4）。

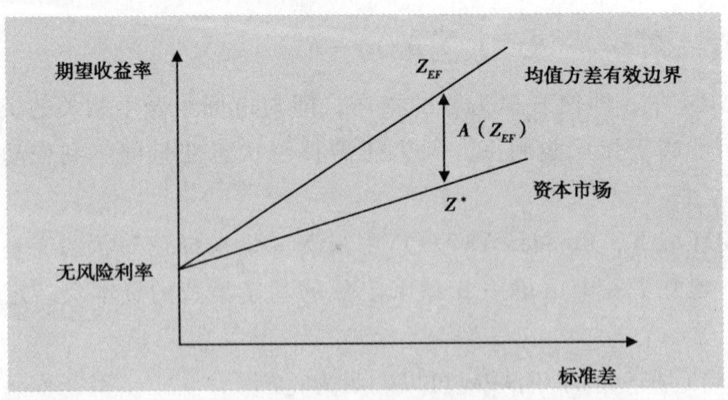

图 5－4　行为资本资产定价模型

在图 5－4 中，资本市场线对应着 CAPM 的市场风险报酬水平，市场有效边界是反映市场真实风险收益状况的有效边界。市场有效边界在资本市场线的上方，两者之间的垂直距离就是超常收益水平，用公式描述为：

$$A(Z) = \left[\frac{\beta(Z)}{\beta(\rho^*)} - \beta^*(Z)\right](E(\rho^*) - 1$$

【本章阅读文献】

[1] 陈浪南、屈文洲："资本资产定价模型的实证研究"，《经济研究》，2000年第4期。

[2] 马静如："资本资产定价模型与深圳股票市场的实证研究"，《南开经济研究》，2001年第3期。

[3] 朱顺泉：《投资学原理与应用》，清华大学出版社2006年版。

[4] 韩德宗、朱晋：《证券投资学原理》，机械工业出版社2008年版。

[5] 曹凤岐、刘力、姚长辉：《证券投资学》，北京大学出版社2000年版。

【生生合作项目】

本章生生互动合作安排：

资本资产定价模型在股票价格评估中的应用

任务布置时间：第三周

生生合作讨论时间：第七周

目的：要求学生通过本章学习，使学生掌握资本资产定价模型在资产选择和评估中的应用原理和方法。重点掌握如何选择无风险资产利率、如何利用历史数据估计证券风险值β系数等方法，在此基础上根据资本资产定价模型计算证券的预期均衡收益率，并对证券的实际资产价格合理性作出评价和判断。

项目简介：

每个小组团队先确定一个样本时间段（一般时间长度为3—5年，选择周或月为时间单位），选择合适的收益率作为国内无风险资产利率的替代值，选择相应的股票市场指数作为市场证券组合的替代。然后，利用历史数据计算这一时期内市场指数各期收益率；在沪深股市范围内任意选择一个行业板块（比如房地产板块、农业板块、新能源板块、钢铁板

块等)，从中选择 2—3 个具有代表性的股票，利用这些股票的历史数据计算相应收益率，然后采用回归方法测算各个股票的风险系数 β 值，根据资本市场线（CML）公式计算这些股票的预期均衡收益率，并对相应的股票实际价格与预测的均衡价格进行比较（高估或低估)，最后作出股票资产选择的判断依据。

课前要求：

组建小组合作团队，明确角色分工：

将班级成员划分成不同的小组团队，每组大约 4 个成员。4 人小组中推选一位小组长，小组长主要负责小组各个成员的任务分工，小组课外学习和研讨的计划和时间安排、会议组织等事项。其他小组成员主要是配合小组长展开相应的工作。

教师在小组团队中的角色定位：

为学生推荐合适的参考书目；引导学生进行任务分工和相应的进度安排方案设计；帮助学生理清资本资产定价模型的核心思想和应用原理。

项目实施方案和流程：

第一步：确定一个样本时间段（一般时间长度为 3—5 年，选择周或月为时间单位)，然后选定沪深股市某个行业板块，在板块内随机选择 2—3 个股票及其交易代码，收集样本期内周或月收盘价格数据，并对这些数据进行简单的数据处理，计算出这些股票最近几年的周或月平均收益率。同时选择某个沪深大盘指数（比如沪深 100 或沪深 300 指数等）作为市场组合的替代，计算样本期间内该大盘指数周或月平均收益率。

第二步：采用计量回归的方法，构建一个某股票收益率与大盘指数收益率之间的回归模型，求出其回归系数，估计出股票的风险系数 β 值。然后根据资本市场线（CML）公式计算这些股票的预期均衡收益率，并对相应的股票实际价格与预测的均衡价格进行比较（高估或低估)，给出资产选择的结论。

第三步：课堂研讨。小组团队要根据股票资产价格评估所运用的方法以及相应的体会形成一篇研究报告和 PPT 演示稿，然后在课堂上展开讨论。

讨论的主要环节包括：

1. 各个小组汇报学习阶段内容，解释对资本资产定价模型的理解，同时说明本小组是通过什么样的方法来估计无风险资产利率、股票的风险系数

β值、风险溢价以及该股票的预期均衡收益率？然后判定该股票的当前价格是否被低估或高估？依据的原理是什么？

2. 各个小组对其他小组的资产价格评估方法和选择结果进行评价，在此基础上共同探讨资本资产定价模型的作用，以及在中国证券市场的适用性问题。

3. 教师对每个小组团队的形成性学习过程进行评价，主要考核的因素包括：

（1）小组团队的分工和项目实施安排是否合理，资料阅读是否充分，各个成员能否进行有效的合作，按时按质完成相应的任务。（权重：30%）

（2）小组团队能否正确地阐述对本章内容和知识点的理解，小组所构建的资本资产定价模型公式和测算股票的预期收益率是否合理，结论是否正确，是否具有前瞻性或创新性。（权重：30%）

（3）参与课堂研讨的表现。小组团队是否能够清楚地阐述自己所作研究的理论依据，对其他小组所运用的方法和结论能否提出相应的质疑，对资本资产定价模型在实际应用中应该注意的问题及其适用性问题能否提出自己的见解和认识。（权重：30%）

（4）小组维持课堂纪律和团队之间合作、监督能力的培养。（权重：10%）

内容和格式要求：

本次讨论课后，小组完成项目分析的Word和PPT，第六周网上/书面（根据教学条件和教师要求）提交。

Word版的格式要求：宋体小四号字，1.25倍行距，A4纸排版。网上提交文件请按以下方式命名：例如，“金融082（2-1）”，意思是“金融学专业082班第二组的第一次作业”。请按照此格式网上提交作业，以利于教师对作业进行评阅和对小组进行指导。

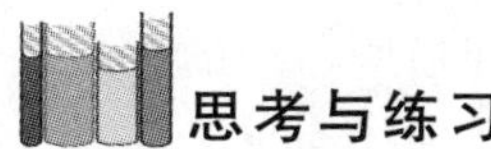

思考与练习

一、简答题

1. 比较马克维茨的投资组合理论与资本市场理论各自所需的假设。

2. 以下说法是对还是错？

(1) β值为零的股票的预期收益率为零。

(2) CAPM模型表明如果要投资者持有高风险的证券，相应地也要求更高的回报率。

(3) 通过将0.75的投资预算投入到国库券，其余投入到市场资产组合，可以构建β值为0.75的资产组合。

3. 说明在无限制借入和贷出的条件下，有效边界的形状是如何发生变化的。

4. 什么是“市场证券组合”？为什么所有偏离“市场证券组合”的投资者被认为是缺乏理性或不经济的？为什么说市场投资组合的存在对于资本资产定价模型是一个关键的概念？

5. 为什么说回报率的标准差不是用作衡量单个证券和无效投资组合的一种恰当方法？

6. 为什么说系统风险与单个证券和无效投资组合都有关？

7. 什么时候系统风险等同于总风险？

8. 如果一种证券位于证券市场直线的上方，那它是被高估了还是低估了？

9. 如果一种证券位于证券市场直线的下方，那么其价格必须上升还是下降才能回到该直线上？

10. 说明为什么无风险借贷在实际中不可能是一个有效的假设，并说明潜在的缺陷是如何改变证券市场直线所描述的风险—回报率之间关系的。

二、选择题

1. 假设无风险利率为6%，市场组合的期望收益率为14%，标准差为22%，资本市场线的斜率是(　　)。

A. 0.64　　B. 0.14

C. 0.08　　D. 0.33

E. 0.36

2. 根据CAPM模型，下列(　　)说法不正确。

A. 如果无风险利率降低，单个证券的收益率将成正比降低

B. 单个证券的期望收益的增加与贝塔成正比

C. 当一个证券的价格为公平市价时，阿尔法为零

D. 均衡状态下，所有证券都在证券市场线上

E. 以上各项均正确

3. 对市场组合，(　　)说法不正确。

A. 它包括所有证券

B. 它在有效边界上

C. 市场资产组合中所有证券所占比重与它们的市值成正比

D. 它是资本市场线和无差异曲线的切点

4. 证券X期望收益率为0.11，值为1.5，无风险收益率为0.05，市场组合的期望收益率为0.09。根据资本资产定价模型，这个证券(　　)。

A. 被低估　　B. 被高估

C. 定价公平　　D. 无法判断

E. 以上各项均不正确

5. 无风险利率为0.07，市场组合的期望收益率为0.15，证券X的期望收益率为0.12，值为1.3。那么你应该(　　)。

A. 买入X，因为它的市场价格被高估了

B. 卖出X，因为它的市场价格被高估了

C. 卖出X，因为它的市场价格被低估了

D. 买入X，因为它的市场价格被低估了

E. 以上各项均不正确，因为它的定价公平

6. APT是1976年由(　　)提出的。

A. 林特纳　　B. 莫迪格利安尼和米勒

C. 罗斯　　D. 夏普

E. 以上各项均不正确

7. 下面(　　)因素不属于系统风险。

A. 经济周期　　B. 利率

C. 公司的人事变动　　D. 通货膨胀率

E. 汇率

8. 证券市场线描述的是(　　)。

A. 证券的期望收益率与其系统性风险的关系

B. 风险证券组合与风险证券的最佳资产组合

C. 证券收益与指数收益的关系

D. 由市场资产组合与无风险资产组成的资产组合

9. CAPM模型认为资产组合收益可以由(　　)得到最好的解释。

A. 经济因素　　B. 特有风险

C. 系统风险　　D. 分散化

10. β与标准差作为对风险的测度，其不同之处在于β测度的(　　)。

A. 仅是非系统性风险，而标准差测度的是总风险

B. 仅是系统风险，而标准差测度的是总风险

C. 是系统性风险与非系统性风险，而标准差只测度非系统性风险

D. 是系统性风险与非系统性风险，而标准差只测度系统性风险

11. 如果CAPM有效，无风险利率为5%，市场证券组合的期望收益率为12%，标准差为20%。下列(　　)情形是不可能出现的。

A. 某证券组合的值为0.8，标准差为25%

B. 某证券组合的值为1.0，标准差为25%

C. 某证券组合的值为1.2，标准差为20%

D. 某证券组合的值为0.8，标准差为14%

E. 某证券组合的值为1.2，标准差为30%

12. 关于资本市场线和证券市场线，以下说法正确的是(　　)。

A. 如果某一证券的非系统性风险为0，它一定会落在资本市场线上

B. 如果某一证券的非系统性风险大于0，它一定不会落在证券市场线上

C. 如果某一组合落在证券市场线上，表明该组合的非系统性风险为0

D. 如果某一组合落在资本市场线的下方，表明该组合的非系统性风险大于0

E. 如果某一组合既在资本市场线上，又在证券市场线上，则该组合的非系统性风险一定为0

13. 关于系统性风险与非系统性风险，以下说法正确的有(　　)。

A. 在均衡市场上，承担非系统性风险的投资者是不明智的

B. 不论市场是否达到均衡状态，承担非系统性风险的投资者都是不明智的

C. 如果CAPM成立，所有理性投资者的投资组合的非系统性风险为0

D. 所有证券的非系统性风险都是不相关的

E. 非系统性风险不会引起证券价格的变化

14. 以下关于证券市场线的说法正确的有(   )。

A. 证券市场线上的任意一点都是有效证券组合，非有效组合落在证券市场线的下方

B. 证券市场线描述的是特定证券和市场组合的协方差与该证券期望收益率之间的均衡关系

C. 证券市场线反映的是有效组合的期望收益率和标准差之间的关系

D. 证券市场线是资本资产定价模型的一种表现形式

三、论述题

1. 分离定理的主要含义。

2. 资本市场线和证券市场线的联系和区别。

3. 资本资产定价模型的前提假设，以及它们与真实的投资决策过程的联系。

四、计算题

1. 股票A和股票B的收益率与风险如下表所示，两种股票的相关系数为0.5，已知无风险利率为4%，求其最优风险证券组合。

股票	预期收益率（%）	标准差（%）
A	15	20
B	7	8

2. 假设市场证券组合仅仅由两种证券X和Y组成，其比例分别为0.39和0.61，它们的收益率方差分别为160和340，协方差为190，计算两种证券的β系数值。

3. 下表是股票A、B、C和D的预期收益率和β系数的数值。若市场证券组合的预期收益率是14%，无风险利率是8%，试用资本资产定价模型判断上述四种股票价格是高估了还是低估了？

股票	预期收益率（%）	β系数	股票	预期收益率（%）	β系数
A	17	1.2	C	15	1.5
B	14	0.8	D	16	0.75

4. 无风险利率为8%，市场资产组合的期望收益率为16%，某投资项目的贝塔估计值为1.3。

(1) 求这一项目的要求收益率。

(2) 如果该项目的预期投资回报率为19%，是否应投资于该项目？

5. 下表给出了一证券分析家预期的两个特定市场收益情况下的两只股票的收益：

市场组合收益（%）	激进型股票（%）	防御型股票（%）
5	-2	6
25	38	12

(1) 两只股票的值是多少？

(2) 如果市场组合收益为5%与25%的可能性相同，两只股票的预期收益率是多少？

(3) 如果国库券利率6%，市场组合收益为5%与25%的可能性相同，画出这个经济体系的证券市场线（SML）。

6. 在1997年，短期国库券（被认为是无风险的）的收益率约为5%。假定一贝塔值为1的资产组合市场要求的期望收益率是12%，根据资本资产定价模型（证券市场线）：

(1) 市场资产组合的预期收益率是多少？

(2) 贝塔值为0的股票的预期收益率是多少？

(3) 假定投资者正考虑买入一股股票，价格为40美元。该股票预计来年派发红利3美元。投资者预期可以以41美元卖出。股票风险的 = -0.5，该股票是高估还是低估了？

7. 在市场处于均衡条件下，股票1的期望收益率为19%，β值为1.7；股票2的期望收益率为14%，β值为1.2。假设CAPM成立，则市场组合的期望收益率为多少？无风险利率为多少？

8. 设资本资产定价模型成立，证券的收益率由一个单因素模型生成。证券A、证券B及市场组合的相关信息如下：

$\sigma_{M^2}=400$，$b_A=0.7$，$b_B=1.1$，$Cov\ (F,\ F_M)\ =360$

（1）计算证券A和证券B的β系数。

（2）如果无风险收益率为6%，市场组合的期望收益率为12%，证券A和证券B的均衡收益率分别为多少？

第 6 章 套利定价理论

【本章教学要求】

教学重点：理解套利的基本条件，掌握单因素模型与套利定价模型的关系，掌握多因素模型与套利定价模型的关系，了解套利定价模型与资本资产定价模型的联系与区别。

教学难点：单因素模型与套利定价模型

【引导案例】

股票市场上存在无风险套利机会吗？

潘思婷学的是金融专业，也一直参与股市投资，但是她却不愿用家族公司里的资金炒股，虽然大家都对她的投资水平充满信心，并多次劝她运作企业的闲置资金，但潘思婷却不答应。她担心万一出了差错，那损失将是巨大的。可自从出了泄密事件后，她却主动接手公司闲置资金，准备在股市中实现更快的增值。

很快她就发现了机会：G广控的大股东——广州发展集团在该公司的股改方案中承诺：G广控股改方案实施后两个月内，若其二级市场股价低于每股4.35元，发展集团将于4.35元价位连续投入资金增持G广控股票，除非G广控市场价格高于4.35元或10亿元资金用尽。

潘思婷敏锐地感觉到，这可能是一次快速短线套利的机会，如果股价出现低于4.35元的价格，那几乎可以确定是无风险的套利机会。于是，她做好了充分的准备。

到了2005年8月22日，G广控竟然以4.26元开盘，随即迅速下调至4.11元。潘思婷赶紧动用资金积极买进，最终以4.125的均价重仓买进G广控。第二天，中国证监会通知广控集团，根据《中华人民共和国证券法》，广控集团2个交易日内不可对G广控进行交易，也就是说，大股东只有等到8月25日才可以实施护盘。到了周四，G广控兑现承诺，继续将剩余资金用于维持股价，股价长时间在4.35元到4.36元徘徊。潘思婷果断在4.35元全部卖出，结账后发现，只用了4天时间，就为公司盈利5%。全家人都为她高兴，周末婆婆还特意为她摆了一桌酒席。

没过多久，上汽集团也做出类似承诺：在G上汽股改后的两个月内，如果G上汽二级市场价格低于3.98元，大股东将以每股3.98元的价格申报买入G上汽股票，资金规模不超过人民币10亿元，除非G上汽股票二级市场价格不低于每股3.98元或10亿元资金用尽。根据这份承诺，潘思婷决定再次实施无风险套利。

2005年10月24日，G上汽复牌首日，股价被瞬间打至3.30元，她以

3.432元的均价重仓买进G上汽。本来这个价格离3.98元的承诺价比较远，获利空间应该算是不小的。可潘思婷却一点也高兴不起来，因为她发现有太多的人可以在这种低价位买进，担心会形成强大的抛售压力。所以，她在25日、26日两天实施了减仓操作。27日是G上汽再次增持的日子，她没敢打高价，只按着保本价卖出。可没想到G上汽开盘就被压在跌停板附近，最后她只得止损，当天的损失和前两天的盈利相抵，等于是刚刚保本。

在总结这两次套利的得失时，潘思婷说："股市中没有绝对无风险的套利，不管什么时候、什么情况下，都要小心为上。"

（选自 http://hi.baidu.com/xiaoszxiao/blog/item/1d11c0deb4973b5294ee373b.html）

案例思考

1. 什么是无风险套利？

2. 世界上是否存在绝对无风险的，同时又远高于银行利率的套利方案。

3. 是否可以借助无风险套利的基本思想预测股票的预期收益率？

上一章资本资产定价模型是一个描述为什么不同的证券具有不同的预期回报率的均衡模型。具体地说，这个关于资产定价的实证经济学模型断言，证券之所以具有不同的预期回报率是因为它们具有不同的β值。然而还有另一种由斯蒂芬·罗斯（Stephen Ross）提出的资产定价模型，它就是套利定价理论（APT），从某种程度上说，它没有资本资产定价模型那么复杂。资本资产定价模型要求大量的假设，其中包括马柯维茨在最初发展基本的均值一方差模型时所作的那些假设。例如，每个投资者被假设为根据组合的预期回报率和标准差，并使用无差异曲线来选择他的最佳组合。相反，套利定价理论使用较少的假设，其首要的假设是，每个投资者都会去利用不增加风险的情况下能够增加组合的回报率的机会。利用这种机会的具体做法是使用套利组合。

6.1 套利的基本过程

套利定价理论的出发点是假设证券的回报率与未知数量的未知因素相联系。为表述方便，设想只有一个因素，且这个因素就是工业产值的预期增长率。在这种情况下，证券回报率与单因素模型相关联：

$$r_i = a_i + b_i F_1 + e_i \qquad \text{式 6-1}$$

其中：r_i 为证券 i 的回报率；

F_1 为因素值，此例中为工业产值预期增长率；

e_i 为随机误差。

在上述方程中，b_i 是证券 i 对因素的敏感性（它也被当作证券 i 的因素负荷或证券 i 的特征）。

设想一个投资者拥有三种证券，他所持有的每种证券当前市值均为 8000000 美元。此种情况下，投资者当前可投资财富 W_0 等于 24000000 美元。每个人都相信这三种证券都具有如表 6-1 所示的预期回报率和敏感性。

表 6-1

证券 i	证券回报率	因素敏感性
证券 1	15	0.9
证券 2	21	3
证券 3	12	1.8

这些预期回报率和因素敏感性是否代表一个均衡状态？如果不是，证券价格和预期回报率又将发生什么样的变化以便恢复均衡状态？

6.1.1 套利的原则

套利是利用同一种实物资产或证券的不同价格来赚取无风险利润的行为。套利作为一种广泛使用的投资策略，最具代表性的是以较高的价格出售

证券并在同时以较低价格购进相同的证券（或功能上等价的证券）。套利行为是现代有效市场的一个决定性要素。因为套利利润根据定义是无风险的，所以投资者一旦发现这种机会就会设法利用它们。当然，一些投资者要比其他人具有更多的资源和意愿去从事套利。毕竟，只有极少部分积极的投资者能够发现套利机会，并且随着他们的买进和卖出，将消除这些获利机会。当讨论单个证券的不同价格时，套利的特性是很清楚的。然而“套利”机会可以包括“相似”的证券或组合，这种相似性可以以多种方式来定义。一种有趣的方式是对广泛影响证券价格的因素进行揭示。

因素模型表明，具有相同的因素敏感性的证券或组合除了非因素风险以外将以相同的方式行动。因而，具有相同的因素敏感性的证券或组合必要求有相同的预期回报率。如不然，“准套利”机会便会存在，投资者将利用这些机会，最终使得其消失。这就是套利定价理论的最本质的逻辑。

6.1.2 构造套利组合的条件

根据套利定价理论，投资者将竭力发现构造一个套利组合的可能性，以便在不增加风险的情况下，增加组合的预期回报率。但套利组合究竟是什么呢？首先，它是一个不需要投资者任何额外资金的组合，如果 x_i 表示投资者对证券 i 的持有量的变化（因此也表示套利组合中证券 i 的权数），套利组合的这一要求可以表述为：

$$x_1 + x_2 + x_3 = 0 \qquad \text{式 } 6-2$$

其次，一个套利组合对任何因素都没有敏感性，因为组合对某一因素敏感性恰好是组合中各证券对该因素的敏感性的加权平均，套利组合的这一性质可表述为：

$$b_1x_1 + b_2x_2 + b_3x_3 = 0 \qquad \text{式 } 6-3$$

在当前的例子中即表述为：

$$0.9x_1 + 3.0x_2 + 1.8x_3 = 0 \qquad \text{式 } 6-4$$

也就是说，在本例中，套利组合对工业产值无敏感性。

严格地讲，除了因素风险等于0之外，一个套利组合的非因素风险也应该等于零。然而实际情况并非如此，套利组合的非因素风险往往会大于0，只是其数量非常小，套利理论认为可以忽略不计。

基于这一点，许多潜在的套利组合可以识别出来。这些候选组合就是那些符合式6-2和式6-3的组合，注意到有三个未知数（x_1，x_2 和 x_3）和两个方程，这意味着有无限多组满足两个方程的 x_1，x_2 和 x_3，作为确定一个组合的方法，我们考虑给 x_1 随意地赋予一个值，如0.1，这样就形成两个方程和两个未知数的情形：

$$0.1+x_2+x_3=0 \quad \text{式6-5}$$

$$0.09+3.0x_2+1.8x_3=0 \quad \text{式6-6}$$

式6-5和式6-6的解为 $x_2=0.075$，$x_3=-0.175$。因而具有这样一个权数的组合便是一个潜在的套利组合。

为了证实这个候选组合是否真的是一个套利组合，我们还必须确定它的预期回报率，如果其预期回报率为正，那么一个套利组合就识别出来了。因而套利组合的第三个也是最后一个要求便是：

$$x_1\bar{r}_1+x_2\bar{r}_2+x_3\bar{r}_3>0 \quad \text{式6-7}$$

对此例，它即为：

$$15x_1+21x_2+12x_3>0 \quad \text{式6-8}$$

将前面解得的候选组合的权数代入式6-8的左边，可得其预期回报率为(15% ×0.1)+(21% ×0.075)+[12% ×(-0.175)]=0.975%，因为这是一个正数，该组合便被确认为一个套利组合。

由上面确定的套利组合中包括购买2400000美元的证券1和1800000美元的证券2。这些数值是如何得出的呢？结果来自于将组合的现市值（W_0 = 24000000美元）乘以套利组合的权数 $x_1=0.1$ 和 $x_2=0.075$。购买这些证券所需要的资产从何处来呢？它来自于出售4200000美元的证券3来获得（注意 $x_3W_0=-0.175\times24000000=-4200000$ 美元）。

总而言之，这样一个套利组合对任何一个渴望高收益且不关心非因素风险的投资者是具有吸引力的。它不需要任何额外的资金，没有任何因素风险，却能带来正的预期回报率。

6.1.3　套利效果对比

现在，投资者可以从两个等价角度中的任何一个来估价他的位置：(1) 持有旧的组合和套利组合；(2) 持有一个新的组合。例如，考虑证券1的权数。在旧组合中权数为0.33而在套利组合中权数为0.10，这两个权数的和等于0.43。注意在新的组合中持有证券1的数额上升到10400000美

元（=8000000 美元+2400000 美元）所以权数为 0.43（=10400000 美元/24000000 美元），亦等于旧组合与套利组合的权数的和。

同样地，组合的预期回报率等于旧组合与套利组合预期回报率的和，即 16.975%（=16%+0.975%）。等价地新组合的预期回报率也可通新组合的权数与各证券的预期回报率来计算，即

16.975%=0.43×15%+0.41×21%+0.16×12%

新组合的敏感性为 1.9=0.43×0.9+0.41×3.0+0.16×1.8，它亦等于旧组合与套利组合敏感性的和（1.9+0.0）。

新组合的风险又如何呢？假定旧组合的标准差为 11%，套利组合的方差很小，因为它的风险的唯一来源是非因素风险。对于新组合而言，其风险来源除了非因素风险之外，还有因素风险，仅仅这一点，就使得新组合的方差与旧组合有所不同。可以得出结论，新组合的风险将大约为 11%。表 6-2对这些分析进行了总结。

表 6-2

	旧组合	+	套利组合	+	新组合
权数					
x1	0.333		0.1		0.433
x2	0.333		0.075		0.408
x3	0.333		-0.175		0.158
性质					
组合收益	16%		0.98%		16.98%
组合敏感系数	1.9		0		1.9
组合标准差	11%		很小		约 11%

【小案例】

下面我们引用一个企业价值和企业资本结构关系的案例来说明套利机会不会持续存在。假设有两家公司 A 和 B，它们的资产性质完全相同，但资本结构不一样。两家公司每年创造的 EBIT 都是 1000 万元人民币。A 公司的资本全部由股本权益构成，共 100 万股，股票的预期收益率 10%（公司的资本成本）；B 公司的资本中有 4000 万元负债，年利率 8%（市场的无风险利率）债

务无期限，假定 B 公司有 60 万股，能否断言 B 公司股票价格是 100 元/股。

我们可以用反证法来验证结论是否正确。A 公司企业价值 = 1000/0.1 = 10000 万元，假设 B 公司股票价格是 90 元，则可以寻找表 6 – 3 套利机会。

表 6 – 3

头寸情况	即时现金流	未来每年现金流
1% A 股票空头	1 × 100 = 100	– EBIT × 1%
1% B 债券多头	– 1 × 4000 = – 40	1% × 320 = 3.2
1% B 股票多头	– 0.5 × 90 = 54	1% （EBIT – 320）
净现金流	+ 6	0

上表说明如果 B 公司股价为 90 元/股，则市场上存在套利机会，即在不影响投资者未来资金流的前提下，却在当前能产生 6 万元的正现金流。投资者都会利用这一机会进行套利，所有投资者都采取统一行动时，则 B 公司股价会上升（如果 A 公司股价不变且 B 公司债务成本也不变），直至套利机会消失。同样我们也可以假设 B 公司股价为 105 元，还会出现相似的套利机会，只是投资者的头寸构建相反。这样从反证的角度验证 B 公司的股价只能是 100 元/股，否则就存在套利机会。

【小专栏】

英迪格利安尼—米勒（MM 模型）关于套利的趣味解释

莫迪格利安尼—米勒结论指出，经理无法通过重新包装企业的证券来改变企业的价值。这个观点最初在 20 世纪 50 年代发表时被视为具有开创性，MM 模型和套利证明试验自此之后受到了广泛的称赞。

MM 模型用一种食品作为有趣的类比，他们考察了一个面临两种选择的乳牛农场主。一方面，他能卖出全脂奶。另一方面，经对全脂奶进行提炼，他可卖出奶油和低脂奶的合成品。虽然农场主能以更高的价格卖出奶油，但低脂牛奶只能以低价卖出，这暗示了没有净利。事实上，假如全脂奶策略的收益低于奶油—低脂牛奶策略，套利者会买进全脂奶，自己完成提炼操作，

然后再分别售出奶油和低脂奶。套利者之间的相互竞争将抬高全脂奶的价格，直至两种策略获得的收益相等。因此，农场主的牛奶价值与牛奶包装出售的方式无关。

6.2 单因素套利定价模型

6.2.1 套利对证券定价的影响

买入证券1和证券2并卖出证券3的后果将是什么呢？由于每个投资者都将这样做，证券的市场价格便将受到影响，相应地，它们的预期回报率也将做出调整。具体说来，由于不断增加的买方压力，证券1和证券2的价格将上升，进而导致预期回报率下降。相反，不断增加的卖方压力导致证券3的价格下跌和预期回报率的上升。

这一点可以通过考察计算证券预期回报率的方程来看到：

$$\bar{r} = \frac{\overline{P_1}}{P_0} - 1 \quad \text{式 6-9}$$

其中 P_0 表示证券的当前价格，P_1 表示证券的预期期末价格。购买证券比如证券1和证券2将提高它的当前价格，于是导致其预期回报率开的下降。相反，出售证券如证券3将降低它的当前价格，并导致预期回报率的上升。

这种买卖行为将持续到所有套利机会明显减少或消失为止。而此时，预期回报率和敏感性将近似满足如下的线性关系：

$$\overline{r_i} = \lambda_0 + \lambda_1 b_i \quad \text{式 6-10}$$

其中 λ_0 和 λ_1 为常数。当回报率是由一个因素产生时，这个方程就是套利定价理论的资产定价方程。注意这是一个直线方程，从而意味着在均衡时，预期回报率和敏感性之间存在一个线性关系。

在例子中，假设有一个可能的均衡为 $\lambda_0 = 8$，$\lambda_1 = 4$。从而定价方程为：

$$\overline{r_i} = 8 + 4b_i \quad \text{式 6-11}$$

这将形成证券1、证券2和证券3的如下的均衡预期回报率水平：

$\overline{r_1} = 8 + 4 \times 0.9 = 11.6\%$

$\overline{r_2} = 8 + 4 \times 3.0 = 20\%$

$\overline{r_3} = 8 + 4 \times 1.8 = 15.2\%$

从结果来看，由于买方压力的增加，证券1和证券2的预期回报率水平分别从15%和21%降到11.6%和20%。相反，卖方压力的增加导致证券3的预期回报率从12%上升到15.2%。

6.2.2　APT资产定价线

我们可以借助图6－1反映式6－10给出的资产定价方程。根据套利定价理论，对于一个因素敏感性和预期回报率都没有落在那条直线上的证券，其定价就是不合理的，这将给予投资者一个构造套利组合的机会，证券B就是一个例子。如果投资者以相同的金额分别买进证券B和卖出证券S，那么他就构造了一个套利组合，这是如何得到的呢？

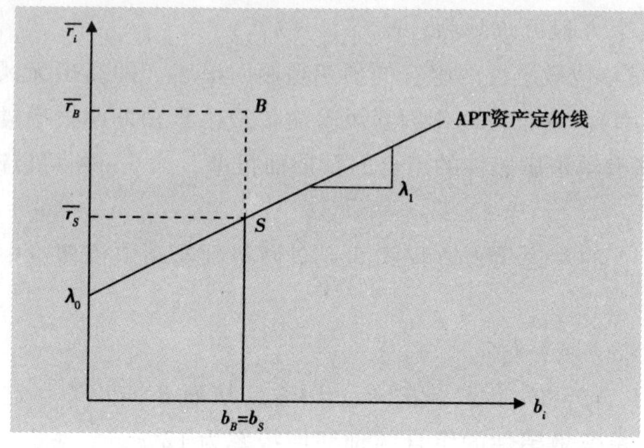

图6－1　APT资产定价线

首先，投资者通过卖出一定数量的证券S来支付买入证券B的资金，从而投资者不需要任何新投资。由于证券B和证券S具有相同的敏感性，因此，对证券S的卖出和对证券B的买入将构成一个对因素无敏感性的组合。最后套利组合具有一个正的预期回报率，这是因为证券B的预期回报率将比证券S大。作为购买证券B的结果，证券B的价格将上升，进而其预期回报率将下降直到它位于APT资产定价线上为止。

6.2.3 APT 定价方程的解释

在套利定价方程式 6－10 中出现的常数 λ_0 和 λ_1 该如何解释呢？假设存在一个无风险资产，这样的资产具有一个为常数的预期回报率，因而其对因素无敏感性。从式 6－10 可看出，对任何 $b=0$ 的资产均有 $\overline{r_i}=\lambda_0$。从而对无风险资产，又有 $\overline{r_i}=r_f$，这说明 $\lambda_0=r_f$。可见，式 6－10 的常数 λ_0 值一定等于 r_f，从而该方程可改写为：

$$\overline{r_i}=r_f+\lambda_1 b_i \quad \text{式 6－12}$$

就 λ_1 而言，可以考察一个纯因素组合，用 P^* 表示，该组合对因素具有单位敏感性，意味着 $b_{P^*}=1.0$，从而得出 λ_1 的值（如果还有其他因素，可以将该组合构造为使得其对其他因素无敏感性）。由式 6－12 可知，这样的组合具有如下的预期回报率：

$$\bar{r}_{P^*}=r_f+\lambda_1 \quad \text{式 6－13}$$

注意，这个方程可改写为：$\bar{r}_{P^*}-r_f=\lambda_1$ 式 6－14

于是 λ_1 是单位敏感性的组合的预期超额回报率（即高出无风险利率的那部分预期回报率）。它也被称作因素风险溢价或因素预期回报率溢酬。用 $\delta_1=\bar{r}_{P^*}$ 表示对因素有单位敏感性的组合的预期回报率，式 6－14 可以改写为：

$$\delta_1-r_f=\lambda_1 \quad \text{式 6－15}$$

将式 6－15 的左边代入方程式 6－12 便得到套利定价理论中定价的第二种形式：

$$\overline{r_i}=r_f+(\delta_1-r_f)\,b_i \quad \text{式 6－16}$$

在例子中，$r_f=8\%$，$\lambda_1=\delta_1-r_f=4\%$，从而 $\delta_1=12\%$。这意味着对第一个因素具有单位敏感性的组合的预期回报率为 12%。

对于套利定价理论中的定价方程的进一步扩展，必须考察证券回报率由多个因素生成的情形。接下来，我们将考虑双因素模型，然后扩展到 $k>2$ 个因素的情形。

【小案例】

现实生活中，我们偶尔也会发现无风险套利的机会，但是这些机会几乎是稍纵即逝的。例如：五粮液股改的时候，方案是每 10 股获 1.7 股、3.9

份行权位6.93元的百慕大式认购权证和4.1份行权价格为7.96元的百慕大式认沽权证。

当时的五粮液股价6块多钱，我们可以设想，

A. 假如所有的认沽权证（31315万份）行权，大股东必须准备20多亿的现金。需要20多亿，也与股票上市融资的目的相违背；

B. 假如大股东不让行权，大股东就必须通过各种手段使股价长期位置在7.96元/股以上。基于这种情况，也就说当时的五粮液股票可以贷款去买，属于无风险套利。

五粮液公司当时的基本面，让五粮液股价长期维持在7.96元以上，做到这点并不难，而且有中国工商银行宜宾分行出具的不可撤销的连带责任履约担保函，为宜宾国有资产管理公司在五粮液股权分置改革中派发的认股权证提供了担保。

因此，当时在7.96元以下任何价格买入五粮液都是安全的，而且是买的越多越好，同时，由于预测了五粮液的价格要涨，也会带动五粮液的认购权证必然上涨。

【小资料】

百慕大式权证

百慕大式权证是行权方式介于欧式权证和美式权证之间的权证。标准的百慕大式权证通常在权证上市日和到期日之间多设定一个行权日，取名“百慕大”是因为百慕大位于美国本土与夏威夷之间。后来，百慕大式权证的含义扩展为权证可以在事先指定的存续期内的若干个交易日行权，例如，我们假设百慕大式权证，行权日可以设为2008年12月10日、2009年2月10日、2009年4月10日、2009年6月10日等。百慕大式权证由于给予权证持有人更多的行权日选择，因此价格比同等条款的欧式权证高，但应低于同等条款的美式权证。

6.3 多因素套利定价模型

6.3.1 双因素定价模型

在双因素情形中，假设 F_1 和 F_2：分别为预期工业产值增长率和预期通货膨胀率，每个证券具有两个敏感性 b_{i1} 和 b_{i2}。于是证券的回报率由如下因素模型产生：

$$r_i = a_i + b_{i1}F_1 + b_{i2}F_2 + e_i \quad \text{式 6-17}$$

考虑这样一种情况，4 种证券具有如下的预期回报率和敏感性，设想有一位投资者最初在每种证券上投资 10000000 美元（初始财富 $W_0 = 40000000$ 美元）。这些证券是否定价于均衡状态？（表 6-4）

表 6-4

证券 i	证券回报率	因素敏感性 1	因素敏感性 2
证券 1	15	0.9	2
证券 2	21	3	1.5
证券 3	12	1.8	0.7
证券 4	8	2	3.2

6.3.1.1 套利组合

和前面分析单因素套利模型相似，我们可以构造多因素套利组合。

首先，一个套利组合必定具有满足下列方程的权数：

$$x_1 + x_2 + x_3 + x_4 = 0 \quad \text{式 6-18}$$

$$0.9x_1 + 3x_2 + 1.8x_3 + 2x_4 = 0 \quad \text{式 6-19}$$

$$2x_1 + 1.5x_2 + 0.7x_3 + 3.2x_4 = 0 \quad \text{式 6-20}$$

这意味着套利组合必定不包含投资者任何额外资金负担，并且对每一个因素的敏感性为 0。

注意这里有3个方程，4个未知数。由于未知数个数大于方程个数，故存在无穷多组解，通过设 $x_1 = 0.1$（一个随意选取的数）并解出其余的权数，我们可以找到一组解：$x_2 = 0.088$，$x_3 = -0.108$ 和 $x_4 = -0.08$。

这样得到的权数可能代表一个潜在的套利组合，接下来要做的是检查这个组合是否具有正的预期回报率。通过计算可得，该组合的预期回报率为：

$$1.41\% = 0.1 \times 15\% + 0.088 \times 21\% + (-0.108) \times 12\% + (-0.08) \times 8\%$$

因而，一个套利组合被确认出来。

这个套利组合包括对证券1和证券2的购买，资金来源于对证券3和证券4的出售，结果买和卖的压力使得证券1和证券2的价格上升，证券3和证券4下降，进而，这意味着证券1和证券2的预期回报率将下降，而证券3和证券4将上升。投资者将继续创造套利组合直到均衡。这也就是说，当任意一个满足式6-18、式6-19、式6-20的组合其预期回报率均为0时，均衡状态便达到了。这种情况发生在预期回报率与敏感性之间存在下列线性关系时：

$$\overline{r_i} = \lambda_0 + \lambda_1 b_{i1} + \lambda_2 b_{i2} \qquad \text{式 6-21}$$

同式6-10一样，这也是一个线性方程，只不过它现有三维变量 $\overline{r_i}$、b_{i1} 和 b_{i2}。因此方程与一个二维平面对应。

在例子中，一个可能的均衡解为 $\lambda_0 = 8$，$\lambda_1 = 4$，$\lambda_2 = -2$，于是定价方程为：

$$\overline{r_i} = 8 + 4b_{i1} - 2b_{i2} \qquad \text{式 6-22}$$

结果，4种证券具有如下均衡水平上的预期回报率：

$$\overline{r_1} = 8 + 4 \times 0.9 - 2 \times 2 = 7.6\%$$

$$\overline{r_2} = 8 + 4 \times 3 - 2 \times 1.5 = 17\%$$

$$\overline{r_3} = 8 + 4 \times 1.8 - 2 \times 0.7 = 13.8\%$$

$$\overline{r_4} = 8 + 4 \times 2 - 2 \times 3.2 = 9.6\%$$

证券1和证券2的预期回报率已分别从15%和21%下降，而证券3和证券4的预期回报率已分别从12%和8%上升。由投资于套利组合所产生的买压和卖压，引起这些变化是在预料之中的。

方程式6-22所导致的后果是，如果两种证券对第二个因素的敏感性相同，那么对第一个因素有较高敏感性的证券将具有较高的预期回报率，这是因为 $\lambda_1 > 0$。相反，由于 $\lambda_2 < 0$，如果两种证券对第一个因素的敏感性相同，那么对第二个因素具有较高敏感性的证券将具有较低的预期回报率。然而，

如果两种证券对两个因素的敏感性均不同，就难以做出简单的结论。例如，虽然证券4比证券3的两个敏感性都高，但它却具有较小的预期回报率。这是因为对第一个因素的较高的敏感性（$b_{41}=2.0>b_{31}=1.8$）的优势不足以抵消第二个因素较高敏感性（$b_{42}=3.2>b_{32}=0.7$）的劣势。

6.3.1.2 套利对定价的影响

将单因素套利定价理论的定价方程扩展到双因素的情形并不复杂。跟前面一样，λ_0 等于无风险利率。这是因为无风险资产对任意因素都无敏感性，也就是说 b_{i1} 和 b_{i2} 的值均为0，从而得到 $\lambda_0=r_f$。于是式6-21一般也可写成：

$$\overline{r_i}=r_f+\lambda_1 b_{i1}+\lambda_2 b_{i2} \quad \text{式 6-23}$$

在式6-21所给的例子中，$r_f=8\%$。

接着，考虑一个充分分散化的组合，这个组合对第一个因素具有单位敏感性，对第二个因素的敏感性为0，跟前面一样，这样一个组合称为一个纯因素组合，因为：(1) 它对一个因素有单位敏感性；(2) 它对其他任何因素都无敏感性；(3) 非因素风险为0。具体说来，它满足 $b_1=1$，$b_2=0$。由式6-23看出，该组合的预期回报率用 δ_1 表示，将等于 $r_f+\lambda_1$，即 $\delta_1-r_f=\lambda_1$，式6-23可改写为：

$$\overline{r_i}=r_f+(\delta_1-r_f)b_{i1}+\lambda_2 b_{i2} \quad \text{式 6-24}$$

在式6-21所给的例子中 $\delta_1-r_f=4$，从而 $\delta_1=12$，这是因于 $r_f=8\%$。换言之，一个对预期工业产值增长率（第一个因素）有单位敏感性，而对预期通货膨胀率（第二个因素）无敏感性的组合应具有12%的预期回报率，即比无风险利率高出4%。

最后，考虑一个对第一个因素具有0敏感性，对第二个因素具有单位敏感性的组合，即对该组合有 $b_1=0$，$b_2=1$ 可从式6-23得知该组合的预期回报率，用 δ_2 表示，将等于 $r_f+\lambda_2$。相应地，$\delta_2-r_f=\lambda_2$，因此可将方程式6-24改写为：

$$\overline{r_i}=r_f+(\delta_1-r_f)b_{i1}+(\delta_2-r_f)b_{i2} \quad \text{式 6-25}$$

在式6-21所给出的例子中 $\delta_2-r_f=-2$，因而 $\delta_2=6$，这是因为 $r_f=8\%$。换言之，一个对预期工业产值增长率（第一个因素）无敏感性，对预期通货膨胀率（第二个因素）具有单位敏感性的组合将具有6%的预期回报率，即比无风险利率8%低2%。

6.3.2 多因素模型

当回报率由双因素而不是由单因素生成时，只需将套利定价理论中的定价方程式 6－10 和式 6－16 简单地扩展成为方程式 6－21 和式 6－25 以容纳增加的因素即可。现在，当回报率由多因素生成，且因素的数目 K 比 2 大，套利定价理论的定价方程将是怎样的形式？结果，定价方程只需再一次以相对简单的方式进行扩展即可。

在 K 个因素（F_1，F_2，…，F_K）的情形，每一个证券在如下的 K 因素模型中都将具有 K 个敏感性（b_{i1}，b_{i2}，…，b_{iK}）：

$$r_i = a_i + b_{i1}F_1 + b_{i2}F_2 \cdots b_{iK}F_K + e_i \qquad \text{式 6－26}$$

进而，类似于方程式 6－10 和式 6－21 可说明证券将由下列方程定价：

$$\overline{r_i} = \lambda_0 + \lambda_1 b_{i1} + \lambda_2 b_{i2} \cdots \lambda_K b_{iK} \qquad \text{式 6－27}$$

跟以前一样，这也是一个线性方程，不同的是它现在有 K＋1 维变量：$\overline{r_i}$，b_{i1}，b_{i2}，…，b_{iK}。

将式 6－16 和式 6－25 扩展到这里的情形也并不复杂。跟以前一样，λ_0 等于无风险利率，这是因为无风险资产对任何因素均无敏感性。每一个 δ_j 的值代表一个证券组合的预期回报率，该组合只对因素 j 有单位敏感性而对其他因素无敏感性。结果，方程式 6－16 和式 6－25 进一步扩展为下列形式：

$$\overline{r_i} = r_f + (\delta_1 - r_f)\, b_{i1} + (\delta_2 - r_f)\, b_{i2} \cdots (\delta_K - r_f)\, b_{iK} \qquad \text{式 6－28}$$

因此，证券的预期回报率等于无风险利率加上证券对 k 个因素敏感性的风险溢价。

本章小结

- 套利定价理论（APT）和资本资产定价模型（CAPM）一样，是一个证券价格的均衡模型。
- APT 比 CAPM 需要更少的关于投资者偏好的假设。
- APT 假设证券回报率由因素模型生成，但并不确定具体的因素。
- 一个套利组合中包括做空和做多的证券，它的总市值必定为 0，对任何因素无敏感性，具有正的预期回报率。
- 投资者投资于套利组合，使得做多证券的价格上升，做空证券的价

格下降，直到套利机会消失。

• 当所有的套利可能消失后，证券的均衡预期回报率将成为它的因素敏感性的线性函数。

• 因素风险溢价是指一个组合产生的均衡预期回报率超过无风险利率的部分，该组合对该因素有单位敏感性而对其他因素无敏感性。

• APT 没有说明影响回报率的因素数量和因素本身是什么，大部分研究中，因素集中于总体经济活动、通货膨胀和利率指标上。

知识拓展一

APT 和 CAPM 的综合对比

CAPM 不像 APT 那样假设回报率由因素模型生成，然而，这并不说明 CAPM 就与因素模型的情形不一致。实际上，可能存在这样一个情形，回报率由因素模型生成，APT 的其余假设仍成立，且 CAPM 的所有假设也都成立，我们现在来研究这样的情形。

一、单因素模型与 CAPM 模型

考虑一下，如果回报率由一个单因素模型生成，因索为市场组合，将会发生什么。这种情况下，δ_1 将与市场组合的预期回报率对应。b_i 将代表证券 i 相对于市场组合测定的贝塔。因此 CAPM 成立。

如果回报率由单因素模型生成，而因素不是市场组合，那又会怎样呢？现在，δ_1 对应于一个对因素有单位敏感性的组合的预期回报率。b_i 将代表证券 i 相对于该因素敏感性。然而如果 CAPM 也成立的话，那么证券 i 的预期回报率将既与贝塔又与敏感性相联系：

$$\overline{r_i} = r_f + (\overline{r}_M - r_f)\ \beta_{iM} \qquad \text{式 } 6-29$$

$$\overline{r_i} = r_f + (\delta_1 - r_f)\ b_i \qquad \text{式 } 6-30$$

这暗示着贝塔与敏感性必定在一定程度上相互联系，这是一种什么样的联系呢？将在下面阐述。

（一）贝塔系数与因素敏感性

预期回报率怎样才能与贝塔和敏感性均存在线性关系呢？实际上，这是因为贝塔和敏感性将存在以下关系：

$$\beta_{iM} = \frac{Cov\ (F_1,\ r_M)}{\sigma_M^2} b_i \qquad 式\ 6-31$$

其中 $Cov\ (F_1,\ r_M)$ 表示因素和市场组合之间的协方差，σ_M^2 表示市场组合的方差。因为 $Cov\ (F_1,\ r_M)\ /\sigma_M^2$ 是一个常量，不会因为证券不同而改变，所以当方程式 6 - 29 和式 6 - 30 都成立时，方程式 6 - 31 等价于是说 β_{iM} 等于一个常数乘以 b_i。如果因素是工业产值，那么方程式 6 - 31 说明每一个证券的贝塔等于一个常数乘以证券对工业产值的敏感性。如果工业产值和市场组合的收益率正相关的话，由于 $Cov\ (F_1,\ r_M)$ 为正，那么该常数也将为正。相反，如果负相关，由于 $Cov\ (F_1,\ r_M)$ 为负，那么该常数也为负。

（二）因素风险溢酬

继续这一讨论，注意到如果用方程式 6 - 31 的右边代替方程式 6 - 29 右边的 β_{iM} 则有

$$\overline{r_i} = r_f + \left[(\bar{r}_M - r_f) \frac{Cov\ (F_1,\ r_M)}{\sigma_M^2} \right] b_i \qquad 式\ 6-32$$

将此方程与方程式 6 - 12 比较可发现，如果套利定价理论（单因素）和资本资产定价理论的假设都成立，那有下列关系：

$$\lambda_1 = (\bar{r}_M - r_f) \frac{Cov\ (F_1,\ r_M)}{\sigma_M^2} \qquad 式\ 6-33$$

套利定价理论本身并没有对因素风险溢酬的大小 λ_1，说些什么。然而如果资本资产定价模型也成立，它则能为我们提供某些指导，这些指导由式 6 - 33 所提供，我们前面已经证明它在同时拥有 APT 和 CAPM 的假设下成立。

设想因素与市场组合同向变化，即它与市场组合正相关，所以 $Cov\ (F_1,\ r_M)$ 为正，由于 σ_M^2 和 $(\bar{r}_M - r_f)$ 都为正，故得式 6 - 33 右边为正，因而 λ_1 为正。进而，因为 λ_1 为正，由式 6 - 12 知，b_i 的值越大，证券的预期回报率就越高。推广到一般情况，如果因素与市场组合正相关，则证券的预期回报率将是证券对该因素敏感性的正函数。

进行同样的讨论，如果因素与市场反向变化，即 F_1 与 $\bar{r}_M$ 负相关，则 λ_1 为负。这意味着 b_i 值越大，证券的预期回报率就越低。推广到一般情况，如果因素与市场负相关，那么证券的预期回报率将是证券对该因素的敏感性的负函数。

（三）市场指数作为因素

如果回报率是由一个单因素模型生成，但因素不是工业产值，而是市场指数的收益率，比如S&P500指数，那将会如何？考虑满足如下两个条件的情形：（1）指数与市场指数完全相关；（2）市场指数与市场组合的方差完全相同。

首先，证券的贝塔系数将等于它的敏感性。这可以通过检查式6－31来证实。在上述两个条件下 $Cov(F_1, r_M) = \sigma_{F_1}\sigma_M = \sigma_M^2$ 即 $Cov(F_1, r_M)/\sigma_M^2 = 1$，于是由式6－31即可得 $\beta_{iM} = b_i$。

其次，在上述两个条件下，λ_1 等于 $(\bar{r}_M - r_f)$。这只要再一次注意到 $Cov(F_1, r_M)/\sigma_M^2 = 1$，并使用式6－33立即可得 $\lambda_1 = (\overline{r_M} - r_f)$ 因为式6－15指出 $\delta_1 - r_f = \lambda_1$，于是可 $\delta_1 = \overline{r_M} - r_f$。可见，一个对S&P500指数收益率具有单位敏感性的组合的预期回报率与市场组合的预期回报率相等。总而言之，如果能够找到市场组合的满足前述两个条件的替身，那么资本资产定价模型成立，且其中市场组合的角色可由替身来取代。不幸的是，由于市场组合是未知的，我们不能验证任何替身是否满足上面的两个条件。

二、多因素模型与CAPM

即使回报率由多因素模型如双因素模型生成，资本资产定价模型也有可能成立。式6－29和式6－30需要扩展以说明证券 i 的预期回报率与它的贝塔系数和两个敏感性相联系：

$$\overline{r_i} = r_f + (\bar{r}_M - r_f)\beta_{iM} \qquad \text{式 6－34}$$

$$\overline{r_i} = r_f + (\delta_1 - r_f)b_{i1} + (\delta_2 - r_f)b_{i2} \qquad \text{式 6－35}$$

这时，方程式6－31也能扩展以表明贝塔系数和敏感性的线性关系：

$$\beta_{iM} = \frac{Cov(F_1, r_M)}{\sigma_M^2}b_{i1} + \frac{Cov(F_2, r_M)}{\sigma_M^2}b_{i2} \qquad \text{式 6－36}$$

其中，$Cov(F_1, r_M)$ 与 $Cov(F_2, r_M)$ 分别代表第一、第二个因素与市场组合回报率之间的协方差。由于 $Cov(F_1, r_M)/\sigma_M^2$ 和 $Cov(F_2, r_M)/$

σ_M^2 均为常数，于是由式 6－36 表明，当式 6－34 和式 6－35 都成立时，β_{iM} 是 b_{i1} 和 b_{i2} 的函数，即证券的贝塔系数是它的两个敏感性的线性组合。对前面的例子来说，证券的贝塔系数的大小依赖于证券对预期工业产值和通货膨胀的敏感性的大小。

注意到如果将式 6－36 的右边代入式 6－34 的右边，则有：

$$\overline{r_i} = r_f + (\bar{r}_M - r_f)\left[\frac{Cov(F_1, r_M)}{\sigma_M^2}b_{i1} + \frac{Cov(F_2, r_M)}{\sigma_M^2}b_{i2}\right] \quad \text{式 6－37}$$

将上述方程与式 6－23 比较，可得到在 APT 和 CAPM 的假设都成立的情况下，将有以下关系：

$$\lambda_1 = (\bar{r}_M - r_f)\frac{Cov(F_1, r_M)}{\sigma_M^2} \quad \text{式 6－38}$$

$$\lambda_2 = (\bar{r}_M - r_f)\frac{Cov(F_2, r_M)}{\sigma_M^2} \quad \text{式 6－39}$$

因此，λ_1 与 λ_2 的大小一方面依赖于市场溢酬 $(\bar{r}_M - r_f)$，它为一个正数，另一方面也依赖于因素与市场组合的协方差，它可正可负。从而，如果因素与市场组合正相关，则，λ_1 和 λ_2 将为正。然而如果某个因素与市场组合的回报率为负，则相应的 λ 值将为负（就像例子中的 λ_2 那样）。

三、套利定价模型因素的确定

套利定价理论还没有回答的问题是确定被定价的因素的个数以及何种因素——也就是那些具有足够大的 λ 正值或负值、从而在估计预期回报率时必须包含进去的因素。开始时有几位研究人对证券的回报率进行了研究，估计一般需要 3—5 个因素，紧接着，有许多人试图确定这些因素。比如，陈·罗尔和罗斯在一篇论文中，确定了下列的因素：

1. 工业产值增长率；
2. 通货膨胀率；
3. 长期和短期利率的差额；
4. 低级和高级债券的差别。

另一篇由伯雷、鲍梅斯特和麦克·埃罗依所写的论文中，确定了 5 个因素，其中有 3 个因素接近于上面的后 3 个因素。另外两个因素是社会总销售增长率和标准·普尔 500 指数的收益率。

最后考虑所罗门公司所用的 5 个因素，他们用这些因素建立了他们所称的基本因素模型。其中只有一个因素，通货膨胀率与其他人的因素相同，其余的因素是：

1. 国民生产总值；

2. 利率；

3. 石油价格变化率；

4. 国防开支增长率。

综合起来看，非常有趣的是这三组因素有一些共同的特征。首先，它们包括一些总体经济活动指标（工业产值、总销售和国民生产总值）。其次，它们包括通货膨胀。再次，它们包括一些类型的利率因素（或差额或利率本身）。之所以如此，是因为考虑到这样一个事实，证券的价格被视为等于未来红利的贴现值，通过因素将这种直觉得以实现。未来红利将与总体经济活动相联系，而用来计算现值的贴现率将与通货膨胀和利率相关。

知识拓展二

基于因子套利定价模型及实证研究

一、问题的提出

1976 年，斯第芬·罗斯（Stephen Ross）提出了著名的资产定价模型——套利定价理论（Arbitrage Pricing Theory，APT）。该理论假设任何风险证券的收益率受 K 个因素的影响，由一个 K—因素线性模型给出：

$$r_i = a_i + \sum_{k=1}^{K} b_{ik} f_k + \varepsilon_i ，i = 1，2，\cdots，n$$

其中：$E(\varepsilon_i) = E(f_k) = E(\varepsilon_i, \varepsilon_j) = E(\varepsilon_i, f_k) = 0$；$E(\varepsilon_i^2) = s_i^2 < s^2$，$r_i$ 为第 i 种风险证券的收益率；a_i 表示所有影响风险证券收益率的因素都为零时风险证券 i 的平均收益率；f_k 表示第 k 个因素的值；b_{ik} 表示风险证券 i 对第 k

个因素的敏感性；ε_i 为随机扰动项。

当不存在渐进套利机会时，由 K－因素线性模型可以得到如下的近似定价模型——套利定价模型（APT）：

$$E\ (r_i)\ = a_i \approx \lambda_0 + \sum_{k=1}^{K} b_k \lambda_k \qquad \text{式 } 6-40$$

其中，λ_k 称为风险证券 i 对第 k 个因素的风险溢价。如果将误差记为

$$V_i \equiv a_i - \lambda_0 - \sum_{k=1}^{K} b_k \lambda_k$$

则当不存在渐进套利机会时，有

$$\lim \frac{1}{n} \sum_{n=1}^{N} V_i^2 = 0 \qquad \text{式 } 6-41$$

建立套利定价模型的关键在于因素的筛选。然而，一种风险证券的收益率受多方面因素的影响，同时我们也不知道究竟需要多少个因素来构造 APT。假设有 n 个因素对证券的收益率有影响，则可能有 $\sum_{m=1}^{n} C_n^m$ 种因素的组合。要从如此众多的因素组合中筛选出最优的因素组合，其计算量可想而知。

一般来说，因子的辨识和确定有两种基本的方法：统计方法和推理方法。统计方法涉及从一个全面的资产收益集（通常远超过用来估计和检验的样本资产收益）来确定因子，采用这些收益的样本数据来构造表示因子的资产组合，如康纳（Connor）和柯瑞杰滋（Korajczyk，1988）、雷曼（Lehmann）和蒙德斯特（Modest，1988），前者使用因子分析方法，后者利用主元分析方法。推理方法是基于捕捉经济的系统风险原则来辨识因子的，例如，法玛和弗伦奇（Fama 和 French，1988，1996）使用公司特征来构建因子资产组合。

在这类研究中，罗尔和罗斯（Roll 和 Ross，1986）的论文是一篇经典文献，其研究方法为后来的众多学者所采用。在将股票分组后，对每一组股票首先采用因子分析方法来估计影响股票收益率的因子数目，并估计每只股票的因子载荷；然后，利用股票收益率数据和已估计出的因子载荷做横截面回归，估计因子的风险溢价，进而检验多因子模型的适用性。此外，由于 APT 认为股票收益率的风险可以分为可分散风险和不可分散风险，其中可分散风险部分的均值为零，在大样本中可忽略不计，而不可分散风险部分由 K 个共同因子决定，并通过 K 个因子系数反映股票收益率与每个非零风险溢价之间的关系。但是，现实中可能某一变量本身与不可分散风险不相关

(即不应当作为因子出现)，但在 APT 模型中却被不恰当定价，成为一个共同因子。虽然由实际数据生成的因子模型通过了显著性检验，但却无法肯定这些因子就是不可分散风险的溢价，也无法排除可分散风险成为共同因子的可能。鉴于此，我们有必要对 APT 进行“自方差”检验。这里用“自方差”只是一种强调性说法，其实质就是该项资产收益率的方差……从长期来看，证券收益率的自方差与收益率均值之间总是保持很高的相关性，而自方差又是每一种证券所特有的，属于可分散风险。如果 APT 有效，那么单个证券的自方差就不应当对期望收益率起作用，因为 APT 认为只有不可分散的风险才对定价起作用，才可以成为定价因子。“自方差”检验就是要证明单个股票收益率的自方差是否为共同因子，可否用于定价，要接受还是否定 APT。鉴于此，他们也利用“自方差”检验来对多因子模型做了补充研究。

到目前为止，我国在套利定价理论因素确定方面的研究并不多，主要是利用多元线性回归构造套利定价模型，这一方法的计算量大，其包含的因素要么过多要么不全面，而且因素之间的关联程度较高。

而因子分析是一种常用的统计降维技术，能够利用原始指标变量中某些指标之间的相关性对多变量的面板数据进行最佳综合和简化，将为数众多的指标综合为少数几个公共因子，以较少的几个公共因子变量反映原始指标变量的大部分信息，从而大大降低了分析问题的难度。

另外，因子分析法具有两个独特的优点：

(1) 公共因子变量是根据原始指标变量的信息进行综合简化得到的。一方面大大减少了变量数目，将为数众多的原始指标变量缩减为极少数几个公共因子变量；另一方面又尽可能保留了大部分原始指标变量的信息，是对某些原始指标变量信息的综合和反映，仍然具有命名解释性。

(2) 通过对原始指标变量进行综合和简化得到的公共因子变量之间基本上不存在线性相关性，更利于对变量进行分析。正是因子分析的这些特点以及 APT 对因子组合的要求决定了因子分析适合对 APT 的因素进行综合和简化。因此，本文引入了因子分析法对 APT 的因素进行筛选。

二、用因子分析法确定 APT 中的因素组合

在已有的研究中，一般认为 APT 中至少包含有三类不同的因素：反映

总体经济活动的指标、通货膨胀率以及某些类型的利率因素。鉴于此，本文将国民生产总值、工业生产总值、第二产业生产总值、第三产业生产总值、全国居民消费水平、通货膨胀率、全社会固定资产投资增长速度、社会消费品零售总额、货币供应总量、年净出口贸易总额、利率期限结构等11个因素作为原始指标变量，利用我国1980年到2003年《中国统计年鉴》中的数据进行因子分析。

（一）对原始指标变量进行相关性分析

因子分析从众多的原始指标变量中构造出少数几个具有代表意义的公共因子变量，它要求原始指标变量之间要具有比较强的相关性，否则就无法从中综合出能反映某些变量共同特性的少数公共因子变量来，原始指标变量就不适于进行因子分析。因此，在因子分析之前需要对原始指标变量进行相关性分析。本文采用的是KMO（Kaiser - Meyer - Olkin）检验和巴特雷特（Bartlett）球度检验。统计量KMO的值为0.771，大于0.6，根据统计学家凯塞尔（Kaiser）给出的标准，原始指标变量适合做因子分析；巴特雷特（Bartlett）球度检验给出的自由度为55的卡方近似值为780.924，相伴概率为0.000，小于显著水平0.05，适合进行因子分析。由KMO检验和巴特雷特（Bartlett）球度检验结果可知，原始指标变量适合做因子分析。与此同时，本文还对11个原始指标变量进行了反映像相关矩阵检验，在反映像相关矩阵中，所有偏相关系数的绝对值均小于0.05，说明所有的原始指标变量都适于进行因子分析。

（二）构造公共因子变量

构造公共因子变量是因子分析的一个核心问题。因子分析中确定公共因子变量的方法很多，本文采取的是主元分析法。

1. 确定保留公共因子变量的数目

根据公共因子变量与其特征值的散点图（图6-2）可以看出，前面4个公共因子变量的特征值变化非常明显，从8.744到0.126，而从第5个公共因子变量开始，特征值的变化趋于平稳。这说明提取前4个公共因子变量对原始指标变量的信息描述有显著作用。为了能够得到更精确的APT，本文确定保留4个公共因子变量。

2. 因子分析效果

因子分析的最终解解释了每个原始指标变量99.5%以上的方差，每个原始指标变量的共同度几乎都在98%以上，与1非常接近。也就是说，原

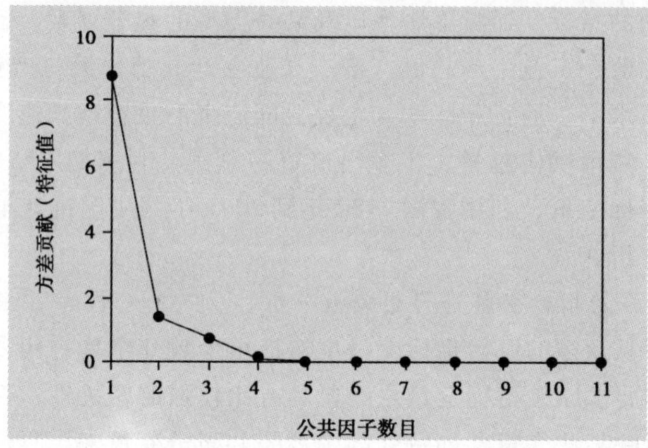

图6-2 公共因子变量与其特征值的散点图

始指标变量所携带的信息不能被公共因子变量解释的部分不到2%。这说明提取出的公共因子变量基本上已经反映了原始指标变量所有的信息，只有极少数信息丢失。可见，因子分析的效果非常好（表6-5）。

表6-5 因子分析原始解和最终解的变量共同度

原始指标变量	原始解的变量共同度	最终解的变量共同度	原始指标变量	原始解的变量共同度	最终解的变量共同度
利率期限结构	1.000	0.985	通货膨胀率	1.000	1.000
国民生产总值	1.000	0.999	工业生产总值	1.000	0.998
社会固定资产投资增长速度	1.000	1.000	社会消费品零售总额	1.000	0.996
第二产业生产总值	1.000	0.998	货币供应总量	1.000	0.995
年净出口贸易总额	1.000	0.983	居民消费水平	1.000	0.998
第三产业生产总值	1.000	0.997			

3. 因子提取和因子旋转的结果（表略）

根据公共因子变量与其特征值的散点图的判断，本文提取了4个公共因子变量对原始指标变量总体进行描述。这4个公共因子变量的方差贡献（特征值）分别为8.744、1.348、0.729和0.126。由11个公共因子变量构成的初始解中，前4个公共因子变量解释了原始指标变量总方差的

99.522%，尤其是第一个公共因子变量，解释了11个原始指标变量总方差的79.490%。在进行因子旋转以后，这4个公共因子变量的特征值分别为8.444、1.231、1.102和0.171，分别可以解释原始指标变量的76.192%、11.194%、10.014%和1.552%，共解释了11个原始指标变量总方差的99.522%。可见，提取的4个公共因子变量反映了原始指标变量的几乎所有信息，能够代替11个原始指标变量构造多因素线性模型。

（三）公共因子变量的命名解释

公共因子变量的命名解释是因子分析法的又一核心问题。原始指标变量都是具有具体经济含义的变量，经过主成分分析以后，对这些变量进行了线性变换，得到的新的公共因子变量对原始指标变量进行了综合和简化。因此，有必要对新的公共因子变量进行解释，以进一步说明影响原始指标变量系统构成的主要因素和系统特征。本文采用方差极大法对因子负荷矩阵进行旋转得到公共因子变量和原始指标变量之间的关系。

1. 旋转前后因子负荷矩阵（表6-6）

表6-6　旋转前后因子负荷矩阵

原始指标变量	公共因子变量							
	因子旋转前				因子旋转后			
	F_1	F_2	F_3	F_4	F_1	F_2	F_3	F_4
社会消费品零售总额	0.996				0.986		-0.121	
工业总产值	0.996				0.990		-0.103	
第二产业生产总值	0.996				0.991		-0.100	
全国居民消费水平	0.996				0.991		-0.110	
国民生产总值	0.995				0.993			
第三产业生产总值	0.995				0.992			
货币供应总量	0.989				0.959	-0.188	-0.115	-0.161
年净出口贸易总额	0.930	0.651		0.225	0.964			0.208
利率期限结构	0.212	0.313	-0.124	-0.909	-0.304	0.403	0.209	0.828
通货膨胀率	-0.198	0.851	-0.465	-0.137		0.989	0.139	
全社会固定资产投资增长速度	-0.296	0.651	0.699		-0.136	0.149	0.979	

注：其他空格内的数值绝对值均小于0.1，予以省略。

从表6-6可以看出，在进行因子旋转前，除了通货膨胀率、全社会固定资产投资增长速度和利率期限结构三个原始指标变量外，其他8个反映一

个国家总体经济状况情况的原始指标变量对第一个公共因子变量的荷载都很大，绝对值均在0.9以上；年净出口贸易总额、通货膨胀率、全社会固定资产投资增长速度和利率期限结构对第二个公共因子变量的荷载都比较大；而通货膨胀率、全社会固定资产投资增长速度则同时对第三个公共因子变量有较大的荷载；通货膨胀率、年净出口贸易总额和利率期限结构同时对第四个公共因子的荷载比较大。可见，四个因子中有一些信息重合了，一个公共因子变量在很多原始指标变量上都有较高的荷载，不易于对公共因子变量进行解释并找到各个公共因子的经济含义。因此，有必要对此结果进行转换。

因子旋转则可以使因子负荷矩阵更加简单，每个公共因子变量在相应的原始指标变量上的荷载尽可能多地为零，而每个原始指标变量在对应的公共因子变量上的荷载的绝对值大的尽可能少。这样，每个公共因子变量尽可能包含不同的信息，不同的原始指标变量尽可能地包含在不同的公共因子变量中，从而，每个公共因子变量的含义更加明晰。

本文采用方差极大法对因子荷载矩阵进行了旋转，旋转之后，几乎每个公共因子变量都具有比较明确的经济含义。

第一个公共因子变量主要反映了社会消费品零售总额、工业总产值、第二产业生产总值、全国居民消费水平、国民生产总值、第三产业生产总值、货币供应总量和年净出口贸易总额等8个反映一个国家总体经济水平的原始指标变量的信息；第二个公共因子变量主要反映通货膨胀率的相关信息；第三个公共因子变量反映的是全社会固定资产投资增长速度的信息；第四个公共因子变量则是反映利率期限结构的状况。基本上每个原始指标变量已经被归于某一个公共因子变量中。可以说，旋转的效果还是不错的。

2. 公共因子变量的命名解释

由上面的分析可知，第一个公共因子变量主要反映一个国家总体经济水平，第二个公共因子变量主要反映通货膨胀率，第三个公共因子变量反映了全社会固定资产投资增长速度，第四个公共因子变量反映了利率期限结构。由此可以看出，风险证券的预期收益率主要与国家的总体经济水平有关，同时还与国内的通货膨胀率、全社会固定资产投资增长速度、利率期限结构这三个因素有关。统计分析表明，这四个公共因子变量都是均值为0，方差为1的随机变量，同时两两之间完全不相关。因此很适合作为APT的因素。

三、APT 的实证检验

经由以上分析，确定了国家总体经济水平、通货膨胀率、全社会固定资产投资增长速度和利率期限结构 4 个公共因子变量，并通过公共因子得分由 11 个原始指标变量 1980—2003 年的年数据计算出了这 4 个公共因子变量相应的值。为了构造套利定价模型，本文首先根据式 6－40，选取了广电电子、爱使股份、华源制药、方正科技等十只股票 1995 年到 2005 年的年收益率分别作为被解释变量，以 4 个公共因子变量相应的 1995 年到 2005 年的数据为解释变量进行了多元线性回归，得到每只股票的 a_i、b_{i1}、b_{i2}、b_{i3} 和 b_{i4}；然后根据式 6－41，以 a_i 为被解释变量，b_{ik}（$k=1, 2, 3, 4$）为解释变量再次进行多元线性回归，得到套利定价模型：

$$a_i = 0.189 - 1.051\lambda_1 + 0.2067\lambda_2 - 0.0233\lambda_3 - 0.238\lambda_4 \qquad \text{式 } 6-42$$

在式 6－40 中，我们注意到：一方面，风险证券 i 只是对通货膨胀率的敏感性为正数，即风险证券 i 对通货膨胀率的风险溢价越大，该证券的期望收益率也就越大；另一方面，风险证券 i 对国家总体经济水平、全社会固定资产投资增长速度和利率期限结构的敏感性均为负数，即风险证券 i 对通货膨胀率等的风险溢价越大，该证券的期望收益率也就越小。

为了检验本文得到的套利定价模型的效果，本文另外选取 ST 兴业、豫园商城、金杯汽车、深达声、ST 亿安等 10 只股票，利用式 6－42 对其进行定价，以模型预测值和实际平均收益率的差异作为评价模型的标准。由于 APT 只是一个近似的定价模型，应用于个别股票可能存在较大误差，所以常用来对投资组合进行定价。因此本文构造以上十只股票的简单等权组合，用 $y = \frac{1}{n}\sum_{i=1}^{n}\bar{r}r$ 预测度量误差，计算结果为 $y = 0.129$。实证检验表明，本文得到的套利定价模型 6－42 具有较好的定价效果，但仍存在 12.9% 的定价误差。本文认为可能是由于如下原因造成的：我国对宏观经济指标的统计起步较晚，很多宏观经济指标的数据不齐全，统计标准也不太一致，而且 2000 年以前的宏观经济指标基本上只有年数据，由此造成可供利用的样本数据太少。与此同时，由于宏观经济指标采用年数据，为了与之对应，股票的收益率也只能采用年数据，但我国股票市场只有 12 年左右的历史，这进一步造成样本容量最多只可能为 12。在构建 APT 时，为了尽可能地扩大样本容量，

本文只选取了有10年左右历史的股票，造成股票数目较少，类别比较单一。因此在回归分析中可能导致回归方程的显著性和拟合优度不高（本文在利用回归分析得到APT的过程中，确实发现有一些回归方程的显著性和拟合优度不高），最终导致预测结果存在较大误差。本文相信，如果有更好的样本数据，我们能够进一步减小APT的定价误差。

四、结论

本文通过引入因子分析法，对国民生产总值、全国居民消费水平、全社会固定资产投资总额、通货膨胀率、利率期限结构等11个因素进行了综合和简化，提取了4个具有明确经济意义的公共因子，分别反映了国家总体经济水平、通货膨胀率、全社会固定资产投资增长速度和利率状况。有关的统计分析说明因子分析法提取的这四个公共因子变量效果非常好。本文利用这4个公共因子变量构建了套利定价模型，并对模型进行了实证检验。实证检验表明，本文通过因子分析法进行因素筛选得到的套利定价模型具有较好的定价效果。

（孙君敏、王频："基于因子分析的套利定价模型及实证研究"，《财贸研究》，2007年第1期）

【本章阅读文献】

[1] 威廉·夏普著：《投资学》，中国人民大学出版社1998年版。

[2] FAMA E, FRENCH K. 1988. Dividend yields and expected stock returns [J]. *Journal of Financial Economics*, 22: 3 – 27.

[3] FAMA E, FRENCH K. 1996. Multifactor explanations of asset pricing anomalies [J]. *Journal of Finance*, 51: 55 – 84.

[4] LEHMANN B, MODEST D. 1988. The empirical foundations of the arbitrage pricing theory [J]. *Journal of Financial Economics*, 21: 213 – 254.

[5] ROLL R, ROSS S. 1986. Economic forces and the stock market [J]. *Journal of Business*, 59: 383 – 403.

[6] 苏萍："套利定价理论的检验及在证券组合投资决策中的应用研

究”，南京气象学院硕士学位论文2004年。

[7] 尹向飞：“套利定价理论在我国证券市场的实证研究——基于渐近主成分分析方法”，《河南金融管理干部学院学报》，2008年第1期。

[8] 杨虎：“基于套利定价理论的多因素定价模型的实证研究”，《中国现场统计研究会第12届学术年会论文集》，2005年。

[9] 张妍：“套利定价理论在中国上海股市的经验检验”，《世界经济》，2000年第10期。

【生生合作项目】

本章的理论学习内容是套利定价理论，其又是一个证券价格的均衡模型，该模型在我国资本市场的应用型如何，全部行业都适用还是部分行业适用。本次生生合作主要通过合作小组选取行业数据对套利定价理论加以验证，如果和我国证券市场吻合能否说明该模型可以广泛运用，如果不吻合是否说明该模型不准确？

合作流程：

（1）每个小组选取一个行业板块，查找该板块股票交易的详细数据资料（要求不少于20只股票，交易数据不少于3年，即排除该行业板块的新股和次新股），交易数据要求是日交易数据资料。

（2）查找与第一步所选板块交易数据时间相吻合的其他因素数据，至少包括同期的国民生产总值增长率、通货膨胀率、一年期利率三个因素，此外根据所选板块的特征，选择其他可能影响该板块股票收益率的要素，例如选择工业板块，可以考虑石油价格变化因素，选择房地产板块，可以考虑国家房产调控因素，选择金融板块，可以考虑存款准备金率因素等。

（3）综合前两流程的数据，运用前期学过的统计学知识，对板块收益率和影响板块收益率的因素进行实证分析，即进行多元统计分析，得出相应结论。

课堂讨论环节：

（1）每个小组成员阐述自己的观点，展示自己的实证过程及结论，要求以PPT形式展示。（每组大约8分钟）

（2）与合作伙伴分享你的方案。（每组2分钟）

(3) 其他小组成员认真听取该小组方案，并提出相关问题，本小组负责解释，完成一次简短辩论。(大约 5 分钟)

提交书面作业：

以小组为单位，将本次生生合作的主要过程、主要结论，本次合作的收获与不足以书面形式提交到课程网站的“课程合作”模块。

思考与练习

1. 如下是证券市场上可供投资的三种股票的期望收益和贝塔系数。此外，假设市场模型是一个有效的模型：

证券	期望收益%	因素敏感性
证券 A	10.5	1.2
证券 B	13	0.98
证券 C	15.7	1.37
市场	14.2	1

(1) 写出每种股票的市场模型；

(2) 如果 30% 投资于 A 股票，45% 投资于 B 股票，25% 投资于 C 股票，求该投资组合的收益。

(3) 假设市场的收益等于 15%，并且收益没有非系统性异动，问：

(a) 每种股票的收益是多少？

(b) 上述投资组合的收益是多少？

2. 现有两个股票市场，每个市场都受公共因素 F 的影响，其中 F 的期望值等于 0，标准差等于 10%。每个市场都有大量的证券，因此投资者可以根据自己的意愿选择股票的种数。由于限制，投资者只能投资于其中的一个市场。在这两个证券市场上的每种证券的期望收益等于 10%。

在第一个市场上，第 i 种证券的收益与 F 的关系是：

$R_{1i} = 0.10 + 1.5F + \varepsilon_{1i}$

式中 ε_{1i}—第一个市场上第 i 种证券收益的异动，其服从正态分布，且数学期望值为 0。

在第一个市场上，第 i 种证券的收益与 F 的关系是：

$R_{2j}=0.10+0.5F+\varepsilon_{2j}$

式中 ε_{2j}—第二个市场上第 j 种证券收益的异动，其服从正态分布，且数学期望值为0。

对于任意两种证券，i 和 j，ε_{1i}与 ε_{2j}之间的标准差等于20%。问：

(1) 如果第一个证券市场上的任意两种证券 i 和 j 的收益异动的相关系数等于0，第二个证券市场上的任意两种证券 i 和 j 的收益异动的相关系数也等于0，那么厌恶风险的投资者将偏好在哪一个市场投资？

(2) 如果第一个证券市场上的任意两种证券 i 和 j 的收益异动的相关系数等于0.9，第二个证券市场上的任意两种证券 i 和 j 的收益异动的相关系数也等于0.9，那么厌恶风险的投资者将偏好在哪一个市场投资？

(3) 如果第一个证券市场上的任意两种证券 i 和 j 的收益异动的相关系数等于0，第二个证券市场上的任意两种证券 i 和 j 的收益异动的相关系数也等于0.5，那么厌恶风险的投资者将偏好在哪一个市场投资？

(4) 一般而言，如果要使得厌恶风险的投资者对两个市场具有同样的偏好而投资于其中一个市场，那么两个市场的收益异动的相关系数之间的相关关系如何？

3. 假设每种证券的收益可以写作如下二因素模型：

$R_{it}=E(R_{it})+\beta_{i1}F_{1t}+\beta_{i2}F_{2t}$

式中 R_{it}—第 i 种证券在时间 t 的收益；

F_{1t}和 F_{2t}—表示市场因素，其数学期望值等于0，协方差等于0。

此外，资本市场上有4种证券，每种证券的特征如下：

证券 i	期望收益%	因素敏感性1	因素敏感性2
证券1	20	1	1.5
证券2	20	0.5	2.0
证券3	10	1	0.5
市场	10	0.5	0.75

对于这4种证券来说，没有交易费用，也没有买空，资本市场臻于完善。

(1) 建立一个包括证券1和证券2的投资组合，可以买空或卖空，但是其收益与市场因素 F_{1t} 无关。（提示：这样一个组合的贝塔系数等于0）。计算该投资组合的期望收益和贝塔系数2。

(2) 按照 (1) 的程序，建立一个包括证券3和证券4的投资组合，但是其收益与市场因素 F_{1t} 无关。计算该投资组合的期望收益和贝塔系数2。

(3) 设有一个无风险资产的期望收益等于5%，$\beta_1=0$，$\beta_2=0$。详细描述投资者可以实施的各种套利机会。

4. 基于单因素模型，两个组合 A 和 B，均衡期望收益是9.8%和11%，如果因素敏感性分别为0.8和1.0，考虑具有下列特征的两种证券的一个投资组合：

证券 i	因素敏感性	比例
证券 A	4.0	0.3
证券 B	2.6	0.7

根据套利定价理论，该组合的均衡期望收益率是多少？

5. 如果一个人相信套利定价理论是资产定价的正确理论，那么由资本资产定价模型导出的风险—收益关系就一定不正确，是这样吗，为什么？

6. 套利定价模型和资本资产定价模型的联系与区别。

7. 确定一个套利组合的三个条件是什么？

8. 为什么一个很好的分散化的套利组合的方差必然非常小？

9. 一些人认为，市场组合从来不能被测定，因此资本资产定价模型是不可检验的，另一些人认为，套利定价理论即未明确因素的书目，也未明确因素的内容，从而也是不可检验的，如果这些观点都是正确的，这意味着这些理论毫无价值吗？为什么？

10. 虽然套利定价理论没有明确因素的内容，但是多数套利定价理论的实证研究集中在某些类型的因素上，这些因素的共同特征是什么？

第 7 章
债　　券

【本章教学要求】

本章主要介绍债券定义与性质，与债券有关的各种利率，债券定价基本原理，债券利率期限结构以及债券的管理。通过这一章的学习，学生应当理解债券的性质，掌握运用债券的到期收益率的计算方法，掌握债券定价基本原理，理解债券利率期限结构的具体解释，了解债券评级相关知识，掌握债券管理中的“麦考莱久期”的概念及应用。

【教学重点与难点】

教学重点：债券到期收益率　“麦考莱久期”的应用

教学难点：债券定价原理　利率期限结构理论

【引导案例】

迪斯尼公司发行债券案例

迪斯尼公司是一家多元化经营的国际娱乐公司，其业务包括主题公园和旅游胜地、电影业以及消费品。主题公园和旅游胜地这一部分产生的收入占其总收入的40%左右，电影业约占40%，消费品占20%，迪斯尼公司1995年收购了大都会/ABC公司以及属于它的ABC电台和ABC电视台。

在1993年7月，迪斯尼公司决定增发长期债券。它的投资银行家认为，发行100年期的债券是可能的。迪斯尼公司的资本状况很稳健，它的长期负债被穆迪投资者服务公司评为A1级，被标准普尔公司评为AA级，迪斯尼公司在1993年6月30日的资本总额如表7－1所示。

表7－1 资 本 单位：百万美元

	1993年账面价值（1993年6月30日）
短期负债	503.7
长期负债	1455.5
股东收益	5169.1
资本总额	6624.6
资本总额（包括短期负债）	7128.3

它所有至1993年6月30日为止的12个月各月内利息保障如表7－2所示。

表7－2 利息保障 单位：百万美元

	至1993年6月30日为止的12个月内
息税前盈余	1640.5
利息费用	122.4
利息保障倍数	13.4

在过去几年中，利率在下降，而且接近过去20年来的最低水平。这使长期负债成为一种有吸引力的筹资方式，当时固定利率的长期债券的众多投

资者开始相信，美国已控制住了通货膨胀，长期利率不可能再回到20世纪80年代初期的那种高水平，他们认为，由于长期国债收益率（30年期债券为6.40%）与预计的通货膨胀（3%）之间的差距，按历史标准看已相对很高，所以长期利率甚至可能进一步下跌。因此，100年期限在几年前几乎不可想象的，但根据迪斯尼公司在摩根·斯坦利公司的投资银行家顾问的看法，现在是可能的。

迪斯尼公司可按表7－3的年收益率发行不可能提前赎回的长期债券（每半年支付一次利息）

表7－3

期限（年）	提供的收益率（%）
3	5.15
5	5.85
7	6.25
10	6.6
20	7.25
30	7.35
100	7.35

若迪斯尼公司发行100年期债券，它希望保留一些灵活性，以便能在到期前就赎回。摩根斯坦利公司建议迪斯尼公司发行本金数额为3亿美元的100年期债券，自发行日起30年后开始，债券可以提前偿还。利息成本为年利率7.55%，首次的提前偿债价格将是面值的103.02%，从发行日起的50年后开始，提前偿债价格将逐步下降直至面值。

案例思考

1. 选择性赎回这一特征使迪斯尼公司付出多少成本？
2. 债券的收益率和期限是什么关系？为什么会有这种关系？

债券属于固定收益证券，现在我国市场上的固定收益类产品主要有国债、中央银行票据、企业债、结构化产品和可转换债券。从存量来看国债和央行票据构成了我国固定收益类证券的主体，可转债、结构化产品以及无担保企业债也正在快速地发展。本章主要针对债券展开阐述，包括债券概述、债券属性分析、债券风险分析以及债券投资组合管理等几方面。

7.1 债券概述

7.1.1 债券的含义和票面要素

7.1.1.1 债券的含义

债券（Bonds）是政府、金融机构、工商企业等机构直接向社会借债筹措资金时，向投资者发行，承诺按一定利率支付利息并按约定条件偿还本金的债权债务凭证。债券包含四层含义：一是债券的发行人（政府、金融机构、企业等机构）是资金的借入者；二是购买债券的投资者是资金的借出者；三是发行人（借入者）需要在一定时期还本付息；四债券是债的证明书，具有法律效力。债券购买者与发行者之间是一种债权债务关系，债券发行人即债务人，投资者（或债券持有人）即债权人。

7.1.1.2 债券的票面要素

债券作为证明债权债务关系的凭证，一般用具有一定格式的票面形式来表现。通常债券票面上基本标明的内容要素有：

1. 债券的票面价值

债券的票面价值是债券票面标明的货币价值，是债券发行人承诺在债券到期日偿还给债券持有人的金额。

债券的票面价值要标明的内容主要有币种及票面的金额。票面金额大小不同，可以适应不同的投资对象，同时也会产生不同的发行成本。票面金额定得较小，有利于小额投资者，购买持有者分布面广，但债券本身的印刷及发行工作量大，费用可能较高；票面金额定得较大，有利于少数大额投资者认购，且印刷费用等也会相应减少，但使小额投资者无法参与。因此，债券票面金额的确定也要根据债券的发行对象、市场资金供给情况及债券发行费用等因素综合考虑。在证券交易无纸化进程中，部分成本例如印刷成本会逐渐下降。

2. 债券的到期期限

债券到期期限是指债券从发行之日起至偿清本息之日止的时间，也是债券发行人承诺改选合同义务的全部时间。

决定偿还期限的主要因素：资金使用方向、市场利率变化、债券变现能力。如果未来市场利率趋于降低，发行者则倾向于发行期限较短的债券，以便在将来会以更低的利率从市场融资。如果未来市场利率趋于上升，则发行者倾向与发行期限较长的债券，目的在于降低将来的筹资成本。

3. 债券的票面利率

票面利率是指债券利息和债券票面价值的比率，习惯表示为年利率。影响票面利率的因素有借贷资金市场利率水平、筹资者的资信和债券期限长短三个方面。一般来说，发行主体资信等级越高、市场资金供应比较充裕、债券还本付息期限较短则债券的票面利率可定得低一些。反之，发行主体资信等级差，市场资金供应紧张则债券票面利率需要定得高一些，例如人们常说的垃圾债券票面利率通常都很高。

4. 债券发行者名称

这一要素指明了该债券的债务主体。需要说明的是，以上4个要素虽然是债券票面的基本要素，但它们并非一定在债券票面上印制出来。在许多情况下，债券发行者是以公布条例或公告形式向社会公开宣布某债券的期限与利率。此外，债券票面上有时还包含一些其他要素，如分期偿还、选择权、附有赎回选择权、附有出售选择权、附有可转换条款、附有交换条款、附有新股认购条款等等。

7.1.2 债券的性质和特征

7.1.2.1 债券的性质

债券是债务人为筹集资金而向债权人承诺按期交付利息和偿还本金的有价证券。它只是一种虚拟资本，其本质是一种债权债务证书。债券作为一种重要的投资工具和融资手段，具有偿还性、收益性、流动性、安全性等性质。

1. 偿还性

在历史上只有无期公债或永久性公债不规定到期时间，这种公债的持有者不能要求清偿，只能按期取得利息。而其他的一切债券都对债券的偿还期限有严格的规定，且债务人必须如期向持有人支付利息。

2. 流动性

它是指债券能迅速和方便地变现为货币的能力。目前，几乎所有的证券营业部或银行部门都开设有债券买卖业务，且收取的各种费用都相应较低。如果债券的发行者即债务人资信程度较高，则债券的流动性就比较强。

3. 安全性

它是指债券在市场上能抵御价格下降的性能，一般是指其不跌破发行价的能力。债券在发行时都承诺到期偿还本息，所以其安全性一般都较高。有些债券虽然流动性不高，但其安全性较好，因为它们经过较长的一段时间后就可以收取现金或不受损失地出售。虽然如此，债券也有可能遭受不履行债务的风险及市场的风险。前一种风险是指债券的发行人不能充分和按时支付利息或偿付本金的风险，这种风险主要决定于发行者的资信程度。一般来说，政府的资信程度最高，其次为金融公司和企业。市场风险是指债券的市场价格随资本市场的利率上升而下跌，因为债券的价格是与市场利率呈反方向变动的。当利率下降时，债券的市场价格便上涨；当利率上升时，债券的市场价格就下跌。而债券距离到期日越远，其价格受利率变动的影响越大。

4. 收益性

债券的收益性是指获取债券利息的能力。因债券的风险比银行存款要大，所以债券的利率也比银行高，如果债券到期能按时偿付，购买债券就可以获得固定的、一般是高于同期银行存款利率的利息收入。

7.1.2.2 债券的特征

1. 债券属于有价证券

一方面，债券反映和代表一定的价值。债券本身有一定的面值，通常它是债券投资者投入资金的量化表现。同时，持有债券可按期取得利息，利息也是债券投资者收益的价值表现。另一方面，债券与其代表的权利联系在一起，拥有债券也就拥有了债券所代表的权利，转让债券也就将债券代表的权利一并转移。

2. 债券是一种虚拟资本

尽管债券有面值，代表了一定的财产价值，但它也只是一种虚拟资本，而非真实资本。因为债券的本质是证明债权债务关系的证书，在债权债务关系建立时所投入的资金已被债务人占用，因此，债券是实际运用的真实资本的证书。债券的流动并不意味着它所代表的实际资本也同样流动，且债券是独立于实际资本之外的。

3. 债券是债权的表现

债券代表债券投资者的权利，这种权利不是直接支配财产，也不以资产所有权表现，而是一种债权。拥有债券的人是债权人，债权人不同于财产所有人。以公司为例，在某种意义上，财产所有人可以视作公司的内部构成分子，而债权人是与公司相对立的。债权人除了按期取得本息外，对债务人不能进行其他任何干预。

7.1.3 债券与股票的比较

7.1.3.1 债券和股票的联系

股票是股份公司发给投资者作为投资入股的所有权凭证，购买股票者就成为公司股东，股东凭此取得相应的权益，并承担公司相应的责任与风险。由此可看出，债券与股票同为有价证券，是一种虚拟资本，是经济运行中实际运用的真实资本的证书，都能起到募集社会资金，将闲散资金转化为生产和建设资金的作用。同时，股票和债券都可以在市场上流通，投资者通过投资股票和债券都可获得相应的收益。

7.1.3.2 债券和股票的区别

1. 筹资的性质不同

债券的发行主体可以是政府、金融机构或企业（公司）；股票发行主体只能是股份有限公司。

债券是一种债权债务关系证书，反映发行者与投资者之间的资金借贷关系，投资者是债权人，发行债券所筹集的资金列入发行者的负债；而股票是一种所有权证书，反映股票持有人与其所投资的企业之间所有权关系，投资者是公司的股东，发行股票所筹措的资金列入公司的资本（资产）。

由于筹资性质不同，投资者享有的权利不同。债券投资者不能参与发行单位的经营管理活动，只能到期要求发行者还本付息；股票持有人作为公司的股东，有权参加股东大会，参与公司的经营管理活动和利润分配，但不能从公司资本中收回本金，不能退股。

2. 存续时限不同

债券作为一种投资是有时间性的，从债券的要素看，它是事先确定期限的有价证券，到一定期限后就要偿还。股票是没有期限的有价证券，企业无需偿还，投资者只能转让不能退股。企业惟一可能偿还股票投资者本金的情况是，如果企业发生破产，并且债务已优先得到偿还，根据资产清算的结果投资者可能得到一部分补偿。相反的，只要发行股票的公司不破产清算，那么股票就永远不会到期偿还。

3. 收益来源不同

前面已经讲过，债券投资者从发行者手中得到的收益是利息收入，债券利息固定，属于公司的成本费用支出，计入公司运作中的财务成本。在进行债券买卖时，投资者还可能得到资本收益。对于大多数债券来说，由于在它们发行时就会定下在什么时间以多高的利率支付利息或者偿还本金，所以，投资者在买入这些债券的同时，往往就能够准确地知道，如果自己持有债券到期的话，未来受到现金的时间和数量。相反，卖出这些债券的投资者也会清楚地了解，由于卖出债券而放弃的未来现金收入。由于这一原因，债券投资一直深受固定收入者的喜爱，如领退休金者、公务员等等。

股票投资者作为公司股东，有权参与公司利润分配，得到股息、红利，股息和红利是公司利润的一部分。在股票市场上买卖股票时，投资者还可能得到资本收益。事实上，股票投资者中很大一部分投资的目的并不是着眼于得到股息和红利收入，而是为了得到买卖股票的价差收入，即资本收益。

而且，有过投资股票经历的投资者大都会体会到股票投资的最大特点，就是其价格和股息的不确定性，这也是股票投资的魅力之一。由于股息取决于股份公司的获利情况，这是投资者所无法控制的。而且就算公司获得盈利，是否进行分配也需要召开股东大会来决定，未知因素很多，因此股票价格波动比较频繁。

4. 价值的回归性（recursive）

债券投资的价值回归性，是指债券在到期时，其价值往往是相对固定的，不会随市场的变化而波动。例如对于贴现债券来说，其到期价值必然等于债券面值；而到期一次还本付息债券的到期价值，必然等于面值加上应收利息。

但是股票的投资价值依赖于市场对相关股份公司前景的预期或判断，其价格在很大程度上取决公司的成长性，而不是其股息分配情况。我们经常可以看到，一个股息支付情况较好的公司，其市盈率也较低。而且从理论上讲，一只股票的价格可以是0到正无穷大之间的任意值。

股票投资的价格计算基于市盈率和该支股票的每股收益，而债券投资的价格计算则是基于该支债券的未来各期现金流以及相对应的贴现率。

5. 风险性不同

无论是债券还是股票，都有一系列的风险控制措施，如发行时都要符合规定的条件，都要经过严格的审批，证券上市后要定期并及时发布有关公司经营和其他方面重大情况的信息，接受投资者监督。但是债券和股票作为两种不同性质的有价证券，其投资风险差别是很明显的。且不说国债和投资风险相当低的金融债券，即使是公司（企业）债券，其投资风险也要比股票投资风险小得多。主要原因有两个：

（1）债券投资资金作为公司的债务，其本金和利息收入有保障。企业必须按照规定的条件和期限还本付息。债券利息作为企业的成本，其偿付在股票的股息、红利之前；利息数额事先已经确定，企业无权擅自变更。一般情况下，债券的还本付息不受企业经营状况和盈利数额的影响，即使企业发生破产清算的情况，债务的清偿也先于股票。

股票投资者作为公司股东，其股息和红利属于公司的利润。因此，股息与红利的多少事先无法确定，其数额不仅直接取决于公司经营状况和盈利情况，而且还取决于公司的分配政策。如果企业清算，股票持有人只有待债券持有人及其他债权人的债务充分清偿后，才能就剩余资产进行分配，很难得到全部补偿。

（2）债券和股票在二级市场上的价格同样会受各种因素的影响，但两者波动的程度不同。一般来说，债券由于其偿还期限固定，最终收益固定，因此其市场价格也相对稳定。二级市场上债券价格的最低点和最高点始终不会远离其发行价和兑付价这个区间，价格每天上下波动的范围也比较小，大

都不会超过5元。正因为如此，债券“炒作”的周期要比股票长，“炒作”的风险也要比股票小得多。

股票价格的波动比债券要剧烈得多，其价格对各种“消息”极度敏感。不仅公司的经营状况直接引起股价的波动，而且宏观经济形势、市场供求状况、国际国内形势的变化，甚至一些空穴来风的“小道消息”也能引发股市的大起大落，因此股票市场价格涨落频繁，变动幅度大。这种特点对投机者有极大的吸引力，投机的加剧又使股市波动加剧。因此，股票炒作的风险极大，股市也成为“冒险家的乐园”。

联系股票投资的风险性，我们来谈谈股票投资的收益。高风险应当是与高收益联系在一起的，因此，从理论上说，投资股票的收益也应当比投资债券收益高。但这是从市场预期收益率来说的，对于每个投资者则不尽然，特别是在我国股市尚不成熟的情况下。

7.1.4 债券的种类

可以将债券从不同的角度进行分类，得到不同品种的债券。一些常见的分类及相应的类型如下。

7.1.4.1 按发行主体不同分

债券按发行主体不同分为政府债券、金融债券和企业债券。

1. 政府债券

政府债券分为国债和地方政府债券。中央政府发行的债券称为国债。政府发行债券为了筹集经济建设资金，或为了弥补预算、平衡财政收支差额、调节市场货币供给量。它具有安全性高、税收优惠、流动性强等特点，使之成为金融市场最优良的无风险债券。对投资者来说，政府债券是以政府的税收能力作为还本付息的担保，所以安全性高。同时，利息收入免缴所得税，所以很有吸引力。

国债是目前我国债券市场上发行量最大、流动性最好、风险最低的债券。从债券形式来看，我国发行过的国债有无记名（实物）国债、凭证式国债、记账式国债和定向国债四种。无记名国债是一种实物债券，以实物券的形式记录债权，面值不等，不记名、不挂失，可上市流通；凭证式国债是一种国家储蓄债券，通过银行发行，可挂失，记录债权，不能上市流通；记账式国债以记账形式记录债权，通过采用无纸化形式发行和交易，可以记名、挂失；定向国债是国家为筹集建设资金、加强社会保险基金的投资管理，主要向养老保险基金、待业保险基金及其他社会保险基金定向募集的债券，称为“特种定向债券”。目前，我国债券交易市场上仅有凭证式国债和记账式国债，其中记账式国债在银行间债券市场、交易所债券市场和商业银行均可流通。

在不少国家，不仅中央政府可以发行债券，有财政收入的地方政府和地方公共机构也可以发行债券，称为地方政府债券。地方政府债券一般用于交通、通讯、住宅、教育、医院和污水处理系统等地方性公共设施的建设。

【小资料】

上市债券的编码规则

深、沪证券交易所上市国债品种一样，但其编码各有规则。

深交所国债现货的证券编码为：“1019＋年号（1位数）＋当年国债发行上市期数（1位数）”，证券简称为“国债＋相应证券编码的后三位数”；但自2001年十五期国债开始，深市国债现货证券编码为10****，中间2位数字为该期国债的发行年份，后2位数字为其顺序编号。

上交所国债现券代码为01****，中间2位数字为该国债的发行年份，后2位数字为其顺序编号；2000年以前国债现券代码00****。

如深市国债101998，就代表1998年发行的第8期国债，证券简称为“国债998”。沪市国债009908就代表1999年发行的第8期国债，证券简称为“99国债［8］”。虽然是同一品种的国债，但两者的证券编码是不一样的。

2. 金融债券

金融债券是由银行或非银行金融机构发行的债务凭证。由于各国法律规定和金融体系特点不同，对于金融机构发行的债券归类也不同。在欧美国

家，金融机构发行的债券归类于公司债券。在我国及日本等国家，金融机构发行的债券称为金融债券。由于金融机构的资信程度高于一般工商企业，因此金融债券具有较高的流动性和安全性。金融债券能够有效地解决银行等金融机构的资金来源不足和期限不匹配的矛盾。一般来说，银行等金融机构的资金有三个来源：吸收存款、向其他机构借款和发行金融债券。存款资金的特点是在经济发生动荡的时候易发生挤兑现象，造成资金来源不稳定；向其他商业银行或中央银行借款所得的资金主要是短期资金，而金融机构往往需要进行一些期限较长的投资，这样就出现了资金来源和资金运用在期限上的矛盾；发行金融债券比较有效地解决了这个矛盾。债券在到期之前，一般不能提前兑换，只能在市场上转让，从而保证了所筹集资金的稳定性。因此，发行金融债券可以筹措到稳定且期限灵活的资金，有利于银行优化资产结构。我国目前的金融债券主要是由国家开发银行、中国农业发展银行、中国进出口银行等政策性银行发行的政策性金融债券，其发行对象是邮政储汇局、国有商业银行、区域性商业银行、城市商业银行（城市合作银行)、农村信用社等金融机构。这些政策性金融债券都在银行间债券市场发行和交易。

3. 企业债券

企业债券也叫公司债券，是股份制公司依照法定程序发行，承诺在一定时间按票面载明的本金、利息予以偿还的债券。由于企业以本身的经营利润作为还本付息的保证和资金来源，因此企业债券风险与企业本身的经营状况直接相关。任何一家公司的未来经营都存在很大的不确定性，因此公司债券的投资者承担着损失利息甚至本金的风险。公司债券的利率一般高于政府债券和金融债券。但是，我国1993年发布的《企业债券管理条例》规定，企业债券的利率不得高于银行相同期限居民储蓄定期存款利率的40%。

在我国，有三类企业可以发行企业债券：股份有限公司、由两个以上国有投资主体投资兴建的有限责任公司、国有独资公司。企业债券的利率高，但风险也较大。所以，企业发行债券时，发行公司要参与信用评级，对发债企业进行严格的资格审查或要求公司发债时用财产作抵押，以保护投资者的利益。

【小资料】

我国自1984年开始发行企业债券，但其规模一直很小，直至2005年才有所改观，表7-4是2000—2008年国债和企业债发行数量对比。

表7-4 单位：亿元

	国债发行额	企业债券发行额
2000	4657	
2001	4884	147
2002	5934	83
2003	6280.1	358
2004	6923.9	327
2005	7042	2046.5
2006	8883.3	3938.3
2007	23139.1	5058.5
2008	8558.2	8435.4

资料来源：根据各年《中国统计年鉴》整理所得。

7.1.4.2 按收益方式分

债券按收益方式分为固定利率债券、浮动利率债券、累进利率债券、贴息债券、附息债券、转换公司债券和附权债券等。

1. 固定利率债券

固定利率债券是指在发行时规定利率在整个偿还期内不变的债券。债券未到期前利率不随市场利率的波动而变化。

固定利率债券不考虑市场变化因素，因而其筹资成本和投资收益可以事先预计，不确定性较小，但债券发行人和投资者仍然必须承担市场利率波动的风险，如果未来市场利率下降，发行人能以更低的利率发行新债券，则原来发行的债券成本就显得相对高，继而投资者则获得了相对于当时市场利率更高的报酬，原来发行的债券价格将上升；反之，如果未来市场利率上升，新发行债券的成本增大，则原来发行债券的成本就显得相对较低，而投资者的报酬则低于购买新债券的收益，原来发行的债券价格将下降。

2. 浮动利率债券

浮动利率债券是指债券利率可随市场利率变动而调整。由于债券利率随市场利率浮动，所以，采取浮动利率债券形式可以避免债券的实际收益率与

市场收益率之间出现任何重大差异，使发行人的成本和投资者的收益与市场变动趋势相一致。为了吸引投资者，有的浮动利率债券规定了利率下限，当市场利率低于下限水平时，仍按下限利率计息。

浮动利率债券往往是中长期债券，其利率通常根据市场基准利率加上一定的利差来确定。美国浮动利率债券的利率水平主要参照3个月期限的国债利率，欧洲则主要参照伦敦同业拆借利率（LIBOR）。我国已发行上市的浮动利率国债则是在银行储蓄利率基础上加计一定利差。

3. 累进利率债券

累进利率债券根据债券期限长短规定不同等级利率，期限越长，利率越高。随着时间的推移而递增。

4. 贴息债券

贴息债券指以债券面额为基础，将债券利息用贴现方式先行扣除，以低于面额的价格发行，到期按面额偿还的债券。这样，可使投资者在开始购买债券时就得到折扣的好处，提前得到利息收入。

5. 可赎回债券

可赎回债券指债券发行人发行一种附有可赎回条款的债券，在债券未到期之前，可随时提前偿还债券本金。这样的做法对投资者不利，因此，发行人的赎回价格常高于券面面额。

6. 永久债券

永久债券也叫不还本债券或利息债券，是指由政府机构发行的不规定还本日期，仅按期支付利息的公债。当国家财政较为宽裕时，可以通过证券市场将这种债券买回注销。此外，还有永久公司债券，债券持有人除因公司破产或有重大债务不履行等情况外，一般不能要求公司偿还，而只是定期获得利息收入。实际上，这种债券已基本上失去了一般债券的性质，而具有股票的某些特征。

7. 附权债券

也称附新股认购权公司债券，附权债券在发行时就明确了债券持有者有权要求发行公司以原来约定的价格提供新股的认购权。与可转换公司债券不同的是，附权债券在其债权人行使新股认购权后，债券本身依然存在。

认股权证由上市公司发行，给予持有权证的投资者在未来某个时间或某一段时间内，以事先确认的价格购买一定量该公司股票的权利。权证表明持有者有权利而无义务。若到时公司股票价格上涨，超过认股权证所规定的认购价格，权证持有者可以按认购价格购买股票，赚取市场价格和认购价格之间的差价；若到时市场价格比约定的认购价格还低，权证持有者可放弃认购。从内容上看，认股权证实质上就是一种买入期权。

7.1.4.3　按发行方式分

债券按发行方式分为公募债券和私募债券两类。

1. 公募债券

公募债券是指经证券管理部门批准，不限定投资对象，公开向社会公众发行的债券。公募债券的发行一般要经过认定的证券评级机构对债券进行信用评级，并实行信息公开制度，以保护广大投资者利益。它一般由证券中介机构包销后，可以公开上市转让买卖。发行者一般有较高的信誉，而发行公募债券又有助于提高发行者的信用度。

2. 私募债券

私募债券是指只向少数与发行者有特定关系的机构投资者发行的债券。发行这种债券，不必提供有关经济状况资料。由于它发行范围窄、发行量较少，转让受到一定限制，流动性差，但利率一般高于公募债券，投资者多是机构投资者。例如，日本对私募债券的转让规定：日元债券在发行后的两年内不得转让；债券仅限于在同行业投资者之间转让；债券转让须事先取得发行者的同意。私募债券一般由发行者直接销售给特定的机构投资者，不用中介机构包销。

7.1.4.4　按有无抵押分

债券按有无抵押分为无抵押债券和抵押债券两种。

1. 无抵押债券

无抵押债券指债券的发行人依靠自身或他人的信誉，不用任何资产作抵押而发行的债券。

无抵押债券又分为第三者信用担保债券和自身信用债券。第三者担保债券是指债券发行人在自身信誉不高情况下，由第三者给予担保，债券发行人如到期不能还本付息时，有关债务就由第三方担保人承担偿还。自身信用债券指债券发行人没有任何担保、抵押而完全凭自身信用发行的债券。通常政府、金融机构、信誉好的大公司发行的债券可以凭自身信用发行。

2. 抵押债券

抵押债券指债券的发行人以其自有并具有自主处理权的房地产、机器设备、股票等作为抵押物而发行的债券。如果发债人到期不能还本付息时，债

权人有权对所抵押的资产作处理，所以，一般抵押资产的现行价值要高于债券发行总额。

7.1.4.5 按是否记名分

债券按是否记名分为记名债券和不记名债券两种。

1. 记名债券

记名债券指在债券票面上标明债权人姓名，同时在发行公司的名册上登记的债券。这种债券在转让时除要交付票券外，还要在债券上背书和在公司名册上更换债权人姓名，投资者要凭印鉴或签名才能领取债券本息。它的优点是比较安全，缺点是手续繁杂，所以流动性差。

2. 不记名债券

债券上面不记载投资者姓名，转让时无需进行背书登记，本金和利息都是到期见票即付。不记名债券的优点是转让方便，流动性强，缺点是遗失毁损时，不能挂失、补发，安全性差。

7.1.4.6 按发行地区、币种分

债券按发行地区及币种可分为国内债券和国际债券两种。

1. 国内债券

国内债券是由本国政府、银行、公司等机构用本国货币计价发行的债券。

2. 国际债券

国际债券是由一国政府、银行、公司在其国境外，在国际金融市场上以某种外币计值发行的债券。

国际债券又分为外国债券和欧洲债券。外国债券是指发债人在本国以外的国家发行，以发行所在国的货币为面值的债券。如澳大利亚政府在日本发行的以日元标明面值的政府债券就属于外国债券。外国债券的主要品种包括扬基债券、武士债券与龙债券等。扬基债券是美国以外的政府、金融机构、工商企业和国际组织在美国国内市场发行的，以美元为计值货币的债券；武士债券是日本以外的政府、金融机构、工商企业和国际组织在日本国内市场发行的以日元为计值货币的债券。如1982年1月，中国国际信托投资公司在日本东京发行的100亿日元债券就是武士债券；龙债券是以非日元的亚洲国家或地区货币发行的外国债券。欧洲债券指发债人在债券票面货币发行国以外的国家或在该国的离岸金融市场发行的债券。如中国政府在英国和其他欧洲、亚洲国家（除美国之外）发行的美元债券，就属于欧洲债券。欧洲债券的发行人、发行地以及面值货币分别属于3个不同的国家。欧洲债券产生于20世纪60年代，是随着欧洲货币市场的形成而兴起的一种国际债券。欧洲债券自产生以来，发展十分迅速。目前在国际债券市场上，欧洲债券所占比重远远超过了外国债券。

7.1.4.7 按偿还本金的方式分

债券按偿还本金的方式分为一次偿还债券、分期偿还债券、延期偿还债券、基金偿还债券、可赎回债券和永久债券六种。

1. 一次偿还债券

一次偿还债券指债券发行人在债券到期后，将应付投资者本金、利息一次性还清的债券。

2. 分期偿还债券

分期偿还债券指债券发行后，发债人通过一段时间分批偿还投资者的本金、利息，以避免一次集中偿还所产生的资金压力。分期偿还一般采用抽签方式或按照债券号数的次序进行。此外，还可以用购买方式在市场上购回部分债券，作为每期应偿还的债券。

3. 延期偿还债券

延期偿还债券指债券发行人延长原规定偿还本金日期的债券。一种情况是债券到期发行人无力偿还，也不能借新债还旧债，在征得投资者同意情况下延期偿还；另一种情况是按发行人规定，投资者有权根据发行人提出的新利率，要求发行人把偿还期延期到某一特定时间。这种债券一般期限较短，投资者可以要求多次延期。

4. 基金偿还债券

基金偿还债券指债券发行人按债券合同要求在债券上注明设立偿债基金，每年从公司盈余中按发行总额提取一定数量资金作偿债基金，定期存入信托机构，以保证到期偿还本息的债券。由于这种债券对投资者有较可靠的还款保证，因此很有吸引力。而且，这种债券也具有可以提前偿还的性质，即按市场价格的变动情况决定偿还或购回，所以对发行者也是有利的。

5. 可赎回债券

可赎回债券指债券发行人发行一种附有可赎回条款的债券，在债券未到期之前，可随时提前偿还债券本金。这样的做法对投资者不利，因此，发行人的赎回价格常高于券面面额。

6. 永久债券

永久债券也叫不还本债券或利息债券，是指由政府机构发行的不规定还本日期，仅按期支付利息的公债。当国家财政较为宽裕时，可以通过证券市场将这种债券买回注销。此外，还有永久公司债券，债券持有人除因公司破产或有重大债务不履行等情况外，一般不能要求公司偿还，而只是定期获得利息收入。实际上，这种债券已基本上失去了一般债券的性质，而具有股票的某些特征。

7.1.4.8 按偿还期限长短分

债券按偿还期限长短可以分为长期债券、中期债券和短期债券三种。

各国对债券期限划分标准有所不同。一般说来，偿还期限在10年以上的债券为长期债券；偿还期限在1年以下的债券为短期债券；期限在1年或1年以上、10年以下的为中期债券。

我国国债的期限划分与上述标准相同，但我国企业债券的期限划分与上述标准有所不同。短期企业债券的偿还期限在1年以内，偿还期限在1年以上5年以下的为中期企业债券，偿还期限在5年以上的为长期企业债券。

【小资料】

其他固定收益证券的品种

固定收益证券也称为债务证券，是指持券人可以在特定的时间内取得固定的收益并预先知道取得收益的数量和时间。固定收益证券是一大类重要金融工具的总称，其主要代表是国债、公司债券、资产抵押证券等。

虽然同为固定收益证券，但是不同的产品结构和属性决定了它们不同的风险和收益。按照我国现在已有的固定收益证券的品种，可以把它们简单地分为4类：

其一，信用风险可以忽略的债券，包括国债，央行票据，金融债和有担保企业债；

其二，无担保企业债，包括短期融资券和普通无担保企业债；

其三，混合融资证券，包括可转换债券和分离型可转换债券；

其四，结构化产品，包括信贷证券化，专项资产管理计划和不良贷款证券化。

7.2 债券价格与收益

7.2.1 与债券相关的利率

利率本质上是对出让资金使用权的回报，是资金使用权的价格。我们在日常生活中及经济文献中常要碰到关于利率的名词，但在不同场合，所指利率往往含义不一，视具体情况而定。

为了严格区分各种利率，有必要确定三个日期：

定约日期 t_0：指借贷双方商定借款的日期；

借出货币日期 t_1：指实际借出货币的日期；

收回借款日期 t_2：指实际收回借款的日期。

严格来说，表示利率应同时标明这三个日期，一般利率用 i 表示，严格正确标记法为：$i_{t_0t_1t_2}$。为了简便起见，本章一律假设 $t=0$，这样并不影响分析问题，利率简单记作：$i_{t_1t_2}$，它表示这笔贷款在 t_0 时期签约，实际贷出时期为 t_1，收回时期为 t_2。

下面具体介绍几种最普遍常见的利率。

7.2.1.1 即期利率

若借款者和投资者商定，借款者也即债券发行人将在未来某一时刻一次连本带利偿还所有款项，投资者所获得的收益称之为即期利率（spot rates）。一般来说，t 年期的即期利率记为 i_{0t}。例如，某债券初始价格为 797.19 元。规定两年后还清债券面值 1000 元，设即期利率为，则有：

$$797.17=\frac{1000}{(1+i_{02})^2} \qquad \text{式 7-1}$$

解得：$i_{02}=12\%$

美国财政部债券（Treasury Bill）即属此类债券。这种债券期限均不超过一年，拍卖时对债券打折扣出售，期终时刻按面值一次还清，债券只标明本金金额，而不附有息票（coupon），债券出售时所打的折扣就算是利息。这种债券比较典型和普遍，在现代金融研究中称其为纯贴现债券（pure discount bond），以后将简称为 PDB 债券。

7.2.1.2 远期利率

若借款者和投资者现在签订一个合约，规定资金在第 t_1 年借出，在第 t_2 年偿还，借款的利率在合约上规定，这个利率就是远期利率（forward rates）。一般来说，从 t_1 到 t_2 的远期利率记为 $i_{t_1t_2}$。

显然，远期利率是借贷合约规定的利率，并且该合约的订立日期和直正实施日期是不同的，一般来说，合约在订立一年或更长时间后才实施。例如一笔贷款现在订立合同，规定一年后贷出 797.19 元，第三年共收回本金 1000 元，故这笔贷款在借出承担的利率称为远期利率为 i_{13}。

$$(1+i_{13})^2=\frac{1000}{797.19} \qquad \text{式 } 7-2$$

解得：$i_{13}=12\%$

远期利率也可以从即期利率计算出来。若 t_1 年期的即期利率为 i_{0t_1}，t_2 年期的利率 i_{0t_2}，则我们可以计算出 t_1 到 t_2 的远期利率 $i_{t_1t_2}$。

不妨设初始投资为 A，则 t_2 年后为 $Ai_{0t_2}{}^{t_2}$，于是有：

$$A\ (1+i_{0t_2})^{t_2}=A\ (1+i_{0t_1})^{t_1}\ (1+i_{t_1t_2})^{t_2-t_1} \qquad \text{式 } 7-3$$

解得：$i_{t_1t_2}=\left[\dfrac{(1+i_{0t_2})^{t_2}}{(1+i_{0t_1})^{t_1}}\right]^{\frac{1}{t_2-t_1}}-1$

例如，若已知两年期即期利率为 12%，一年期即期利率 11%，则第二年开始后的一年期的远期利率 i_{12}。

设想初始投资为 A，则两年后为 $A\ (1.12)^2$，于是有：

$$A\ (1.12)^2=A\ (1+1.11)\ (1+i_{12}) \qquad \text{式 } 7-4$$

解得：$i_{12}=13\%$

以上所讨论的即期利率和远期利率都为一次性偿付，都属于 PDB 债券类，所区别之处在于订立合约和真正实施之间的时间距离，即即期利率的时间距离为零，远期利率则不为零。

7.2.1.3 本期利率

债券的年利息收益除以其价格，即为本期利率（current yield）。

例如，某债券每半年可获得 50 元的利息，而其成本为 800 元，则其本期利率为：

$$\frac{50 \times 2}{800} = 12.5\%$$

我们在金融报刊上常看到的“利率”就是指“本期利率”。对于像美国财政部债券之类的无附息的 PDB 债券，由于其没有息票，故其本期利率为零。

7.2.1.4 到期收益率

到期收益率（yield to maturity）是引用最多的一种收益率，它是自投资者购买债券之日起直至债券到期还本为止的平均复回报率。到期收益率是承诺收益，就是说投资者完全地和适时地收到发行者承诺的所有现金流，因此到期收益率是使债券的未来现金流量现值恰好等于该种债券的发行价格的贴现率。用数学式表示，它是下列方程中 i 的值（也就是说，它是这种债券的内部收益率）。

$$P = \sum_{t=1}^{T} \frac{C_t}{(1+i)^t} + \frac{PV}{(1+i)^T} \qquad \text{式 } 7-5$$

其中：

C_t 表示每期支付的利息；

T 表示时期数；

PV 表示债券的面值（到期时支付的金额）；

P 表示债券的当前的市场价格。

例如，若某息票债券的面值为 1000 元，从现在起每年的利息收入为 100 元，3 年到期，到期时支付债券的面值 1000 元，现在市场中该债券的出售价格为 900 元，则其到期收益率 i 满足下式：

$$900 = \frac{100}{1+i} + \frac{100}{(1+i)^2} + \frac{100}{(1+i)^3}$$

解得：$i = 14.3\%$

实际中绝大多数债券是每半年支付一次利息，设每半年获利息 50 元，共 3 年，到期收回本金 1000 元，则有：

$$900 = \frac{50}{1+\frac{i}{2}} + \frac{50}{(1+\frac{i}{2})^2} + \cdots\cdots \frac{50}{(1+\frac{i}{2})^5} + \frac{50+100}{(1+\frac{i}{2})^6}$$

解得：$i = 14.2\%$

对于PDB债券来说，由于没有息票，其到期收益率和即期利率是一样的。对于投资者来说，到期收益率是他一直持有债券直至到期日的收益，并且假设其每次利息收入都按到期收益率重新投资直至到期日。

7.2.1.5 实现复利收益

我们已经知道，投资者只有将每个息票收入以债券的到期收益率进行再投资才能获得到期收益。当投资者以不同于到期收益率的利率将息票收入进行再投资时，得到的收益称为实现的复利收益（realized compound yield）。如果再投资的利率大于债券的到期收益率，则实现的复利收益大于到期收益；相反，如果再投资的利率小于到期收益率，则实现的复利收益小于到期收益。

为了说明实现复利收益的计算，我们假设一位具有三年期投资期限的投资者正在考虑购买一张20年期、息票利率为8%、面值为1000元的债券，现时价格为828.40元。这张债券的到期收益率为10%。这位投资者预期：他能够按6%的年利率把息票利息收入进行再投资，并且在计划投资期限结束时，那张17年期的债券将可以以7%的到期收益率售出。下面我们来计算这张债券的实现复利收益。

由于再投资年利率为6%，假设半年付息一次，我们可计算出息票收入与利息的再投资收入的和。息票收入每半年40元（即1000×4%），在投资期限内总共支付6次，则息票收入与利息的再投资收入的和为：

$$40(1+3\%)^5+40(1+3\%)^4+40(1+3\%)^3+40(1+3\%)^2+40(1+3\%)+40=258.74\text{（元）}$$

由于3年以后17年期债券的到期收益率为7%，故3年后该债券的出售价格可以通过确定34次40元息票收入的现值加上3.5%贴现的1000元到期价值的现值来求出，即：

$$\sum_{t=1}^{34}\frac{40}{(1+3.5\%)^t}+\frac{1000}{(1+3.5\%)^{34}}=1098.51\text{(元)}$$

由于投资者持有这张债券直到到期期限所获得的收益包括投资期限内的利息收入、利息的再投资收入和期限结束时债券的价值，因此投资者在投资期限内的总收益为258.74+1098.51=1357.25（元）

现在我们可以计算投资期限内每半年的实现复利收益

$$\left(\frac{1357.25}{828.40}\right)^{\frac{1}{6}}-1=8.58\%$$

最后，8.58%乘以2得出17.16%，即为3年投资期限内的实现复利收益。

7.2.1.6 赎回收益

某些债券附有早赎条款，也就是在到期之前可能被赎回。对于这样的债券来说，通常用赎回收益（call yield）来测算收益。用于计算赎回收益的现金流量，就是如果这种债券在其第一个赎回日被赎回将会造成的现金流量。赎回收益是使现金流量的现值等于债券在第一个赎回日被赎回情形下的债券价格的贴现率。

从数学上看，赎回收益可以表示为：

$$P = \sum_{1}^{n} \frac{C_t}{(1+y)^t} + \frac{CP}{(1+y)^n} \qquad \text{式 7-6}$$

其中：

P 表示债券市价；

$2y$ 表示第一次赎回时的赎回收益；

n 表示直到第一个赎回日的时期数（年数的2倍）；

CP 表示赎回价格；

$2C_t$ 表示息票利率。

为了说明赎回收益的计算，我们来分析一张18年期、息票利率为11%、现在价格为1168.97元、面值为1000元的债券。假设第一个赎回日为从现在算起13年后，并且赎回价格为1055元。如果在13年后被赎回，这张债券的现金流量为每6个月支付55元的26次利息支付和从现在算起26个利息支付时期后的1055元。通过式7-6就可以求出 y 的值为4.5%。因此，该债券的赎回收益为9%。

7.2.1.7 连续复利

计算一笔投资的收益率，用不同的复利计算期可以使计算结果不一致。设：r 表示年利率，n 表示一年中计算复利的次数，则实际利率 r_e 就可以通过下列方程进行计算。

$$(1+\frac{r}{n})^n = 1 + r_e \qquad \text{式 7-7}$$

例如，设某银行宣布10年期存款的每年利息率为7.75%。

若银行每半年支付一次利息，对7.75%的年利率按每半年计算一次复利可得：

$$(1+\frac{0.075}{2})^{2}-1=0.079$$

则实际年利率为7.9%。

若银行每季度支付一次利息，按每季度计算一次复利可得：

$$(1+\frac{0.075}{4})^{4}-1=0.07978$$

则实际年利率为7.978%。

其他不同的复利计算期可以依此类推。随着复利计算期限的不断缩短，计算复利的次数（n）就会不断增加，实际利率 r_e 也会不断增加。

根据微积分学中的极限理论，可以证明当 n 不断增加时，$(1+\frac{r}{n})^{n}$ 的极限值就会不断趋近于 e^{r}，在本例中 $e^{0.0775}=1.0806$，这说明实际年利率为8.06%。

我们可以从上面这个例子中归纳出连续复利计算的一般公式。设年度利率为 r，连续计算复利，t 年以后 P 元投资将增加为 F_t 元，则 P、r 和 F_t 之间的关系如下：

$$Pe^{rt}=F_t \quad \text{式 7-8}$$

同理，按照年利率 r 连续计算复利，t 年后可以收回 F_t 的现值为：

$$P=\frac{F_t}{e^{rt}} \quad \text{式 7-9}$$

因此，如果将即期利率看做是连续计算复利的年度利率，则贴现因子可以计算如下：

$$d_t=\frac{1}{e^{rt}} \quad \text{式 7-10}$$

以上三个公式可以用来计算包括分数在内的任何 t 值（例如，如果 F_t 在2.5年收回，则 $t=2.5$）。

【小资料】

上海银行间同业拆放利率基础知识

上海银行间同业拆放利率（Shanghai Interbank Offered Rate，简称Shibor），以位于上海的全国银行间同业拆借中心为技术平台计算、发布并命名，是由信用等级较高的银行组成报价团自主报出的人民币同业拆出利率计算确定的算术平均利率，是单利、无担保、批发性利率。

目前，对社会公布的Shibor品种包括隔夜、1周、2周、1个月、3个月、6个月、9个月及1年。Shibor报价银行团现由16家商业银行组成。报价银行是公开市场一级交易商或外汇市场做市商，在中国货币市场上人民币交易相对活跃、信息披露比较充分的银行。中国人民银行成立Shibor工作小组，依据《上海银行间同业拆放利率（Shibor）实施准则》确定和调整报价银行团成员、监督和管理Shibor运行、规范报价行与指定发布人行为。

全国银行间同业拆借中心受权Shibor的报价计算和信息发布。每个交易日根据各报价行的报价，剔除最高、最低各2家报价，对其余报价进行算术平均计算后，得出每一期限品种的Shibor，并于11:30对外发布。

7.2.2 债券的价格

债券的价格也可以表示为投资者愿意支付多少资金购买债券。债券的价值是由现在（或未来）的盈利、风险等基本经济变量决定的，它等于债券持有者将来所能期望获得的现金流的现值。在前一部分与债券相关的利率分析中，我们已经涉及多种债券的定价方法，这里只是把债券定价公式归纳一下，不再展开赘述。

7.2.2.1 纯折现债券的价格

$$P=\frac{PV}{(1+i^{*})^{T}} \qquad \text{式 } 7-11$$

其中：

P 表示债券价格；

PV 表示债券面值；

i^* 表示债券贴现率；

T 表示债券期限（年）。

7.2.2.2 付息债券的价格

$$P = \sum_{t=1}^{T} \frac{C_t}{(1 + i^*)^t} + \frac{PV}{(1 + i^*)^T} \quad \text{式 7-12}$$

其中：

P 表示债券价格；

C_t 表示债券在 t 时期的息票收益；

PV 表示债券面值；

i^* 表示债券贴现率；

T 表示债券期限（年）。

7.2.2.3 永续债券的价格

并不是所有的债券都有最后到期日，永续债券就是债券发行方向债券购买方承诺永久支付债券利息而无需偿还本金的一类特殊债券。在18世纪，英格兰就发明了这样的债券，称为“英国永久公债”。英格兰银行向持有者保证永久支付现金流。经过战争和衰退，英格兰银行继续遵守这一承诺。美国政府也曾出售过永久公债以举债建造巴拿马运河，但是美国政府在债券发行中规定一特殊条款即给予政府从持有者手中购回债券的权利，这项条款等同于债券回购，所以这种债券还不是完全意义上的永续债券。

永久公债的一个重要例子被称为优先股。优先股是一种由公司发行的、给予持有者永久固定红利的股票。如果公司对优先股的股利支付没有任何问题，这样的优先股实际上就是永久公债。永续债券的定价公式如下：

$$P = \frac{C}{i^*} \quad \text{式 7-13}$$

其中：

P 表示债券价格；

i^* 表示债券贴现率；

C 表示债券的息票收益。

7.2.3 债券定价基本原理

债券定价理论说明债券价格如何随债券到期收益率变化而变化。如果一种债券的市场价格等于它的面值，则它的到期收益率就等于息票利率。而如果市场价格低于面值（这种情况债券就称为折价销售），则债券的到期收益率就会高于息票利率。反之，如果市场价格高于面值（这种情况债券就称为溢价销售），则债券的到期收益率就低于息票利率。

明确以上内容之后，我们就可以导出债券定价的以下5个基本原理。为了简单起见，假设每年支付一次息票利息（即每12个月支付一次）。这些原理如下：

定理一：债券的市场价格与到期收益率呈反比关系。即到期收益率上升时，债券价格会下降；反之，到期收益率下降时，债券价格会上升。

例如，债券A的期限为5年，面值1000美元，每年支付息票利息80美元。现行售价为1000美元，因此，收益率为8%。但是，如果价格升至1100美元，则收益率下降为5.76%。相反，如果价格降到900美元，则收益率上升为9.68%。

定理二：当债券的收益率不变，即债券的息票率与收益率之间的差额固定不变时，债券的到期时间与债券价格的波动幅度之间成正比关系。即到期时间越长，价格波动幅度越大；反之，到期时间越短，价格波动幅度越小。

例如，债券B的期限为5年，面值1000美元，年利息为60美元。该债券的目前售价为883.81美元，说明收益率为9%。一年之后，若收益率仍为9%，则售价就为902.81美元。这样，折扣就从116.69美元（=1000美元－883.31美元）降至97.19美元（=1000美元－902.81美元），总共减少了19.50美元（=116.69－97.19）。

这一原则可以等价地解释为：若两种债券具有相同的息票利率、面值和收益率，则具有较短生命期的债券的销售折扣或溢价也较小。假设有两种债券，一种的生命期为5年而另一种为4年，两种债券的面值均为1000美元，息票利息和收益率都分别为60美元和9%。这种情况下，具有5年期生命期的债券的折扣为116.69美元而具有4年期生命期的债券的折扣就要小一些，为97.19美元。

定理三：随着债券到期时间的临近，债券价格的波动幅度减少，并且是以递增的速度减少；反之，到期时间越长，债券价格波动幅度增加，并且是以递减的速度增加。

例如，我们仍以债券B为例，两年以后，如果收益率仍为9%，则售价

为924.06美元，折扣下降为75.94美元（=1000美元-924.06美元）。从第5年到第4年的折扣变化为19.50美元（=116.90美元-97.19美元），即面值的1.950%，但第4年到第3年的折扣变化就更大一些，从97.19美元下降到75.94美元，变化额为21.25美元，即面值的2.125%。

定理四：对于期限既定的债券，由收益率下降导致的债券价格上升的幅度大于同等幅度的收益率上升导致的债券价格下降的幅度。即对于同等幅度的收益率变动，收益率下降给投资者带来的利润大于收益率上升给投资者带来的损失。

例如，债券C的生命期为5年，息票利率为7%。由于现行售价等于面值1000美元，其收益率为7%。如果收益率提高1%，变为8%，则售价降为960.07美元，变化额为39.93美元。相反，如果收益率降低1%，变为6%，则售价提高到1042.12美元，变化额为42.12美元，它超过了1%的收益率上升引起的债券价格下降额39.93美元。

定理五：对于给定的收益率变动幅度，债券的息票率与债券价格的波动幅度之间成反比关系。即息票率越高，债券价格的波动幅度越小（注意，这一原则不适用于一年期债券和被称为统一公债或永续公债的无限期债券）。

例如，试比较债券D和债券C。债券D的息票利率为9%，比债券C的息票利率高2%。但债券C与债券D一样都具有5年的生命期和7%的收益率，这样，债券D的当前市价为1082.00美元。如果债券C和债券D的收益率都增加至8%，则它们的售价将分别变为960.07美元和1039.39美元。债券C的售价减少了39.93美元（=1000美元-960.07美元），即3.993%（39.93美元/1000美元），而债券D的售价减少42.07美元（=1082美元-1039.93美元），即3.889%（42.07美元/1082美元）。因为债券D具有较高的息票利率，因而价格变化的百分比较小。

对于债券分析人员来说，透彻地理解债券价格的上述特性是十分重要的，因为它们对预测债券价格如何随利率变动很有价值。

7.2.4 利率期限结构

除了风险、流动性等因素对债券的利率产生影响外，期限也是影响债券利率的重要因素。具有相同风险、流动性和税收待遇的债券，其利率（到期收益率）与期限之间的关系称为收益率曲线（Yield Curve）。由于收益率曲线将各种债的到期收益与期限联系起来，因此零息票债券的收益率曲线又被称为利率期限结构。任何特定时刻的收益率曲线都是由当时市场参与者的预期和风险偏好决定的。由于市场预期时间不变，在理论上每一个时点都有不同的收益率曲线。

收益率曲线有很多种形状，下面给出三种典型的收益率曲线形状图。即向上的收益率曲线、水平收益率曲线、向下的收益率曲线（见图7-1）。

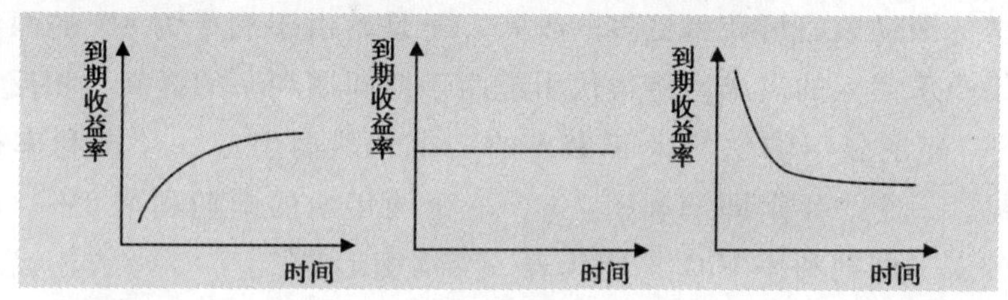

图7-1 债券的收益率曲线

下面将介绍关于利率期限结构的三个基本理论。在讨论中，焦点将集中在即期利率的期限结构上，因为这些利率（不是到期收益率）对于确定债券价格极端重要。

7.2.4.1 无偏差预期理论

无偏差预期理论（有时称为纯预期理论）坚持远期利率代表了对所考虑的未来时期即期利率的预期的平均意见。于是，即期利率系列上升可解释为交易市场（即投资者的普遍看法）相信未来的即期利率将上升。反过来，一个递减的即期利率系列可解释为市场预期未来的即期利率将下跌。

我们通过一个例子更完全地理解这一理论，假设已知一年期即期利率为7%，两年期即期利率为8%。基本的问题是：为什么这两个即期利率不同？同时，为什么收益曲线向上倾斜？

考虑一名投资者用1美元投资两年。这位投资者遵循“到期策略”，以8%的即期利率将资金投资到两年到期。按照这个策略，到两年结束时，1美元增至1.1664（=1×1.08×1.08）。换一种方式，投资者可以将1美元以7%的即期利率投资一年，因而投资者知道一年以后他或她将有1.07美元（=1×1.07），再投资一年。虽然投资者并不知道一年以后的一年期即期利率是多少，但投资者对它有一个预期（该预期值记作 $es_{1,2}$）。如果投资者认为它将是10%，则他或她的1美元投资在两年后有一个期望值1.177

美元（=1×1.07×1.1）。在这种情况下，投资者将选择一个“滚动策略”，即投资者将选择投资于利率为7%的一年期债券，而不是两年期的债券，因为如果这样做他或她将期望获得更多的收入（注意1.177美元>1.1664美元）。

然而，一个预期的未来10%的即期利率不能代表交易市场的一般看法。这是因为如果这样，人们将不愿意以两年期的即期利率投资，因为以一年期利率投资的滚动策略可获得更多的收入。于是，由于利率为8%的两年期贷出的供给小于借入的需求，将很快引起两年期即期利率的提高。相反，利率为7%的一年期贷出的供给大于借入的需求，从而引起一年期利率很快下跌。可见，一个一年期即期利率7%，一个两年期的即期利率8%，以及一个预期的未来即期利率10%不能代表一个均衡形势。

如果预期未来即期利率为6%而不是10%又将如何呢？在这种情况下，按照滚动策略，投资者预期投资1美元将在两年末值1.1342美元（=1×1.07×1.06），因为它小于到期策略的收入（1.1342美元<1.1664美元），投资将选择到期策略。同样，预期的未来即期利率6%不能代表交易市场的共同看法，否则，人们将不愿意以一年期即期利率7%投资。

按照无套利原则我们得到上述例子中的远期利率为9.01%。如果预期未来即期利率也等于这个数值，情况又如何呢？在两年期末，以滚动策略投资的1美元将值1.1664美元（=1×1.07×1.0901），这与到期策略的1美元的价值相同。在这种情况下，交易市场将实现均衡，因为共同的看法是两种策略有相同的预期收益。据此，两年投资期的投资者不会更加倾向于选择两种策略中的一种而排斥另一种。

如果投资者的投资期限为一年，他可以选择投资于一年期证券的到期策略，那么，1美元投资一年后将值1.07美元。投资者也可换另一种方式，采用“夭折策略”投资于两年期证券，在一年以后卖掉。如果这样，预期的卖出价为1.07美元（=1.1664/1.0901），收益率为7%（该证券的到期值为1.164美元=1×1.08×1.08，但因最后一年的预期即期利率为9.01%，预期卖出价就是到期值的预期贴现值）。因为到期和夭折策略有相同的预期收益，因而一年期的投资者将不会倾向于选择两种策略中的一种而排斥另一种。可见，无偏差预期理论断定，预期未来即期利率等于远期利率。在上述例子中，当前一年期即期利率为7%，而根据这一理论，一般的看法是一年以后它将上升至9.01%。预期的一年期即期利率的上升即是期限结构上倾的原因，在例子中，表现为两年期即期利率（8%）大于一年期即期利率（7%）。

用方程来表示，无偏差预期理论表明，在均衡状态下，预期的未来即期利率等于远期利率：

$$es_{1,2}=f_{1,2}$$

$$(1+s_1)(1+es_{1,2})=(1+s_2)^2 \quad \text{式 } 7-14$$

其含义习惯上可解释为到期策略得到的预期收益等于滚动策略得到的预期收益。

前面的例子处理了上倾期限结构，其中较长的期限有较高的即期利率。用相同的方法可处理下倾期限结构，其中较长的期限结构有较低的即期利率。与上倾的期限结构的解释为投资者预期未来即期利率上升一样，曲线下倾的原因是投资者预期未来即期利率将下跌。

即期利率变化与通货膨胀接下来的一个有趣的问题是：为什么投资者预期即期利率在未来会上升或下跌呢？一个可能的答案是我们在交易市场观察到的即期利率是名义利率，它是对实际利率和预期通胀率作出的反应。如果二者或其中之一的预期在未来发生变化，则预期即期利率将发生变化。例如，假设一个不变的实际利率为3%，而当前的一年期即期利率为7%，那么这意味着交易市场的普遍看法是下一年度预期的通胀率约为4%（名义利率约等于实际利率与预期通胀率的和）。现在根据无偏差预期理论，预期的未来即期利率为9.01%，比当前的一年期即期利率7%增加2.01%。为什么即期利率预期增加2.01%呢？因为预期通货膨胀率上升2.01%，即预期下一年度的通货膨胀率为4%，接下来的一年里，预期通货膨胀率将达到6.01%。

一般地，当前的经济条件使得短期即期利率异常地高（从原因上说，有一个相对高的当前通货膨胀率），根据无偏差预期理论，利率的期限结构将向下倾。这是因为预期未来通货膨胀率将降低。反过来，当前条件使得短期即期利率异常低时（原因是有一个相对低的当前通货膨胀率），期限结构将向上倾。因为预期未来通货膨胀率将上升。对历史的期限结构的检验表明这就是实际所发生事实，因为期限结构在低利率时向上倾，在高利率时期向下倾。然而，检验历史的期限结构会发现一个问题。因为依照本理论，从逻

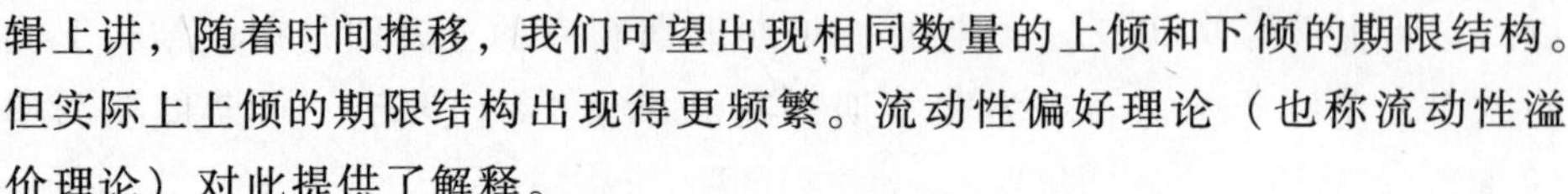

辑上讲，随着时间推移，我们可望出现相同数量的上倾和下倾的期限结构。但实际上上倾的期限结构出现得更频繁。流动性偏好理论（也称流动性溢价理论）对此提供了解释。

7.2.4.2 流动性偏好理论

流动性偏好理论以投资者主要感兴趣的短期证券这样一个观念为出发点。即使一些投资者拥有较长的投资期限，他们仍然有一种偏好短期证券的倾向。这是因为这些投资者认为他们可能比预料的更早地需要获得资金，同时认为如果投资于较短期的证券，他们将面临较小的价格风险（即“利率风险”）。

例如，一个两年期的投资者可能更加偏好滚动策略，因为他或她在一年后可能需要现金时，能够确定无疑地得到一笔给定数量的现金。如果采用到期策略，当投资者在一年后需要现金时，他不得不在那时出售掉两年期证券，但在那时他所能出售的价格现在是不知道的。因此与滚动策略相比，到期策略就存在一个额外的风险。

结果是当到期策略与滚动策略有相同的预期收益时，两年期的投资者将不会选择前者，因为它具有更大风险。只有当前者的预期收益更高时，投资者才会选择前者。也就是说，借方不得不以较高的预期收益的形式向投资者提供风险溢价才能促使投资者购买两年期的证券。

那么，当发行两年期证券时，借方愿意提供这种风险溢价吗？回答是肯定的，他们愿意。首先，频繁的融资需支付登记、广告、印刷等成本。这些成本可以通过发行相对长期的证券而减少。其次，一些资金借贷者认为，与相对短期的债券相比，相对长期的债券是一个风险较小的资金来源，因为他们不必关心将来在更高利率下融资的可能性。于是借方可能愿意支付更多（更高的预期利率成本）以获得相对长期的资金。

在前面的例子中，一年期即期利率为7%，两年期即期利率为8%。如前面所提到的，根据流动性偏好理论，只有当获得的预期收益比滚动策略高时，投资者才愿意选择到期策略。这意味着预期的未来的即期利率将比远期利率9.01%要小，假如说是8.6%。如果是这样，当采用滚动策略时，1美元投资两年以后预期将值1.1620美元（=1×1.07×1.086），因为采用到期策略，1美元投资两年以后将值1.1664美元（=1×1.08×1.08），可见，这个策略之所以有一个较高的预期收益归因于它具有更大程度的价格风险。

远期利率与预期即期利率的差就是流动性溢酬。它是为鼓励投资者购买期限更长，而风险也更大的两年期证券，而向投资者提供的额外回报。在上述例子中，它等于0.41%（=9.01%－8.6%）。更一般地，有

$$f_{1,2}=es_{1,2}+L_{1,2} \quad \text{式 7-15}$$

其中，$L_{1,2}$是以现在起一年后开始，到现在起两年后为止这一段时期的流动性溢酬。流动性偏好理论如何解释期限结构的倾斜呢？为回答这个问题，注意考察滚动策略，1美元在第二年末预期价值为$1\times(1+s_1)\times(1+es_{1,2})$美元，而采用到期策略1美元在第二年末预期价值为$(1+s_2)^2$美元。如前面所述，根据流动性偏好理论，到期策略更具有风险，继而意味着它必有较高的预期收益，即下列不等式成立：

$$(1+s_1)(1+es_{1,2})\ \pi\ (1+s_2)^2 \quad \text{式 7-16}$$

或

$$(1+s_1)(1+es_{1,2})\ \phi\ (1+s_2)^2 \quad \text{式 7-17}$$

这个不等式是理解流动性偏好理论解释期限结构的关键。

下倾收益曲线首先考虑下倾的情形，即$s_1\phi s_2$。此不等式仅当预期未来即期利率（$es_{1,2}$）低于当年一年期即期利率（s_1）时才成立。因而仅当交易市场相信利率将持续下降时，才能观察到一条下倾的收益曲线。作为一个例子，假设一年期即期利率为7%，两年期即期利率为6%。因为7%大于6%，这是期限结构下倾的情形。现在根据流动性偏好理论的方程可得出：

$$(1+0.07)(1+es_{1,2})\ \pi\ (1+1.06)^2$$

仅当$es_{1,2}$小于7%时公式才成立。由给定一年期和两年期的即期利率，知远期利率（$f_{1,2}$）等于5.01%。设流动性溢价（$L_{1,2}$）为0.41%，则根据式7－15，$es_{1,2}$一定为4.6%（=5.01%－0.41%）。于是期限结构下倾，因为当前一年期即期利率为7%，预期在未来将下降到4.6%。

比较起来，无偏差预期理论也认为，期限结构下倾是因为一年期即期利率预期在未来将下降。不过，无偏差预期理论将预期即期利率仅仅下降到5.01%而不是4.6%。

接下来考虑的一种情形是水平收益曲线，此时，$s_1=s_2$。式7－16仅当$es_{1,2}$小于s_1时成立。于是一个水平期限结构仅当交易市场预期利率将下降时才出现。事实上，如果：$s_1=s_2=7\%$，$L_{1,2}=0.41\%$，则$f_{1,2}=7\%$，由式7－15，预期即期利率为6.59%（=7%－0.41%），比当前的即期利率7%

有所下降。这是与无偏差预期理论不同的，在那里，水平期限结构意味着交易市场预期利率水平将停留在同一水平上。

最后的一种情形是上倾收益曲线，$s_1 \pi s_2$。如果是一个平缓的上倾，这可能是预期未来利率将下降的情况。例如，$s_1 = 7\%$，$s_2 = 7.1\%$，从而远期利率 $f_{1,2} = 7.2\%$。如果流动性溢酬为 0.41%，则预期未来即期利率为 6.79%（=7.2%－0.41%），比当前的一年期即期利率 7% 下降了。可见期限结构平缓上倾的原因是交易市场预期即期利率有一个较小的下降。相反，无偏差预期理论认为，平缓上倾的原因是预期即期利率有一个小幅上升。

如果期限结构上倾得更陡峭一些，则更可能交易是市场预期利率在未来将上升。例如，如果，$s_1 = 7\%$，$s_2 = 7.3\%$，则远期利率为 7.6%。仍然假设流动性溢酬为 0.41 %。式 7－15 表明，交易市场预期一年期即期利率将从 7% 升至 7.19%（=7.6%－0.41%）。无偏差预期理论同样将陡峭的上倾解释为预期未来即期利率将上升，但将上升一个更大幅度。在上例中，无偏差预期理论认为即期利率预期要升至 7.6% 而不是 7.19%。

综上所述，根据流动性偏好理论，下倾的期限结构表明对即期利率的一个下降的预期，而上倾的期限结构可能表明一个上升的预期，也可能表明一个下降的预期，这取决于上倾的陡峭程度。一般地，上倾越陡峭，越可能是市场预期即期利率将上升。如果粗略地讲，投资者有一半的情形预期即期利率将上升，另一半的情形预期即期利率将下降，则流动性偏好理论可得出上倾的期限结构将出现得更多一些。如前面所述，这正是实际所发生的情况。

7.2.4.3　市场分隔理论

对于期限结构如何确定的第三种解释是假设“存在一个市场分隔”。不同的投资者和借入者被认为受法律、偏好、或对特定到期的习惯等限制。也许存在一个短期证券市场，另一个中期证券市场以及第三个长期证券市场。根据市场分隔理论，即期利率取决于每一市场的供给和需求条件。进一步说，由理论中的多数限制形式，投资者和借入者将不会离开他们的市场而进入一个不同的市场，即使当前的利率提醒他们，作这样一个移动将获得一个更高的预期收益。根据这一理论，一个上倾的期限结构存在于这样一个时候，即短期资金的供给和需求曲线的交点的利率比长期资金的交点的利率低。反过来，一个下倾的期限结构则出现在短期资金供求的交点的利率比长期资金的交点更高的时候。

7.3 债券的风险分析

有价证券的投资风险是指投资者不能在投资期内获得预期的报酬，从而造成实际收益率与预期收益率产生离差。离差大小反映了风险的程度。一般来说，证券投资风险可分为系统性风险、非系统性风险两部分。系统性风险是不可分散性风险，指的是由于某些因素的变化对整个证券市场上所有证券都产生影响，使证券投资的收益产生不确定性。这些影响的因素有重大的政治、经济政策的改变，利率、通货膨胀率等方面的变化。这类风险是不可避免的，不能通过任何资产组合等方式去降低这类风险，只要参与证券投资，就一定得承担。另一类风险是非系统风险，或称为可分散风险，指的是某些因素的变化只对个别证券造成影响，人们可以通过人为的办法系统地将资产进行合理分配，从而降低这类风险。一般来说，越小机会达到你预期的投资回报率目标，就是越大的风险。因此，投资者必须充分地了解证券投资的风险来源，并采取必要和有效的措施加以防范。这节主要分析利率风险、违约风险和购买力风险。

7.3.1 利率风险

利率风险（Interest Rate Risk）指因银行利率变动而影响货币市场利率变动，从而引起债券市场价格变动，导致债券投资收益损失的可能性。利率的变化对债券价格影响最大。因为已出售债券的价格会随市场利率的变化而相应地波动。一般来说，市场利率上升，债券的市场价格就会随之下跌；相反，市场利率下跌，债券的市场价格就会随之上升。

现在，我们假设一张面值1000元，息票利率为9%，期限为20年的债券。我们分别由1年期和20年期计算利率在6%、9%和12%时的债券价格（计算从略）并汇总于表7－1。

表7-1 在不同市场利率下9%息票利率的长短期债券的价格

当前市场利率	当期市场价格	
	1年期	20年期
6%	1028	1344
9%	1000	973
12%	1000	776

由上述可知，债券到期日愈长，其受利率影响程度就越大，即在利率上升的情况下，到期日较长的债券具有较高的风险。从上面的例子可知，假如投资者买了一张期限为20年，报酬率为9%或年息为90元的债券，现因利率上升到12%，则在未来的20年中，投资者仍将固守每年90元的利息。但如果投资者购买的是1年期而不是20年期的债券，他只需忍受1年较低的报酬，而在投资期满时出售，则可收回1000元的本金，然后再转向其他更高收益的投资，则可使他在以后连续19年中每年至少收到12%的报酬率或每年收到120元的利息（假定利率不再变化的情况下）。因此，对利率风险反应比较敏感的投资者总是在对各种投资方式下的利率水平做充分比较的基础上，对一个既定时间进行债券投资。

这里，投资者可能有个疑惑，当市场利率从9%下降到6%时，一张期限为20年的债券的市价为什么会上涨到1344元？也就是说，为什么有人愿以1344元的高价来购买在到期时只值1000元的债券呢？这样做不是使投资者蒙受344元的资本损失吗？这个问题的实质是：投资者之所以愿意溢价购买，是因为他能够从债券中获得6%的到期收益率，这个收益水平与市场的利率水平相等。因此对投资者来说，不管债券的价格是多少，只要他能获得与市场利率相当的到期收益率，以任何价格购买都没有什么差别。

【小案例】

一级市场屡遭“不测”凸显利率风险：国债接连流标地方债中票推迟发行

近期，中短期债券收益率大幅上移引发一级市场接连流标，而数只债券公告也推迟发布。日前，财政部决定推迟原定于昨日招标的吉林等四只共112亿元地方债发行；无独有偶，永城煤电控股集团有限公司也公告表示，鉴于市场收益率波动较大，推迟了原定于上周五发行的5年期中期票据的发行。

根据公告，财政部推迟招标的这四只地方债，为原定7月13日招标的包括吉林（二期）、广西（二期）、黑龙江（二期）、内蒙古（二期）等政府债券，计划发行额分别为25亿元、30亿元、30亿元和27亿元。不过财政部并未在推迟公告中说明原因，只表示调整后的发行时间将另行通知。但市场猜测，财政部挑这个时间暂停地方债发行，与上周国债一级市场所“遭遇”的一系列流标事件脱不了干系。

公开数据显示，上周三招标发行的1年期固定利率国债280亿元计划招标额未能全额招满。由于部分投标高于加权平均利率，导致这部分资金自动被滤除，最终只招得275.2亿元，而这是自2003年9月以来国债发行首度出现流标。随后在上周五招标发行的两期贴现国债均未能幸免，3个月期国债在150亿元计划招标总量的基础上只招了124.8亿元，9个月期国债则只招到126.5亿元，仅占计划招标总量200亿元的六成。

一位上海大行债券交易员表示，央行在公开市场释放出的宽松货币政策微调信号逐渐被市场广泛认可，资金面趋紧的预期使得近期中短期品种收益率出现快速飙升。“仅上周一周，3年期限的现券收益率已经上涨了30个基点，3年期国债收益率已经站在2.05%以上，这也就意味着参考定价的地方债票面可能要到2.2%左右才会被市场接受。”该交易员告诉记者，除国债外，自新股重启以来短期融资券收益率已经上行了30个基点，中期票据涨了约20个基点，央票则大幅上行了40个基点。面临短端利率波动风险明显放大，近期发行的新债都面临定价难题。

来自券商的资深研究员指出，这部分发债主体选择推迟发行新债，很可能是希望收益率稳定一些再发行。但问题在于，目前债券市场收益率底部已经全面抬升，即使冲高后有一个回落，可能也仅是暂时的。该研究员表示，现在股市已经站上了3000点大关，大盘股会陆续发行，资金市场很难乐观。“下周计划发行不超过120亿股A股的中国建筑将申购发行，本次预计融资规模将达426亿元，成为2008年以来A股市场迎来最大规模的新股IPO。资金面面临严峻考验，市场对货币利率走高的预期基本一致。”他认为，近期欧美的国债收益率有些回落，股市和大宗商品有回调，但是这可能只是利率上升趋势中的一个波动，“后续还需要紧密关注的是央行的操作态度，短期内1年期央票收益水平或有望企稳于1.65%—1.8%左右的水平。”

（资料来源：《证券时报》，2009年7月14日）

7.3.2 违约风险

当一家公司因账户透支而无力支付到期债务时，这种情况从法律的意义上称为资不抵债。高利润的公司也经常会出现技术上的资不抵债现象。如果一家公司的资产价值跌到其债务以下，这是破产意义上的资不抵债。如果一家公司不能按预定的时间对其债权人支付预定的利息和本金，则称为违约（Default）或有违约风险（Default Risk）。违约发生时，债权人和债务人总是争取在庭外和解，达成协议，使债权延期，债务人可以继续经营，债权收益可在未来协议期获得。如果双方不能达成协议，诉讼将接踵而来。

7.3.2.1 破产清算

在破产审理中提得最多的问题是公司是否应该宣告破产，将其资产在破产拍卖中清算，并将清算结果在债权人中划分。破产法庭认为清算价值将超过公司继续经营获得的价值时，破产清算就会发生。

根据美国《破产法》规定的优先请求权，如果公司资产在破产拍卖中被清算，将清算结果支付给债权人时必须按照以下顺序进行：

（1）首先支付律师费和与破产程序有关的法庭费用。

（2）剩余部分支付工人的工资，每个工人工资最高达2000美元。

（3）支付联邦、州及地方政府税收。

（4）如果还有剩余资产的话（有时在此阶段上已没有什么剩余资产了），支付给抵押贷款的债权人。这类债权人通常可获得破产公司支付其贷款的30%。

（5）如果尚有余额，支付一般的或无担保的债权人。一般情况下，这类债权人可获得贷款额的10%的支付。有时，甚至这微不足道的数额也不能获得支付，除非较高优先请求权的债权人已经获得全部支付。

（6）尚有余额，支付优先股持有者，通常他们可获得大约相当于清算收入的2%的支付。

（7）普通股持有者属最后的资产请求权者。由于公司破产，他们几乎不能从中获得任何收入，甚至连本金也可能全赔掉。

对于违约可能性的估计，债券投资者往往以该公司的资信级别作为参考依据。一般来说，公司的资信级别越高，则认为其违约的可能性越小，其售价往往也高；反之亦然。

7.3.2.2 债券资信评级

1. 债券资信评级概述

债券资信评级（Securities Quality Ratings）是由专门的信用等级评定机构根据发行者提供的信息材料，并通过调查、预测等手段，运用科学的分析方法，对拟发行的债券质量、信用、风险进行公正、客观的评价定级活动。

资信评级机构都是不受政府控制并独立于债券发行者、投资者以及中介之外的私营机构。它评定出的信用等级之所以受到公众重视、信任与债券发行者的接受，是因为评级机构对资信评级的态度客观，采取了比较科学的分析技术，而且积累了比较丰富的实际经验。他们是在对有关资料进行广泛分析、保持独立决策程序和严守被评估者机密的基础上进行的。在评估时，评级机构要认真研究债券发行者的借款用途、期限、偿还方式和偿还能力等。涉及外国政府和企业发行的债券，还要对其进行国家风险分析。最后对债券的信用情况作出公正评价。评级机构对投资人员有道义上的义务，没有法律上的责任。它对某些债券所定的较好资信等级并不是向投资人推荐这些债券；同样，对某些债券所定的较差等级也不是阻止投资人购买这些债券。因为债券具有自己的特性，风险和收益紧密联系，往往追求越高的收益，就得承担越大的风险。因此，对任何债券进行投资总是由投资者自己作出判断和决定的。

资信评级机构对一种债券的资信评级，并不是对债券发行者资信的总评定，只不过是对其发行的某一次特定债券的评价。因此，一个企业先后发行几次债券时可能会分别有几个资信等级的评价。因为企业的经营与财务状况不断变化，这些变化对投资的收益与风险有着密切的影响，所以资信评级机构需要根据债券发行时提供的财务、业务报表与有关资料定期或不定期地调整与修订，并以债券资信等级表“增页”的形式通知订户。

目前，在世界上一些主要的金融市场上发行债券，一般都经过国际知名的信用等级机构的评级。虽然许多国家的证券法规并不强迫发行者必须取得债券评级，但是由于在发达的债券市场上，没有经过评级的债券往往不被广大投资者所接受，难于销售，因此，在债券市场上公开发行债券，除了信誉很高的国家政府债券发行者外，其他债券的发行者都自愿向资信评级机构申请评级。

2. 债券评级的作用

（1）保护投资者的利益。债券评级的作用是通过将发行者的信誉以及偿还的可靠程度公之于众，来达到保护投资者利益的目的。虽然一些国家的证券法规均对发行者提出财务信息公开等要求，但由于债券市场上品种多，公开的信息专业性强，除了少数专业性的证券商、证券研究分析家和专业人士外，一般的投资大众既无时间去仔细查阅，也缺少专业知识去分析这些公开的资料。因此，资信评级机构使用简单易懂的符号，如A，B，C等，向投资者提供有关债券风险的实际情况，供投资者参考。有了资信评级机构对债券信用情况作出的评定，投资者即使不去查阅那些繁琐的债券发行说明摘要，只要参考和比较各种债券的信用等级及其变化情况，就能够根据自己的意愿来选择投资对象。因此，债券评级是对信息公开制度的一种补充，其作用是为大众投资者正确选择债券服务，以保护投资者的利益。

（2）为确定债券的发行价格或利率提供参考依据。由于投资者都对级别较高的债券抱有信心，因此，债券的评级结果对债券的发行价格有决定性的影响。级别越高，债券还本付息的安全性就越好，债券的发行利率就越低；相反，级别被定得越低，债券拖欠还本付息的可能性也越大，债券的发行利率也就越高。

专题：穆迪评级标准

（1）长期债务投资评级

穆迪长期债权投资评级对象是一年期或以上的固定利率债券，旨在评估它们的偿债能力，预测发生违约的可能性及由此带来财产损失的概率。

穆迪长期债务评级是有关固定收益债务相对信用风险的意见，而这些债务的原始到期日须为一年或以上。这些评级是关于某种金融债务无法按承诺履行的可能性，同时反映违约几率及违约时蒙受的任何财务损失。

穆迪长期评级等级含义：

Aaa级债务的信用质量最高，信用风险最低。

续

Aa级债务的信用质量很高，只有极低的信用风险。

A级债务为中上等级，有低信用风险。

Baa级债务有中等信用风险。这些债务属于中等评级，因此有某些投机特征。

Ba级债务有投机成分，信用风险较高。

B级债务为投机性债务，信用风险高。

Caa级债务信用状况很差，信用风险极高。

Ca级债务投机性很高，可能或极有可能违约，只有些许收回本金及利息的希望。

C级债务为最低债券等级，通常都是违约，收回本金及利息的机会微乎其微。

附注：修正数字1、2及3可用于Aa至Caa各级评级。修正数字1表示该债务在所属同类评级中排位较高；修正数字2表示排位在中间；修正数字3则表示该债务在所属同类评级中排位较低。

（2）短期评级

穆迪短期评级是有关发行人短期融资债务偿付能力的意见。此类评级适用于发行人、短期计划或个别短期债务工具。除非明确声明，否则此类债务的原始到期日一般不超过十三个月。

穆迪使用下列符号来表示受评发行人的相对偿付能力：

P-1：被评为Prime-1的发行人（或相关机构）短期债务偿付能力最强。

P-2：被评为Prime-2的发行人（或相关机构）短期债务偿付能力较强。

P-3：被评为Prime-3的发行人（或相关机构）短期债务偿付能力尚可。

NP：被评为Not Prime的发行人（或相关机构）不在任何Prime评级类别之列。

7.3.2.3 购买力风险

债券、储蓄账户和其他各种货币等投资工具被承诺支付货币报酬而不是实物。这就意味着债务人对债权人支付的本金和利息是固定的货币数量，它不会随着通货膨胀而增加。因此，如果通货膨胀发生使物价上涨，每单位货币只能购买比以前较少的实物，这就是购买力风险。购买力风险实际上是通货膨胀风险。

但是，通货膨胀对不同的证券、不同的投资期限的影响程度是不同的。固定收入的证券如债券，其利率是预先规定的，它不能随通货膨胀而提高，因而受通货膨胀影响最大。非固定收入的证券如普通股票，其股息的支付是不固定的，它有可能随通货膨胀而增加，可以弥补一部分损失，但其增加的程度很难赶得上物价的上涨率。同时，股票的价格也可能随物价上涨而提高，但也很难补偿购买力降低的风险。此外，投资期限的长短所承受购买力风险的大小也不一样。很明显，长期证券的风险要比短期证券的风险大。

在通货膨胀期间，由于市场利率往往会上升，因而已出售的有固定收益的证券，如债券的市场价格往往会下降。因此，投资者可能要遭受购买力减少和证券资本价值降低的双重损失。因此，投资者应将利率和通货膨胀率进行比较，以控制购买力风险。

7.4 债券组合管理

7.4.1 被动管理策略

被动管理策略认为债券市场有效，投资者不可能通过债券投资获得超额收益，惟一心能做的是寻找使债券资产组合能避免利率期限结构移动影响的方法与技术。因为利率期限结构的移动是债券资产组合的主要风险来源，它将会影响一切债券价格的变化。下面我们介绍三种最普遍使用的方法。

7.4.1.1　现金流匹配法

所谓现金流匹配法（cash－flow matching），是指选择具有最低成本的资产组合，并且该组合的现金流模式和投资者所将要面临的支出流模式刚好相同，也就是现金流和支出流相匹配。

例如，某养老基金会预计其在今后的第一年要支出1000万元，在第二年要支出2000万元，在第三年要支出3000万元等，基金管理者就应该将资金投资在这样一种债券组合上，该组合的期限结构及利息加本金的偿还能恰好使基金会在今后三年正好分别有1000万元、2000万元、3000万元的现金流，以应付其所需支出。

匹配法是一种被动的投资策略，因为一旦债券资产组合确定后，组合没有任何再投资现金流，也就没有再投资利率风险。而且由于债券仅在到期时出售，所以也没有利率风险。因此，任何变化因素，甚至是收益曲线较大的变化也不会影响组合结构，仅仅在债券存在违约风险时，才会改变匹配法所决定的组合构成。

尽管由匹配法所决定的证券组合不存在不能偿还债务的风险（违约风险除外），但是研究结果表明，现金流量匹配的证券组合一般成本较高，其主要原因通常是现金流和支出流的匹配不是十全十美的。这也就要求必须为匹配支出准备比实际需要还要多的资金，然而超额资金通常是以某种保守的再投资利率进行再投资的。

7.4.1.2　免疫法

在分析债券免疫管理之前，读者先要了解一个概念——久期。久期（Duration）的概念最早是马考勒（Macaulay）在1938年提出来的，所以又称马考勒久期（简记为D系数）。马考勒久期是使用加权平均数的形式计算债券的平均到期时间。它是债券在未来产生现金流的时间的加权平均，其权重是各期现金值在债券价格中所占的比重。具体的计算将每次债券现金流的现值除以债券价格得到每一期现金支付的权重，并将每一次现金流的时间同对应的权重相乘，最终合计出整个债券的久期。

$$D = \frac{\sum_{t=1}^{T} PV(C_t) \times t}{B} = \sum_{t=1}^{T} \left[\frac{PV(C_t)}{P_0} \times t \right] \qquad \text{式 7-18}$$

其中：

D 表示马考勒久期；

B 表示债券当前的市场价格；

$PV(C_t)$ 表示债券未来第 t 期的现金流（利息或资本）的现值；

T 表示债券的到期时间。

需要指出的是在债券发行时以及发行后，都可以计算马考勒久期。计算发行时的马考勒久期，T（到期时间）等于债券的期限；计算发行后的马考勒久期，T（到期时间）小于债券的期限。

我们通过来一个例题说明久期的计算过程。假设面额为1000元的3年期变通债券，每年支付一次息票，年息票率为10%，此时市场利率为12%，则该种债券的久期（单位：年）为：

$$D=\frac{\frac{100\times1}{(1.12)^1}+\frac{100\times2}{(1.12)^2}+\frac{100\times3}{(1.12)^3}+\frac{1000\times3}{(1.12)^3}}{\sum_{t=1}^{3}\frac{100}{1.12^t}+\frac{1000}{1.12^3}}=\frac{2597.6}{951.96}=2.73$$

如果其他条件不变，市场利率下跌至5%，此时该种债券的久期为：

$$D=\frac{\frac{100\times1}{(1.05)^1}+\frac{100\times2}{(1.05)^2}+\frac{100\times3}{(1.05)^3}+\frac{1000\times3}{(1.05)^3}}{\sum_{t=1}^{3}\frac{100}{1.05^t}+\frac{1000}{1.05^3}}=\frac{3127.31}{1136.16}=2.75$$

同理，如果其他条件不变，市场利率上升至20%，此时久期为：

$$D=\frac{\frac{100\times1}{(1.20)^1}+\frac{100\times2}{(1.20)^2}+\frac{100\times3}{(1.20)^3}+\frac{1000\times3}{(1.20)^3}}{\sum_{t=1}^{3}\frac{100}{1.20^t}+\frac{1000}{1.20^3}}=\frac{2131.95}{789.35}=2.68$$

再者，如果其他条件不变，债券息票率为0，那么：

$$D=\frac{\frac{1000\times3}{1.12^3}}{\frac{1000}{1.12^3}}=3$$

从上面的计算结果可以发现，久期随着市场利率的下降而上升，随着市场利率的上升而下降，这说明两者存在反比关系。此外，在持有期间不支付利息的金融工具，其久期等于到期期限或偿还期限。那些分期付息的金融工具，其久期总是短于偿还期限，是由于同等数量的现金流量，早兑付的比晚兑付的现值要高。金融工具到期期限越长其久期也越长；金融工具产生的现金流量越高，其久期越短。

在债券资产组合的管理过程中，选择 D 系数与投资期限相等的债券资产组合，如果市场利率发生变化，那么在投资期结束时，利息再投资的变化和债券价格的变化会恰好相互抵消，从而使得债券资产组合的总价值保持不变。这种方法称为免疫法（Immunization）。简单地说，免疫法是一种使资产和负债相匹配，从而消除期限结构移动影响的方法。

下面我们举例来解释免疫法的基本技术。假设 5 年后投资者要支付 100 元，投资者必须使自己的投资策略能满足这个要求。如果投资者投资 5 年期债券，则他可确切知道 5 年后债券的价值，然而他却不可能知道每年所获得的利息能以多大的利率再投资，从而也不能确证 5 年后的总价值。设 5 年后债券的总价值为 P ，则：

$$P = C_1(1+i)^4 + C_2(1+i)^3 + C_3(1+i)^2 + C_4(1+i) + (C_5 + \text{本金})$$

式 7 - 19

其中：

C_t 表示第 t 年所获得的利息；

i 表示再投资利率。

若已知 C_t 及本金，则将 $P = 100$ 代入，即可从公式中解出相应的 i_0。若实际市场利率 $i \geqslant i_0$，则可保证 5 年后的支付；若 $i \pi i_0$，则购买该债券不能保证 5 年后的所需支付。若投资者不是投资 5 年期债券，而是购买期限大于 5 年的债券，则他不但不能确知利息收入再投资的利率，甚至连该债券 5 年后的价值也不能确知。

已知利息总收入为：

$$\sum_{t=1}^{5} C_t(1+i)^{5-t}$$

式 7 - 20

若利率上升，利息再投资后总收入也上升，但是 5 年后该债券的价值却因利率的上升而下降。所以，综合这两种结果，利率上升后，只要我们适当地选择债券的期限，5 年后债券的总价值可能会不变。同样，利率下降后，虽然利息收入下降，但 5 年后该债券的价值会上升，故适当选择债券期限也可使 5 年后债券的总价值不变。

研究结果表明，当债券持有期限和该债券的 D 系数相等时，利息再投

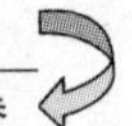

资收益的变化恰好和债券价值的变化相互抵消，从而使得持有期结束时，该债券的总价值不变。下面我们再看一个对个别债券进行免疫管理的例子。

假设投资者4年以后要支付163.68元，投资者必须使自己的管理策略能满足这个要求。如果现时利率为11%，且利率呈水平期限结构，管理者可投资于年息票利率为13.52%，面值为100元的4年期债券。这样，4年后债券的总价值为：

$$P = 13.52 \times (1+11\%)^3 + 13.52 \times (0+11\%)^2 + 13.52 \times (1+11\%) + 13.52 + 100 = 163.8$$

投资者正好能应付支出。同时我们也很容易看出，如果现时利率上升，管理者能保证支付；如果下降则不能。这说明上述投资策略不能回避利率风险，不可取。

如果投资者投资于年息票利率为13.52%、面值为100元的5年期债券，当市场利率为11%时，可计算该债券的D系数为4年，正好为投资者的债务到期时间。下面我们借助于表7-2来进行分析。

表7-2

时间（年）	现金流	债券在第四年年末的利息、利息收入、资本利得		
		10%	11%	12%
1	13.52	13.52（1.1）3	13.52（1.11）3	13.52（1.12）3
2	13.52	13.52（1.1）2	13.52（1.11）2	13.52（1.12）2
3	13.52	13.52（1.1）	13.52（1.11）	13.52（1.12）
4	13.52	13.52	13.52	13.52
5	113.52	113.52/1.1	13.52/1.11	113.52/1.12
债券在第四年年末的价值		165.95	165.95	165.95

由表7-2可以看出，当市场收益为11%时，债券在第4年年末的价值为165.95元，管理者能够支付第4年年末到期的债务。

若利率突然下降到10%，则债券的价格会上升，且净增0.93元；但利息再投资收入会下降，减少0.93元。于是，债券价格的增加和利息再投资收入的减少恰好完全相互抵消，债券在第4年年末的价值仍为165.95元。若利率突然上升到12%，计算的结果基本相等。

分析上面所举的例子，读者也许会奇怪为什么该债券具有如此特性。实际上，该债券息票利率的选取是精心设计计算了的，以使得其 D 系数为 4 年，恰好等于投资期限。从另一方面看，4 年期 PDB 债券的 D 系数为 4，与该附息债券的 D 系数相等，所以可以认为该附息债券的价值变化和 4 年期 PDB 债券的价值变化是一样的。由于 4 年期 PDB 债券的价值不变，所以可推知该附息债券的价值也不变。

上述分析表明，不论利率是上升还是下降，债券在第 4 年年末的价值基本保持不变，投资者能够支付第 4 年年末到期的债务。这也说明投资者运用免疫法消除了利率变动对债券价值的影响。

以上所述免疫法在现代金融管理中被广泛用于减少利率变化所产生的影响。在债券组合的管理过程中，投资者大量地使用免疫的债券组合来减少利率风险。对债券资产组合 P，设 D_i 为组合中第 i 种债券的 D 系数，X_i 为第 i 种债券在组合 P 中所占的比例，组合 P 中的债券数为 N 种，则债券资产组合的 D 系数为：

$$D_P = \sum_{i=1}^{N} X_i D_i \qquad \text{式 7-21}$$

一般来说，在构造免疫的债券资产组合过程中，先决定环的值，然后通过变化 X_i 的值，或选择 D_i 值不相同的债券，构成不同的债券资产组合。其中两种特殊的方法如下：

1. 集中战略

该战略是在选择债券时，选取那些 D 系数即 D_i 的值基本上在 D_P 左右的债券，使各债券的 D 系数不要远离 D_P 的值，比如说 $D_P = 10$，则 D_i 的值选择在 9－10 之间的范围内。

2. 随意战略

该战略方法和上述方法不同，所选取债券的 D 系数即 D_i 值较分散，如 $D_P = 10$，则 D_i 的值选择在 5－15 之间的范围内。

实际经验表明，集中战略较优，这也许是因为债券的 D 系数是一个近似值，所以债券组合中各债券 D 系数的数值较集中有利于测度，偏差较小。

使用免疫法构造免疫债券资产组合总是假定收益曲线是水平的，曲线是平行移动的，并且移动只发生在所购买的债券产生任何现金流之前。然而在现实中，收益曲线在开始时不会是水平的，而且移动既不可能是平行的，也不可能在时间上有任何限制。另一方面，收益曲线的移动会使得债券和债券组合的D系数发生变化，从而使得债券组合失去免疫能力。因此，需要频繁地对债券组合进行调整，重新构造免疫的债券组合，从这个意义上说，免疫法是一个积极的战略。

7.4.1.3 指数化方法

指数法作为一种被动管理策略，它的理论依据是债券市场是有效的假设，在这样一个市场上，市场价格充分反映了债券价值的全部信息，投资者不可能战胜市场。历史事实也表明，大部分投资者在债券市场上获得的收益没有超过市场指数的收益。于是，投资者希望通过一种方法来构造债券组合，并使得该债券组合的收益达到某种债券指数的收益，这样的一种方法称为指数化方法。

如果投资者采用指数化方法构造债券组合，那么投资者首先要选择一种债券指数作为追求的目标。在美国，有一系列指数可供选择。最为流行的综合债券指数有谢尔逊·莱曼政府/公司指数和所罗门兄弟公司债券投资等级指数等。这些综合债券指数还有一些次级指数，它们是针对债券市场的某个特殊部门编制的。

目标指数选定以后，下一步就按照这一指数构造一个债券组合。这种指数化的债券组合与目标指数的收益差别称为追踪误差。追踪误差的产生有三个原因：（1）构造这种指数化债券组合的交易成本；（2）指数化债券组合的构成与目标指数本身的差异；（3）编制指数机构所使用的价格与采用指数化策略的投资者所支付的交易价格之间的差别。在构造债券组合的过程中，要综合考虑这三种因素对追踪误差的影响，使其最小化。

按照目标指数构造债券组合常用的方法有以下三种：

1. 方格方法

方格方法就是将指数分解为一些方格，每个方格代表指数的不同特征。指数的最常见的特征有：（1）期限；（2）息票；（3）到期时间；（4）市场部门（包括国库券、公司债券和抵押担保债券）；（5）信用等级；（6）提前赎回因素；（7）偿债基金性质。后两个性质特别重要，因为每种债券的提前赎回和再投资性质将影响其收益。

现在我们通过一个例子来说明方格方法，并假设我们按照下述特征来分解选定的债券指数：

特征一：经提前赎回调整的期限。

(1) 小于或等于5年，(2) 大于5年。

特征二：到期期限。

(1) 小于5年，(2) 在5—15年之间，(3) 大于15年。

特征三：市场部门。

(1) 国库券，(2) 联邦信贷机构债券，(3) 公司债券。

特征四：信用等级。

(1) AAA，(2) AA，(3) A，(4) BBB。

于是，方格的总数为：$2 \times 3 \times 3 \times 4 = 72$

然后，从该指数的所有债券中选出可代表每一个方格的一种或几种债券，并且根据每个方格中的债券市值在债券指数总市值中所占的比例来确定购买这个方格中的债券金额。例如，政府债券在债券指数的总市值中所占的比例是30%，那么在指数化的债券组合中政府债券所占的市值比例也应该是30%。

2. 最优化方法

最优化方法是在上面描述的方格方法的基础上构造这样的指数化债券组合，它不仅满足其他一些约束条件，而且还使某些目标实现最优化，其中的一个目标可能是最大化指数化债券组合的到期收益或其他收益目标。

为了解决指数化债券组合的最优化问题，通常采用数学规划法。如果最优的目标函数是线性函数，则使用线性规划法。如果最优的目标函数是二次函数，则使用二次规划法。

3. 方差最小化方法

方差最小化方法首先要求估计目标债券指数中的每一种债券的价格函数。价格函数可以根据两组因素进行估计：一组是按不同的即期利率贴现的现金流量；另一组是其他特征，如部门、息票、信用等级等。利用历史数据估计出价格函数后，就可以建立追踪误差的方差方程，然后采用数学规划法找出最小化追踪误差方差的指数化债券组合。方差最小化方法的最大不足是很难利用历史数据估计指数中债券的价格函数，而且价格函数可能很不稳定。

在构造指数化的债券组合的过程中，虽然方格方法简单易用，但是当目标指数中的债券数目很大时，这种方法存在很大的问题。这是因为使用较多的方格就会使购买每个方格中债券的费用增加，从而提高追踪误差；减少方格数目，也会增加指数不匹配造成的追踪误差。而且从每个方格中选择债券是主观的，这也会造成追踪误差。相反，利用严格的约束条件，使用最优化方法对大量的数据进行分析，就会降低问题的复杂性。

所以在实践中，投资者一般使用最优化方法或方差最小化方法构造指数化的债券组合。

7.4.2 主动管理策略

前面已经讲过，主动管理策略的理论依据是债券市场不是充分有效。实施主动管理策略的投资者可以通过识别错误定价的债券和对市场利率进行预测，从而获得超过市场平均的收益。主动管理策略很多，这里我们主要介绍三种：时限分析、债券互换和有条件免疫。

7.4.2.1 时限分析

任何债券在持有期的收益包括三部分：资本利得、息票收入和利息上的利息。时限分析（Horizon Analysis）就是要求投资者对债券未来的市场收益进行预测，估计出持有债券的期末价格。如果债券的现时价格较低，那么债券的预期收益较高，值得投资。相反，如果债券的现时价格较高，那么债券的预期收益较低，就不值得投资。

例如，投资者考虑投资年息票利率为10%、面值为1000元的20年期的债券。目前的到期收益是9%，投资者预测两年后的到期收益为8%。其中在两年内，利息以7%的利率再投资。下面我们来计算债券在两年持有期内的预期收益。

（1）现时的价格 $= 100 \times \sum_{n=1}^{20} \frac{1}{(1+9\%)^n} + 1000 \times \frac{1}{(1+9\%)^{20}}$

$= 1091.29$（元）

（2）两年后的预测价格 $= 100 \times \sum_{n=1}^{18} \frac{1}{(1+8\%)^n} + 1000 \times \frac{1}{(1+8\%)^{18}}$

$= 1187.44$（元）

（3）资本利得 $=1187.44-1091.29=96.15$（元）

（4）两年的利息 $=200$（元）

（5）利息上的利息 $=100 \times 7\% =7$（元）

（6）两年的回报率 $= \dfrac{96.15 + 200 + 7}{1091.29} = 0.278 = 27.8\%$

因此，实现的复利收益为：$(1.278)^{\frac{1}{2}} - 1 = 13\%$

从上面的这个例子可以看出，未来收益不同的预测结果会导致得到不同的实现复利率收益，因此投资者应十分注意对债券未来收益结构的预测，以获得较高回报。

7.4.2.2　债券互换

债券互换（bond swapping）是指投资者通过对错误定价的债券进行识别和对未来市场利率进行预测，而将现存的债券组合中的一些债券掉换成同等数量的另一些债券，以提高债券组合收益的主动投资策略。债券互换通常包括以下几种：纯收益获利互换、利率预测互换、替代互换和市场间差额互换。

1. 纯收益获利互换（pure yield pickup swap）

纯收益获利互换是指投资者将较低息票利率或较低到期收益或两者都较低的债券转换为相应较高的债券，以获得较高收益。这种债券互换不需要投资者对利率、收益差额和信用质量这些方面的变化进行预期。

2. 利率预测互换（rate anticipation swap）

利率预测互换是指投资者通过对未来市场利率进行预测，根据期限掉换债券组合中的某些债券，以获得由于预期利率波动而产生的收益。如果预期利率下降，债券价格将会上升，而且长期债券价格上升的幅度较大，因此将短期债券换成长期债券将会获得较高的收益。如果预期利率下降，长期债券会比短期债券价格下降的幅度更大，因此将长期债券换成短期债券将会避免不少损失。

3. 替代互换（substitution swap）

替代互换是指投资者将债券组合中的一些债券换成息票利率、到期期限、信用等级和其他方面与之相似，但是能够提供较高收益的另一些债券。这种互换的产生是由于市场的暂时不均衡，使得两种债券的价格不同从而到期收益不同。如果将低收益债券换成高收益债券，当两种债券的收益趋于相同时，投资者就会获得较高收益。投资者在进行替代互换时所面临的风险是所购买的债券可能实际上并不等同于被出售的债券。例如，所购买的债券能提供较高收益不是由于债券市场不均衡，而是因为信用质量不同、风险增加造成的，这时进行债券互换，风险很大。例如，债券A是息票利率为12%、按面值1000元出售、30年期的AA级公司债券，到期收益率为12%。债券B是息票利率为12%、面值为1000元、30年期的AA级公司债券，到期收益率为12.2%，出售的价格为984.08元。投资者预期1年后，债券B的价格为1000.00元，到期收益率下降到12%。两种债券的再投资利率都为12.0%。由于债券B比债券A的到期收益率高，投资者准备出售债券A，购买债券B。

表7-3 两种债券之间的替代互换

	出售债券A	购买债券B
初始投资	1000	984.08
1年利息	120	120
利息上的利息，半年付息	3.6	3.6
1年后的债券价格	1000	1000
1年后的债券总价值	1123.6	1123.6
1年后的总盈利	123.6	139.52
1元投资盈利	0.1236	0.1418
1年的实现复利收益%	12	13.71

4. 市场间差额互换（inter-market spread swap）

市场间差额互换是债券市场中两种不同部门债券之间的互换。当投资者认为两种不同部门债券之间的收益差额暂时不一致时，就进行这种互换并可获得额外收益。当两种不同部门债券之间的收益差额暂时较小时，预期会变大，如果待出售债券的到期收益率比待购买债券的到期收益率高，进行差额互换有较好收益。这是因为互换后购买的债券与出售的债券相比，到期收益率会更低，价格会更高，从而产生更高的资本利得。相反，当两种不同部门债券之间的收益差额暂时较大时，预期会变小；如果待出售债券的到期收益率比待购买债券的到期收益率低，进行差额互换同样有较好收益。这是因为互换后购买的债券与出售的债券相比，到期收益率会变低，价格会更高，从而产生更高的资本利得。

例如，若20年期财政债券与20年期BBB级公司债券的收益差额为3%，而历史差额为2%。如果市场会重新调整到3%的差额，那么投资者就应考虑卖出财政债券，而去购买公司债券，这样会获得超额收益。

但是要注意，如果收益差额发生变化是由于违约风险或市场衰退造成的，那么这时公司债券的价格与财政债券相比并不具有吸引力，只是由于信用风险增加而进行的调整。

7.4.2.3 有条件免疫

有条件免疫（Contingent Immunization）是指投资者通过实施主动的债券管理策略使得债券组合的收益大于或等于令其得到最低满意程度的一种较低的安全净收益（Safety net return）。当债券组合的收益等于安全净收益时，投资者就应该免疫这个债券组合以确保获得安全净收益。

下面我们通过一个例子来说明这一策略。

假定在可能的免疫收益为12%时，一位投资5000万元的投资者愿意接受的收益水平是：4年投资计划期限内10%的收益。这个10%的收益称为安全净收益。免疫收益与安全净收益的差额称为安全缓冲（Safety cushion）。在这个例子中，安全缓冲为200个基点（12%—10%）。

由于初始债券组合价值为5000万元，所以，以半年复利为基础，4年后结束时的最低目标值为：

$$50000000 \times 1.05^8 = 73872772 \text{（元）}$$

由于此时的收益为12%，所以这时实现最低目标值73872772元所要求的资产是在半年的基础上以12%来贴现的现值，即为：

$$\frac{73872772}{1.06^8} = 43348691 \text{（元）}$$

因此，200个基点是安全缓冲转换为6651309元（50000000元－43348691元）的初始现金安全边际（dollar safety margin）。

假定投资者把所有的5000万元投资于20年期、息票利率为12%、以12%的收益按票面价值出售的息票债券。如果到6个月末时市场收益下降到9%，此时债券组合的价值是6个月的息票利息和19.5年期在9%市场收益情况下的息票债券价格之和。经计算，此时息票利息为300万元，债券价格为6367万元，所以6个月末时债券组合的价值为6667万元。为了得到实现最低目标值所需要的资产，我们计算3.5年期9%收益率的最低目标值的现值：

$$\frac{73872772}{1.045^7} = 54283888 \text{（元）}$$

显然，6667 万元的债券组合价值大于所需的 54283888 元，所以，投资者可以继续主动地管理这个债券组合。现在现金安全边际为 12386112 元(66670000 元－54283888 元)。只要现金安全边际为正，对这个债券组合便可以进行主动管理。

如果 6 个月末时利率上升到 14.26%，此时债券的价格会下降到 42615776 元，该债券组合的价值则等于 45615776 元（债券的市场价格加上 300 万元的息票利息)。在市场收益为 14.26% 的条件下，为实现 73872772 元的最低目标值，所需的资产为：

$$\frac{73872772}{1.0713^7}=45614893\text{（元）}$$

所需的资产数额大致等于债券组合价值（即现金安全边际几乎为零)。因此，投资者一定要免疫该债券组合，以便在投资期限内实现最低目标值(安全净收益)。

本章小结

• 债券是政府、金融机构、工商企业等机构直接向社会借债筹措资金时，向投资者发行，承诺按一定利率支付利息并按约定条件偿还本金的债权债务凭证。

• 债券具有偿还性、收益性、流动性、安全性等性质。

• 债券和股票在筹资性质、收益来源、风险性等多方面存在差异。

• 与债券相关的利率有很多，我们常见的是即期利率、远期利率、到期收益率三类。

• 债券“还本付息”的特性决定了债券价格等于债券持有者将来所能期望获得的现金流的现值，也决定了债券价格的高低和到期收益率直接相关。

• 债券收益率曲线通常有上升、下降、水平三种情况。理论解释有无偏预期模型、流动性偏好模型和市场分割理论。

• 投资债券需要注意债券的利率风险、违约风险和购买力风险。

• 投资者即可对债券采用积极管理策略也可采用被动管理策略。

知识拓展

从香港雷曼迷你债券风波透视资产管理行业的调整

一、香港雷曼迷你债券风波起因

雷曼迷你债券（Minibond Series）是指由在开曼群岛注册的太平洋国际金融公司为发行人、以雷曼亚洲投资有限公司为安排人、以雷曼特殊金融公司为掉期交易对手、以雷曼控股公司为掉期交易担保人，面向零售投资者发行的一系列信贷挂钩票据的总和。其本质属于一种结构性债务工具。与普通债券到期还本付息有所不同，雷曼迷你债券息票金额及/或最终支付金额会受到一家或一组挂钩公司所发生的“信贷事件”及其他因素影响。香港证监会公布的信息显示，截至2008年9月30日，香港市场发售的与雷曼相关的未到期非上市零售结构性票据金额约为156.43亿港元，占香港市场所有未到期的非上市零售结构性产品总金额（约为831.7亿港元）的18.8%，涉及的投资者超过4万人，产品分销商包括3家证券公司和21家银行。此外，迷你债券在中国台湾、中国澳门、新加坡亦有销售。

香港雷曼迷你债券事件，起于中银香港、东亚银行、花旗银行等20家银行在销售与雷曼兄弟公司相关的结构性产品的过程中，涉嫌向部分香港投资者作出失实陈述，或者向不能承担高风险的投资者进行了销售，使部分投资者以为雷曼迷你债券和普通债券一样属于低风险投资。2008年9月，雷曼兄弟公司在金融海啸中破产，使迷你债券发行人失去了掉期合约的交易对手（雷曼公司），导致此类产品合约终止并需平仓，其直接后果是要变卖债务抵押证券，用以偿还投资者的投资。由于债务抵押证券（目前风险和估价不详）价格因金融风暴可能严重缩水，雷曼迷你债券投资人可能面临巨额损失风险。部分雷曼迷你债券投资者认为，销售这一产品的银行存在误导投资者的行为，要求银行退回本金。

二、香港金融监管部门

迷你债券的风险爆发后，香港监管当局迅速采取了一系列应急措施：与政府相关部门及立法会之间保持紧密的信息沟通与协调，果断对雷曼在港经营机构采取限制措施，及时向社会公众发布事件最新进展情况，责成有关各方（主要指受托人和分销商）组织人员接受投资者投诉、查询及对不当销售行为进行内部调查，针对分销商的不当销售指控展开调查等。尽管雷曼迷你债券事件的处置进程因为被少数政治团体刻意政治化而受到阻挠，但是香港监管机构在应对过程中始终较好地遵循了危机处理的基本原则。

首先，将维护市场稳定和保护投资者利益放在首要地位。为最大限度地保护投资者利益和维护正常的市场秩序，在雷曼宣布申请破产保护的次日(2008 年 9 月 16 日)，香港证监会对雷曼在香港运营的四家公司发出限制通知，禁止美国雷曼兄弟亚洲投资有限公司处理客户及公司的资产并且不得将公司款项转出公司。与此同时，香港交易所于 9 月 16 日开市前暂停了美国雷曼兄弟证券亚洲有限公司在证券及股票期权市场的交易权利，并宣布该公司为失责人士。当日收市后，随即又暂停了美国雷曼兄弟期货亚洲有限公司的交易权利、连通 HKATS 电子交易系统的权利及期权结算所的参与者资格。

其次，加强信息披露和投资者沟通。雷曼兄弟宣布破产保护后，香港证监会与雷曼各香港公司主要负责人紧急会面、要求该公司采取措施保护投资者的利益，并做好信息发布和投资者服务工作。随后，迷你债券的安排人——美国雷曼兄弟亚洲投资有限公司于 2008 年 9 月 17 日向迷你债券的持有人和分销商发出新闻通稿和信函，宣布暂停为雷曼公司的非上市结构性产品提供二级市场报价或流动性，同时对投资者关心的问题作出了回应。

香港证监会迅速与持有雷曼产品的相关资产的受托人团体接触，要求有关受托人确认已妥善分隔有关资产，并保证为投资者的最佳利益行事。随后，迷你债券的受托人——汇丰银行向迷你债券持有人就常见问题发布了有关参考资料，同时委任法律顾问，就迷你债券违约或提早赎回的选择向其提供专业意见。

香港监管当局敦促分销商和受托人及时妥善处理投资者的投诉，提醒所有参与分销零售结构性票据及信贷挂钩票据的受规管人士应更积极地回应投资者的关注，认真履行对投资者的责任。同时，提醒中介人士有责任为客户提供合适的产品。迷你债券风险爆发以来，分销商和受托人均积极采取行动与投资人沟通事件最近进展，而个别分销商已陆续开展与受雷曼事件影响的相关客户个案（特别是缺乏相关投资经验的长者客户）进行和解。

此外，为维护市场稳定运行，香港监管当局几乎每天均向市场发布新闻稿，通报迷你债券事件的最新进展。据初步统计，香港证监会在“雷曼事件”发生后的8天时间里就向市场发布了9篇新闻稿；香港金管局也通过新闻稿的形式积极回应投资者关注的事项。与此同时，香港证监会和香港金管局均开通投资者投诉电话接受投诉，在网站上设置“雷曼事件”专栏用于通报在香港销售的雷曼相关投资产品的最新情况，同时于9月20日与迷你债券的持有人进行了会面，积极了解投资者的诉求。香港政府财经事务及库务局局长与财政司司长则通过新闻公报、传媒谈话及立法会动议辩论的形式向投资者做出了回应。

再次，及时就投诉展开调查以增强市场对监管体系的信心。香港监管机构于9月24日宣布对迷你债券涉及不当销售手法的投诉展开调查。其中，香港证监会将审查三名香港证监会持牌分销商在发售与雷曼兄弟相关的零售结构性票据时的操守，并对每种迷你债券的发行商及其顾问在提交销售章程和推广材料时的信息披露展开查证。香港金管局则对参与销售与雷曼兄弟相关的零售结构性产品的21家银行的操守进行调查。11月14日，香港立法会根据《立法会（权利及特权）条例》决定调查雷曼迷你债券事件。按照有关规定，立法会可行使权力及特权条例赋予的权限，传召任何人到立法会或委员会主席前作证，或出示其所管有或控制的任何文据、簿册、纪录或文件，而传召对象可能包括银行高层及负责销售职员，传唤并查问官员及银行代表。

三、处置措施仍然存在争议之处

由上面可以看出，迷你债券事件发生后，香港监管当局及有关各方对事件作出了快速的反应，以最大限度地保护投资者利益和维护正常的市场秩序为目标，积极主动地采取了一系列重要措施。这些措施虽然起到了一定的效果，但是目前事件仍陷入僵局。根据业内人士的分析，其中的原因是部分机构的表态以及少数人士刻意推动事件的政治化，使投资者对收回全部本金抱有较高的预期。此外，虽然银行业积极筹划债券回购，但是市场环境的持续低迷将会使抵押品面临较大的损失，而且香港立法会的调查也将对银行业的回购行动形成影响。

另外，在事件处理的措施选择方面应当更为尊重市场，尊重专业的判断。如果在没有充分评估现实情况和市场影响的情况下，匆忙提出促使银行回购的建议，短期内也许能缓解燃眉之急，但是在长期内却可能会对投资者和市场机构产生不同程度的负面影响。此次雷曼迷你债券事件的起因在于向不适当的投资者销售结构性债券，因而解决问题应该集中在对不同投资者的投资进行分类处理，而不是简单地由银行来回购已经售出的债券。在金融市场动荡、投资者信心崩溃和流动性缺失的市场环境中，目前抵押品的市场价值已大幅缩水且缺乏流动性，即使银行进行回购，估值也将远低于投资本金，甚至可能为零。届时出现损失的幅度将是部分投资者所不能够承受的，可能会进一步引发冲突。在这一点上，新加坡监管机构的处置手法就相对平稳得多，市场冲击也相对较小。

还有部分业内人士认为，在这次雷曼迷你债券风波中，监管机构和银行业的反应有些矫枉过正。香港金管局甚至在研究是否应该禁止银行销售零售投资产品，而实际上银行业几乎全面停止销售新的结构性产品，致使2008年最后几个月香港基金管理公司基本没有新产品认购，却出现资金大量净赎回现象。过去香港基金业十分依赖香港银行系统的销售渠道和财富管理功能，雷曼迷你债事件发生后，香港的银行显然在销售基金方面采取了保守和谨慎的态度，投资者也不再像原来那样信任银行的产品推销，这样的情况持续下去将对香港的金融业产生重大的负面影响。

四、资产管理市场可能出现的趋势

次贷危机引发的金融海啸，对全球资产管理市场形成了显著的冲击。随着危机的不断深入，无论是金融机构自身的资产管理（自营）、还是代客理财等，都出现了程度不同的亏损，促使全球的金融机构开始重新反思资产管理行业未来的发展。与此同时，对冲基金也遭受重创，使得全球对相关金融交易形成了新的意见和看法。归纳起来，资产管理市场将出现以下变化：

其一，次贷危机之后，全球资产管理行业可能会面临一次彻底的洗牌。投资者将更加关注理财产品是否具有稳健的现金流、清晰简洁的产品结构和透明的信息披露，那些结构复杂的产品可能会日益受到投资者的抛弃。为不同阶段的投资者提供适合于不同人生阶段的简单的产品，并由投资者从中自行进行选择和配置，可能会成为一个新的趋势。

其二，香港雷曼迷你债券事件引发了香港资产管理界和银行界的深深担忧。由于现有的资产管理产品主要依靠商业银行的分支机构网络来销售，雷曼迷你债券事件使得商业银行因为担心可能承担投资者投资亏损之后的法律责任而显著降低了销售基金产品的积极性，同时也担心已经销售出去的产品是否会遭受类似的法律纠纷，这种担心使资产管理行业的营销方式可能会不得不作出调整。

其三，在推动理财产品市场和资产管理行业发展的过程中，既要鼓励理财产品创新，以满足投资者的需求，也要加强理财产品设计与运作风险的控制。考虑到非上市金融工具（特别是场外金融衍生品）的流动性一般较差，且缺乏透明度，投资估值难度较大，不利于投资风险的控制，因此，对于投资非上市金融工具的理财产品（特别是 QDII 产品），未来发展趋势可能是日益倾向于严格把关，审慎对待，重点推进场内市场的资产管理产品。

其四，在次贷危机发生之后、特别是在经历了雷曼迷你债券事件之后，监管机构很有可能出现过度监管的倾向，从而严重抑制本来需要相对灵活的市场创新和发展空间的资产市场，并且会延长资产管理行业从次贷冲击和金融海啸中恢复的速度。

其五，华尔街所特别关注的强烈的激励和分配措施，被认为是导致此次危机的重要的根源之一，这使得资产管理行业一度十分重视的业绩分红、过高的股权激励等可能会受到抑制。一些原来没有实行股权激励等的市场，类似的改革举措可能会延缓。

五、香港雷曼迷你债券事件对我国内地资产管理行业监管及发展的启示

当前，我国的理财市场处于快速发展的新时期，各类创新金融工具和投资理财产品层出不穷。国内银行作为主要的理财产品销售渠道，分销大量的自有理财产品和基金、保险产品。从市场环境来看，我国内地的资产管理行业与目前的香港金融业并没有本质区别，因而此次香港监管当局在处置雷曼迷你债券事件过程中的经验和教训可以为国内资产管理行业未来的监管和健康发展提供有益借鉴，香港雷曼迷你债券事件本身也是分析全球资产管理行业的一个重要案例。

信心是整个资产管理行业运行的基石。监管机构应当建立健全突发事件应急处理机制，提高对突发事件的迅速反应与处理能力，及时采取措施保护投资者利益和维护市场稳定，从而维持市场的信心。香港证监会对于迷你债券事件的反应非常迅速，第一时间与相关当事人展开磋商；及时限制雷曼各香港公司的行动，并要求迷你债券的受托人冻结相关账户，保全客户资产和抵押品，最大限度保护香港本地投资者的利益；同时敦促分销商做好投资者沟通工作，并及时向社会公众发布事件最新进展。从事件的处置进展看，监管机构采取行动的速度对于突发事件的处理至关重要。

分立的监管机构之间应该建立良好的沟通和协调机制，避免出现令出多门，相互掣肘的现象，特别是一些交叉性的、较为复杂的金融产品，往往容易出现监管的真空地带。目前国内理财市场的监管机构涉及中国银行业监督管理委员会、中国证券监督管理委员会、中国保险监督管理委员会等多个互相分立的监管主体，产品发行审批和监管各自独立，但是销售渠道高度依赖银行。为了避免重演此次香港的问题，应该加强“三会”在理财产品市场监管方面的沟通和协调。

加强对于理财产品销售机构和销售行为的监管，确保合适的产品卖给合适的人。银行等销售机构在销售基金等理财产品特别是较为复杂的创新产品时，必须符合法律法规的规定并建立必要的内部控制制度，要对相关理财产品的性质与风险进行充分的披露，确保客户了解产品的风险与收益特征，并拥有足够的能力承担买卖该产品所带来的风险和潜在亏损。否则，当出现不当销售行为时，不但销售机构面临被起诉的法律风险，而且容易引起一些不必要的社会问题。

基金公司等资产管理机构在投资管理过程中应高度重视投资风险，特别是要注意控制交易对手信用风险。迷你债券事件告诉我们，当交易对手高度集中时，隐含的投资风险可能很大。随着基金等理财产品越来越多的投资于场外金融工具（主要是债券和个性化的衍生产品），投资组合面临的交易对手信用风险日益突出，有效管理交易对手风险已成为投资风险管理的重要内容。一般而言，控制交易对手信用风险有以下几种方法。一是建立交易对手信用评估体系，选择信用等级较高的对手进行交易，对于任何一个交易对手的头寸暴露水平要时刻保持在一定范围内，对于同类投资应选择多个交易对手以分散风险。同时，可以设置一定条件，当交易对手信用等级下降到某一级别时，交易可以提前终止。基金特别是 QDII 在作出投资安排时，应重视对手风险的控制，尽量做到风险分散。二是要求交易对手提供抵押品、保证、信用证和支付保证金等信用支持方式，增加交易的信用保障，降低交易风险。三是通过签订净额结算协议，降低交易对手的信用风险。即使对手违约，交易的损失也是有限、可控的。四是作出交易安排时，尽量适用中国的法律。这样即使交易对手违约，那么相应的法律风险也相对可控。这一点在 QDII 基金产品对外投资时尤其重要。

加强投资者教育，引导投资者分散投资，合理配置资产。一方面，销售人员在推介金融产品特别是复杂产品时，应当充分披露该产品的潜在风险，确保投资者在购买前已理解产品特性。另一方面，销售人员也应该引导投资者分散投资，规避非系统性风险。这样即使某一项投资遭遇重大损失，投资者的财产也不至于受到巨大冲击。

（巴曙松、张旗：“从香港雷曼迷你债券风波透视资产管理行业的调整”，《中国金融》，2009 年第 1 期。）

【本章阅读文献】

［1］郭泓、武康平：“上交所国债市场流动性溢价分析”，《财经科学》，2006 年第 4 期。

［2］张蕊等：“中国银行间债券市场企业债交易成本研究”，《管理学报》，2010 年第 2 期。

［3］刘婵：《投资学》，中山大学出版社 2008 年版。

［4］杨朝军：《证券投资分析》，上海人民出版社 2002 年版。

［5］（美）法博兹普，李伟平译：《债券市场：分析和策略》（第 5 版），北京大学出版社 2007 年版。

［6］中央国债登记结算公司：《债券投资基础》，中国金融出版社 2008 年版。

［7］钱泳等编译：《高级债券资产组合管理：建模与策略的最佳实践》，东北财经大学出版社 2007 年版。

[8] 安义宽：《中国公司债券：功能分析与市场发展》，中国财政经济出版社2006年版。

【生生合作项目】

任务布置时间：第8周

生生合作讨论时间：第11周

目的：收益率曲线是指零息债券的收益率与其到期日之关系——横轴为各到期期限（Time to Maturity），纵轴为相对应之到期收益率（Yield to Maturity），用以描述两者之关系。投资固定收益证券（Fixed Income Securities）最重要的市场指标之一就是收益率曲线（Yield Curve）。通过本次生生合作，使得学生更深刻地理解债券收益率的相关知识，并通过小组合作掌握债券收益度量的具体方法，学会分析利用这一指标。本次合作主要强调理论知识在实践中的应用，提高学生分析问题能力。

项目实施方案和流程：

（1）建立基准年期。基准年期指的是收益率曲线上关键年期，是与国际债券市场收益率曲线比较时的基准年期。参照国际通行的收益率曲线做法以及配合国内债券发行的期限，将基准年期分为以下几个年期：1年、2年、3年、5年、7年、10年、15年、20年、30年。

基准年期中短年期的间隔比较小，长年期的间隔比较大，这是符合投资人利率边际敏感性递减的特征，因为投资人对距今较近各年的利率变化比较关切，而对较远的利率每年的变化则不是那么敏感。

（2）筛选样本债券。为了使收益率曲线具有良好的代表性，应采用“最近一段期间有成交且价格合理的固定利率且不含期权债券”作为样本债券。所谓最近一段期间有成交是指：只要过去N日有交易，就可以纳入债券（目前N=3），这样可以避免债券除息前后交易所市场暂停交易造成曲线的空缺。所谓价格合理是指：该债券最近N日有交易的最后一日交易价格与平均价不能超过X倍的标准差（目前X=2），这样做的目的是防止曲线受到单一债券价格剧烈波动的影响。第三个条件是仅包含固定利率、不含期权的债券是因为浮动利率债券无法计算合适的到期收益率，因此在收益率曲线的平面上没有合理的观测点。含期权债券由于不知道未来是回售还是赎回，也无法计算合适的到期收益率，因此也排除在样本之外。

（3）样条曲线模型的建立。这是收益率曲线编制过程中较难的一个部分，具体的模型可以参考红顶金融工程研究中心的拟合模型。

（4）优化条件的设置与寻优。寻优的目标是：为当前拟合出来的收益率曲线对市场上所有 m 个观察得到的债券所有现金流现值加总的解释误差之和必须最小，这些误差乘上一个债券的流动性系数，使得万一同一期限的两个债券出现不同收益率时，曲线会通过或比较接近流动性好的那个债券。

（5）对债券收益率进行分析，并根据图形进行理论解释。

（6）课堂讨论：小组团队要根据本组所选的样本债券、运用度量债券收益的具体方法以及相应的体会形成一篇研究报告和 PPT 演示稿，然后在课堂上展开讨论。

提交作业：

本次讨论课后，小组完成项目分析的 Word 和 PPT，第 11 周网上/书面（根据教学条件和教师要求）提交。

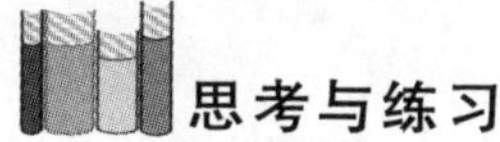

思考与练习

一、单项选择题（以下各小题所给出的 **4** 个选项中，只有 **1** 项最符合题目要求，请将正确选项的代码填入空格内）

1. 债券是一种有价证券，是社会各类经济主体为筹集资金而向债券投资者出具的、承诺按一定利率定期支付利息的并到期偿还本金的(　　)凭证。

A. 债权债务　　　　B. 所有权、使用权

C. 权利义务　　　　D. 转让权

2. 下面不是债券基本性质的为(　　)。

A. 债券属于有价证券

B. 债券是一种虚拟资本

C. 债券是债权的表现

D. 发行人必须在约定的时间付息还本

3. 根据发行主体的不同，债券可以分为(　　)。

A. 零息债券、附息债券和息票累积债券

B. 实物债券、凭证式债券和记账式债券

C. 政府债券、金融债券和公司债券

D. 国债和地方债券

4. 利率是债券票面要素中不可缺少的内容，债券利率亦受很多因素影响，其主要影响因素不包括(　　)。

A. 借贷资金市场利率水平　　B. 筹资者的资信

C. 债券期限长短　　D. 资金使用方向

5. 债券与股票的比较，错误的是(　　)。

A. 债券和股票都属于有价证券

B. 尽管从单个债券和股票看，它们的收益率经常会发生差异，而且有时差距还很大，但是总体而言，两者的收益率是相互影响的

C. 债券通常有规定的利率，而股票的股息红利不固定

D. 债券和股票都是筹资手段，因而都属于负债

6. 关于债券的描述，错误的是(　　)。

A. 债券本身有一定的面值，通常它是债券投资者投入资金的量化表现

B. 债券的本质是证明债权债务关系的证书

C. 债券代表债券投资者的权利，这种权利不是直接支配财产权，也不以资产所有权表现，而是一种债权

D. 债券的流动意味着它所代表的实际资本也同样流动，债券与实际资本紧密关联

7. 通常被称为“金边债券”的是(　　)。

A. 金融债权　　B. 政府债券

C. 公司债券　　D. 可转换公司债券

8. 在国际市场上，(　　)的常见形式是国库券，它是由政府发行用于弥补临时收支差额的一种债券。

A. 短期国债　　B. 中期国债

C. 长期国债　　D. 无期国债

9. 按照(　　)分类，国债可以分为实物国债和货币国债。

A. 偿还期限　　B. 资金用途

C. 流通与否　　D. 发行本位

10. 政府为了修建铁路和公路而发行的国债属于(　　)。

A. 特种国债　　B. 赤字国债
C. 建设国债　　D. 战争国债

11. 假设其他因素不变，久期越(　　)，债券的价格波动性就越(　　)。
A. 大，小　　B. 大，大
C. 小，不变　　D. 小，大

12. 不承担任何市场利率风险的策略是(　　)。
A. 指数化策略
B. 满足单一负债要求的投资组合免疫策略
C. 多重负债下的组合免疫策略
D. 多重负债下的现金流匹配策略

13. 通过计算投资组合在不同时期的所有现金流，然后计算使现金流的现值等于投资组合市场价值的利率，即为(　　)。
A. 加权平均投资组合收益率　　B. 投资组合复利收益率
C. 投资组合期限收益率　　D. 投资组合内部收益率

14. 风险溢价是(　　)。
A. 债券收益率与一般折现率之间的利差
B. 基础利率与一般折现率之间的利差
C. 债券收益率与基础利率之间的利差
D. 债券收益率与平均收益率之间的利差

15. 大多数债券价格与收益率的关系都可以用一条(　　)弯曲的曲线来表示，而且(　　)的凸性有利于投资者提高债券投资收益。
A. 向下，较高　　B. 向下，较低
C. 向上，较高　　D. 向上，较低

16. 消极的债券组合管理者通常把市场价格看作(　　)。
A. 非均衡交易价格　　B. 均衡交易价格
C. 低估交易价格　　D. 高估交易价格

17. 一般而言，只有在存在(　　)的收益级差和(　　)的过渡期时，债券投资者才会进行互换操作。
A. 较高，较短　　B. 较低，较长
C. 较高，较长　　D. 较低，较高

18. 以下投资策略属于债券互换策略的是(　　)。

A. 子弹式策略　　B. 两极策略

C. 免疫互换　　D. 税差激发互换

19. 预期理论暗含着一个假定是：不同期限的债券是可以(　　)的。

A. 相互替代　　B. 不能相互替代

C. 在一定条件下可以替代　　D. 以上都不对

20. 两极策略将组合中债券的到期规限(　　)。

A. 向左平移　　B. 向右平移

C. 集中于波峰和波谷　　D. 集中于两极

二、多项选择题（以下各小题所给出的4个选项中，有2个或2个以上符合题目要求，请选出正确的选项，不选、错选均不得分）

1. 以下属于积极的债券投资组合管理策略的有(　　)。

A. 水平分析

B. 债券互换

C. 多重负债下的现金流量匹配策略

D. 应急免疫

E. 指数化投资策略

2. 以下属于消极的债券投资组合管理策略的有(　　)。

A. 替代互换

B. 骑乘收益率曲线

C. 多重负债下的现金流量匹配策略

D. 应急免疫

E. 指数化投资策略

3. 影响风险溢价的因素可能包括(　　)。

A. 发行人种类　　B. 发行人的信用度

C. 提前赎回等其他条款　　D. 到期期限

E. 税收负担

4. 计算投资组合的收益率一般用的方法是(　　)。

A. 加权平均投资组合收益率　　B. 投资组合复利收益率

C. 投资组合期限收益率　　D. 投资组合内部收益率

5. 债券投资者需要对债券价格波动性和债券价格利率风险进行计算，

通常使用的计量指标有(　　)。

A. 基点价格值　　　　B. 标准差

C. 价格变动收益率值　　　　D. 凸性

E. 久期

6. 收益率曲线反映了市场的利率期限结构，对于收益率曲线不同形状的解释产生了不同的期限结构理论，主要包括(　　)。

A. 预期理论　　　　B. 市场分割理论

C. 凸性理论　　　　D. 优先置产理论

E. 风险偏好理论

7. 常用的收益率曲线策略包括(　　)。

A. 水平策略　　　　B. 梯式策略

C. 子弹式策略　　　　D. 两极策略

8. 付息债券的投资回报主要包括(　　)。

A. 本金价差收入　　　　B. 利息收入

C. 利息再投资收入　　　　D. 股票红利收入

三、判断题（判断以下各小题的对错）

1. 债券期限越长，市场利率变动时其价格波动幅度也越小，投资者一般会对长期债券要求更高的收益率。

2. 一般来说，债券流动性越大，投资者要求的收益率越高；反之，要求的收益率越低。

3. 预期理论暗含着这样一个假定：不同期限的债券是可以互相替代的。

4. 经过对市场的有效性进行研究，如果投资者认为市场效率较强时，可采取指数化的投资策略。

5. 有偏预期理论中，最被广泛接受的是流动性偏好理论。

6. 指数构造中所包含的债券数量越多，跟踪误差就越大。

7. 只要久期与目标投资期相同，就可以消除利率变动的风险，这称为利率免疫。

8. 水平分析是一种基于对过去利率分析的债券组合管理策略。

9. 即使在一个有效率的市场上。投资者也有可能获取高于平均收益的收益。

10. 一般而言，只有在存在较高的收益级差和较长的过渡期时，债券投资者才会进行互换操作。

11. 指数化投资策略属于积极型债券投资策略之一。

12. 市场效率较弱时，可采取指数化的投资策略。

四、计算题

1. 某客户现在购买了一种债券，10 年期，息票率 8%，每年付息一次，到期收益率为 10%，面值为 1000 元。如果客户在第一年收到利息后立即将债券卖掉，假设 1 年后到期收益率为 9%，那么，该客户持有该债券的收益率为多少？

2. 某一期限为 5 年的利随本清国债，票面年利率 3.60%，面值 100 元，发行价格 99 元。若一个投资者投资 9900 元该期国债。问：（1）到期收益为多少？（2）到期收益率为多少？

3. 某一期限为 2 年的贴现国债，面值 100 元，发行价格 96.04 元。若一个投资者投资 10000 元面值的该期国债。问：（1）到期收益为多少？（2）到期收益率为多少？（3）期望获得 2.25% 到期收益率，应该多少钱认购买入？

4. 这是一个 CFA（金融注册分析师）考试的题目。

一种 30 年期债券的票面利率为 7%，每年支付一次利息。当前它的售价为 867.42 美元（1000 元面值，下同）。一种 20 年期债券的票面利率为 6.5%，也是每年支付一次利息，它的当前售价为 879.50 美元。债券市场分析人员预测 5 年、25 年期债券将以 8% 的收益率售出，15 年期债券将以 7.5% 的收益率售出。由于收益率曲线向上倾斜，分析人员认为利息投资于短期债券的收益率为 6%。那么在这 5 年内哪种债券的预期收益率更高？

五、问答题

1. 为什么投资者购买国债也被认为是投资了“金边债券”？

2. 我国国债的发行历史是怎样的？

3. 国债收益率曲线和企业债券收益率曲线有何异同？

4. 你认为哪种利率期限结构理论更符合我国债券市场的实际情况？

5. 如果投资者是风险偏好者，他倾向于选择哪一类债券管理策略？为什么？

第8章 金融衍生工具导论

【本章教学要求】

本章主要介绍金融衍生工具的基础知识，包括期货、期权、互换、信用衍生产品的基本概念、交易规则及其简单应用。通过这一章的学习，学生应当了解金融衍生工具的基本概念、掌握期货交易规则、期货交易的功能，特别是套期保值功能，掌握常见的期权交易策略，了解期权交易组合策略，掌握货币互换和利率互换的相关知识，了解常用的信用衍生产品。

【教学重点与难点】

教学重点：期货交易规则　套期保值

教学难点：套期保值策略　期权交易策略　互换交易过程

【引导案例】

国债“327”事件①

1995 年 2 月，沪市发生了“327”国债逼仓事件，其影响令人瞩目。

一、灰色利好消息

327 品种是对 1992 年发行的 3 年期国债期货合约的代称。由于其于 1995 年 6 月即将交收，现货 1992 年 3 年期国债保值贴补率明显低于银行利率，故一向是颇为活跃的炒作题材。市场在 1994 年底就传言 327 等低于同期银行利率的国库券可能要加息；而另一些人则认为不可能，因为一旦加息要国家多支出 10 多亿元的资金，在客观形势吃紧的情况下，显然绝非易事。于是，围绕着对这一问题的争议，期货市场形成了 327 品种的多方与空方，该品种价格行情的最大振幅曾达 4 元多。

2 月 23 日，财政部发出公告，关于 1992 年期国库券保值贴补的消息终于得到证实。多头得理不饶人，咄咄逼人地乘胜出击，而空方却不甘束手就擒。双方展开了激烈的争夺战。

二、多头逼仓与空头打压

空方的总指挥是万国证券公司，二号主力是辽宁国发（集团）公司。在 148.50 元附近，空方集结了大量的兵力。但多方力量势不可挡，一开盘，价位就跳空高开，数百万的空单被轻而易举的吃掉，价格大幅飙升，迅速推高到 151.98 元。16 时 22 分，离收盘还有 8 分钟。正当许多人都以为大局已定时，风云突变，730 万口（约合人民币 1460 万元）的抛单突然出现在屏幕上，多方顿时兵败如山倒。最后双方在 147.50 元的位置鸣金收兵。当日上海国债期货总成交 8359.93 亿元，其中 80% 即 6800 亿元左右集中在 327 品种上。若按收市价 147.50 元结算，意味着一大批多头将一贫如洗，甚至陷于无法自拔的资不抵债的泥潭。

---

① 黄海沧：《期货交易精要及案例》，浙江大学出版社 2005 年版，第 163—166 页。

三、事件的处理

交易刚结束，上海证券交易所、上海市证管办就接到了指有会员严重违规操作的控告。根据后来的处理结果，“327”事件被定性为一起严重的违规事件。

案件思考题

1. “327”事件的发生，直接导致了我国第一次国债期货试点的失败，此次事件的发生是偶然的吗？

2. 当时我国国债期货市场存在的主要问题有哪些？

3. 国债“327”事件为我国正式推出股指期货提供的借鉴是什么？

2007 年美国的“次贷危机”是引发全球金融危机的重要导火索，2010 年欧洲多国的“债务危机”又引发全球金融可能二次探底的争论。在这一事件中，金融衍生工具成为人们讨论的焦点。本章主要介绍金融衍生工具的基础知识，包括期货、期权、互换和简单信用衍生产品的基本概念、交易规则和应用。

8.1 金融衍生工具概述

8.1.1 金融衍生工具的含义

美国经济学家弗兰克·J. 法伯齐等指出，“一些合同给予合同持有者某种义务或对某一种金融资产进行买卖的选择权。这些合同的价值由其交易的金融资产的价格所决定，相应的这些合约被称为衍生工具。”①

① （美）弗兰克·J. 法博齐、（美）弗朗哥·莫迪利亚尼著，唐旭等译：《资本市场：机构与工具》，经济科学出版社 1998 年版，第 14 页。

1994 年 8 月，国际互换和衍生协会在一份报告中作了如下描述："衍生品是有关互换现金流量和旨在为交易者转移风险的双边合约。合约到期时，交易者所欠对方的金额由基础商品、证券或指数的价格决定。"

国内学者定义为"衍生金融商品是以货币、债券、股票等传统金融商品为基础，以杠杆或信用交易为特征的金融工具。它既指一类特定的交易方式，也指由这种交易方式形成的一系列合约。"①

综上所述一般可以把金融衍生工具定义为，金融衍生工具是给予交易对手的一方，在未来的某个时间点，对某种基础资产拥有一定债权和相应义务的合约。广义上把金融衍生工具也可以理解为一种双边合约或付款交换协议，其价值取自于或派生于相关基础资产的价格及其变化。

8.1.2 金融衍生工具的特点

金融衍生工具与金融基础工具相比，具有一些明显特点：

8.1.2.1 金融衍生工具的交易成本较低

金融衍生工具可以用较为低廉的交易成本来达到规避风险和投机的目的，这也是金融衍生工具为保值者、投机者所喜好并迅速发展的原因之一。衍生工具的成本优势在投资于股票指数期货和利率期货时表现得尤为明显。

8.1.2.2 金融衍生工具设计具有灵活性

运用金融衍生工具易于形成所需要的资产组合，创造出大量的特性各异的金融产品。交易者参与金融衍生工具的交易，大致有以下目的：有的是为了保值，有的是利用市场价格波动风险进行投机牟以暴利，有的是利用市场供求关系的暂时不平衡套取无风险的额外利润。出于各种复杂的经营目的，就要有各种复杂的经营品种，以适应不同市场参与者的需要。所以，金融衍生工具的设计可根据各种参与者所要求的时间、杠杆比率、风险等级、价格参数的不同进行设计、组合、拆分。可见，金融衍生工具的设计具有较大的灵活性。

8.1.2.3 金融衍生工具具有虚拟性

虚拟性是指信用制度膨胀下金融活动与实体经济偏离或完全独立的那一部分经济形态。它以金融系统为主要依托，其行为主要体现在虚拟资本（包括有价证券、产权、物权、金融衍生工具、资本证券化等）的循环运动上。

---

① 参见王建国：《衍生金融产品》，西南财经大学出版社 1997 年版。

8.1.3 金融衍生工具的种类

随着金融创新的发展，金融衍生工具经过衍生再衍生、组合再组合的螺旋式发展，种类繁多，按照基础工具的种类的不同而有不同的分类。

8.1.3.1 按照金融衍生工具自身交易方法分类

（1）远期（Forwards）。远期指合约双方同意在未来日期按照协定价格交换金融资产的合约。金融远期合约规定了将来交换的资产、交换的日期、交换的价格和数量，合约条款因合约双方的需要不同而不同。金融远期合约主要有远期利率协议、远期外汇合约、远期股票合约。

（2）期货（Futures）。期货是指买卖双方在有组织的交易所内以公开竞价的形式达成的，在将来某一特定时间交收标准数量特定产品的协议。例如农产品期货、贵金属期货、能源期货、金融期货等。

（3）期权（Options）。期权是指合约双方按约定价格，在约定日期内就是否买卖某种金融工具所达成的契约。包括现货期权和期货期权两大类，每类又可分为很多种类。

（4）互换（Swaps）。互换是指两个或两个以上的当事人按共同商定的条件，在约定的时间内，交换一定支付款项的金融交易，主要有货币互换和利率互换两类。

这四类衍生工具中，金融远期合约是其他三种衍生工具的始祖，其他衍生工具均可以认为是金融远期合约的延伸或变形。这种分类是最基本、最常见的分类。

8.1.3.2 按照金融衍生工具交易性质的不同分类

（1）远期类工具（Forward - Based Derivatives）。在这类交易中，交易双方均负有在将来某一日期按一定条件进行交易的权利与义务，双方的风险收益是对称的。属于这一类的有远期合约、期货合约、互换合约。

（2）选择权类工具（Option - Based Derivatives）。在这类交易中，合约的买方有权根据市场情况选择是否履行合约，换句话说，合约的买方拥有不执行合约的权力，而合约的卖方则负有在买方履行合约时执行合约的义务。因此，双方的权利义务以及风险收益是不对称的。属于这一类的有期权合约（包括货币期权、利率期权、股票期权、股票指数期权等），另有期权的变通形式认股权证（Warrants 包括非抵押认股权证和备兑认股证）、可转换债券（Convertibles）、利率上限（Caps）、利率下限（Floors）、利率上下限（Collars）等等。

现在随着技术进步，金融衍生工具的传统分类模糊难辨，如由期货和期权合约组成的期货期权（Option on Futures）；由期权和互换合成的互换期权（Swap options）；由远期和互换合成的远期互换（Forward Swaps）等。

8.1.4 金融衍生工具的功能与定位

金融衍生工具是市场经济发展到相当程度的产物，实质是当今金融创新和市场组织变革的集中体现。它是市场经济体制框架中不可或缺的组成部分。综合分析金融衍生工具的市场功效，可以从微观和宏观两个方面对金融衍生工具的功能进行以下定位：

8.1.4.1 转化功能

转化功能是金融衍生工具最主要的功能，也是金融衍生工具一切功能得以存在的基础。通过金融衍生工具，可以实现外部资金向内部资金的转化、短期流动资金向长期稳定资金的转化、零散小资金向巨额大资金的转化、消费资金向生产经营资金的转化。

8.1.4.2 定价功能

定价功能是市场经济运行的客观要求。在金融衍生工具交易中，市场参与者根据自己了解的市场信息和对价格走势的预期，反复进行金融衍生产品的交易，在这种交易活动中，通过平衡供求关系，能够较为准确地为金融产品形成统一的市场价格。

8.1.4.3 规避风险功能

传统的证券投资组合理论以分散非系统风险为目的，对于占市场风险50%以上的系统性风险无能为力。金融衍生工具恰是一种系统性风险转移市场，主要通过套期保值业务发挥转移风险的功能。同时，从宏观角度看，金融衍生工具能够通过降低国家的金融风险、经济风险，起到降低国家政治风险的作用。

8.1.4.4 盈利功能

金融衍生工具的盈利包括投资人进行交易的收入和经纪人提供服务收入。对于投资人来说，只要操作正确，衍生市场的价格变化在杠杆效应的明显作用下会给投资者带来很高的利润；对经纪人来说，衍生交易具有很强的技术性，经纪人可凭借自身的优势，为一般投资者提供咨询、经纪服务，获取手续费和佣金收入。

8.1.4.5 资源配置功能

金融衍生工具价格发现机制有利于全社会资源的合理配置。因为社会资金总是从利润低的部门向利润高的部门转移，以实现其保值增值。而金融衍生工具能够将社会各方面的零散资金集中起来，把有限的社会资源分配到最需要和能够有效使用资源者的手里，从而提高资源利用效率，这是金融衍生工具的一项主要功能。

8.2 期货交易

8.2.1 期货交易概述

8.2.1.1 期货的定义

期货交易（Futures Transaction）是指交易双方在集中性的市场以公开竞价的方式所进行的期货合约的交易。所谓期货合约（futures contract）是指买卖双方之间签订的在将来一个确定时间按确定的价格购买或出售某项资产的协议。

期货交易中的头寸（position）是指多头或空头。当合约的一方同意在将来某个确定的日期以某个确定的价格购买标的资产时，就称这一方为多头（long position）。另一方同意在同样的日期以同样的价格出售该标的资产，就称这一方为空头（short position）。换句话说，购买期货合约的一方被称为是持有期货多头头寸的投资者，出售期货合约的一方就被称为是持有期货空头头寸的投资者。无论投资者的初始交易是购买还是出售期货合约，我们都称这一行为是开仓；无论投资者是持有多头头寸，还是空头头寸，我们都把这一行为叫做持仓。

投资者在持仓的过程中，会根据市场价格发生的波动决定是否有必要将持仓合约在合约到期以前转让给其他交易者，若持仓者在到期日之前改变他

已有的头寸，在市场上买卖与自己合约品种相同数量相同但方向相反的期货，就称这一交易行为是期货合约的对冲交易（reversing transition）。

期货合约的对冲是期货交易的平仓（closing out a position）方式中的一种，平仓的另一种方式是期货合约到期时进行实货的交割（delivery）。

8.2.1.2 期货合约的基本内容

期货合约是一种在规范的交易所内进行交易的标准化的远期合约，在合约中对有关交易的标的、合约规模、交割时间、标价方法等都有标准化的条款，同时，它也是一种大众化的公共约定。一张期货合约通常包括以下基本内容：

（1）期货品种。它是指具有期货商品性能，并经过批准允许作为进入商品交易所进行期货买卖的品种，也叫做“上市品种”。根据品种的不同，期货一般可分为商品期货和金融期货两类。

（2）交易单位（trading unit），也叫做“合约规模”（contract size），是指交易所对每一份期货合约所规定的交易数量。在进行期货交易时，人们只需买进或卖出这一标准数量的某一整数倍，即买进或卖出多少份这样的期货合约，简化了期货交易的计算。但是，这也在一定程度上限制了人们根据自己的实际需要确定交易数量的余地。

（3）质量标准。它是指某一商品具有代表性的标准品级。对于商品期货来讲，由于商品的规格、质量等存在差异，所以交易所一般要对期货作出一些规定。对于金融期货来讲，由于不存在品质的差异，所以交易所除对一些特殊的金融期货合约作些必要规定外，一般不作具体规定。

（4）最小变动价位（minimum price change），也叫做最小价格波动、一个刻度（tick），是指某一商品报价单位在每一次报价时所允许的最小价格变动量。有了最小变动价位的规定，竞价双方就都有了遵循的标准，在相同的价位上就可以成交。

（5）每日价格波动限制（daily price limit）。它是指为了防止过度投机而带来的暴涨暴跌，交易所对大多数的期货合约所规定的每天价格相对于上一日收盘价可以波动的最大限度。如果价格变化超过这一幅度，交易就自动停止。这种限制一般也称为“每日停板额限制”。设置每日价格波动限制的主要目的是限制风险，保障期货交易者在期货价格出现猛涨或狂跌时，免受重大损失。但这一设置阻碍了价格迅速移向新的均衡水平，从效率上讲，它阻止了市场及时恢复均衡，限制了发现价格功能的实现。

(6) 合约月份 (contract months)。它是指期货合约到期交收实货的月份。在金融期货交易中，除少数合约有特殊规定外，绝大多数合约的交收月份都定为每年的3月、6月、9月和12月。

(7) 交易时间 (trading hours)，它是指交易所规定的各种合约在每一交易日可以进行交易的具体时间。不同的交易所可以规定不同的交易时间，在同一个交易所，不同的合约也可以有不同的交易时间。

(8) 最后交易日 (last trading day)。它是指由交易所规定的各种合约停止交易的最后截止时间。在期货交易中，绝大多数成交的合约都是通过对冲交易结清的，如果持仓者到最后交易日仍不作对冲交易，那就必须通过交接实物或结算现金来结清。

(9) 交割 (delivery) 条款。它是指由交易所规定的各种金融期货合约因到期未平仓而进行实际交割的各项条款，包括交割日、交割方式及交割地点等。

我们以大连商品交易所玉米期货合约为例说明期货合约的基本内容，见表8-1。

表8-1 大连商品交易所玉米期货合约基本内容

交易品种	玉米
交易单位	10吨/手
报价单位	元（人民币）/吨
最小变动价位	1元/吨
涨跌停板幅度	上一交易日结算价的4%
合约月份	1，3，5，7，9，12月
交易时间	每周一至周五9：00—11：30，13：30—15：00
最后交易日	合约月份第10个交易日
最后交割日	最后交易日后第2个交易日
交割等级	大连商品交易所玉米交割质量标准
交割地点	大连商品交易所玉米指定交割仓库
交易保证金	合约价值的5%
交易手续费	不超过3元/手
交割方式	实物交割
交易代码	C
上市交易所	大连商品交易所

资料来源：大连商品交易所网站。

8.2.1.3 期货交易的种类

期货的品种一般可以分为两大类：商品期货和金融期货。

1. 商品期货

(1) 农产品期货。农产品期货是最古老的期货品种，其中也可以分为三类：谷物和油菜籽，牲畜和肉类，以及食品和纤维。

谷物和油菜籽是进行期货交易最早的品种，它们在很多年中都是交易最活跃的期货。然而，在最近几年中，它们的交易额被金融期货超过了。参与此类交易的主要是进行投机和套期保值的农场主、食品加工厂、谷物仓储公司、出口商和外国谷物进口商等。影响谷物和油菜籽期货价格的主要因素是农产品产量、气候、政府农业政策和国际贸易。

牲畜和肉类期货曾被认为是完美的投机工具，但是在现实中并不比其他种类期货更具有投机性。这类期货的价格不但受一些明显的因素的影响，如国内和世界肉类需求，还受到一些不太明显的因素的影响，如谷物价格、政府政策、人口趋势和国际贸易。参与交易的主要是农场主、肉类包装厂以及猪肉和牛肉的主要使用者，如快餐连锁店等。

食品和纤维期货包括的品种比较广泛，比如咖啡、可可、棉花、橙汁、白糖等。它的价格也同样受到上述诸多因素的影响，此外，由于这一种类中的大多数商品是进口的，所以国际经济及政治条件也是一个重要的影响因素。

(2) 黄金期货。世界黄金市场是世界上买卖黄金的场所，由分布在世界各国的近40个国际性黄金市场所组成。目前黄金的期货交易已普及西欧、北美、亚洲以及澳洲等地。纽约、伦敦、苏黎世和香港是世界四大黄金交易中心。

(3) 金属和能源期货。除黄金以外，金属期货商品还有白银、铜、铝、铅、锌、镍、钯、铂等8种。能源产品有原油、取暖用油、无铅普通汽油、丙烷等4种。其中每一种商品都被认为是不可恢复的自然资源。许多商品是由在政治上不稳定的国家生产的。这类商品的大部分现货和期货是在伦敦、巴黎、阿姆斯特丹和苏黎世进行交易的。国际政治和经济是影响此类期货交易的重要因素。

【小资料】

表8-2 我国现已开设的商品期货交易品种（截至2010年6月）

上海期货交易所	大连商品交易所	郑州商品交易所
铜	玉米	菜籽油
铝	黄大豆1号	小麦
锌	黄大豆2号	棉花
黄金	豆粕	白砂糖
螺纹钢	豆油	绿豆
线材	棕榈油	早籼稻
燃料油	聚乙烯	精对苯二甲酸（PTA）
天然橡胶	聚氯乙烯	

2. 金融期货

根据标的物的性质不同，金融期货也可分为三大类：外汇期货、利率期货和股票指数期货。

（1）外汇期货（foreign exchange futures）。外汇期货是指交易双方约定在未来特定的时期进行外汇交割，并限定了标准币种、数量、交割月份及交割地点的标准化合约。外汇期货也被称为外币期货（foreign currency futures）或货币期货（currency futures）。外汇期货产生于1972年，由芝加哥商业交易所的国际货币市场（IMM）首创，最初的交易货币包括英镑、德国马克、瑞士法郎、加拿大元、日元等。此后，美国中美洲商品交易所、费城期货交易所等相继推出外汇期货交易。1982年9月，类似于IMM的伦敦国际金融期货交易所开张营业，1984年新加坡国际金融期货交易所也开始进行外汇期货交易。目前，世界上主要的期货市场大多都进行外汇期货交易（表8-3）。

表 8－3 IMM 外汇期货合约规定

币种	交易单位	最小变动价位	每日价格波动限制
英镑	62500 英镑	0.0002（每合约 12.50 美元）	400 点（每合约 2500 美元）
瑞士法郎	125000 法郎	0.0001（每合约 12.50 美元）	150 点（每合约 1875 美元）
加拿大元	100000 加元	0.0001（每合约 10 美元）	100 点（每合约 1000 美元）
日元	12500000 日元	0.000001（每合约 12.50 美元）	150 点（每合约 1875 美元）
澳大利亚元	100000 澳元	0.0001（每合约 10 美元）	150 点（每合约 1500 美元）

资料来源：国际货币市场网站。

（2）利率期货（interest rate futures）。利率期货是继外汇期货之后产成的又一个金融期货类别，它是指标的资产价格依赖于利率水平的期货合约，如长期国债期货、短期国债期货和欧洲美元期货。利率期货是有利息的有价证券期货，进行利率期货交易主要是为了固定资金的价格，即得到预先确定的利率或收益。1975 年 10 月，芝加哥期货交易所推出了第一张利率期货合约——政府国民抵押协会抵押凭证期货合约，1976 年 1 月，国际货币市场推出了 3 个月期的美国国库券期货合约，短期利率期货得到了迅速的发展，1977 年 8 月，芝加哥期货交易所又推出了美国长期国债期货合约，从此长期利率期货蓬勃发展。目前，利率期货的品种繁多，交易也十分活跃（表 8－4）。

表 8－4 常见的利率期货品种

短期利率期货	长期利率期货
短期国库券期货	长期国债期货（T－Bond）
欧洲美元定期存款单期货	中期国债期货（T－Note）
商业票据期货	房屋抵押债券期货
港元利率期货	市政债券期货
定期存单期货长期利率期货	

(3) 股票指数期货。股票指数期货指期货交易所同期货买卖者签订的、约定在将来某个特定的时期，买卖者向交易所结算公司收付等于股价指数若干倍金额的合约。股票指数期货是所有期货交易中最复杂和技巧性最强的一种交易形式，其交易标的物不是商品，而是一种数字，可谓买空卖空之最高表现形式。股票指数期货交易于1982年2月，由美国堪萨斯期货交易所首创，堪萨斯交易所当时推出的合约是价值线综合平均指数期货。继堪萨斯期货交易所之后，芝加哥商业交易所（1982年4月）、纽约证券交易所（1982年5月）及芝加哥期货交易所（1984年7月）也相继开办了股票指数期货交易（表8-5）。

表8-5　　常见的股票指数期货合约介绍

	标准普尔500指数期货	道琼斯平均工业指数期货	纳斯达克100指数期货	英国金融时报指数期货
交易所	CME	CBOT	CME	LIFFE
商品代码	SP	DJ	ND	FTSE-100
最小变动价位	0.1点($25)	1点($10)	0.5点($50)	0.5(5英镑)
契约价值	$250*SP	$10*DJ	$100*ND	10英镑*FTSE-100
交易月份	三，六，九，十二	三，六，九，十二	三，六，九，十二	三，六，九，十二
最后交易日	合约月份第三个星期四	合约月份第三个星期四	合约月份第三个星期四	合约月份第三个星期四

【小资料】

表8-6　　中国金融期货交易所公布的沪深300股指期货合约的细则

合约标的	沪深300指数
合约乘数	每点300元
合约价值	沪深300指数点×300元
报价单位	指数点
最小变动价位	0.1点
合约月份	当月、下月及随后两个季月

续表

合约标的	沪深 300 指数
交易时间	上午 9：15—11：30，下午 13：00—16：30
最后交易日交易时间	上午 9：15—11：30，下午 13：00—15：00
价格限制	上一个交易日结算价的正负 10%
合约交易保证金	合约价值的 8%
交割方式	现金交割
最后交易日	合约到期月份的第三个周五，遇法定节假日顺延
最后结算日	同最后交易日
手续费	30 元/手（含风险准备金）
交易代码	IF

8.2.2 期货交易规则

8.2.2.1 间接清算制度

期货合约均在交易所进行，交易双方不直接接触，而是各自跟交易所的清算部或专设的结算公司结算。对期货交易的买方而言，卖方是期货交易所的结算公司；对期货交易的卖方而言，买方是期货交易所的结算公司，因此，交易双方无需担心对方违约。由于所有买者和卖者都集中在交易所交易，因此就克服了远期交易所存在的信息不对称和违约风险高的缺陷（图 8－1）。

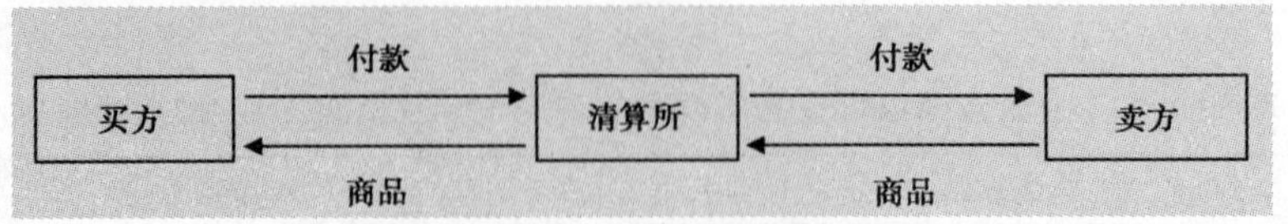

图 8－1 期货交易清算流程

8.2.2.2 价格报告制度

在交易的过程中，参加期货交易的买卖双方有责任随时提醒市场报告员（交易所行政人员）将交易价格准确无误地连续记录下来，如有漏记，其他有关的交易所工作人员可将漏记价格补上，但不得伪造虚假的价格信号。同时，交易所必须及时准确地把在交易所内形成的交易价格和交易额向会员通报并公布于众，以保证交易者都能平等的获取信息，防止由于少数人截留信息进行不正当的期货交易而造成的期货市场价格扭曲，影响期货市场价格发现机制的权威性。

8.2.2.3　保证金制度

为了有效防止交易者因市场价格波动而导致的违约给结算公司带来损失，交易所建立了保证金制度。因此，凡参与期货交易的投资者，无论买方，还是卖方，都必须按规定缴纳保证金。

当投资者进入交易后，经纪人会要求投资者建立一个保证金账户（margin account），以供存放保证金。

初始保证金（initial margin）是指签约成交每一份新期货合约时，买卖双方都必须向交易所交纳的存入其保证金账户的保证金。初始保证金按照合约价值的一定比率来计算，它是确保交易者履约的财力担保金，而不是交易中的定金或交易者应付价款的一部分。当合约履约后，原持仓人注销了这份合约时，该合约相关的已交交易保证金在结算时予以全数退还，不计利息。若违约，则违约一方的保证金被收缴，用来冲抵违约所造成的损失，包括价格波动所带来的损失和应付违约罚金。这也被称作违约方必须付出的违约成本。

初始保证金的比率的确定是根据价格波动的一般波动幅度和结算制度，大体确定为合约价值的5%—10%，这一比率由经纪人确定，但不得低于结算公司为此规定的最低标准。这就是说，在合约成交的下一个交易日，价格的波动幅度不会超过5%—10%，所交纳的初始保证金足以抵偿价格不利波动时所带来的账面亏损。

8.2.2.4　每日结算制度

初始保证金存入保证金账户后，随着期货价格的变化，期货合约的价格也在变化。这样，与市场价格相比，投资者未结清的期货合约就出现了账面盈亏，因而在每个交易日结束后，结算公司将根据当日的结算价格（一般为收盘价），对投资者未结清合约进行重新估价，确定当日的盈亏水平，同时调整投资者的保证金账户的余额，这就是所谓的每日结算制度，或称为盯市（marking to market）。在这里，交易所规定了交易者在其保证金账户中所必须保有的最低余额的保证金水平，也就是维持保证金（maintenance margin)。维持保证金通常为初始保证金的75%。

建立这一制度的好处在于它有助于市场的正常运作，因为即使大额损失也是每日支付一点儿，而不是在合同期末一次性支付，如果一次性支付，损失的一方很可能无力支付其所遭受的损失。

8.2.2.5 登记结算制度

在期货交易所内成交的每一份期货合约，都必须在期货结算所内进行结算，一笔交易只有经过清算所结算之后，才算完成了整个的交易过程，否则，就不是合法的。

8.2.2.6 交易限额制度

交易限额制度包含了交易数量限制和价格限制两个方面的内容，制定交易数量限制和价格限制，是为了确保期货市场财力的完整性和减少期货市场上出现不正常的价格波动，从而保障广大交易者的利益。

交易数量限制也叫做交易头寸限制或交易部位限制，它是说交易者在某一期货市场上最多可持有的期货合约的数量是有限制的。一般而言，在合约规格中就已经列明交易者就某一交易商品的期货合约可持有的最多买进与最多卖出（多头与空头）的数量。当交易者持有合约的数量超过规定的数量界限时，交易者就必须向交易所逐日报告。交易数量的限制对投机交易者和套期保值者也适用，而且套期保值者可以适当扩大其持有合约的数量限制。

价格限制即每日价格最大波动幅度限制，或“每日停板额限制”，包括涨停板和跌停板两种。它是指为了防止过度投机而带来的暴涨暴跌，交易所对大多数的期货合约所规定的每天价格相对于上一日收盘价可以波动的最大限度。如果价格变化超过这一幅度，交易就自动停止。不过，当价格波动较大时，也可适当调整期货合约的价格波动限制。在某一交易商品的期货合约中，需列明每日停板额，它是根据该合约的交易日结算价加上或减去一定比例的金额计算出来的，交易者不得在确定的停板价格之外进行交易。

8.2.2.7 交割制度

虽然大多数期货交易者并不将其头寸保持到期，但如果一个头寸在其到期前没有被对冲，就需要对合同进行交割以平仓。交割分为实货交割或现金结算两种形式。实货交割是指交易者按已到交割期的持仓合约的内容。

8.2.2.8 风险处理制度

当结算所的会员不能履行合约甚至发生破产时，结算所会采取相应的保护性措施，以降低风险，防止事态的进一步恶化。例如，立即将破产会员账户上的所有持仓合约予以平仓、转让或套取现金现货，动用该会员账户上的保证金、担保金等抵补亏损，必要时，还可要求全体会员增缴保证金来为期货交易提供担保。

8.2.3 期货交易的功能

8.2.3.1 套期保值

套期保值是指在期货市场上买进或卖出与现货数量相等、但交易方向相反的期货合约，在未来某一时间通过卖出或买进期货合约进行对冲平仓，从而在期货市场和现货市场之间建立一种盈亏对冲的机制。

1. 套期保值的原理

对于同一种商品来说，在现货市场和期货市场同时存在的情况下，在同一时空内会受到相同经济因素的影响和制约，因而一般情况下两个市场的价格变动趋势相同；由于期货交割机制的存在，随着期货合约临近交割，现货价格与期货价格也将趋于一致；市场上基于成本定价操作的大量期现套利交易保证了期货与现货价格走势始终维持在一定的范围内波动。

套期保值正是利用两个市场的这种关系，在期货市场上采取与现货市场上交易数量相同但交易方向相反的交易，从而在两个市场上建立一种相互冲抵的机制，无论价格怎样变动，都能取得在一个市场亏损的同时在另一个市场盈利的结果。最终亏损额与盈利额大致相等，两相冲抵，从而将价格变动的风险大部分转移出去。而期货市场上大量的投机参与者，提供了丰富的对手盘，制造了市场流动性，使期货市场风险转移的功能得以顺利实现。

套期保值分为卖出套期保值和买入套期保值。

2. 卖出套期保值

卖出套期保值即空头套期保值（short hedge）是指在现货市场处于多头的情况下在期货市场做一笔相应的空头交易，以避免现货价格变动的风险。相关商品的空头情况意味着套期保值者交割相关商品有固定期货价格的承诺，或相关商品有很高的价格关联关系。

【例 8－1】 2005 年 7 月份，大豆的现货价格为每吨 2010 元，某农场对该价格比较满意，但是大豆 9 月份才能出售，因此该农场担心到时现货价格可能下跌，从而减少收益。为了避免将来价格下跌带来的风险，该农场决定在大连商品交易所进行大豆期货交易。交易情况如表 8－7 所示。

表 8－7　　空头套期保值

日　期	现货市场	期货市场
2005 年 7 月	大豆价格 2010 元/吨	卖出 10 手 9 月份大豆合约，价格为 2050 元/吨
2005 年 9 月	卖出 100 吨大豆，价格为 1980 元/吨	买入 10 手 9 月份大豆合约平仓，价格为 2020 元/吨
损　益	亏损 30 元/吨，总亏损 3000 元	盈利 30 元/吨，总盈利 3000 元

注：1 手 =10 吨

从该例可以得出：第一，因为在期货市场上的交易顺序是先卖后买，所以，该例是一个卖出套期保值。第二，完整的卖出套期保值实际上涉及两笔期货交易。第一笔为卖出期货合约，第二笔为在现货市场卖出现货的同时，在期货市场买进原先持有的部位。第三，通过这一套期保值交易，虽然现货市场价格出现了对该农场不利的变动，价格下跌了 30 元/吨，因而少收入了 3000 元；但是，在期货市场上的交易盈利了 3000 元，从而消除了价格不利变动的影响。

3. 买入套期保值

买入套期保值即多头套期保值（long hedge）是指在现货市场处于空头的情况下在期货市场做一笔相应的多头交易，以避免现货价格变动的风险。

【例 8－2】 2005 年 9 月份，某油脂厂预计 11 月份需要 100 吨大豆作为原料。当时大豆的现货价格为每吨 2010 元，该油脂厂对该价格比较满意。据预测 11 月份大豆价格可能上涨，因此，该油脂厂为了避免将来价格上涨，导致原材料成本上升的风险，决定在大连商品交易所进行大豆套期保值交易。交易情况如表 8－8 所示。

表8-8 多头套期保值

日 期	现货市场	期货市场
2005年9月	大豆价格2010元/吨	买入10手11月份大豆合约，价格为2090元/吨
2005年11月	买入100吨大豆，价格为2050元/吨	卖出10手11月份大豆合约平仓，价格为2130元/吨
损 益	亏损40元/吨，总亏损4000元	盈利40元/吨，总盈利4000元

从该例可以得出：第一，因为在期货市场上的交易顺序是先买后卖，所以，该例是一个买入套期保值。第二，完整的买入套期保值同样涉及两笔期货交易。第一笔为买入期货合约，第二笔为在现货市场上买入现货的同时，在期货市场上卖出对冲原先持有的头寸。第三，通过这一套期保值交易，虽然现货市场价格出现了对该油厂不利的变动，价格上涨了40元/吨，因而原材料成本提高了4000元；但是，在期货市场上的交易盈利了4000元，从而消除了价格不利变动的影响。如果该油厂不做套期保值交易，现货市场价格下跌，他可以得到更便宜的原料，但是，一旦现货市场价格上升，他就必须承担由此造成的损失。相反，他在期货市场上做了买入套期保值，虽然失去了获取现货市场价格有利变动的盈利，可同时也避免了现货市场价格不利变动的损失。因此，买入套期保值规避了现货市场价格变动的风险。

8.2.3.2 套利

套利是投资者利用暂时存在的不合理的价格关系，通过同时买进或卖出相同或相关的商品或期货合约，以赚取其中的价差收益的交易行为。其中不合理的价格关系主要有三种情况，第一种情况是同种商品或期货合约在不同市场之间的不合理的价格关系；第二种情况是同一市场、同种期货在不同交割月份之间的不合理的价格关系；第三种情况是同一市场、同一交割月份的不同种期货合约之间的不合理的价格关系。这三种不合理的价格关系只是暂时存在的，通过套利者的套利活动，不合理的价格关系很快就会变得合理。

根据上述三种不合理的价格关系，套利者可以分别采取三种不同的套利策略进行套利，它们是跨月份套利、跨品种套利和跨市场套利。下面我们分别介绍这三种套利策略。

1. 跨月份套利

跨月份套利是指投资者在同一交易所同时买进和卖出不同交割月份的同种期货合约的交易行为。在具体的跨月份套利操作中，应遵循如下原则：

（1）如果两种期货合约均上涨，则买入预期涨幅较大的交割月份的期货合约，卖出预期涨幅较小的交割月份的期货合约。

（2）如果两种期货合约均下跌，则卖出预期跌幅较大的交割月份的期货合约，买入预期跌幅较小的交割月份的期货合约。

【例8－3】2009年3月10日，在国际货币市场上市的3个月国库券期货合约中，9月份合约的价格为91.00点，12月份合约的价格为92.20点，它们之间的价差为120个基本点。某投资者认为这个价差已超出100个基本点的正常水平，他预期当价格上涨时，9月份合约的上涨幅度将大于12月份合约的上涨幅度，以使价格关系回复到正常水平。于是，该投资者决定买进9月份合约，同时卖出12月份合约。

8月20日，9月份合约的价格涨至91.80点（涨了80个基点），而12月份合约的价格涨至92.80点（涨了60个基点），这两种合约的价差缩小为100个基点。此时，投资者通过冲销9月份合约可以获利2000美元（25×80），而通过冲销12月份合约则损失1500美元（25×60）。这样，投资者通过这种跨月份套利策略获得了500美元的净收益。

2. 跨品种套利

所谓跨品种套利，是指投资者在同一交易所或不同交易所，同时买进和卖出不同种类、但具有某种相关性的期货合约的套利活动。

由于两种不同种期货合约具有相关性，因此，它们的价格变动方向是一样的，并且还具有某种正常的价格关系。当投资者认识到这种关系，并发现它们暂时被扭曲时，他就可以利用这两种期货合约进行跨品种套利，以期在这两种合约的价格关系回复到正常时，通过冲销头寸而获取利润。

在跨品种套利的操作过程中，一般的原则如下：

（1）当投资者发现两种期货合约之间的价差大于正常的价差时，如果预期此价差将会缩小，则买进被低估的合约，卖出被高估的合约。

（2）当投资者发现两种期货合约之间的价差小于正常的价差时，如果预期此价差将会扩大，则买进被低估的合约，卖出被高估的合约。

【例 8－4】燕麦与玉米价差变化有一定的季节性，一般来说，燕麦价格高于玉米。每年的 5 月、6 月、7 月是冬小麦收割季节，小麦价格降低，会引起价格缩小；每年的 9 月、10 月、11 月是玉米收获季节，玉米价格下降，会引起价差扩大。某套利者认为，2009 年燕麦与玉米价差变化还将遵循这一规律，于是像往年一样入市进行套利，其操作如表8－9、表 8－10 所示。

表 8－9 2009 年 7 月份入市套利——价差扩大的策略 单位：美元/蒲式耳

	燕麦期货	玉米期货	价差
2009 年 7 月	买进 12 月期货，价 4.4	卖出 12 月期货，价 3.4	1
2009 年 9 月	平仓 4.8	平仓 2.85	1.95
结果	+0.4	+0.55	0.95

表 8－10 2010 年 3 月份入市套利——价差缩小的策略 单位：美元/蒲式耳

	燕麦期货	玉米期货	价差
2010 年 3 月	卖出 6 月期货，价 4.5	买进 6 月期货，价 3.5	1
2010 年 5 月	平仓 4.1	平仓 3.3	0.8
结果	+0.4	-0.2	+0.2

2009 年 7 月份入市套利的结果，盈利 0.95 美元/蒲式耳；2010 年 3 月份入市套利的结果，盈利为 0.2 美元/蒲式耳。

可见，相关商品套利的结果也正好是入市、出市时价差的变动额，因此，交易者交易时只需注重价差的变化，不用十分在意具体的成交价格。

3. 跨市场套利

所谓跨市场套利，是指投资者在不同交易所同时买进和卖出相同交割月份的同种期货合约或类似期货合约，以赚取价差利润的套利行为。

尽管同种期货合约或类似期货合约在不同交易所的价格有所不同，但它们之间应该有一个合理的价差水平。如果它们在两个市场中的实际价差超出了这个价差水平，则其中一个市场的合约被高估，另一个市场的合约被低估。如果投资者认识到这一点，他就可以进行无风险的跨市场套利。

（1）当投资者发现同种或类似的期货合约之间的价差大于正常的价差时，如果预期此价差将会缩小，则买进被低估的合约，卖出被高估的合约。

（2）当投资者发现同种或类似的期货合约之间的价差小于正常的价差时，如果预期此价差将会扩大，则买进被低估的合约，卖出被高估的合约。

【例 8－5】 2007 年 11 月初，受利空因素影响，苏黎世市场黄金 1 月期货价格为 395 美元/盎司；同时，伦敦市场 1 月黄金期货价为 400 美元/盎司。某投资基金注意到了这一反常价差状况，并判断不久价格还将下降，于是果断入市进行套利操作。一周后，两市场的价格均降为 394 美元/盎司，其盈亏结果如表 8－11 所示。

表 8－11　　跨市套利

伦敦市场		苏黎世市场	价差
2007 年 11 月初某日买黄金期货合约 400		买黄金期货合约 395	5
一周后	平仓 394	平仓 394	0
+6		－1	5

结果盈利为 5 美元/盎司。跨市套利的盈亏结果可分析如下：

设 A、B 两交易所都交易同一品种期货，若投资者注意到 A 交易所价格相对偏高（注意，是相对于正常的价差偏高，而不是实际价格高），则可在 A 交易所卖出，B 交易所买进，定义符号如表 8－12 所示。

表 8－12　　跨市套利符号

	A 交易所	B 交易所	价差
入市	F_A	F_B	B
出市	F_A'	F_B'	B'

套利结果 $= F_A - F_A' + F_B' - F_B = (F_A - F_B) - (F_A' - F_B') = B - B'$

可见，跨市套利的最终结果也是决定于合约间的价差变动。

8.2.3.3　投机功能

期货交易之所以能够回避价格风险，并不是因为期货交易本身能从根本上消除各经济主体在生产经营和投资过程中所面临的种种风险，而是因为通过期货交易，套期保值者能够将其面临的价格风险转移给别人。这种风险的转移，必须是以有人愿意承担风险作为基本前提的。在期货市场上，愿意承担风险的交易者便是投机者。

按具体的操作手法不同，投机可分为多头投机和空头投机。空头投机是指投机者预期某期货合约的市场价格将下跌，从而先行卖空合约，并于合约到期前俟机平仓，以从价格下跌中获取利润的交易策略。

【例 8－6】 在 2004 年 11 月 2 日，CBOT 主要市场指数期货的市场价格为 472 点，某投机者预期该指数期货的市场价格将下跌。于是他以 472 点的价格卖出 20 张 12 月份到期的主要市场指数期货合约。这样，在合约到期前，该投机者将面临三种不同的情况：市场价格下跌至 456 点，市场价格不变和市场价格上涨至 488 点。

若市场价格下跌至 456 点，他可获利 80000 美元（＝（472－456）×250 美元×20）；若市场价格不变，该投机者将既无盈利也无损失；若市场价格上涨至 488 点，他将损失 80000 美元（＝(472－488)×250 美元×20)。空头投机的盈亏特征如图 8－2。

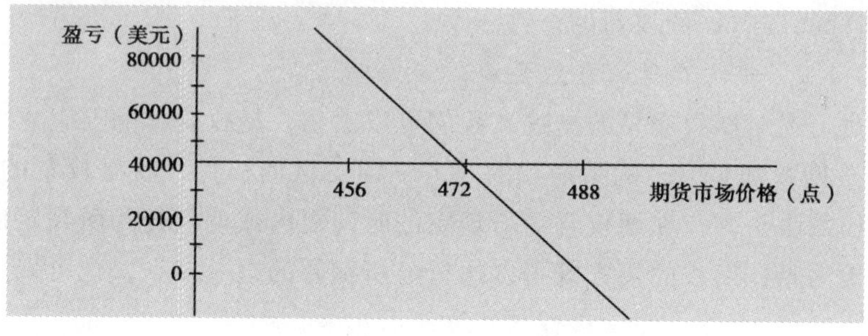

图 8－2　期货的空头投机

由图 8－2 可以看出，当投机者建立了空头投机部位后，其盈亏状况将完全取决于期货市场价格的变动方向和幅度。若期货市场价格下跌，则投机者可以获利，市场价格下跌越多，投机者获利也越多；反之，若期货市场价格上涨，则投机者将受损，市场价格上涨越多，投机者受损也就越多。

多头投机是指投机者预期期货合约的市场价格将上涨时买进期货合约，在合约到期前平仓获利的交易策略。多头投机在期货市场上处于多头部位。与空头投机的盈亏特征相反，若期货市场价格上涨，则投机者将获利，期货市场价格上涨越多，投机者获利也越多；若期货市场价格下跌，则投机者将受损，期货市场价格下跌越多，投机者受损也就越多。

8.3 期权交易

8.3.1 期权交易概述

8.3.1.1 期权的定义

期权（Option）又称选择权，实质上是一种权利的有偿使用，当期权购买者支付给期权出售者一定的期权费后，赋予购买者在规定期限内按双方约定的价格（简称协议价格 Striking Price）或执行价格（Exercise Price）购买或出售一定数量某种金融资产（称为潜含金融资产 Underlying Financial Assets，或标的资产）的权利的合约。

8.3.1.2 期权交易的合约要素

通过上述对期权交易的描述，我们可以看出，期权合约的要素主要有：

（1）期权的买方。购买期权的一方，即支付期权费，获得权利的一方，也称期权的多头方。在期权合约所规定的时间之内或期权合约所规定的某一特定的履约日，期权的买方既可以执行他所拥有的这一权利，也可以放弃这一权利。

（2）期权的卖方。出售期权的一方，获得期权费，因而承担着在规定的时间内履行该期权合约的义务。期权的卖方也称为期权的空头方。在金融期权交易中，期权的卖方应在期权合约所规定的时间内或期权合约所规定的某一特定履约日，只要期权购买方要求执行期权，期权卖方就必须无条件的履行期权合约所规定的义务。

（3）协定价格。也称敲定价格或执行价格，是指期权合约所规定的、期权买方在行使权利时所实际执行的价格，即在金融期权交易中，协定价格是指期权购买者买卖事先确定的标的资产（或期货合约）的交易价格。在金融期权交易中，场内交易的协定价格由交易所根据标的资产（或期货合约）的价格变化趋势确定；场外交易的协定价格则由交易双方商定。

（4）期权费。因为期权是一种权利的交易。期权费就是这一权利的价格。所谓期权费，又称为权利金、期权价格或保险费，是指期权买方为获取期权合约所赋予的权利而向期权卖方支付的费用。这一费用一旦支付，则不管期权购买者是否执行期权均不予退回。它是期权合约中的唯一的变量，其大小取决于期权合约的性质、到期月份及敲定价格等各种因素。

（5）通知日。当期权买方要求履行标的物（或期货合约）的交货时，它必须在预先确定的交货和提运日之前的某一天通知卖方，以便让卖方做好准备，这一天就是通知日。

（6）到期日。也称履行日，在这一天，一个预先作了声明的期权合约必须履行交货。通常对于期货期权来说，期权的到期日应先于其标的资产—期货合约的最后交易日。

通过期权交易的合约要素可以看出期权买方享有在期权届满或之前以规定的价格购买或销售一定数量的标的资产的权利并不承担义务。期权卖方则有义务在买方要求履约时卖出或买进期权买方要买进或卖出的标的资产。所以，期权买卖双方的权利和义务是不对等的，然而，买方要付给卖方一定的期权费，这又体现了双方交易的公平性。

8.3.1.3 期权的类型

金融期权的分类标准有很多，按不同的标准可以划分为不同的类型：

1. 按期权买者的权利划分，期权可分为看涨期权（Call Option）和看跌期权（Put Option）和双向期权

（1）看涨期权。看涨期权是指赋予期权的购买者在预先规定的时间以执行价格从期权出售者手中买入一定数量的金融工具的权利的合约。为取得这种买的权利，期权购买者需要在购买期权时支付给期权出售者一定的期权费。因为它是人们预期某种标的资产的未来价格上涨时购买的期权，所以，被称为看涨期权。

【例8－7】某交易商对某年6月到期的瑞士法郎期货行情看涨，于是买进一份6月到期的瑞士法郎期货期权，协定价格为1美元＝2.5瑞士法郎，期权费为5000美元，有效期为一个月，一个月后，6月到期的瑞士法郎期货合约的价格果真上涨，市场价格为1美元＝2.0瑞士法郎，期权持有人执行期权，以1美元＝2.5瑞士法郎的协定价格买进这份瑞士法郎期货合约，付出50000美元，同时将合约按市场价格卖出，收回62500美元，除去期权费后，净获利7500美元。

(2) 看跌期权。看跌期权是指期权购买者拥有一种权利，在预先规定的时间以协定价格向期权出售者卖出规定的金融工具。为取得这种卖的权利，期权购买者需要在购买期权时支付给期权出售者一定的期权费。因为它是人们预期某种标的资产的未来价格下跌时购买的期权，所以，被称为看跌期权。

【例8-8】2010年1月初，某交易商认为瑞士法郎的汇率将下降，且下降的损失足以超过期权费，另一交易商则认为瑞士法郎的汇率将上升，且上升的程度足以使期权持有人放弃执行期权，于是双方达成一份面值125000瑞士法郎3月到期的期货期权协议，其协定价格为1美元=2.3瑞士法郎，期权费为3000美元，有效期为3个月；3个月后，期货市场价格全面下跌，3月到期的瑞士法郎期货合约的价格为1美元=2.5瑞士法郎。期权持有人执行期权，以1美元=2.3瑞士法郎的协定价格卖出一份3月到期的瑞士法郎期货合约，收进5437.80美元，盈利2437.8美元。如果瑞士法郎的汇率不升反降，期权持有人放弃期权只不过损失3000美元的期权费。期权卖出者可以得到3000美元的净收入。

(3) 双向期权。又称为双重期权，是指期权购买方向期权出售方支付了一定的期权费之后，在期权合约有效期之内，按事先商定的协定价格，向期权出售方既买了某种期货合约的看涨期权，又出售了该期货合约的看跌期权。

2. 按期权买者执行期权的时限划分，期权可分为欧式期权和美式期权

欧式期权是指期权的购买者只能在期权到期日才能执行期权（即行使买进或卖出标的资产的权利），既不能提前也不能推迟。若提前，期权出售者可以拒绝履约；若推迟，期权将被作废。而美式期权则允许期权购买者在期权到期前的任何时间执行期权。美式期权的购买者既可以在期权到期日这一天行使期权，也可以在期权到期日之前的任何一个营业日执行期权。当然，超过到期日，美式期权也同样被作废。

3. 按交易场所的不同可以划分为交易所交易期权和柜台式期权

交易所交易期权是指一种标准化的期权，它有正式规定的数量，在交易所大厅中以正规的方式进行交易。柜台式期权是指期权的出卖者为满足某一购买者特定的需求而产生的，它并不在交易大厅中进行。

4. 根据标的物的性质，期权可以分为现货期权和期货期权两类

所谓现货期权是指以各种金融工具本身作为期权合约之标的物的期权，如各种股票期权、股价指数期权、外汇期权、债券期权等；而所谓的期货期权是指以各种金融期货合约作为期权合约之标的物的期权，如各种外汇期货期权、利率期货期权及股价指数期货期权等。

金融期权之所以分为现货期权和期货期权是因为这两类期权在具体的交易规则、交易策略以及定价原理等方面都有很大的区别，而且这两类期权通常有不同的主管机关加以分别管理。

【小资料】

中国银行外汇期权产品介绍——期权宝

期权宝是中国银行个人外汇期权产品之一。它是指客户根据自己对外汇汇率未来变动方向的判断，向银行支付一定金额的期权费后买入相应面值、期限和执行价格的期权（看涨期权或看跌期权）。期权到期时，如果汇率变动对客户有利，则客户通过执行期权可获得较高收益；如果汇率变动对客户不利，则客户可选择不执行期权。

交易时间：为每个营业日北京时间10:00至16:30，国际金融市场休市期间停办。

交易币种：美元、欧元、日元、英镑、澳大利亚元、瑞士法郎和加拿大元的直盘及主要交叉盘，现钞或现汇均可。

期权面值根据情况设置一定的起点金额。

外汇期权交易的标的汇价为欧元兑美元、美元兑日元、澳元兑美元、英镑兑美元、美元兑瑞士法郎、美元兑加元。

大额客户还可以选择非美货币之间的交叉汇价作为标的汇价。

交易期限：最长期限为六个月，最短为一天，具体期限由中国银行当日公布的期权报价中的到期日决定。

产品优势：起点金额低；各期限结构丰富；三档执行价可选；支持委托挂单及提前平盘；提供主要交叉盘报价。

8.3.2 期权交易基本策略

8.3.2.1 买进看涨期权

当投资者预计某种标的资产的市场价格将上升时，他可以买进该标的资产的看涨期权。日后若市场价格真的上升时，且价格上涨至期权合约的协定价格以上，则该投资者可以执行期权从而获利，获利的多少将视市场价格上涨的幅度来定。从理论上说，因市场价格上涨的幅度无限，故期权购买者的获利程度亦将无限。反之，如市场价格不是上升，而是下跌，且跌至协定价格或协定价格以下，也就是说，当投资者预期错误，他可以放弃期权。此时，投资者将受到一定的损失，但这种损失是有限的，且是已知的。这就是说，当期权购买者放弃执行期权时，它的最大损失就是购买期权时所支付的期权费。

8.3.2.2 卖出看涨期权

在期权交易中，既然有人买进，就一定有人卖出。买进者和卖出者都希望在交易中获利。就看涨期权来说，买进者之所以买进，是因为他预期的标的资产的价格将上涨，从而希望通过履约来获利。而卖出者之所以卖出，是因为他预期的市场价格将下跌，所以，他卖出标的资产是可以收取期权费，而在标的物的市场价格下跌至协定价格或协定价格以下时，看涨期权的购买者将自动放弃执行期权。同时，若标的物的市场价格高于协定价格，期权购买者将要求履约，但只要标的物的市场价格低于协定价格和期权费用之和，看涨期权的卖出者仍然有获利的机会，只是利润少于他所收取的期权费而已。

值得注意的是，在金融期权交易中，交易双方具有零和关系。也就是说，当标的物的价格发生变化时，则在买卖双方中必有一方盈利，而另一方发生亏损，且一方的盈利将于另一方的亏损相等。所以，对同一看涨期权或者同一看跌期权来说，买卖双方的盈亏图总是对称的，对称线为盈亏平衡线。

8.3.2.3 买进看跌期权

看跌期权是期权购买者所拥有的可在未来的某个特定时间以协定价格向期权出售者卖出一定数量的某种金融商品或金融期货合约的权利。投资者之所以买进这种期权，是因为他预期标的资产的市场价格将下跌。

买进看跌期权后，如果标的资产的市场价格果然下降且跌至协定价格之下，则该投资者可以行使其权利，以较高的协定价格卖出他所持有的标的资产，从而可以避免市场价格下跌的损失。如果期权购买者并不持有标的资产，则在标的资产市场价格下跌时，他可以以较低的市场价格买进标的资产，而以较高的协定价格卖出标的资产来获利，获利的程度将视标的物市场价格下降的幅度来决定。反之，在买进看跌期权后，若标的物的市场价格没有下跌，或者反而上涨，则投资者可以放弃期权而损失他所支付的期权费。

8.3.2.4 卖出看跌期权

对投资者来说，卖出看跌期权的目的是通过期权费的收取来获利。投资者能否获得这一收益，即他收取的期权费能否抵补他因出售期权而遭受的损失，取决于他们对期权标的物的市场价格的预期是否正确。所以，在一般情况下，若投资者对市场价格看涨，他们就卖出看跌期权；若投资者对市场价格看跌，他们就卖出看涨期权；由此可见，期权的看涨与看跌都是对期权的购买者而言的，而对期权的出售者来说，则情形恰好相反（表8－13）。

表8－13 四种基本交易策略的主要特征

	看涨期权（买进选择权）		看跌期权	
	买入	卖出	买入	卖出
盈亏图	损益 X S C 价格	C S X	X S P	P S X
期权费	支付	收入	支付	收入
潜在利润	无限	有限	无限	有限
潜在损失	有限	无限	有限	无限
对市场价格的预测	看涨	看跌	看跌	看涨
损益平衡点	协定价格加期权费	协定价格加期权费	协定价格减期权费	协定价格减期权费

8.3.3 期权的主要功能

金融期权的功能是多方面的，归纳起来，主要有以下几种。

8.3.3.1 保值防险功能

保值防险是期权的一项基本功能。现以外汇卖出保值看涨期权为例加以说明。假定美国 A 公司的账户上有一笔欧元的余额，6 个月以内（即本会计年度期末），它将把欧元兑成美元，即期汇率为 USD1 = EUR1.7，该公司为减少可能的损失，卖出 6 个月期欧元看涨期权，协定价为 USD1 = EUR1.7，权利金为 2.5%，作为该公司的收益，若欧元汇率不变或上涨，期权购买者必然放弃执行合约，权利金即为卖方的收入；若欧元汇率下跌，买方执行合约，期权卖方则必须以 1 美元兑 1.7 欧元的汇价卖出欧元，买入美元，从而出现汇兑损失，但可由权利金的收入而抵消一部分损失，达到保值防险的目的。

在期权保值防险功能中，利率期权的保值防险功能具有更大的优势。例如，利率封顶期权和利率保底期权就是最好的保值防险工具。利率封顶期权可使买方更灵活地降低成本，同时又把利率上升的风险控制在上限以内。它可以将大公司的利息损失限定在一固定的范围内。

【例 8-9】 M 公司有 2 年期的 1000 万美元的浮动利率债务，为避免利率上升增加利息支出，M 公司向银行买入协定利率为 5.0% 的 1 年期美元利率封顶期权，金额为 1000 万美元，以 LIBOR 为市场利率，每季度结算一次，买方向卖方支付 0.25% 的权利金（1000 万美元 × 0.25% = 2.5 万美元），3 个月后，若结算日的市场利率高于 5.0%，如为 5.5%，则卖方向买方支付利差：（5.5% - 5.0%） ×90/360 × 1000 万美元 = 1.25 万美元若市场利率低于协定利率 5.0%，如为 4.5%，买方即放弃执行期权，又要以较低的市场利率向卖方支付浮动利率，这样通过利率封顶期权交易，买方就将其利率波动可能带来的损失，限定在一个有限的范围内，即权利金以内，起到了保值防险的作用。同时利率封顶期权和利率封底期权可以组合，成为利率领子期权，这种领子期权可以更好地起到保值防险作用。

最后再通过一个外汇买入看跌期权看一下如何利用期权市场来减轻或消除未来现货市场风险的活动。

【例 8-10】 预计某公司一个月后有一笔应收账款£ 10000。某公司付了期权费，买入一个以1英镑=1.75美元卖出英镑的期权。

一个月后，根据公司财务情况和外汇市场汇率变化作出如下决定。

（1）收到应收账款，若英镑升值，美元贬值，1英镑=1.85美元，则期权作废，仍以现值在即期市场上交易，损失期权费。

（2）收到应收账款，若英镑贬值，美元升值，1英镑=1.62美元，使用期权，以1英镑=1.75美元卖出，规避外汇汇率的风险。

（3）未收到应收账款，若英镑升值，美元贬值，1英镑=1.85美元，让期权作废，损失了期权费。

（4）未收到应收账款，英镑贬值，美元升值，1英镑=1.62美元，以市场价格买入英镑，行使期权，以1英镑=1.75美元卖出获利$ 1300。

8.3.3.2 盈利功能

期权的盈利主要是期权的协定价和市价的不一致而带来的收益。这种独特的盈利功能是吸引众多投资者的一大原因。例如，投资者A判定某种股票在2个月内价格上涨，每股现价50元，如果两买进300股需付现款1.5万元，但投资者苦于没有足够的资金或认为投资1.5万元风险太大。于是采用购买看涨期权的方式，每股2个月的期权费只有5元，支付300股的期权费为1500元，协定佣金为4%，即600元，投资者共支付了2100元。如果2个月内股票下跌至30元，投资者最多损失2100元。如果2个月内股票上升70元，可获得利6000元，扣除2100元投资成本，净余3900元，投资盈利率为185.71%（3900/2100）。这充分说明期权交易具有盈利功能。

【例8-11】某投资者在2010年6月1日时预期S&P500指数将在未来3个月内上升，于是他以2000美元的期权费购买一张9月15日到期，协定价格为340的欧洲看涨期权，其标的物是9月份到期的S&P500指数期货合约。在到期日那一天，若S&P500指数上升至350，期货价格也升至350美元，则该期权有实值，期权购买者将执行该期权。在执行期权时，投资者将按协定价格为340美元买进一张即将到期的S&P500指数期货合约，并立即以市场价格350美元将此期货合约卖出。这样，他将获毛利5000美元（即(350-340)×500)，在忽略交易成本和其他有关支出时，扣除2000美元的期权费，他还可以获净利3000美元。反之，如果在期权合约到期的那一天，S&P500指数期货的市场价格跌至340美元或更低，则期权购买者将放弃期权而损失2000美元的期权费（表8-14）。

表 8－14 买进看涨期权

假设条件	
标的物：S&P500 指数期货合约	期权类型：欧式看涨期权
期权协定价格：340	看涨期权到期日：9 月 15 日
期权费：2000 美元	
到期日可能出现的损益情况	
情况一	情况二
如果 S&P500 指数上升至 350，期货价格也上升至 350，购买者将执行期权，获利 3000 美元	S&P500 指数期货市场价格跌至 340 以下，放弃执行期权，净损失为 2000 美元

8.3.3.3 激励功能

激励功能是由期权的盈利功能延伸出来的一项功能。在现代公司制的条件下，公司主管人员怎样激励经营管理人员为所有者工作，即如何调动他们的积极性，这是关系到公司发展的一个重大问题。一些公司的所有者往往用期权作为激励经营管理人员的工具，已取得了较好的效果。他们给予经营管理人员较长期限内的该公司股票的买入期权，合约规定的买入价一般与当时的股价接近。这样公司经营管理人员只要努力工作使企业经济效益不断提高，股票价格也会随之上扬，股票买入期权的价格同样会上升，经营管理人员便可从中获利。因为，规定的期限较长，这种激励方式通常有较好的持久性，对防止经营管理人员的短期行为十分有利。

【小案例】

微软公司的股权激励方案及效果评价

微软公司创建于 1975 年，是世界个人和商用计算机软件行业的领袖。微软公司为用户提供范围广泛的产品和服务，并通过优秀的软件给予人们在任何时间、任何地点、通过任何设备进行沟通的能力。

微软公司是世界上最大的股票期权使用者之一。公司为董事、管理人员和雇员订立了股票期权计划，该计划提供非限制股票期权和激励股票期权。1995 年之前授予的期权一般在从授予日开始的 4 年半之后开始行权，并在 10 年内终止。在 1995 年和 2001 年之间授予的期权一般从授予日开始的 4 年半之后开始行权，并在7年内终止，而其中某些期权在4年半之后或者7年半之后开始行权，10年后终止。在2002年授予的期权在从授予日开始的4年半之后开始行权，并在10年内终止。在2002年6月30日，3.71亿股的期权已被行权，在该计划下尚有5.43亿股可以在未来被授予。

微软是第一家用股票期权来奖励普通员工的企业。微软公司职员可以拥有公司的股份，并可享受15%的优惠，公司高级专业人员可享受巨大幅度的优惠，公司还给任职一年的正式雇员一定的股票买卖特权。微软公司职员的主要经济来源并非薪水，股票升值是主要的收益补偿。公司故意把薪水压得比竞争对手还低，创立了一个“低工资高股份”的典范，微软公司雇员拥有股票的比率比其他任何上市公司都要高。不过给股票持有者股息，持股者回收到的利润纯粹来自于市场价格的攀升。在全球IT行业持续向上的时候，微软运用这种方法吸引并保留了大量行业内的顶尖人才，大大提高了公司的核心竞争力，使公司持续多年保持全行业领先地位。但是，随着高科技行业的衰落，使得人才市场上人才涌动，公司人才竞争的压力不复存在，微软通过股权激励来吸引人才的压力也大为减小，同时美国股市也一蹶不振，使得股权激励的效果大打折扣。所以，实施股票期权的激励作用要与其成本相比较，只有适当的激励力度才可能起到预期的作用，过大的激励力度不仅难以达到预期的效果，甚至可能反而使公司业绩大幅下降，造成巨大的负面影响。

8.3.3.4 投机功能

骑墙套利策略是外汇投机者使用的一种方法。所谓骑墙套利是指同时买入协定价、金额和到期日都相同的看涨期权和看跌期权。这种策略是有限的（即两倍的权利金），无论汇率朝哪个方向变动，期权买方的净收益一定是某种倾向汇率的差价减去两倍的权利金。即是说，只要汇率波动较大，即汇率差价大于投资成本，无论汇率波动的方向如何，期权买方即投资者均可受益。

【小案例】

中航油期权投机

中国航油（新加坡）股份有限公司（以下简称中航油）成立于1993年，由中央直属大型国企中国航空油料控股公司控股，总部和注册地均位于新加坡。公司成立之初经营十分困难，一度濒临破产，后在总裁陈久霖的带领下，一举扭亏为盈，从单一的进口航油采购业务逐步扩展到国际石油贸易业务，并于2001年在新加坡交易所主板上市，成为中国首家利用海外自有资产在国外上市的中资企业。公司经营的成功为其赢来了声誉，2002年，公司被新交所评为“最具透明度的上市公司”奖，并且是唯一入选的中资公司。

中航油通过国际石油贸易、石油期货等衍生金融工具的交易，其净资产已经从1997年16.8万美元增加到2004年的1.35亿美元，增幅高达800倍。但2004年11月，中航油因误判油价走势，在石油期货投机上亏损5.5亿美元。这一事件被认为是著名的“巴林银行悲剧”的翻版：十年前，在新加坡期货市场上，欧洲老牌的巴林银行因雇员违规投机操作，令公司损失13亿美元并导致被一家荷兰银行收购。曾经在7年间实现资产增值800倍的海外国企中航油，缘何短短几个月内就在期货投机市场上背负5.5亿美元的巨债？

2003年年底，由于中航油错误地判断了油价走势，调整了交易策略，卖出了买权并买入了卖权，导致期权盘位到期时面临亏损。为了避免亏损，中航油新加坡公司在2004年1月、6月和9月先后进行了三次挪盘，即买回期权以关闭原先盘位，同时出售期限更长、交易量更大的新期权。每次挪盘均成倍扩大了风险，该风险在油价上升时呈指数级数的扩大，直至公司不再有能力支付不断高涨的保证金，最终导致了破产的财务困境。应该说中航油能够在7年间实现净资产增幅800倍，到巨亏5.5亿美元，都是缘于“创新”及对衍生金融工具的使用。衍生金融工具的诞生本来是为了规避风险的保值作用，但中航油却是毁于过度的投机。

8.4 互换及其他衍生品

8.4.1 互换交易概述

8.4.1.1 金融互换的含义

按照国际清算银行（BIS）的定义，金融互换是买卖双方在一定时间内，交换一系列现金流的合约。具体说来，金融互换是指两个（或两个以上）当事人按照商定的条件，在约定的时间内，交换不同金融工具的一系列支付款项或收入款项的合约。互换是一种按需定制的交易方式。互换的双方既可以选择交易额的大小，也可以选择期限的长短。只要互换双方愿意，从互换内容到互换形式都可以完全按需要来设计，由此而形成的互换交易可以完全满足客户的特定需求。

8.4.1.2 互换产生的理论基础

金融互换产生的理论基础是比较优势理论。该理论是英国著名经济学家大卫·李嘉图（David Ricardo）提出的。他认为，在两国都能生产两种产品，且一国在这两种产品的生产上均处于有利地位，而另一国均处于不利地位的条件下，如果前者专门生产优势较大的产品，后者专门生产劣势较小（即具有比较优势）的产品，那么通过专业化分工和国际贸易，双方仍能从中获益。

互换交易正是利用交易双方在筹资成本上的比较优势而进行的。具体而言，互换产生的条件可以归纳为两个方面：①交易双方对对方的资产或负债均有需求；②交易双方在这两种资产或负债上存在比较优势。最著名的首次互换发生在1981年世界银行和国际商业机器公司（IBM）之间。世界银行需要用瑞士法郎或德国马克这类绝对利率水平较低的货币进行负债管理，与此同时IBM公司则希望筹集美元资金以便同其美元资产相匹配，避免汇率风险。由于世界银行在欧洲债券市场上信誉卓著，筹集美元资金的成本低于IBM公司，而IBM公司发行瑞士法郎债券的筹资成本低于世界银行。在存在比较优势的情况下，世界银行和IBM公司分别筹集自己具有优势的资金，并通过互换，获得自己所需的资金，从而降低筹资成本。

8.4.1.3 金融互换交易合约的内容

典型的互换交易合约通常包括以下几个方面的内容：

1. 交易双方

交易双方是指相互交换货币或利率的双方交易者，而金融互换的交易双方有时也是两个以上的交易者参加的同一笔互换交易，如果交易双方都是国内的交易者，称为国内互换；如果交易双方是不同国家的交易者，则称为跨国互换。

2. 合约金额

由于交易者参与互换市场的目的是从事融资、投资或财务管理，因而每一笔互换交易的金额都比较大，一般在1亿美元或10亿美元以上，或者是等值的其他国家货币。

3. 互换的货币

理论上互换的货币可以是任何国家的货币，但进入互换市场并经常使用的货币则是世界最主要的可自由兑换的货币，如美元、欧元、瑞士法郎、英镑、日元、加元、澳元、新加坡元、港币等。

4. 互换的利率

目前，进入互换市场的利率包括固定利率、伦敦银行同业拆放利率、存单利率、银行承兑票据利率、优惠利率、商业票据利率、国库券利率、零利息债券利率等。

5. 合约到期日

互换交易通常是外汇市场、期货市场上不能提供中长期合同时才使用，因而其到期日的期限长，一般均为中长期的。

6. 互换价格

利率互换价格是由与固定利率、浮动利率和信用级别相关的市场条件决定的；而货币互换价格受交易双方协商确定，但通常能反映两国货币的利率水平，主要由政府债券利率作为参考的依据。此外，货币互换价格还受到政府改革目标、交易者对流动性要求、通货膨胀预期以及互换双方的信用级别等的影响。

7. 权利义务

互换双方根据合约的签订来明确各自的权利义务，并在合约到期日承担相互交换利息或货币的义务，同时也获得收到对方支付利息或货币的权利。

8. 价差

价差表现为中介买卖价的差异。美元利率互换的价差通常为0.0005—0.0010（即5—10基点）；货币互换的价差则不固定，价差的多少一般视信用风险而定。

9. 其他费用

主要指互换市场的中介者因安排客户的互换交易，对互换形式、价格提供咨询等获取的费用收入，如法律费、交换费、咨询费、监督执行合约费等。

8.4.1.4 互换的种类

金融互换的发展历史虽然较短，但品种不断创新。除了传统的货币互换和利率互换外，各种新的金融互换品种不断涌现。我们选取一些重要的互换品种进行阐述。

1. 利率互换

利率互换（Interest Rate Swaps）是指双方同意在未来的一定期限内根据同种货币的同样的名义本金交换现金流，其中一方的现金根据浮动利率计算出来，而另一方的现金流根据固定利率计算。互换的期限通常在2年以上，有时甚至在15年以上。双方进行利率互换的主要原因是双方在固定利率和浮动利率市场上具有比较优势。由于利率互换只交换利息差额，因此，信用风险很小。

2. 货币互换

货币互换（Currency Swaps）是将一种货币的本金和固定利息与另一货币的等价本金和固定利息进行交换。货币互换的主要原因是双方在各自国家中的金融市场上具有比较优势。由于货币互换涉及本金互换，因此，当汇率变动很大时，双方就将面临一定的信用风险。当然这种风险仍比单纯的贷款风险小得多。

【小资料】

货币互换的基本步骤

（1）本金的初期互换是指互换交易之初，双方按协定的汇率交换两种不同货币的本金。以便将来计算应支付的利息再换回本金。初期交换一般以即期汇率为基础，也可按交易双方协定的远期汇率作基准。

（2）利率的互换，指交易双方按协定的利率，以未偿还本金为基础，进行互换交易的利率支付。

（3）到期日本金的再次互换，即在合约到期日，交易双方通过互换，换回期初交换的本金。

3. 其他互换

从最普遍的意义来说，互换实际上是现金流的交换。由于计算或确定现金流的方法有很多，因此互换的种类就很多。除了上述最常见的利率互换和货币互换外，其他主要的互换品种有：

（1）交叉货币利率互换。交叉货币利率互换（Cross - Currency Interest Rate Swaps）是利率互换和货币互换的结合，它是以一种货币的固定利息交换另一种货币的浮动汇率。标准的交叉货币互换与利率互换相似：①互换双方的货币不相同；②到期需要交换本金；③在生效日本金可交换也可不交换；④互换双方既可以都是固定利率互换，也可以是浮动利率互换，或者是浮动利率与固定利率互换。

（2）增长型互换、减少型互换和滑道型互换。在标准的互换中，名义本金是不变的，而在这三种互换中，名义本金是可变的。即可以在互换期内按照预定方式变化。其中增长型互换（Accreting Swaps）的名义本金在开始时较小，尔后随着时间的推移逐渐增大。减少型互换（Amortising Swaps）则正好相反，其名义本金随时间的推移逐渐由大变小。近年来，互换市场又出现了一种特殊的减少型互换，即指数化本金互换（Indexed Principal Swaps），其名义本金的减少幅度取决于利率水平，利率越低，名义本金减少幅度越大。滑道型互换（Roller - Coaster Swaps）的名义本金则在互换期内时而增大，时而变小。增长型互换比较适合借款额在项目期内逐渐增长的情形，例如建筑工程融资。减弱型互换则比较合适于以发行债券来融资的借款方。就项目融资来看，初期借款可能逐渐增加，此后，随着对承包者的阶段性支付的累积，借款额会逐渐减少。因此可以考虑采用滑道型互换与各期借款本金相对应。在上述每一种情况下，名义本金的变化不一定是有规律的，可以在每一期互换开始之前对名义本金加以确定。

（3）基础互换。在普通的利率互换中，互换一方是固定利率，另一方是浮动利率。而在基础互换（Basis Swaps）中，双方都是浮动利率，只是两种浮动利率的参照利率不同，通常一方的浮动利率与某一时期的伦敦银行同业拆放利率挂钩，而另一方的浮动利率则与另一类市场利率相联系，如商业票据利率、存款证利率或联邦基金利率等。例如，某公司通过商业票据的滚动发行筹集资金，并将筹得的资金投资于收益率为伦敦银行同业拆放利率的资产，那么一笔基础互换交易就可以防范或消除由于采用不同利率而产生的收入流与支出流不相吻合的风险。或者，发行商业票据的公司可能希望锁定借款成本，那么，该公司可以将基础互换与普通互换结合，先把浮动商业票据利率转化成浮动伦敦银行同业拆放利率，再把伦敦银行同业拆放利率转变成固定利率。

还有一种基础互换与上面所述的基础互换略有不同，双方的浮动利率与同一种市场利率挂钩，但期限不同。譬如1月期伦敦银行同业拆放利率与6月期伦敦银行同业拆放利率互换。在这种情况下，付息次数或频率也会出现不一致。因此，对于按6月期伦敦银行同业拆放利率收息并按1月期伦敦银行同业拆放利率付息的一方来说，在收取半年期利息减去支付的最后1月期利息的净额之前，要连续5个月支付月息。比起付息次数或频率相同的互换，此类互换来自对方的风险要大一些。

（4）议价互换（Off - market Swap）。大多数互换的初始定价是公平合理的，不存在有利于交易一方面不利于交易另一方的问题，也就是说没有必要从互换一开始就由交易一方向另一方支付利息差。然而在议价互换交易中，固定利率不同于市场的标准利率，因此，交易一方必须向另一方进行补偿。议价互换的应用价值在于：当借款方以发行浮动利率债券筹资，并希望利用互换即能将浮动利率债务转换成固定利率债券，又能支付发行债券的前端费用（Up - front Costs）时，就可以设计一份议价互换。借款方（债券发行公司）收取一笔初始资金和定期浮动利息，同时以略高于普通互换市场利率的固定利率支付利息。高出固定利率的边际额可以在互换期内将发行债券的前端费用有效地加以分摊。

（5）零息互换与后期确定互换（Zero - coupon and Back - set Swap）。在零息互换中，固定利息支付流量被一次性的支付所取代，一次性支付可以在互换初期，但更常见的是在期末。在后期确定互换中，互换确定日不是在计息期开始之前，而恰好是在结束之际。所以浮动利率的确定是滞后而不是提前的，因此这种互换也称之为伦敦银行同业拆放利率滞后互换（LIBOR - in - arrears Swap）。如果某交易方认为利率走势将与市场预期有出入，那么这种互换就很有吸引力。例如，在收益率曲线上升的条件下，远期利率要高于当前的市场利率，在制定互换固定利率时就要反映出这一点。后期确定互换的定价就可以定得更高一些。如果固定利率的收取方认为市场利率的上升要比远期利率所预期的慢，那么后期确定互换同样要比常规互换更为有利。

(6) 边际互换 (Margin Swap)。边际互换所采用的浮动利率是在 LIBOR 基础上再加上或减去一个边际额，而不是直接用伦敦银行同业拆放利率本身。所以把它叫做边际互换。一个按伦敦银行同业拆放利率 LIBOR + 50 个基点筹资的借款人当然希望能从互换中获得伦敦银行同业拆放利率 LIBOR + 50 个基点的利率，而不仅仅是伦敦银行同业拆放利率，否则浮动利率的现金流量就不一致。因此，边际互换的结果类似于普通互换中对固定利率加上一个边际额。

(7) 差额互换。差额互换 (Differential Swap) 是对两种货币的浮动利率的现金流量进行交换，只是两种利息现金流量均按同种货币的相同名义本金计算。例如，20 世纪 90 年代的差额互换交易中，互换一方以 6 月期美元伦敦银行同业拆放利率对 1000 万美元的名义本金支付利息；同时对同样一笔数额的名义本金以 6 月期马克伦敦银行同业拆放利率减去 1.90% 的浮动利率收取以美元表示的利息。当时美元利率很低，但收益率曲线上升得非常陡直；而马克利率很高，收益率曲线却向下大幅度倾斜。因此，按美元伦敦银行同业拆放利率付利息，并按马克伦敦银行同业拆放利率 LIBOR—1.90% 收取以美元表示的利息的交易方在互换初期会有净收入。如果利率按远期收益率曲线所示发生变化，那么这些净收入最终会转变成净支出。但是许多投资者坚信美元利率会低于远期利率所预示的水平，而德国马克利率依然会维持在高水平上。所以，通过差额互换获利的时间将大大延长，甚至可能在整个互换期间都获利。

(8) 远期启动互换。远期启动互换 (Forward—start Swap) 是指互换生效日不是在交易日后一两天，而是间隔几周、几个月甚至更长时间。这种互换适用于为未来某时进行的浮动利率筹资、但希望在现在就确定实际借款成本的借款人。例如，某家公司可能刚刚获得对一个项目的委托管理，并正忙于筹集资金以备将来支用。如果这家公司拖到以后才安排互换交易，就可能面临利率上涨的风险。

(9) 互换期权。互换期权 (Swaption) 从本质上属于期权而不是互换，该期权的标的物为互换。例如，利率互换期权本质上是把固定利率交换为浮动利率，或把浮动利率交换为固定利率的权利。但许多机构在统计时都把互换期权列入互换的范围。

(10) 股票互换。股票互换 (Equity Swaps) 是以股票指数产生的红利和资本利得与固定利率或浮动利率交换。投资组合管理者可以用股票互换把债券投资转换成股票投资，反之亦然。

8.4.2 互换的功能

互换交易属表外业务，不计入资产负债表，因此，具有降低筹资成本，提高资产收益，优化资产负债结构，转移和防范利率风险和外汇风险，空间填充等功能。

8.4.2.1 降低筹资成本，提高资产收益

互换交易是基于比较优势而成立的。筹资者通过互换交易，可充分利用双方的比较优势，大幅度降低筹资成本。同理，投资者也可通过资产互换来提高资产收益。交易双方最终分配由比较优势而产生的全部利益是互换交易的主要动机。当一家企业或机构在某一市场具有筹资优势，而该市场与该企业或机构的所需不符时，通过互换可以利用具有优势的市场进行筹措而得到在另一个市场上的所需。如具有信用级别差异的双方，作数额、币别、期限相同的负债互换，以伦敦同业拆放利率成本筹资，信用级别差的一方也可用低于自己单独筹资的利率成本获得资金，这样双方均可以以较低的成本满足其最终的需求。

【小案例】

双方进行利率互换的主要原因是双方在固定利率和浮动利率市场上具有比较优势。假定A、B公司都想借入5年期的1000万美元的借款，A想借入与6个月期相关的浮动利率借款，B想借入固定利率借款。但两家公司信用等级不同，故市场向它们提供的利率也不同，如表8－15所示。

表8－15 市场提供给A、B两公司的借款利率

	固定利率	浮动利率
A公司	10.00%	6个月期 LIBOR +0.30%
B公司	11.20%	6个月期 LIBOR +1.00%

注：此表中的利率均为一年计一次复利的年利率。

如果双方不进行互换，各自直接借款，则A公司借款成本是LIBOR+0.30%，B公司借款成本是11.2%，如果进行互换，则可以利用各自的比较优势，其中，A公司在固定利率市场有相对优势，B公司在浮动利率市场有相对优势，假设两家公司签署如图8-3互换协议

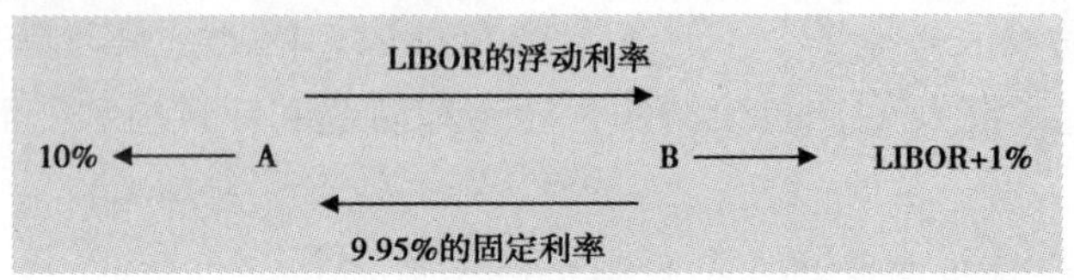

图8-3

可以计算，经过互换，A公司的实际筹资成本是LIBOR+10%-9.95%=LIBOR+0.05%，比自己直接筹资节约0.25%，B公司的实际筹资成本是LIBOR+1%+9.95%-LIBOR=10.95%，比自己直接筹资节约0.25%，双方均获益。

8.4.2.2 优化资产负债结构，转移和防范利率风险和外汇风险

互换交易使企业和银行能够根据需要筹措到任何期限、面值、利率的资金。同时可根据市场行情的变化，灵活地调整其资产负债的市场结构和期限结构，以实现资产负债的最佳搭配。由于互换是以名义本金为基础进行的。利率互换在对资产和负债利率暴露头寸进行有效操作中比利用货币市场和资本市场进行操作更具有优势，它可以不经过真实资金运动而对资产负债额及其利率期限结构进行表外重组。在负债的利率互换中，付固定利率相当于借入一笔名义固定利率债务，会延长负债利率期限；付浮动利率相当于借入一笔名义浮动利率债务，会缩短负债的利率期限。而在资产利率互换中，收固定利率等于占有一笔名义浮动利率债权，会延长资产的利率期限，而收浮动利率等于占有一笔名义浮动利率债权，会缩短资产的利率期限。

从防范风险方面看，某种货币的币值极不稳定，而该货币又是某交易者想要的货币时，通过货币互换可以用一种货币换得想要的币值相对稳定的货币，同时避免了因币值易变风险而带来的损失。由于交易者们对币值变动预测不同，且有甘愿承担风险的投机者参与，这种为保值、规避风险而进行的互换是能够完成的。在利率互换中，为避免利率上升带来的损失，有浮动利率负债的交易者就与有负债数额相同的名义本金的固定利率的交易者互换，所收

的浮动利率与原负债相抵，而仅支出固定利率，从而避免利率上升的风险。

【小案例】

货币互换防范汇率风险

企业获得一笔金额为10亿日元的3年期贷款，利率为固定2%，付息日为6月20日和12月20日，2000年12月20日提款，2003年12月30日到期归还。具体现金流如表8－16所示。

表8－16

日期	现金流入	现金流出
2000年12月20日	1000000000.00	
2001年6月20日		10000000.00
2001年12月20日		10000000.00
2002年6月20日		10000000.00
2002年12月20日		10000000.00
2003年6月20日		10000000.00
2003年12月20日		1010000000.00

由于企业实际所需运用资金为美元，而且期间的收入也是美元，因此，企业必须将该日元贷款转换为美元运用，并将期间所得到的美元收入转换为日元以支付贷款利息。因此，在该项贷款中，企业将直接面对美元/日元的汇率波动风险。

为了帮助企业控制汇率风险，银行建议为企业做一笔货币互换交易，互换交易从2000年12月20日生效，2003年12月20日到期，使用汇率为USD1＝JPY111.50，美元利率为6个月的LIBOR＋0.5%。

互换过程：

1. 在提款日2000年12月20日，银行与企业交换本金。
2. 在付息日每年6月20日和12月20日，银行和企业交换利息。
3. 在到期日2003年12月20日，银行和企业再次交换本金。

通过这笔交易，在贷款期初和期末企业和银行均按照预先约定的同一汇率交换本金，而且在贷款期间企业只支付美元利息，收入的日元利息正好用来归还贷款利息，从而使企业完全避免了未来的汇率变动风险。

8.4.2.3 空间填充功能

空间填充功能从理论上讲是指金融机构依靠衍生工具提供金融中介，以弥合总体空间中存在的缺口和消除在此范围内的不连续性，形成一个理想的各种工具特征的不同组合，创造一个平滑连续的融资空间。例如，发行形式间（证券筹措和银行信贷间）存在的差异、工具运用者信用级别差异、市场进入资格限制等。事实上，这种缺口的存在正是互换交易能够进行的基础。从本质上讲，互换就是对不同融资工具的各种特征进行交换，它就像融资空间中的一架梭机，有人称之为金融交易中的“集成电路”。货币互换把一种通货负债换为另一种通货负债，从而弥合了两种通货标值间的缺口；利率互换将浮动利率负债换为固定利率负债，等于在浮动利率债券市场上筹措资金，而得到固定利率债券市场的效益。受到进入某一特定市场限制的机构或信用级别较低的机构可以通过互换，得到与进入受限制或信用级别要求较高的市场的同样机会，从而消除了业务限制和信用级别差异而引起的市场阻隔。互换交易具有明显的对融资工具不同特征的“重新组合”的特征。

8.4.3 其他衍生产品

8.4.3.1 信用违约互换

信用违约互换是指银行或金融机构通过向交易对手每年支付一定的费用，将银行的信贷资产和所持债券等一些基础资产或参照信用资产的信用风险剥离，同时转移这些资产因信用事件而产生的潜在损失。信用违约互换在当前国际金融市场上发展极为迅速，截止到2004年以信用违约互换为主的信用衍生品交易额已经达到了8000亿美元，全球大的金融机构有15%的信贷资产使用了信用违约互换进行对冲，以管理信贷集中风险和保证资产组合的分散化。

信用互换的基本原理是，寻求保护的买方（protection buyer）定期支付固定金额或前期费用给保户提供方（protection writer），作为交换，一旦发生作为第三方（reference credit）违约的情况，信用互换的卖方将向买方进行支付或有偿付款。“违约”一词在这里的含义有：破产、无偿付能力、不能履行到期的支付义务等。信用互换的交易结构图如图8-4所示。

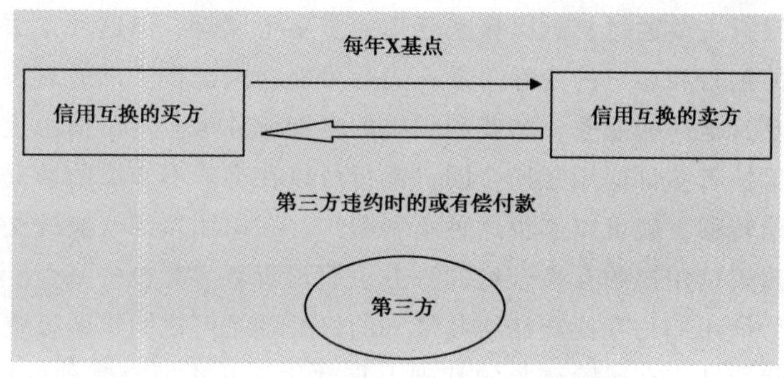

图8－4 信用互换交易结构示意图

在信用违约互换中，信用违约互换的买方每年支付固定的费用给卖方，一旦信贷资产或参照信用方发生信用违约事件，它便可以从卖方那里得到事前约定的偿付额度。假定银行A对X公司有一个信贷敞口，然而它担心由于X的某个项目信用等级可能会下降，信贷违约风险即将发生，同时它又不想中止与X的关系，于是它就和金融机构B协商完成一个信用违约互换，银行A定期支付给金融机构B固定的费用，而金融机构B则承诺在X公司发生信用事件时，支付给银行A一定的补偿。于是，银行A通过信用违约互换合约将对X公司的信用风险转移给了金融机构B，并限定了在X公司发生信用违约时的损失，同时也可以将资本投入到收益率较大的新领域。而金融机构B在获得对X公司信用敞口的同时，也赚取了一笔信用贴水。由此可见，信用违约互换剥离了信贷资产的内在信用风险。

违约互换的支付方式随着市场的发展而变化。早期的互换协议是通过现金方式进行结算的，而如今多数公司和主权违约互换采用实物方式进行结算。现金结算是指，信用保险卖方向买方支付基础资产面值与残值之间的差额。现金结算通常在违约事件发生数月之后进行，给市场以估计残值的时间。这里的残值是指，违约债务实际剩余的金额。残值越低，或有偿付款越高，也就是信用互换的价格越高。实物结算是指，信用保险买方将参照资产交与信用保险卖方，收取与原面值相等的金额。信用保险买方将债券按照面值交给信用保险卖方。实物结算正日益朝着标准化的方向发展。

在国际上信用违约互换的主要交易者包括：银行、保险公司和投资基金，交易的目的是为了减少信贷集中风险和使资产配置更加合理化。到目前为止，信用违约互换已经成为各大金融投资机构减少信贷集中风险的主要手段，过去银行主要通过贷款出售来管理信贷集中风险，但这种方法会损害多年来建立的银行和客户的良好关系，银行可能会因此丧失以后对该客户的贷款机会以及其他一些业务，如获利颇丰的咨询业务等。利用信用违约互换通过与信用保护者签订信用互换合同，银行可以在客户不知道的情况下将贷款的信用风险转移，就可以避免这种不利影响。在信用违约互换的交易中，银行通常是购买信用违约互换合约的一方，而出售者多为投资基金。对于投资基金来讲，信用违约互换产品给其带来的好处就是可以间接的投资于银行信贷资产，我们知道在风险调整的基础上贷款优于几乎所有其他的资产类别，也就是说明贷款超过各种债券、股票，拥有高超额受益和低风险。例如美国贷款的夏普比率在所有资产中是最高的。这样进行信用违约互换产品交易就使一直渴望进入贷款市场的投资基金可以绕开管制参与银行信贷市场的交易，同时投资基金的加入也增加了信贷市场的流动性和效率。

信用违约互换与其他的互换类金融工具一样可以被提早终止。虽然违约互换是不可以被自由转让，但其实可出售的。投资者可以根据互换的当前市场价值，与原先对手终止互换交易，或将该互换出售给一个愿意接受的对手。

对于信用保险买方来讲，考虑参照信用方和信用保险卖方之间的违约相关性也是十分重要的。因为我们不能保证在参照信用方违约之后，信用保险的卖方就一定会按照条约进行支付，因为他们也同样存在信用风险。因此，贷款方（信用保险买方）就要综合考虑借款人的违约可能性、保险卖方的违约可能性以及二者之间的违约相关性。举例来说，如果某银行向一家石油化工企业贷款，然后再与另一家石油化工企业进行违约互换交易。如果石油行业不景气，则可能导致借款者和信用保险卖方均不能支付，银行造成损失。但还有一种情况，就是作为借款者的石油公司经营不善，导致作为保险卖方的石油公司大范围占有市场份额。这样，这份互换协议就有意义了。因此，在确定相关性时，不仅要考虑行业因素，还要综合观察两家公司的经营状况，进行比较确定。

由此，我们再介绍一种违约替代互换。其交易过程如图 8 - 5 所示。A 银行对 M 公司贷款 500 万元，B 银行对 N 公司也贷款 500 万元，这样就会存在风险过于集中的问题。于是两家银行间可以达成协议，如果 M 公司违约，则 B 银行将支付给 A 银行 250 万元，同理，N 公司违约，A 银行将支付给 B 银行 250 万元。这样实际上是两家银行共同担负了两家公司的信用风险，达到了资产的分散化。

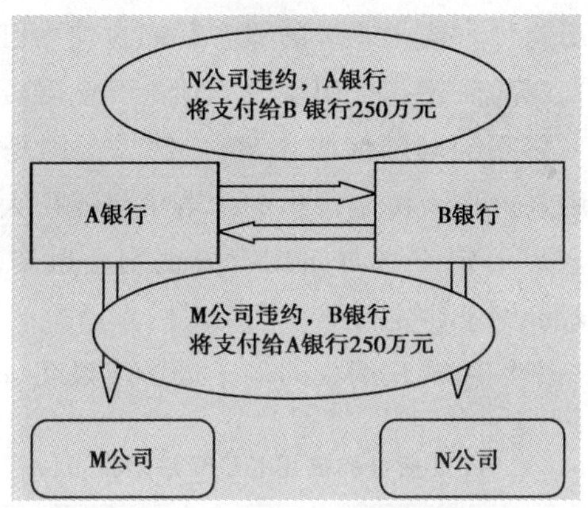

图 8－5 违约替代互换交易结构图

8.4.3.2 信用期权

信用期权也是一种在信用等级发生不利变化时对冲信用风险的信用衍生产品。最容易理解信用期权的方法是把它看做是汽车保险，所有的车主交一定的费用购买汽车保险以保护他们的损失。如果车没有受到任何损失则车主将不会得到保险公司的补偿；但是，如果汽车受到了损伤，则保险公司将给车主以补偿。信用期权也提供相类似地对冲功能。这些信用期权允许投资者为了保证资产的信用风险等级而购买保险。例如，一个债券的投资者可以购买保险以保证他拥有公司债券的价值。如果投资者有某公司 500 万美元的债券，为了防范债券等级下降导致债券价值下跌引发损失，投资者决定购买保险，敲定价格为 500 万美元的卖出期权合约并付出期权费 4000 美元，此时投资者已经把债券信用等级下跌所引发的最大损失锁定。如果债券果然与投资者预测的相同信用等级下跌价格下降，投资者可以行使期权。相反，债券信用等级良好或者上升投资者则不会履行期权，其损失只不过是事先约定的期权而已。信用期权赋予了投资者锁定信用风险的权力，使套期保值的方法能够应用在信用风险管理上。

信用期权总体可以分为两类。第一类是指期权买方（银行）向卖方买入一份看跌期权，这就保证了如果金融资产价值下跌并低于协定价格时，期权买方可以要求期权卖方按协定价格购买这份金融资产，从而使买方减少损

失。一旦行使信用期权，买方的盈利通过用协定价格减去债务市场价格确定。而协定价格的确定方法是，将金融资产现金流的现值按照无风险利率进行贴现，再加上信用差价。信用差价的概念我们在前面已经介绍过了，可以用公式对其进行更直观的表述：信用差价 = 债券等金融资产的收益 - 相对的无风险证券的收益（多指美国国债的收益）。第二类则是一种看涨期权，这种看涨期权是以信用差价作为协定价格的。若信用差价大于协定价格时，期权买方（银行）有权以协定价格向期权卖方交割金融资产，卖方支付的价格高于基准的收益差价等于协定价格。

下面我们通过一个信用看跌期权的例子进一步说明（表8－15）[①]。

表8－15　　ABC债券的信用差价看跌期权

ABC 债券的信用差价看跌期权（债券于1998年11月14日发行，2023年12月31日到期）	
差价看跌期权的买方	银行
差价看跌期权的卖方	投资者
名义本金	1000万美元
结算日	今天
期权行使日	一年以后的今天
基础指数	ABC债券，2023年12月31日到期
参考美国国库券	2023年8月到期的美国国库券的卖价为6.25%
指数信用差价	在期权行使日2天前的美国东部时间中午12点，利用基础指数的平价买入价（即买入价减去应计利息和任何未支付利息）减去参考美国国库券的卖出收益的基础指数的到期收益
目前价差	1.95%
差价看跌期权的敲定价	2.05%（平值远期敲定价）
看跌期权支付	名义本金 * 最大化（有效期（指数信用差价－2.05%），0）
平均期限	8年
期权费	名义本金的1.25%，由银行在结算日向投资者支付

8.4.3.3　一篮子期权（Basket Option）

一篮子期权也是标准期权变化而来的，可以看成是由多种货币的欧式期

① Andrew Kasapi，于研译：《信用衍生工具》，上海财经大学出版社2002年版。

权融合而成。标准期权通常可表述为一种货币的买权和相对应的另一种货币的卖权，其载体是两种货币间的外汇买卖。一篮子期权则涉及多种货币间的复杂的汇率关系，期权的买方获得一项权力，可以将一定金额的货币与货币组合兑换，形成一种一定金额的货币或货币组合，卖方获得期权费并承担相应的义务。由此可以看出，一篮子期权是为了满足客户控制数种货币的汇率风险而设计的。

一些贸易跨国公司和投资公司在经营过程中往往会面临多种货币的汇率风险。例如贸易商与几个国家开展贸易往来，并用它们的货币进行结算。跨国公司在几个国家都设有分公司，它们的资产负债都用所在国货币衡量，投资公司投资多种货币的资产时，这些公司在最终测算利润时都需要按本国货币进行计算。外国货币和本国货币间的汇率变化会使公司的盈利水平处于不稳定的状态，为避免这些汇率风险，公司可以把数种货币间的汇率风险分别看做每一种外国货币对本国货币的风险，然后，通过外汇买卖或欧式期权将它们各自间的汇率风险加以锁定。这样一来公司就需要做多笔单独的交易来实现这一目的。这样操作的缺点在于，单独的交易割裂了相互间的联系，缺乏灵活性，同时也增加了操作和管理上的难度。如果购买标准欧式期权的话，通常要支出较高的期权费。一篮子期权为多种货币的汇率风险管理提供了便利，只需一笔交易就能锁定所有的汇率风险，不仅操作灵活简便，更重要的是它所需的期权费比购买数笔单独的欧式期权要少，从而降低了避险成本。

【小案例】

一家美国贸易公司在亚太地区开展贸易往来。公司向中国内地、中国香港和日本出口商品，3 个月后将收到货款 2000 万元人民币、4000 万元港币和 9000 万日元。同时，该公司还从澳大利亚进口商品，3 个月后需支付货款 800 万澳元。按目前的市场远期汇率水平计算，卖出相应的人民币、港币和日元，同时买入澳元，3 个月后公司货款净收入应为 180 万美元。在这 3 个月内的汇率变动将使公司的到期收入处于风险之中。为了控制风险，同时又能从汇率变化中获得收益，公司决定将收入的最低水平固定为 177 万美元。于是公司澳元买权 800 万元，人民币卖权 2000 万元，港币卖权 4000 万元，日元卖权 9000 万元，期权费为美元金额的 1.8%。

到期时，按市场即期汇率计算，卖出2000万元人民币，4000万元港币、9000万日元，同时买入800万澳元。如果上述金额折合美元净值不足177万美元，公司将执行该项期权，获得最低收入保障177万美元。如果上述金额折合美元净值超过177万美元，公司将放弃该项期权，通过外汇买卖获得更多的收入。在风险控制的成本方面，该国公司通过买入一系列标准欧式期权来达到相同的目的，其期权费支出将是美元金额的2.8%，期权费高于一篮子期权的1.8%。

8.4.3.4 气候衍生产品

气候衍生产品属于不断演进中的金融产品，如果说投资者可以购买基于指数的衍生产品的话，那他为什么不能购买基于飓风发生概率的产品呢？实际上自1997年以来，投资者就能买卖价值完全取决于气温波动和雨雪灾害的合同了。例如基于降雨概率的衍生产品履行支付的条件是，11月1日—3月31日之间某一特定地区降雨量达到30—50厘米。通过销售此类合同，保险公司在给保单持有人未来理赔的同时也帮了自己。

销售气候衍生合约的其他主体还可能是农场企业，它们可能会因气候条件的极端变化而遭受损失。不管销售者对冲什么风险，此类合约应建立在严谨分析的基础之上，所提供的保险条件须经多角度的数理模型检验。特别是美国的大农场企业，对用于套期保值的，金融衍生工具是颇为熟悉的。前所未有的一系列从水灾到旱灾的自然灾害曾使农业部门遭受重创，这就提出了一个免赔额的问题。严重的风暴和水灾风险导致的损失可以由传统的衍生品进行有效对冲，但新式工具着眼于信用这一角度，即在一定气候条件下，为农场主获得银行贷款提供担保。

审视气候衍生品最好的角度是，它们正在成为为客户定制证券业务的一个部分，以便针对财务风险或纯粹的灾难风险（如非雨季降雨过量、严重的冰雹、大大高于或低于正常值的气温等）提供价格保险或信用保险。灾害事故可能是财务原因和实体损失原因的混合产物，因为极端的气象条件会招致收入的急剧下降，使农业企业或单个农场主无法履行还款义务。

【本章小结】

- 金融衍生工具是给予交易对手的一方，在未来的某个时间点，对某种基础资产拥有一定债权和相应义务的合约。

• 金融衍生工具具有构造复杂性、交易成本较低、虚拟性、设计具有灵活性等特点。

• 金融衍生工具具有转化、定价、规避风险、盈利、资源配置等功能。其中，转化功能是最基本的功能。

• 期货交易是指交易双方在集中性的市场以公开竞价的方式所进行的期货合约的交易。

• 期货合约（futures contract）是指买卖双方之间签订的在将来一个确定时间按确定的价格购买或出售某项资产的协议。在合约中对有关交易的标的、合约规模、交割时间、标价方法等都有标准化的条款。

• 期货交易规则主要包括，间接清算制度、价格报告制度、保证金制度、每日结算制度、登记结算制度、交易限额制度、对冲制度、交割制度等。

• 期货交易的主要功能是套期保值、套利和投机。

• 期权是指赋予其购买者在规定期限内按双方约定的价格购买或出售一定数量某种金融资产的权利的合约。

• 期权买卖双方的权利和义务是不对等的。期权买者只有权利没有义务，卖者只有义务没有权利。因此，买者要向卖者支付期权费。期权买者不需要缴纳保证金，卖者则可能缴纳保证金，其做法与期货类似。

• 期权交易的基本策略包括买卖看涨期权和买卖看跌期权两类。

• 期权交易的主要有保值避险功能、盈利功能、激励功能和投机功能。

• 金融互换是指两个（或两个以上）当事人按照商定的条件，在约定的时间内，交换不同金融工具的一系列支付款项或收入款项的合约。

• 互换产生的理论基础是比较优势理论。

• 最常见到的互换品种是货币互换和利率互换。

• 互换交易具有降低筹资成本，提高资产收益，优化资产负债结构，转移和防范利率风险和外汇风险，空间填充等功能。

• 其他金融衍生产品也是在期货、期权和互换产品基础上再次派生出来，包括信用违约互换、一篮子期权、气候衍生品等。

知识拓展

金融衍生品发展沿革及其与金融危机关系分析

金融衍生品发展到今天已经经历了三十多个年头，但是，对于衍生品到底在金融系统中起到什么作用，褒贬不一。随着时间的推进，金融衍生品对金融市场所起到的积极作用已经被越来越多的人所认可。

一、应需而生，作用初显——金融衍生品的初创期（1972—1986 年）

从 1972 年第一个金融衍生品——外汇期货的诞生，到 1982 年股票指数期货的推出，金融衍生品的由来在全球引起强烈反响，人们在初步感受金融衍生品在规避市场风险所能带来的益处时，对更多的新的金融创新工具充满了期待。但毕竟作为新兴事物及衍生品本身所具有的专业性，特定的机构投资者与少数的个人是当时市场参与者结构中的主体，金融衍生品对宏观经济的影响程度因而也无法体现。同时，在这个阶段，人们缺乏对金融衍生品的系统了解，除了意识到它是一种风险对冲工具外，很难把它与整个金融体系安全联系起来。

二、指责与批评——金融衍生品成为“替罪羊”（1987—1989 年）

衍生品的杠杆作用在为投资者带来丰厚收益的同时，也乘数倍放大了风险。人们还没有来得及享受金融创新成果带来的好处，却已落到了金融灾难的深渊。大家对金融衍生品的印象如同根深蒂固般的与“洪水、猛兽”画上了等号。

1987 年，股灾更是让股指期货成了众矢之的。批评者措辞严厉地指责，股指期货直接引发了股灾的产生，因为在股票价格下跌时，股指期货的交易导致了股票价格决定机制的紊乱。当时大部分的学界专家也在理论层面支持了上述观点。其中《布雷迪报告》就认为，1987 年 10 月的股市崩溃主要是由指数套利和组合保险这两类交易在股票指数期货和现货市场相继推动而造成的。为了避免股价下跌，机构投资者在期货市场上卖出股指期货，期货价格的下跌又继续引发股票现货价格下跌。这个过程多次重复，使股价的运行轨迹如同一条下泻的瀑布，如此循环最终导致股市崩溃。

但是，包括莫顿·米勒在内的少数学者则提出了不同的看法。他们认为，股灾根本原因是宏观经济基本面表现欠佳以及股票市场本身存在缺陷。因此，1987年股灾和1929年的股市崩盘并没有本质区别。与此同时，同样深受美国股灾影响的香港地区也对金融衍生品在危机事件中所扮演的角色进行了深刻分析。其中《戴维森报告》就总结认为，美国股市暴跌的强烈冲击和影响是造成香港股市危机的主要原因，但其根本原因在于市场组织、运作、合约设计以及市场风险监督管理等各方面的问题，造成了市场缺乏有效处理风险机制和抵御风险的能力。

最让金融衍生品领域欢欣鼓舞的，可能还要算美联储主席格林斯潘在1988年5月美国众议院关于1987年股灾的一次演讲中发表的讲话。他谈到，“……许多股票衍生产品的批评者所没有认识到的是，衍生市场发展得如此之大，并不是因为其特殊的推销手段，而是因为给衍生产品的使用者提供了经济价值。这些工具使得养老基金和其他机构投资者可以进行套期保值，并迅速与低成本地调节头寸，因此在资产组合管理中衍生工具起了重要的作用。”

“87股灾”是金融衍生品产生以来第一次如此强烈地遭到人们的质疑，虽然部分专家看到了问题的本质，但大部分人开始对包括股指期货在内的金融衍生品充满恐惧，批评与指责比比皆是。自1988年开始，全球金融衍生品的成交量迅速萎缩，并成为金融危机的“替罪羊”。

三、再认识与新态度——金融衍生品不是风险事件的根本原因(1990—2001年)

这一阶段，大家开始逐步认识到金融衍生品与金融危机之间没有因果关系，一国的衍生品市场越健全，其抵御金融危机的能力也就越强，从危机中复苏的速度也越快。金融衍生品本身并没有罪，关键是如何利用它。而导致金融危机的出现是内外因多种因素作用的结果。其既可能源于国际游资的冲击，也可能源于本身经济运行的问题或金融体制的缺陷，还可能是不恰当地使用金融工具所致等等。因此，有效防范金融风险需多种政策相互协调。

这一演变首先体现在1994年墨西哥的金融危机。1994年，墨西哥爆发大规模的金融危机。墨西哥在没有场内衍生品市场的前提下，过度扩张OTC衍生品市场。国家信用体系十分脆弱性，注定了金融危机迟早将到来。

随后，1997 年韩国及东南亚地区的金融危机则几乎完全是由于政府放松金融监管，加之新兴市场金融体系不完善所引致的。同年，“巴林事件”发生使人们更大程度上感受到了虽然那些隐蔽的、未受监管的衍生品交易的巨大破坏力，但巴林银行本身缺乏有效的内控机制才是使巴林银行遭遇灾难的罪魁祸首。危机事件让投资者逐步成熟，他们开始理性地思考金融危机与金融衍生品的关系，并开始尝试通过调节自身头寸与完善风险控制手段，以避免使自己深陷其中。

部分国家政府机构也从众多危机事件中更清晰地认识了金融衍生品。1998 年，美国总统金融工作组建议以证券为参照物的混合工具不受《商品交易法》监管。这一举动说明，监管机构非但没有因为金融危机的出现而遏制金融创新的进程，反倒是报以积极推动的态度。

同时，2000 年格林斯潘在美国参议院听证会上，作了关于 OTC 衍生品专题发言，他再次高度肯定场外衍生品市场为金融机构避险风险与优化资产配置上的积极作用，再次重申金融衍生品本身不会带来金融危机，监管与风险控制的漏洞才会使金融市场充满风险。作为美联储主席多次高度地肯定金融衍生产品，以及以往金融危机事件相继彻底调查清晰，人们开始审慎地再认识金融危机与金融衍生品的关系。随后，国际货币基金组织在 2000 年年度报告中总结，包括场外金融衍生品市场在内的衍生工具给全球金融市场带来了巨大的利益。一方面，我们应探索和分析威胁市场稳定的风险来源，以及在制度和市场基础设施方面的缺陷。另一方面，为了克服衍生工具市场对金融市场稳定性的潜在风险的同时，又要保持它提高金融业效率的益处，进一步的努力探索必不可少。

人们彻底转变对金融衍生品的认识，则以 2001 年“9・11”事件为标志。面对这样一场突如其来的灾难，全世界都陷入了巨大的恐慌之中，经济严重受挫，金融市场动荡不已，人们根本无法预知明天会是怎样。此时，衍生品“风险管理”的特性越发显出了其重大的现实意义。“9・11”事件之后一个星期，NYSE 股票交易停止、CME 的 S&P500 指数期货也暂停交易。但是，在恢复开盘之后，S&P500 指数期货的交易量与持仓量均大幅度增加，说明在极端市场条件下市场参与者对风险管理工具的强烈需求。由于金融期货市场的存在，整个金融市场抵御风险的能力提高了，经济体系的弹性增强了。

澳大利亚联邦储备银行在 2002 年的年报中表示，“9・11”恐怖袭击事件发生后，唯一还保持活跃交易的市场就是国债期货市场，当时的国债现货市场流动性一下就没有了，没有机构愿意就现货利率进行交易，而期货市场提供了标准化的远期利率合约交易，在紧急情况发生后，金融机构都想到期货市场来发现价格和规避风险。

"9·11"事件后，人们的对金融衍生品的态度发生了大的改观，大家高度肯定了金融衍生品对危机事件后加速经济复苏的功能。衍生产品提高了经济体应付危机的弹性。

四、认同与积极发展——金融衍生品是较好的投资工具，较好地使用能使金融市场变得更安全（2002年至今）

随着衍生品逐步被人们所熟悉，有效运用与积极防范风险成了大家对它的共同认识。市场不但认为金融衍生品是较好的投资工具，甚至还提出，较好地使用它还能使金融市场变得更安全。

2002年1月，欧盟正式颁布《欧盟议会关于协调针对综合性可转换证券投资企业（UCITS）的法律以及监管条例的85/11/EEC号指引》。指引中明确允许UCITS基金不仅可以出于风险管理的需要参与金融衍生工具的交易，而且可以出于投资的需要投资于场内和场外的金融衍生品市场。这使得欧盟的UCITS基金在金融衍生工具的运用上超前于世界其他各国的同行，处于时代潮流的最前沿。

作为金融期货的创始人梅拉梅德在2003年更是对金融衍生品有精辟的论述。他指出，金融衍生品所创造的真正奇迹在于，它使投资者能够将具体风险独立出来加以管理，并且通过把风险转嫁到那些更加愿意、或更有能力来承担风险的人身上，从而使风险得到不同程度的对冲。随着风险人为地流动起来，并在许多投资者之间进行转嫁和分担，任何灾难都将会是一声哑炮而已。由此可见，衍生品降低了一个或多个金融体系崩溃的可能性，从而使全球金融市场得以巩固。正与那些怀疑论者所嘲讽的相反，衍生品使金融世界变得更为安全。他的观点也在2004年台湾地区"3·19"事件中得到了很好地印证。事件中，台湾股指期货首先作出反应，带动股票现货价格，对稳定金融市场、化解金融危机发挥了积极作用。

通过对上述分析，可以看出，金融衍生品是金融市场风险管理、资产配置和价格发现的工具，其增加了金融体系应对危机的弹性。金融衍生品本身

不会直接导致危机，但金融衍生品市场确实也可以加重金融危机的严重程度。因此，应保持其妥善监管与规范运作。

（资料来自“新浪财经”）

【本章阅读文献】

［1］张元萍：《金融衍生工具教程》（第二版），首都经济贸易大学出版社 2007 年版。

［2］朱利安·沃姆斯利：《新金融工具》，中国人民大学出版社 2003 年版。

［3］约翰·赫尔，张陶伟译：《期权、期货和衍生证券》，华夏出版社 2000 年版。

［4］陈信华：《金融衍生工具——定价原理、运作机制及实际运用》，上海财经大学出版社 2006 年版。

［5］罗伯特·A. 斯特朗：《衍生产品概论》，东北财经大学出版社 2005 年版。

［6］上海证券交易所，www. shfe. com. cn

［7］Max G. Ansbacher 著，郑磊译：《新型期权市场》（第四版），中信出版社 2002 年版。

［8］国际互换与衍生品协会网站，http：//www. isda. org/

【生生合作项目】

利用衍生产品进行风险管理专题案例分析

任务布置时间： 第 10 周

生生合作讨论时间： 第 13 周

目的： 设计衍生产品的初衷是创造避险工具，以排除经济生产中的某些不确定性，实现风险对冲，来达到风险管理的目的。但是，对于衍生工具来讲，其交易本身就蕴含着巨大的风险，这与它自身的一些特点有密切关系。通过进行本次专题案例分析，使学生掌握常见金融衍生工具的基本特点、流程以及在运作过程中的注意事项，切实提高学生运用理论知识解决实践问题的能力。

项目合作流程：

（1）每个小组自主选择衍生产品品种，建议选择与本章内容直接相关的产品，例如期货产品、期权产品或互换产品。我国金融衍生工具市场发展缓慢，期权交易只有外汇期权这一个品种，互换也局限于少数几家银行，相对比较好的是期货市场，特别是商品期货市场。学生也可以根据本小组的学习兴趣，选取国内外典型衍生产品作为案例分析对象。

（2）根据第一步骤选择的衍生产品，阅读教材及其他参考资料，深入了解所选产品的性质、交易机制、交易规则以及功能等知识。

（3）认真挑选案例，要求案例真实可信，具有典型性，且应该与所对应的理论知识有直接的联系；第二要求案例讲究客观生动，不能是一堆事例、数据的罗列；第三要求案例多样化，不要挑选分析结果过于简单的案例，否则本组和其他小组成员会失去讨论兴趣。

（4）按照案例分析基本步骤，阐述案例背景、案例主题、案例包含的问题以及具体分析过程，最后整理得出相关结论。

（5）各个合作小组在讨论课上轮流发言，阐述本小组的案例分析过程，并接受其他小组的提问，任课教师负责点评总结，其中，小组阐述 10 分钟，其他小组提问 3 分钟，教师点评 3 分钟。

（6）讨论课结束后，各个小组填写项目合作相关表格，并打印上交，样表如下：

<table>
<tr><td>合作方式：</td><td>案例分析</td></tr>
<tr><td>案例名称</td><td></td></tr>
<tr><td>小组成员</td><td></td></tr>
<tr><td colspan="2">1. 案例背景简介：

2. 案例分析过程：

3. 案例分析结果：

4. 其他小组提问及回答：</td></tr>
</table>

思考与练习

一、不定项选择题

1. 同时在两个或两个以上的市场进行操作而获得没有任何风险的利润的参与者是( )。

A. 经纪人　　B. 套期保值者

C. 投机者　　D. 套利者

2. 期货交易的基本功能包括( )。

A. 逐日盯市　　B. 风险转移

C. 价格发现　　D. 投机

3. 互换产品的设计原理是( )。

A. 无套利分析　　B. 风险中性分析

C. 绝对优势分析　　D. 比较优势分析

4. 主要期货交易策略包括( )。

A. 基差交易　　B. 跨期套利交易

C. 跨市套利交易　　D. 套期保值

5. 期权产品要素中哪个变量是可变要素( )。

A. 期权到期日　　B. 执行价格

C. 期权费　　D. 标的资产数量

6. 下列哪种产品不是金融期货产品( )。

A. 黄金期货　　B. 股指期货

C. 欧洲美元期货　　D. 澳元期货

二、判断改错

1. 远期产品的违约风险低于期货产品。

2. 投资者参与期权交易，无论是买方或是卖方，都必须开立保证金账户。

3. 互换起源与平行贷款。

4. 目前我国商业银行都可以办理人民币远期业务和人民币超远期业务。

5. 总收益互换属于信用衍生品范畴。

三、问答题

1. 金融衍生工具的功能定位有哪些?
2. 期货合约的标的资产具有哪些特点?
3. 影响外汇期货价格的主要因素是什么?
4. 什么是期权内在价值,内在价值期权可以分为哪几类?
5. 货币互换的基本步骤有哪些?
6. 针对本轮全球金融危机爆发原因,谈一谈你对金融衍生产品研发、应用以及监管过程的看法,中国是否因为金融衍生品具有巨大风险而放缓金融产品的开发。

四、计算题

互换产品设计:A、B 两家公司面临如下利率:

	A 公司	B 公司
美元	LIBOR+0.5%	LIBOR+1.5%
人民币	4.5%	6.5%

假设 A 公司需要美元浮动利率借款,B 公司需要人民币固定利率借款。银行安排 A、B 公司之间的互换,并要得到 0.5% 的收益。请设计一个对 A、B 公司同样有吸引力的互换方案。

五、案例分析题

1. 农垦公司主要种植大豆,2003 年 9 月初因我国饲料工业的发展而对大豆需求大增,现货价格为 3300 元/吨,2004 年 1 月初到期的期货价格为 3400 元/吨。该公司认为未来大豆价格将下跌,决定为其即将收获的 50000 吨大豆保值。于 2003 年 9 月初在交易所卖出 50000 吨 2004 年 1 月份到期的大豆期货合约,价格为 3400 元/吨。到 2004 年初,大豆现货价格为 2700 元/吨,期货价格为 2800 元/吨。

问题 1:什么是期货合约的套期保值策略?

问题 2:本例适合采用哪种套期保值措施?

问题3：经过套期保值该公司实际销售大豆的有效价格是多少？

2. 2000年，由于累积多年的互联网泡沫破裂，美国经济陷入衰退。为拯救美国经济，时任美联储主席的格林斯潘从2000年5月开始连续11次降息，将联邦基准利率从6.5%下降至2003年6月的1%。但随着美联储大幅降低利率，房地产价格也继续上涨，按揭贷款不断上升，次按规模不断扩大，次级债的发行推动了金融机构的房地产按揭贷款规模。2003—2006年四年美国平均房价涨幅超过50%，1995—2006年房价翻了一番多，次级贷款市场迅速发展。目前全美抵押贷款规模约10万亿美元，而次级抵押贷款就达1.5万亿美元左右。

由于担心房地产市场泡沫过大，自2004年6月开始，美联储连续加息17次，联邦基金利率从1%提至5.25%，2006年6月以后，美国房地产价格出现了负增长，抵押品价值下降，加重了购房者的还贷负担，美国住房市场大幅降温。不断上升的利率和下降的房价使很多次级抵押贷款市场的借款人无法按期偿还借款，债务违约开始出现并上升，不少次级抵押贷款机构因此陷入严重财务困难，甚至破产。当这些贷款变成坏账时，危机爆发了。

问题1：什么是资产证券化？为什么会出现过度证券化？

问题2：推出金融衍生工具是增加了市场风险还是减少了市场风险？

问题3：所有金融衍生工具都是“虚拟”的吗？

第9章

投 资 公 司

【本章教学要求】

本章主要介绍投资公司概念、投资公司尤其是共同基金的各种类型以及共同基金的业绩等问题。通过本章的学习，学生应当掌握投资公司的基本内涵以及各类投资公司的内在区别，并能掌握共同基金业绩测定的主要方法。

【教学重点与难点】

教学重点：了解投资公司的基本概念　掌握投资公司的各种类型及其含义　掌握基金的资产净值的计算　掌握共同基金业绩测定的三个指数

教学难点：证券组合业绩的测定

【引导案例】

凯雷投资公司投资案例

公司最早的发起人史蒂芬·诺里斯在担任玛瑞特（Marriot）收购兼并公司的税务负责人时，发现收购阿拉斯加爱斯基摩人的公司能够合理避税，这让他由此投身于私募股权投资业务。1987年，诺里斯和前总统卡特的助理大卫·鲁宾斯坦以及他们的三个律师朋友威廉·康威、丹尼尔·德艾聂罗和格雷戈·罗森葆恩一起成立了凯雷。截至2006年，凯雷集团总共投资了200亿美元的股本，分布于400多个项目，购买现值在500亿美元左右。过去20年中，其给予投资者的年均回报率高达35%。

一、赫兹案凸显凯雷投资眼光

在近几年的交易中，最显示凯雷独到眼光的当属收购赫兹租车公司（Hertz Global Holdings Inc.）了。不到一年时间，凯雷赚得盆满钵满。

2005年9月12日，美国福特汽车公司公开表示，愿意以不低于56亿美元的价格，出售旗下的赫兹公司。其时，赫兹是全球最大的汽车租赁公司，在全球超过150个国家拥有7400多个营业网点，近年来连续实现盈利。2004年，赫兹公司的净利润比上年翻了一倍多，达到3.655亿美元，销售额为67亿美元；相比福特总共1717亿美元的销售额才取得了34.9亿美元的利润，赫兹的盈利能力非常强。而福特出售赫兹的原因，是其在北美市场的经营业绩不断下降，市场份额不断萎缩。收购竞标的最终结果，是凯雷和美林组成的竞购团以150亿美元的价格取得了标的（包括这些基金所承担的债务）。此次交易价值，成为凯雷公司1989年以310亿美元买入雷诺兹—纳比斯科公司之后最大的一桩杠杆收购案。凯雷集团的合伙人乔治·泰姆克（George Tamke）出任赫兹公司董事长。在2005年年底收购完成后不到一年的时间，赫兹在凯雷和美林的运作下就进入了发行新股的程序，并于2006年11月成功上市，刷新了当年的单次筹资记录。对于赫兹的提前上市，业内人士无不揶揄地说，凯雷是“捡到了皮夹”，而福特则因为“眼光短浅”，丢了“快煮熟的鸭子”。

二、投资界“总统俱乐部”的财富效应

在凯雷发展早期，引入美国前国防部长弗兰克·卡路西是其一大转折点——凭借卡路西在军政界的人脉，1990年凯雷从美国陆军那里赢得了200亿美元的合同，使其赚到了真正的“第一桶金”，并由此摆脱了之前惨淡经营的局面。20世纪90年代，凯雷的绝大部分精力都用于收购从五角大楼拿订单的公司。那真是很好的时机——冷战已经结束、军工企业合同大幅减少，由此产生的廉价收购机会比比皆是。凯雷在军工行业最知名的要数1997年10月对国防工业公司的收购。“9·11”事件发生两个星期后，国防工业公司从五角大楼得到了价值6.65亿美元的“十字军”移动火炮的订单。此后不到一个月，凯雷决定让这家公司上市，一下子挣了近2.4亿美元。几个月之后，“十字军”移动火炮研制项目即被废除，国防工业公司又得到了新的合同。

这一切，让凯雷更加清楚地意识到雇佣前政要的好处。鲁宾斯坦的一句话，可能道破了其中的玄机——“如果你把有钱人和有权人聚到一起，有权人能得到钱，有钱人能得到权”。这句话，其实可以用我们中国人熟知的“权钱交易”一词来概括。尝到甜头的凯雷不断大规模如法炮制“卡路西模式”——公司先后雇佣了前国务卿、白宫预算主任等为其奔走。1991年，年轻的凯雷成了美国第11大军火商。

当凯雷完成早期的一系列交易之后，旗下最大的基金也不过只有1亿美元的规模。为解决这个问题，20世纪90年代中期，鲁宾斯坦请来了金融投资界最富有盛名的乔治·索罗斯成为凯雷的有限责任合伙人。在索罗斯的号召之下，筹集资金突然变得令人惊奇的容易，美国航空公司（American Airlines）、花旗银行（Citi Group）等大集团纷纷加入投资队伍。随着凯雷的名声日隆，融资变得越来越容易。仅1996年，凯雷就筹资到130亿美元。

在凯雷的交易中，那些前政商界要人起着重要的作用。凯雷集团在投资界一直被称为“总统俱乐部”：美国前总统乔治·布什（George Bush）在1998—2003年间出任凯雷亚洲顾问委员会主席，目前仍持有凯雷的股份；在凯雷，无论你是民主党还是共和党，只要你愿意贡献出政治资本和人脉关系，就能领上高额薪酬。

在凯雷亚洲市场的开拓过程中，老布什起到了不可或缺的作用。1997年的东南亚遭遇金融危机，让凯雷觉得介入东亚的时机来了。金融危机后老布什多次访问汉城，并同金大中政府的高级官员会晤。2000 年 11 月，凯雷以 6.75 亿美元的价格获得了韩国第七大商业银行（最大的私人银行）——韩美银行（KorAm Bank）的控股权。2004 年 4 月，凯雷将改造后的韩美银行以 27 亿美元的价格转手卖给花旗银行，不到 3 年时间获得了 250% 的回报。这以后，凯雷先后动用 24 亿美元的亚洲基金收购了 4 家公司。

案例思考

1. 什么叫私募股权投资基金？
2. 简要总结凯雷投资公司的运作模式。
3. 凯雷为什么能够成功？

投资公司是投资性的金融中介机构。它们是通过向投资者个人出售股金份额来筹集资金，然后用筹集到的资金购买多样化的证券组合，以此为投资者在一定风险水平下赚取较高的回报。

投资公司使中小投资者能将各自不多的资金集中在一起，获取规模经济效益，用集中的大量资金购买许多种股票和债券，其单位交易成本和信息费用都会降低。同时，投资公司通过资产多样化降低了风险，适应了中小投资者的需要。

投资公司雇用专业的证券分析师负责分析和选择证券组合。投资者只是购买投资公司的股份，不需要研究投资的具体步骤，比直接投资股票或债券更省时和省力。

投资公司可分为：

非管理投资公司——单位投资信托；

管理投资公司——股份固定的投资公司和股份不定的投资公司。

管理投资公司设有董事会或股东选择的受托者和证券组合管理人员，而非管理投资公司就没有。董事会一般地雇用一个企业管理公司来管理这个投资公司的资产，年酬金由资产的总市值决定。

这些企业管理公司可以是独立的公司，也可以是投资咨询公司与经纪公司有关的公司或保险公司。通常，企业管理公司是一个商业实体，比如经纪公司的附属公司，它创办这个投资公司。一个企业管理公司可以承办管理几个投资公司，其中每一个都是独立组织，有自己的董事会或受托者。

投资公司年度营业支出大约是平均总资产的0.8%到1.7%。

9.1 资 产 净 值

投资公司的资产由各种证券组成，一般地，在每个营业日结束时很容易确定投资公司资产的市值。然后，减去它的负债再除以投资公司已售股数，叫做资产净值（net asset value），即

NAV =（10. 1）

以某投资公司为例：

现金及等价资产	$ 200000
股票市值	$ 1500000
总资产	$ 1700000
负 债	$ 100000
净资产	$ 1600000
基金上市股数	100000
每股资产净值	$ 16

一般地，资产净值在每日交易收盘时计算。对于交易不频繁的资产，需要估计它的真正市值，通常使用最后的递价（last bid prices）。递价是交易商为购买资产愿意付的价格。例如，一个投资公司的上市股数为100000股，负债为200000美元。假设在某交易日没有任何交易，这时以该日的最后递价，如1500000美元计算资产净值，得13美元。

【小资料】

基金净值理解的几个误区

为了更好地分析基金净值，观察净值变动，更好地把握净值变动规律，正确选择和投资基金，需要投资者从以下几个方面走出基金净值理解上的误区。

第一，净值越低，价格越便宜。由于基金按交易品种的不同可分为上市交易型开放式基金和非上市交易型开放式基金。对于非上市交易型开放式基金，其中购、赎回的参考价格就是基金的净值；而对于上市交易型开放式基金来讲，基金的价格与净值是不同的，基金的价格变化受一定的市场供求关系影响呈现不同的变化，而基金的净值则是由基金运作业绩所决定的。

正是由于基金价格和基金净值的不同步而造成价格偏差，才给参与上市交易型开放式基金套利的投资者创造了机会。

第二，净值越低，基金的投资价值越大。基金的现有净值只是基金历史业绩的一种反映，并不代表基金的未来业绩。当投资者挑选一种基金产品时，购买的只是基金的即期净值，而基金的远期净值变化是不可预测的，存在走高、走平或走低的可能性，而影响基金净值未来变化的是基金管理人的未来运作水平。因此，以即期的基金净值高低，作为是否对基金进行投资的依据也是有失偏颇的。

第三，以静态的眼光看待基金净值的变化不准确。由于基金与证券市场的变化关联度极强，证券市场股票的价格波动，均会在同一时间内影响基金资产配置品种中的股票资产的市值变化，从而使基金净值处于不断的变化之中。

正是由于股票资产价格的连续波动性，从而使基金的净值也呈现一定的连续波动性。只要基金不进行实际的清算交割，基金的净值就是一个“虚拟”的参考价格，并不构成基金资产的实质性增加，更不会产生实质性的损益。

因此，静态看待基金的收益是不全面的。但这种基金的短期净值变化，却为进行基金价格套利的投资者提供了机会。

（资料来源：http：//hi. baidu. com）

9.2 单位投资信托

单位投资信托（unit investment trusts）由主办者（通常是经纪公司）购买有限期限的固定收入证券组合。期限从几个月到25年以上。证券限定在一定类型的证券，或仅包括政府证券，或州债券，或公司债券等。然后，主办者把购买的证券存放到受托者处（如银行）。单位投资信托把叫做可偿还信托证券（re - deemable trust certificates）的股份出售给投资者。投资者定期（按月、季或半年）获得收入。

单位投资信托通常直到债券到期时才清算（liqidation）。如果大量投资者要求偿付，主办者可能出售债券来满足投资者，这样，证券组合的价值和定期所得就会减少。实际上，单位投资信托可能在到期之前清算。如果资产值下降到原有值的一个小百分比，一般是20%，那么在主办者的信誉变坏时，他们继续出售债券，而且不再增加证券组合的发行。

因为单位投资信托不是积极管理，因而主办者的年酬金相对较低，可能是每年资产净值的0.15%。

投资者持有的股份不需要持续到单位投资信托到期，通常可以资产净值出售。计算以证券组合的资产递价为基础，即确定证券组合中证券的市值，使用交易商的递价。因为单位投资信托没有负债，除以上市股数得每股资产净值。确定每股价格之后，受托者可以出售一种或多种证券，筹集为购回所需的现金。

单位投资信托的主办者还可以维护二级市场。投资者可以出售股份给主办者，而其他不是初始出售的参与者也可以购买这些股份。主办者在二级市场中出售的价格等于证券组合的资产净值加上佣金。

9.3 股份固定的投资公司

股份固定的（closed—end）投资公司叫做股份固定的基金，有相对稳定的上市股份。一般地，它不发行新的股份给投资者，也不会购回股份。投资者购买股份后，如同普通股一样在有组织的交易所或场外市场进行交易。这种交易通过经纪人来完成。

许多股份固定基金是无期限的。如果任何资本实现净盈利，基金就把获得的股息和利息分配给股东。许多基金允许投资者把得到的收益再投资。基金为投资者保存现金或送给另加的股份，这时，根据每股资产净值或每股市价较低者来决定股数。例如，一个股份固定基金，每股以20美元出售恰好宣布每股股息1美元。如果每股资产净值为15美元，持有30股的投资者将获得30（=30×1）美元或两股（=30美元/155美元）。但是，如果每股以10美元出售，那么投资者在30美元和3股（=30美元/10美元）之间选择。然而，这是不多见的，基金的总资金大多时间是固定的。因为，1940年投资公司法案限制基金的资金为少息或无息债券。

股份固定基金的股份通常以其资产净值的折扣值出售。这些折扣值是持久的，经常是很大的。有时平均折扣大到25%。1993年底平均折扣为4%。

9.4 共 同 基 金

9.4.1 共同基金的含义

股份不定的（open—end）投资公司一般叫做共同基金，我国称之为开放式基金。共同基金的股东随时可以购买更多的股份或提取他们的款项。共同基金的投资者提取基金叫做赎回股份（redemption of shares）。如果共同基金出售的股份比赎回的多，上市股份数就增加；相反，赎回的超过出售的，上市股份数下降。共同基金的资金每天都在不断变化，因此，它是股份不定的投资公司。

共同基金又分无佣金（no load）和收佣金（load）的基金。无佣金基金不通过经纪人直接由基金经销人出售给投资者。通常由基金管理集团的附设机构经营。股票的价格根据基金的资产净值（NAV）来定。上市股数每天随着投资购买和赎回数波动。收佣金的基金出售股份的价格是资产净值加上出售费用（佣金）。

无佣金基金近年来发展很快，但一个投资者想通过经纪人购买共同基金，他们很少会推荐一个无佣金基金的。出售佣金可以从最小的1%或2%到最大的8.5%。由于无佣金基金的竞争，一些收佣金基金减少最初收费到3%—4%。而卖出时佣金（back—end load）——当投资者从基金中提取资金需要付的费用时，这项费用的设置不鼓励投资者提款——增加到4%。如果在已知期限内投资者结算，比如购买之后48个月，一些无佣金基金是12b—1的共同基金，依靠广告出售，广告费用大约不到共同基金的1%。这些费用增加基金的经营成本，因此，可能减少股东所得的股息。一个12b—1基金必须在证券交易委员会注册，征收的费用要公布。

【小案例】

开放式基金的日常申购和赎回

与封闭式基金不同的是，开放式基金不能在证券交易所挂牌交易。因此，投资者要想买入或者卖出基金份额的话，只能直接从基金管理公司或其选定的基金代销机构进行申购或赎回。进行申购或赎回时，一般按照基金当天对外公布的单位资产净值，再加上或者减去手续费进行。

以华安创新为例，申购份额在1000万元以下的，申购费率为1.5%；1000万元以上的，申购费率为1.2%。而赎回费率不分金额大小，一律为0.5%。现在某投资者要申购10万份华安创新，此时华安创新单位资产净值为1.01元，那么该投资者需支付的金额为：10×1.01×（1+1.5%）=10.2515（万元）。一个月以后，由于大盘不断下跌，华安创新的单位资产净值降到0.99元，这时，该投资者要把其先前购买的10万元基金份额全部赎回，那么，该投资者可以拿到的金额为：10×0.99×（1-0.5%）=9.8505（万元）

案例思考

1. 一般说来，开放式基金日常申购和赎回的费率一般比在证券交易市场上直接购买封闭式基金的费率高，那么，为什么开放式基金的日常申购和赎回的费率比较高？为什么在费率比较高的情况下，许多投资者仍然热衷于购买开放式基金？

2. 国外开放式基金赎回费率的制定，大都是根据基金投资者持有基金份额的年限长短来确定的。一般说来，基金投资者持有基金的期限越长，赎回费率越低，这主要是为了鼓励投资者进行长期投资，不要经常赎回。请问你对赎回费率的结构设计有何看法？我们从国外的经验和做法中能学到些什么？

参考资料

“华安创新证券投资基金申购、赎回公告”，《上海证券报》，2001 年 12 月 18 日。

9.4.2 共同基金的分类

以投资目标为参照物，共同基金可分为股票基金、债券基金、混合基金和货币市场基金。下面，我们简要介绍美国投资公司协会以投资目标参照对共同基金的类型划分。

9.4.2.1 股票基金

股票基金是主要投资于各种股票的基金。尽管股市波动性较大，但从长期来看，股票投资的收益率高于债券投资和货币市场工具投资。因此，股票基金一直是非常受投资者欢迎的基金类型。

股票基金根据投资的股票类别又可分为：资本增值型基金（Capital Appreciation Funds）、总体回报基金（Total Return Funds）、世界股票基金（World Equity Funds）。

资本增值型基金是指寻求最大限度资本增值的基金，红利不是它的主要投资目标。总体回报基金是指兼顾资本利得和当期收入的基金。世界股票基金是指主要投资于外国公司的股票的基金。

9.4.2.2 债券基金

债券基金就是专门以各种债券为组合投资对象的证券投资基金。债券基金又可分为应税债券基金和免税债券基金。

应税债券基金是以利息收入需要缴税的债券为投资目标的基金。免税债券基金的投资对象是各种发行的市政债券。市政债券是指美国各州和地方政府以及州或地方政府的机构，为建造公共工程筹集资金而发行的债券，包括票据和债券两种，通常享受免税待遇。票据的期限最多不超过一年（实际上很多不超过 90 天），是下面要讲的免税货币市场基金的投资对象之一，而债券的期限一般超过一年。

9.4.2.3 混合型基金

混合型基金除了投资于股票，还可以投资于固定收入证券（即债券和优先股）和衍生证券。它又可分为资产配置型基金、平衡型基金、弹性组合基金和混合收入型基金。

资产配置型基金投资于各类资产，包括股票、固定收入证券、货币市场工具和衍生证券。全球资产配置基金对全球范围内发行的股票和债务性证券投资。这种基金要求不同类型的资产在组合中保持相对稳定的比例。

平衡型基金仅投资于股票和债券。平衡指的是这种基金具有多重投资目标，包括保全投资者的本金、支付当期收入以及获得资本和收入的长期增长。这种基金的投资范围比资产配置基金狭窄，它也要求在不同类型的资产组合中保持稳定的比例。

弹性组合基金投资于普通股、债券、其他债务类证券和货币市场工具。弹性指的是基金组合中不同类型资产的比重可以随市场条件变化进行调整，随时更换组合中的资产。当股票市场行情看好时，组合中股票的比例可以提高，甚至可以保持100%的股票头寸。

混合收入型基金也是投资于股票和固定收入工具。但它不考虑资本利得，只注重较高的即期收入。

9.4.2.4 货币市场基金

货币市场基金是指专门投资于各类货币市场金融工具的基金，它出现于20世纪70年代的美国。当时美国的通货膨胀率居高不下，金融市场利率水平较高，股票的投资价值受到削弱，投资者更喜欢利率水平高的高流动性资产。但是，受Q条例的制约，银行存款利率受限因而缺乏竞争力。于是，一些大银行推出利率较高的大额定期存单。然而，小投资者无力购买大额定期存单，也就不能获得高利息收入。于是，货币市场基金出现了，它将许多小投资者汇集而成的基金资产用于购买银行的大额定期存单，获得比一般存款高的利息收入，然后将利息收入分配给投资者。在当时高通胀的经济环境中，货币市场基金不失为一种高明的投资选择。

现在，货币市场基金不仅进行大额定期存单投资，也对商业票据和银行承兑汇票、国库券、由政府及其部门发行或担保的短期金融工具等进行投资，保持了安全性高、流动性强及较合理的收益水平等特点。

货币市场基金进行短期投资的性质决定了它具有较低的投资风险，与其他类型基金相比，其价值的波动性要低很多。为保全投资者的本金，货币市场基金将投资对象的信用风险、到期日限制在一定范围内。大多数的货币市场基金将至少95%的资产投资于美国政府国库券和最高投资等级的非政府机构发行的证券。货币市场基金不能投资于任何到期日超过397天的证券，也不能使基金组合的平均到期日超过90天。这些措施确保了货币市场基金极低的投资风险。但货币市场基金仍然有投资风险，其面临的主要风险是通货膨胀风险，即投资收益率小于通货膨胀率，从而使投资者的投资不仅没有获得收益，实际上还在遭受损失。

从基金收入是否要缴纳所得税划分，货币市场基金又分为应税货币市场基金和免税货币市场基金。应税货币市场基金投资于短期、高等级的货币市场证券，并且这些证券的平均到期期限不超过90天。该种基金追求高额收入和保全本金，其收入要缴纳联邦和州所得税。免税货币市场基金投资于短期市政债券，并且这些债券的平均到期期限必须不超过90天。该类基金都免缴联邦税，在某些情况下还可以免缴州和地方税，因此，投资者可以获得较高的税后收入。

9.4.2.5 其他基金类型

1. 私募基金

私募基金是指通过非公开方式，面向少数具备一定资格的个人或机构投资者募集资金并以证券为投资对象的证券投资基金。它具有如下特点：

（1）私募基金不得通过公开方式（如通过媒体披露信息）发售基金单位，只能以电话、信函、面谈等私下方式征寻特定投资者。

（2）私募基金的投资者必须是合格的投资者。合格投资者必须具备相当的个人财富。如美国规定，私募基金投资者的个人净资产要超过100万美元或前两年的年收入超过20万美元。

（3）私募基金的投资者人数受到限制，如美国规定单只私募基金的投资者人数不能超过499人。

（4）私募基金通常广泛利用杠杆工具进行投资活动，因此，欧美的私募基金又被形象地称为对冲基金。对冲基金使用的杠杆工具包括期货交易、反向回购协议、互换类衍生工具和贷款。在我国现行的证券市场运行机制下，私募基金还不能采用各种杠杆工具进行投资活动。

【小资料】

私募股权投资基金的概念

私募股权投资基金（Private Equity，简称 PE），是指投资于非上市公司的股权，或者投资于上市公司非公开发行股权的一种投资方式。广义的私募股权投资为涵盖企业首次公开发行前各阶段的权益投资，即对处于种子期、初创期、发展期、扩展期、成熟期和 Pre－IPO 各个时期企业所进行的投资。狭义的 PE 主要指对已经形成一定规模并产生稳定现金流的成熟企业的私募股权投资，尤其是指创业投资后期的私募股权投资部分。

私募股权投资的资金来源，既可以是私募，在一定情况下也可以“公募”。例如，美国著名的私募股权基金黑石集团为了加强流动性、募集更多资金、加强其透明度，于 2007 年 6 月 22 日在纽约交易所上市，这就是一个私募股权投资基金上市公开募集资金的实例。近年来，私募股权投资基金上市的数量有所增多，但是实践中由于私募股权投资的风险较大、信息披露不充分，因此，通常采取私募的形式。

私募股权投资基金的投资方向是非上市企业的股权而非公开上市的股票市场。由于非上市公司的股权流通性不强，客观上决定了其较长的投资回报周期，投资期限一般为 3 年至 7 年。

一般而言，私募股权投资基金主要通过以下四种方式退出被投资企业：（1）投资企业首次公开发行股票并上市（Initial Public Offering，简称 IPO）；（2）转让被投资企业股权。将目标公司的股权转让给下一个接手的私募股权投资基金，被收购或与其他公司合并；（3）被投资企业回购股权或者管理层收购；（4）被投资企业清算。在投资失败的情况下，如果目标企业无法继续经营，可能只能通过清算的方式退出目标企业。

私募股权投资基金与私募证券投资基金的区别：

私募股权投资基金与私募证券投资基金（就是一般股民常讲的“私募基金”）是两种名称上容易混淆，但实质完全不同的两种基金。

私募股权投资基金是指其投资对象主要是未上市企业的股权。私募股权投资基金的资金来源可以是私募的，也可以是公募的，如之前上市的黑石私募股权投资基金就是以公募的形式投资于私募股权的基金。私募证券基金是指其资金来源是私募的，但是，投资于证券市场公开上市的证券。私募股权投资基金和私募证券基金虽然都使用私募一词，但是，两者的概念根本不同，一个是指资金来源是私募的，一个是指投资对象是私募的。

2. 雨伞基金和基金的基金

顾名思义，雨伞基金是指在一个“母基金”之下，设立若干的“子基金”，或“成分基金，或者是一个基金管理人设立一组“子基金”。我国第一家具有雨伞特征的证券投资基金是湘财合丰系列行业基金。

雨伞基金有两大特点。第一，不同子基金的投资策略和投资活动相互独立，各子基金都有自己专注的投资领域和范围。第二，当市场环境发生变化，投资者想改变投资范围，可以在不同的子基金之间转换。这种转换不收取或收取非常低的赎回和申购费用，并且转换的时间非常短。

基金的基金是以其他基金为投资对象的基金。一般认为，这种基金形态通过双重的专业管理，会使基金的投资风险进一步降低，因而是一种非常稳健的投资工具。但是，基金的基金的投资者要缴纳双重费用，即投资者在认购基金中的基金时需要缴纳手续费，基金的基金购买其他基金股份时也要缴纳手续费，因而基金的投资收益不会很高。

3. 指数基金

指数基金是指以追求股市（或债市）平均收益水平为基本目标、以属于编制股票指数（或债券指数）的成分证券为主要投资对象的证券投资基金。这种基金是20世纪70年代以来发展起来的一种新型基金，它的收益随当期的某种价格指数上下波动，从而使基金始终保持市场的平均收益水平，故而收益不会过高，也不会过低，因此较适合稳健投资者。我国第一家标准指数基金——天同180指数基金于2002年11月获准发行，于2003年3月成立。

4. 保本基金

保本基金是一种半封闭式的基金品种，基金在一定的投资期（如3年或5年）内为投资者提供一定比例的本金回报保证，此外还通过其他的一些高收益金融工具（股票、衍生证券等）的投资，为投资者提供额外回报。其本金保证主要通过两方面来实现：一方面是基金的投资本身采取以保本机制为基础的投资策略，以保证基金的资产净值在到期时保持在本金以上；另一方面由商业银行、保险公司等金融机构对基金产品进行担保，以保障投资者持有保本基金到期能够得到本金返还。保本基金的回报也包括两部分：一定比例的本金回报保证与额外的现金分红。一定比例的回报保证是固定回报，体现了保本的特征，同时也在一定程度上反映了保本基金的半封闭性——投资者只有持有基金份额到期才能获取基金所保证的回报。发达资本市场上保本基金的投资大多采取的是零息债券加金融衍生工具的策略，通过买入零息债并持有到期来实现保本的目的，同时利用金融衍生工具的杠杆放大效应，为投资者提供获得除本金以外的超额收益的机会。2004年2月，银华保本基金成功发行。

5. 交易所交易基金（Exchange Traded Funds，ETFs）

交易所交易基金是20世纪90年代末在北美逐渐流行的新型基金产品。ETFs是在交易所交易的、跟踪某个市场指数的开放式基金，因此它既有封闭式基金在交易所交易的特征，又有开放式基金的申购、赎回机制。由于ETFs的目标是跟踪某个市场指数，因此在组合证券持有特点上，它又具有指数基金的特征。

在ETFs的交易所交易机制中，经过基金发起人授权的金融机构扮演着特别重要的角色。在ETFs设立时，基金发起人将ETFs股份移交给经过授权的金融机构，经过授权的金融机构将一篮子证券存入信托资产的托管人处。在ETFs交易时，这些经过授权的金融机构充当ETFs股份在二级市场交易的作市商，在买卖双方之间进行买卖报价（Bid—offer Price），这类似于NASDAQ的做市商制度。该金融机构可以自己持有获得的ETFs股份，也可以将其在二级市场出售给个人投资者或机构投资者。

ETFs股份除了在二级市场交易外，股份持有人还可以向基金要求赎回和申购。在ETFs的持续性申购和赎回机制中，每个ETFs股份是ETFs的投资组合证券一份要求权。赎回ETFs股份时，经理将ETFs股份代表的基础证券移交给要求赎回的投资者，投资者则将ETFs股份移交给ETFs。投资者在向 ETFs 要求申购时的做法与 ETFs 设立时的做法一致。投资者在向 ETFs 要求申购和赎回时，投资者的身份和交易数额都受到限制。只有某些指定的经纪商才可以直接与基金进行申购（创造基金股份或单位）和赎回，同时，基金股份的创造和赎回必须以事先确定的大额（创造单位，Creation Unit）及其倍数进行。在指定经纪商向 ETFs 申购和赎回 ETFs 股份时，他向 ETFs 移交的不是现金，而是按 ETFs 所跟踪的市场指数构造的组合证券；同样在赎回 ETFs 股份时，该经纪商获得的也不是现金，同样是与该数额 ETFs 股份相当的组合证券。投资者在二级市场出售 ETFs 股份时，交易所的交易系统将买方和卖方匹配，卖方获得的是现金，买方获得相应数量的、代表基金投资组合中基础证券的 ETFs 股份。

第一家 ETFs 诞生于 1989 年的加拿大多伦多股票交易所，这只 ETFs 被称为“多伦多指数参与基金”（Toronto Index Participation Fund，Tips 35），该基金跟踪多伦多交易所最大的 35 只股票。1993 年，美国交易所（AMEX）推出跟踪标准普尔500 指数的“标准普尔存托凭证（Standard & Poor's Depository Receipts，SPDR），它被称为“蜘蛛”（Spider）。截至 2002 年年初，美国大约有 100 家 ETFs（或被称为指数股份，Index Shares），资产规模达到1000 亿美元。如果 ETFs 按其在美国的速度继续发展，很有可能在未来投资领域中占据重要地位。在北美，EFTs 已经占据了共同基金市场 12% 的市场份额。

【小资料】

决定基金投资风格的五个重要要素

基金的投资风格是指基金投资过程中所表现出来的风险收益特征。稳健型的基金投资风格是指基金的风险收益适中，保守型的基金投资风格则表现为风险收益偏低，而激进型的基金投资风格表现为风险收益较高。这为不同投资偏好的投资者提供了基金投资和决策的参考。

投资者在具体的投资过程中，还需要掌握和了解决定基金投资风格的要素，以更好地达到个人风险承受能力与基金投资风格之间协调一致。

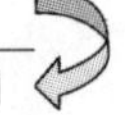

第一，股票投资比例的大小。股票是一种风险性资产，为了追求基金投资的高收益，除货币市场基金和纯债基金外，其他类型的基金产品都或多或少配置了股票。股票的价格波动受证券市场的影响较大：股票的价格上涨会带动基金净值的上涨；同样，股票价格下跌会导致基金净值的下跌。

股票价格涨跌的可变性决定了基金净值的可变性。股票投资的风险，也会直接导致基金投资的风险。只是由于基金是多只股票的组合，会在一定程度上降低基金的投资风险。因此，配置股票比例越高的基金产品，其风格特征越是表现为激进。

第二，重仓股票的投资价值。基金管理人在进行基金资产的选择和配置过程中，并非进行均匀的组合投资，而是根据股票表现有针对性地进行配置。在某只股票上的投资占基金资产净值的比例最大的少数股票，称为基金的重仓股。这些重仓股因为所占比重较大，对基金风险收益的影响也较大，这点是投资者进行基金投资的过程中需要引起注意的。观察基金重仓股的变动，将会在一定程度上了解到基金净值的变化状况，特别是其净值涨跌幅度。另外，还可以通过对基金重仓股的分析和研究，了解基金净值质量高低。假如基金配置的重仓股是短期的市场热点股票，概念性的炒作较大，其潜存的投资风险就不能低估。同样，假如基金配置的重仓股是质优的大盘蓝筹股票，其投资的稳健型特征就较为明显。

第三，基金管理人的投资策略。为了追求基金投资收益的最大化，基金管理人会根据市场环境和基金配置资产的表现，采取及时灵活的投资策略，以实现既定的投资目标。这种投资策略的运用，将会在一定程度上影响基金的投资风格。假如采取短线的频繁操作，在增大基金投资收益的同时，也会放大基金的投资风险。而坚守长期价值投资，就会使基金的净值波动较小，避免了净值的大起大落。当然，也有基金管理人在长期投资中采取一定的调仓操作，不断地在一只股票上买进和卖出，以实现摊低基金投资成本的目的，但这种操作需要进行很好的时点把握。

第四，基金募集规模大小。一只基金的规模大小与其成长性是密不可分的。基金的规模较大，将会增大基金运作的难度。同样，规模适中的基金则会因为“船小好调头”而在投资运作中更能够做到灵活配置。特别是基金面临净赎回时，势必会影响到基金资产配置品种的稳定性，不利于基金投资风格的培育，是一种被动的投资行为。而当基金出现净申购时，将会使基金管理人运用更多的资金进行优质筹码的配置，是一种主动的投资行为，有利于基金投资风格的培育。

第五，基金收益分配政策。不同的基金管理人配置基金资产的不同，呈现不同的风险收益特征。在运用收益分配政策时也表现得参差不齐。有的基金习惯于短期的连续分红，而有的基金则注重基金的长期成长，集中进行大规模分红，或者进行分阶段分红。无论哪一种分红政策，对基金投资风格都会产生一定程度的影响。

（资料来源：基金中国网，www. funds china. com）

9.5 投资公司法规和纳税

美国1940年投资公司法案和1970年的修正案给美国证券交易委员会（SEC）管理投资公司（股份固定投资公司和共同基金）的权力。法案主要有两个目的：首先，披露信息给可能的投资者；其次，规范投资公司管理人员的职责。

法案和修正案的主要内容有：股份固定投资公司和共同基金必须在证券交易委员会注册。在出售股份前，股份固定投资公司和共同基金必须有说明书给可能的投资者。公开可得到的财务报告书提出每个投资公司的投资目的。还要求每一个董事会有外人参加。禁止欺诈，要求遵循统一的会计准则。投资协议的变动必须经股东认可。

许多投资公司（股份固定投资公司和共同基金）是免缴联邦所得税的。因为投资公司是投资者的代理人，如果投资公司纳税，基金的投资者个人也要纳税，那么这将是双重纳税。法律回避投资公司双重纳税，然而股息不包括在内。为此，投资公司每年至少把所得的90%分配给股东。然后投资者个人从基金得到的收入要纳税。

9.6 共同基金的业绩

9.6.1 共同基金的回报

研究共同基金的业绩就需要计算它的回报。假设在时期t的资产净值为NAV_t，投资净收益为I_t，资本盈利为C_t，那么在时期t，共同基金的回报

$$R_t = \frac{I_t + C_t + NAV_{t-1}}{NAV_{t-1}} \qquad \text{式 9-1}$$

【例9-1】一个无佣金的股票基金，在1993年1月1日购买一股的NAV是8.20美元，到年底NAV是8.50美元，投资净收益0.10美元，资本盈利0.70美元，那么在1993年底共同基金的回报为多少？

解：

$$r_t = \frac{0.10 + 0.70 + (8.50 - 8.20)}{8.20} = 13.41\%$$

一般地，回报越大，风险越大。然而，经验表明，某些较保守的基金，如平衡基金的风险，有时可能比非保守的基金大。

9.6.2 支出比

支出比是总支出与平均净资产的比。它是基金的有效性和成本的有效性的指标。

基金的支出通常有4种类型：

(1) 出售费用。它包括买入时佣金（front - end loads），卖出时佣金也

叫做偶然推迟费用（contingent deferred salescharges）和12b—1费用。

买入时佣金是在购买证券组合时付给出售者的费用，如果一个基金没有别的出售费用，那么买入时最大的佣金为8.5%。现在许多基金收费都在5%以下。

卖出时佣金是当投资者出售基金股份时付的一种费用。比如，投资者在购买1年内出售，卖出时佣金为5%，以后每年佣金递减1%。如果第5年出售佣金为0。设置这个费用的目的是延缓基金股份的出售。

12b—1费用是1980年证券交易委员会批准的一种费用，包括市场支出和出售者的服务费用。

当然，每一种基金不一定完全包括这三种支出，可能只有其中一两种费用。

（2）基金公司付给经纪人和其他协助客户的销售人员的服务费。服务费可以看做12b—1的另加部分。

（3）管理和行政成本。

（4）交易证券组合的成本。频繁地交易要付较高的交易成本。

没有出售费用以及给付经纪人和其他协助客户销售人员服务费的证券组合叫做纯无佣金基金。

股票基金比债券基金有较高的支出比。小的积极成长基金有高利率成本，支出比高。通常支出比从0.5%到5%之间变化，因为支出比是变化的，所以最好计算3年到5年。评价支出比要比较基金的现在支出比与它过去的平均值，同时与其他相同规模的证券组合比较。

9.6.3 业绩的测定

测定证券组合的业绩有三种指数，它们都直接来自资本市场理论，这些指数通常叫做证券组合业绩须综合测度，就是把回报和风险结合起来评价。

9.6.3.1 夏普（Sharpe）指数

由资本市场线（CML）可知

$$E(R_P) = R_F + \frac{E(R_M) - R_F}{\sigma_M} \cdot \sigma_P$$

其中：

$E(R_P)$ 表示CML上的任何证券组合中的预期回报；

σ_P 表示证券组合P的标准差；

$E(R_M)$ 表示市场证券组合 M 的预期回报；

σ_M 表示市场证券组合 M 的标准差；

R_F 表示无风险回报。

上式可改写为

$$\frac{E(R_P)-R_F}{\sigma_P}=\frac{E(R_M)-R_F}{\sigma_M} \quad 式9-2$$

这个等式着眼于未来。然而，在测定证券组合的业绩时我们考虑其过去，因而，预期回报可用过去某个时期资料的平均数代替，即

$$\frac{\overline{R_P}-\overline{R_F}}{\sigma_P}=\frac{\overline{R_M}-\overline{R_F}}{\sigma_M} \quad 式9-3$$

$\overline{R_P}$、$\overline{R_M}$和$\overline{R_F}$分别是证券组合 P、市场证券组合 M 和无风险资产 F 的平均回报。$\overline{R_P}-\overline{R_F}$和$\overline{R_M}-\overline{R_F}$分别是证券组合 P 和市场证券组合 M 的平均超回报(平均风险报酬)。如果式 9－3 成立，那么实际数据要满足这个等式。因此，Sharpe 指数由式 9－3 的左端给出

$$SI_P=\frac{\overline{R_P}-\overline{R_F}}{\sigma_P} \quad 式9-4$$

假设无风险资产平均回报为 3%，表 9－1 列出三种共同基金和市场证券组合的相应平均回报、风险和 Sharpe 指数。

表 9－1　三种共同基金和市场证券组合的相应平均回报、风险和 Sharpe 指数

资产	平均回报	风险	Sharp 指数
证券组合 A	0.07	0.05	0.80
证券组合 B	0.12	0.15	0.60
证券组合 C	0.15	0.25	0.48
市场组合 M	0.10	0.10	0.70

Sharpe 指数是代表风险投资和无风险投资两种不同资产构成的证券组合的直线的斜率。Sharpe 指数大的证券组合的业绩好。因此证券组合 A 最好，业绩不仅超过 B 和 C，而且还好过市场证券组合。

9.6.3.2 Treynor 指数

Sharpe 指数是由资本市场线推导出来的，它是证券组合 P 的平均超回报与总风险之比。从事后的证券市场线（SML），我们可以得到 Treynor 指数

$$TI_P = \frac{\overline{R_P} - \overline{R_F}}{\beta_P} \qquad \text{式 } 9-5$$

其中：β_P 表示证券组合 P 的市场（系统化）风险。

换句话说，Treynor 指数是组合证券 P 在某个时期的平均超回报与系统化风险之比。因为市场证券组合的 β_M 等于 1，所以它的 Treynor 指数等于市场证券组合的平均超回报。如果一个证券组合的 TI_P 超过市场风险报酬，那么这个证券组合战胜市场，表明这个证券组合位于 SML 的上方。一般地，TI_P 越大，证券组合的业绩越好。

9.6.3.3 Jensen 的回报差指数（α）

由证券市场线模型 $R_{it} = \alpha_i + \beta_i R_{Mt} + e_{it}$

其中：

R_{it}表示在时期 t，资产 i 的回报；

R_{Mt}表示在时期 t，市场证券组合 M 的回报；

α_i 表示与市场无关的资产 i 的回报；

β_i 表示资产 i 的系统化风险；

e_{it}表示在时期 t，随机误差项。

我们可以得到

$$\overline{\alpha}_p = (\overline{R_P} - \overline{R_F}) - [\beta_p(\overline{R_M} - \overline{R_F})] \qquad \text{式 } 9-6$$

其中：$\overline{\alpha}_p$ 表示组合证券 P 的与市场无关的平均回报，其他符号含义同前。

因此，资本资产定价模型（CAPM）是 $\alpha_i = 0$ 的情形，即在均衡条件下截距为零。式 9-6 表明是证券组合 P 在某个时期的真实平均超回报和已经赚取的风险报酬之差。因此，α 可以测定管理人员的贡献，因为它代表超过风险报酬的回报平均增长。如果 α 显著是正的，证券组合的业绩优于市场；如果 α 显著是负的，证券组合的业绩劣于市场；如果 α 不显著异于零，证券组合的管理人员可以根据风险调配这个证券组合。

本章小结

- 投资公司是投资性的金融中介机构。

- 投资公司分为非管理投资公司（单位投资信托）和管理投资公司。管理投资公司包括股份固定的投资公司和共同基金。

- 资产净值是投资公司资产的市值与负债之差与上市股数之比。

- 单位投资信托由主办者购买有限期限的固定收入证券组合，然后存放到受托者处。单位投资信托把可偿还信托证券的股份出售给投资者。投资者定期获得收入。因为单位投资信托不是积极管理，因而主办者的年酬金相对较低。

- 股份固定的投资公司有相对稳定的上市股份，一般地不发行新股给投资者也不会购回股份。股份可以在二级市场交易，通常以其资产净值的折扣值出售。

- 股份不定的投资公司一般叫做共同基金。共同基金的股东随时可以购买更多的股份或提取他们的股款。共同基金又分无佣金和收佣金的基金。

- 根据证券组合中的证券种类不同，共同基金可分为股票、债券和货币市场基金。

- 美国1940年投资公司法案和1970年的修正案要求投资公司披露信息给可能的投资者，并且规范投资公司管理人员的职责。为避免双重纳税，许多管理投资公司是免缴联邦所得税的。

- 共同基金的回报是投资净收入、资本盈利以及资产净值的改变量的和与资产净值之比。

- 支出比是总支出与平均资产之比。支出通常有4种类型：出售费用、服务费、管理和行政成本以及交易成本。

- 测定证券组合的业绩有3种指数：夏普（Sharpe）指数、特雷诺（Treynor）指数和詹森（Jensen）的回报差指数（α）。夏普指数是证券组合在某个时期的平均超回报与其总风险之比。特雷诺指数是证券组合在某个时期的平均超回报与其系统化风险之比。詹森的回报差指数 α 是证券组合在某个时期的真实平均超回报和已经赚取的风险报酬之差。

【知识拓展】

私募基金——量子基金兴衰

一、基金简介

量子基金是由乔治·索罗斯和吉姆·罗杰斯创立的，其前身是双鹰基金，1969 年创立时，资本额为 400 万美元，1973 年改名为索罗斯基金，资本额约 1200 万美元。1979 年，索罗斯将公司更名，改为量子基金，来源于海森伯格量子力学测不准定律。

量子基金设立在纽约，但其出资人皆为非美国国籍的境外投资者，从而避开了美国证券交易委员会的监管。量子基金投资于商品、外汇、股票和债券，并大量运用金融衍生产品和杠杆融资，从事全方位的国际性金融操作。经过不到 30 年的经营，至 1997 年年末，量子基金已增值为资产总值近 60 亿美元的巨型基金。在 1969 年注入量子基金的 1 万美元到 1996 年年底已增值至 3 亿美元，增长了 3 万倍。

基金的主要决策者乔治·索罗斯，毕业于伦敦经济学院，其投资思想主要受到英国著名科学哲学家卡尔·波普的科学哲学思想和开放社会观念的影响，他的“证伪主义”在西方曾经十分盛行。索罗斯将此思想发展为“彻底可错性思想”，此思想也贯穿于量子基金的整个成长和衰败的过程。

索罗斯其他情况：

净资产：60 亿美元

国籍：美国

受教育程度：伦敦经济学院，文学士/理学士

排名：1999 年度福布斯 400 美国富人排行榜名列第 48；入围 1999 年度福布斯全球富人排行榜；2000 年度福布斯 400 美国富人排行榜名列第 44。

二、量子基金的发展

量子基金凭借在 20 世纪 90 年代中所发动的几次大规模货币狙击战，成

为世界上首屈一指的私募基金。量子基金以其强大的财力，自20世纪90年代以来，在国际货币市场上常常对基础薄弱的货币发起攻击并屡屡得手。量子基金虽只有60亿美元的资产，但由于其在需要时可通过杠杆融资等手段取得相当于几百亿美元甚至上千亿美元资金的投资效应，因而成为国际金融市场中一个举足轻重的力量。同时，由于索罗斯的声望，量子基金的资金行踪和投注方向无不为规模庞大的国际游资所追随。因此，量子基金的一举一动常常对某个国家货币的升降走势起关键的影响作用。

1. 1992年9月英镑狙击战

1992年9月，索罗斯对英镑的狙击成为国际金融投机领域的传奇。9月15日下午5时许，索罗斯坐在曼哈顿中区一栋俯瞰中央公园的摩天大楼的33层办公室里，他在一周之内调动了100亿美元，赌英镑下跌。

早在1990年英国加入欧洲汇率机制（简称ERM）之时，索罗斯就在等待。在他看来，英国犯了一个错误，因为ERM要求成员国的货币必须盯住德国马克。索罗斯认为，当时英国的经济并不强劲，加入ERM，就等于把自己和西欧最强的经济体——统一后的德国联结在了一起，英国将为此付出代价。1992年，英国经济状况越来越糟，失业率上升，通货膨胀加剧。英国首相梅杰在格拉斯哥对苏格兰英国工业总会演讲时说："软弱的选择、贬值论者的选择、助长通货膨胀的选择，在我看，是在此刻背叛我们的未来。我可以十分明白地告诉你们，那不是政府的政策。"梅杰政府的决策给索罗斯提供了好机会。他在1988年已经把基金的大部分工作交给了年轻有为的斯坦利·杜肯米勒管理。杜肯米勒针对英国财政的漏洞，想建一个30亿美元到40亿美元的放空英镑的仓位，索罗斯的建议是将整个仓位建在100亿美元左右。这是"量子基金"全部资本的一倍半，这意味着索罗斯要借30亿美元来一场大赌博。

9月16日，英国金融界将之称为"黑色星期三"，财务大臣拉蒙特在一天内两次宣布提高利率。后来表明，索罗斯在那个"黑色星期三"开始发生的种种事件中赚得将近20亿美元，其中10亿美元来自英镑，另有10亿美元来自意大利里拉的动荡和东京股票市场。整个市场卖出英镑的投机行为击败了英格兰银行，索罗斯是其中一股较大的力量。在1992年9月的传奇中，索罗斯赚到的钱等于是从每个英国人手中拿走了12.5英镑。

2. 1994年量子基金对墨西哥比索的冲击

墨西哥在1994年之前的经济良性增长，是建立在过分依赖中短期外资贷款的基础之上的。为控制国内的通货膨胀，比索汇率被高估并与美元挂钩浮动。由量子基金发起的对比索的攻击，使墨西哥外汇储备在短时间内告罄，不得不放弃与美元的挂钩，实行自由浮动，从而造成墨西哥比索和国内股市的崩溃，而量子基金在此次危机中则收入不菲。

3. 1997年东南亚金融动荡

1997年2月，阿尔巴尼亚的武装分子颠覆了由选举产生的自由主义政府。1997年3月，混乱状况又出现在泰国，但这一次并非武装暴动，而是挤兑风潮。这种危机不仅仅潜藏于泰国，也潜伏于许多东南亚国家。如马来西亚和韩国等长期依赖中短期外资贷款以求维持国际收支平衡，国家汇率偏高并大多维持与美元或一揽子货币的固定或联系汇率，这给国际投机资金提供了一个很好的捕猎机会。量子基金扮演了狙击者的角色，从大量卖空泰铢开始，迫使泰国放弃维持已久的与美元挂钩的固定汇率而实行自由浮动，从而引发了一场泰国金融市场前所未有的危机。危机很快波及所有东南亚实行货币自由兑换的国家和地区，迫使除了港币之外的所有东南亚主要货币在短期内急剧贬值。东南亚各国货币体系和股市的崩溃以及由此引发的大批外资撤离和国内通货膨胀的巨大压力，给这个地区的经济发展蒙上了一层阴影。

1997年3月3日，泰国中央银行宣布国内9家财务公司和11家住房贷款公司存在资产质量不高以及资金不足等问题。5日、6日两天，有10家出现问题的公司就被投资者提走了近6亿美元。3月7日股市大跌。5月，泰铢对美元的汇率跌至10年来的最低点，泰国中央银行动用50亿美元的外汇进行干预，大量买进泰铢，以保泰铢不贬。6月，泰铢继续下跌，泰国中央银行行长与财政部长引咎辞职。东南亚经济繁荣的神话因此而遭受打击，泰铢贬值幅度超过38%。与此相关联，7月始，印尼盾贬值21%，马来西亚林吉特、菲律宾比索贬值约15%。

据估计，在整个夏天的“泰铢保卫战”中，泰国的外汇储备损失了150亿美元，而这场金融风暴“使马来西亚的经济状况倒退了10年”。

三、量子基金的衰亡

索罗斯的量子基金出现亏损主要是因为量子基金投资于俄罗斯债券上。

由于俄罗斯金融危机爆发，卢布汇价急速下跌，索罗斯投资的俄罗斯债券价格亦狂跌，量子基金损失惨重，损失约20亿美元。

索罗斯在1998年俄罗斯债务危机及对日元汇率走势的错误判断遭受重大损失之后便专注于美国股市的投资，特别是网络股的投资。但2000年4月美国纳斯达克指数狂泻30%，索罗斯的量子基金遭受重大损失，总数达近50亿美元，量子基金元气大伤，因此，4月28日，索罗斯不得不宣布关闭旗下量子基金，基金管理人杜肯米勒和罗迪蒂"下课"，量子基金这一闻名世界的私募基金至此寿终正寝。索罗斯同时宣布将基金的部分资产转入新成立的"量子捐助基金"继续运作。而且他强调，由于市场的激剧动荡和传统的衡量股值的办法已不适用，"量子捐助基金"也将改变投资策略，即主要从事低风险、低回报的套利交易。

点评：私募基金首先产生于西方国家，但是每个国家中对私募基金有不同的限制，在美国有关法律中没有直接、明确的定义，而是在《1940年投资公司法》中，从是否需要登记的角度对其进行界定。其中对投资人数的限制：相关条款规定100人限制及对"有资格买家"进行界定，人数限制在500人以内。对投资者资格限制：任何拥有不少于500万美元投资的自然人；任何拥有不少于500万美元投资的家族企业；某些信托机构；其他拥有不少于2500万美元具有自由支配权投资的组织。在英国对"私募基金"的法律内容着重信息传播，如信息传播方式分实时传播和非实时传播，实时传播方式又分受请求的实时传播和不受请求的实时传播。

私募基金在基金业的发展中是必不可少的，同时也是公募基金的必要补充。在这里给出量子基金这一案例只是对私募基金的运作经营进行了初步的介绍，通过此案例，读者可以对私募基金的运作过程、灵活性及其鲜明的投资风格有所了解。

【本章阅读文献】

[1] 杨海明、王燕：《投资学》，上海人民出版社2003年版。

[2] 益智、张为群：《证券投资基金实务操作大全》，上海财经大学出版社2007年版。

[3] 何孝星:《证券投资基金运行论》,清华大学出版社2003年版。

[4] 何孝星:《证券投资理论与实务》,清华大学出版社2004年版。

[5] 何孝星:《证券投资基金管理学》,东北财经大学出版社2004年版。

[6] cu博客网:http://blog.chinaunix.net

[7]《上海证券报》。

[8] 中国基金网,http://www.chinafund.cn

【生生合作项目】

本章生生合作项目安排:

基金模拟

任务布置时间: 第二周

生生合作讨论时间: 第十五周

目的: 在前面理论部分内容学习的基础上,通过"基金模拟"生生合作项目的实施,使学生进一步熟悉和掌握基金的发起设立、发行和交易以及运作流程,达到理论与实践相结合的目的。

项目简介: 要求学生通过团队合作的方式成立模拟基金公司并利用课余时间进行基金模拟操作,并最后完成答辩。

课前要求:

组建小组合作团队,明确角色分工:

将班级成员划分成不同的小组团队,每组大约4个成员。4人小组中推选一位小组长,小组长主要负责小组各个成员的任务分工、小组课外学习和研讨的计划和时间安排、会议组织等事项。其他小组成员主要是配合小组长展开相应的工作。

教师在小组团队中的角色定位:

为学生推荐合适的参考书目;引导学生进行任务分工和相应的进度安排方案设计;帮助学生理清、重新说明或详细阐述投资组合的核心理论和思维方法。

项目实施方案和流程:

第一步:组织学生按照规范的基金运作要求,分组筹建不同的模拟基金

公司，包括建立基金的章程、确立基金的投资原则、构建规范的基金治理结构等内容。

第二步：由各小组利用课余证券交易时间依据初始设立的基金规模和投资原则利用互联网资源进行一定时期的虚拟证券交易并建立基金组合，并在此期间对基金投资组合进行动态管理。

第三步：模拟期结束后，各小组就模拟基金的构建及实际运作情况制作答辩PPT并提交课程网站并在上课时进行答辩。由各小组派出各自基金高管团队代表分别对基金的投资风格确立、基金的实际运作状况等发表演讲，然后回答其他小组同学提出的问题，最后由教师作出点评。

第四步：教师对每个小组团队的形成性学习过程进行评价，主要考核的因素包括：

（1）小组团队的分工和项目实施安排是否合理，资料阅读是否充分，各个成员能否进行有效的合作，按时按质完成相应的任务。（权重：40%）

（2）小组团队能否正确地阐述对本章内容和知识点的理解，小组所运用的基金模拟操作方法是否合理，业绩是否超过同期市场表现。（权重：30%）

（3）参与课堂答辩的表现。小组团队是否能够清楚地建立起自己的理论依据，对其他小组所运用的方法和结论能否提出相应的质疑，对基金投资能否提出自己的见解和认识。（权重：30%）

内容和格式要求：

本次讨论课后，小组完成项目分析的Word和PPT，第十五周网上/书面（根据教学条件和教师要求）提交。

Word版的格式要求：宋体小四号字，1.25倍行距，A4纸排版。网上提交文件请按以下方式命名：例如，“金融082（2-1）”，意思是“金融学专业082班第二组的第一次作业”。请按照此格式网上提交作业，以利于教师对作业进行评阅和对小组进行指导。

思考与练习

1. 什么是投资公司？投资公司包括几种类型？

2. 什么是单位投资信托？

3. 什么是股份固定的投资公司？什么是共同基金？两者的主要区别是什么？

4. 一共同基金的证券组合由下列股票构成：

股票	股份	每股价格（美元）
A	50000	10
B	20000	7
C	35000	30
D	10000	100

现上市股数为150000股，基金有应计投资管理费用负债50000美元，计算基金的资产净值。

5. 一个股份固定的投资公司有一个价值5亿美元的证券组合，负债为200万美元，如果有4000万股上市，那么基金的资产净值是多少？如果这个基金以资产净值的8%折扣交易，那么基金每股的市价是多少？

6. 说明股票共同基金的分类。

7. 说明债券共同基金的分类。

8. 说明货币市场共同基金和货币市场存款账户的区别。

9. 计算一个基金3年的年投资回报。

	1年	2年	3年
年初NAV（美元）	13.89	14.40	15.95
年底NAV（美元）	14.40	15.95	15.20
净收入（美元）	0.29	0.33	0.36
资本盈余（美元）	0.12	0.25	0.05

10. 一个基金的报盘价为20美元，NAV为18.80美元，那么买入时佣金最大可能是多少？

11. 基金的支出有哪4种类型？

12. 现有3种共同基金9年的年回报资料，并且以S&P500指数作为市场证券组合，联邦短期债券作为无风险资产，使用Sharpe指数、Treynor指数和Jensen指数判断这三种共同基金的业绩。

三种共同基金A、B、C以及S&P500和联邦短期债券的回报（%）如下：

年	A	B	C	S&P500	R_F
1	-38.7	-16.00	-33.0	-26.0	7.9
2	39.6	39.4	30.0	36.9	5.8
3	11.1	34.3	18.2	23.6	5.0
4	12.7	-6.9	-7.3	-7.2	5.3
5	20.9	3.2	4.9	6.4	7.2
6	35.5	28.9	30.9	18.2	10.0
7	57.6	24.1	34.7	31.5	11.5
8	-7.8	0.0	6.0	-4.8	14.1
9	22.8	23.4	33.0	20.4	10.7

第 10 章 行为金融与投资

【本章教学要求】

行为金融学从心理学角度研究投资者行为问题，冲破了标准金融理论的既有框架，解释了金融市场中存在的大量异象、投资者的非理性行为以及金融市场泡沫的产生、积聚和破裂。本章从行为金融学的发展出发，介绍证券市场中的异象，掌握人类投资过程的认知偏差和行为偏差，并了解行为金融和投资策略。

【教学重点与难点】

教学重点：重点在于从标准金融理论的缺陷和证券市场异象出发，探讨行为金融学的必要性。

教学难点：通过实验经济学的方法，分析人类在不确定性条件下的决策过程中出现的心理和行为偏差，并从个体和群体的角度，分析投资者的心理和行为偏差对于金融市场交易行为和资产定价的影响。

【引导案例】

行为金融学在中国资本市场的适用性

一、案例背景资料

我国的证券市场是一个新兴的市场，在许多方面尚未成熟。目前一个突出的问题是过度投机性，其最主要原因就是众多中小投资者的非理性行为。东方证券冯玉明等研究人员2001年所作的对1994年9月到2000年10月在沪深两市上市交易的A股股票月度数据的统计研究表明，中国证券市场存在明显的动量效应，中国的证券市场不是一个有效市场，行为金融在中国证券市场上同样存在。

1. 对我国当前股市面临的持续性低迷的解释

根据期望理论，投资者的效用（价值）不再是财富的函数，而是获利与损失的函数。价值函数与标准函数的主要区别在于参考点的存在。参考点的位置是由个体的主观印象确定的，它是个体进行比较的现状参照。价值函数在参考点以上的部分（获利区间）与标准效用函数相同，是凹函数；在参考点以下的部分（损失区间），价值函数是凸函数，且其斜率有明显增加；在参考点附近，价值函数的斜率有明显的变动，表明人们风险态度的变化——对损失的感受大于获利。

我国股市自2001年7月份以来，一直处于弱市之中，这与投资者在价格发生逆转之后，面临不确定性的政策性因素，对风险的厌恶程度递增有关。在这种情况下，投资者心理因素作用的必然后果就是基于“羊群行为”模式的股价过度反应，此时即便宏观经济基本面有“利好”因素或管理层出台一些针对股市的“利好”政策，但由于投资者具有“损失恐惧”，不能利用所接触到的信息进行理性预期，因此，股市对利好“消息”的反应肯定与在股市上涨时不能同日而语。

由此可见，在当前我国股市中政策能够起较大作用的情况下，要改变股市的疲软状态，必须考虑到投资者在认知上的偏差，加大“利好”政策出台的力度和集中度，以加强投资者对于政府搞好股市的信心，影响投资者的心理。促使投资者的行为摆脱参考点以下部分的凸函数区域。

2. 对我国资本市场“圈钱饥渴症”的解释

在国际资本市场上，自20世纪80年代以来，债券融资逐步取代了股票融资，成为国际融资的主渠道。始于1987年的中国企业债券市场发展缓慢，1992年至今，股票融资远大于企业债券融资。股票市场的发展速度远快于债券市场。截至2001年10月31日，上市公司在沪、深交易所累计发行股份总额为4757.35亿股，其中上市股份为1466.8亿股，总计筹资额约为人民币6300亿元。我国资本市场呈现出一种“圈钱饥渴症”的“火爆”现象。

市场时机理论是行为金融学对于证券发行、资本结构、投资等公司金融领域进行分析的一个基本理论框架。这个理论的假设前提是投资者是非理性的，而公司经理是理性的，在投资者非理性的前提下，上市公司的股价往往错误定价。假如在公司股价高估的情况下，公司经理很明显会采取发行新股的做法。而且由于代理问题的存在，经理并不一定选择公司真实价值的最大化，而可能从加强自身的特权出发，在企业规模等其他目标方面最大化。这样，公司经理就会倾向于在股市进行融资，或扩大投资规模，或持有现金，或者投资于资本市场其他证券，以投资者的非理性亢奋来建立自己的“帝国大厦”。这个理论可以帮助我们研究“圈钱饥渴症”的成因。

我国资本市场上机构投资者数量很少。资金总量也不多，整个市场投机气氛很浓。投资者为赚取二级市场差价而购买市盈率高的新股，为企业恶意圈钱提供了条件。此外，在我国上市公司中，由于法人治理结构的不完整和经理股票期权等机制的缺乏，导致公司内部代理问题非常严重。公司经理不是以公司的真实价值最大化作为目标，而往往倾向公司经理自身利益的最大化。这决定了公司经理融资和投资行为决策不可能是完全理性的。这也是上市公司存在严重的“圈钱饥渴症”内在的原因。

（资料来源：信知源图文数据/决策数据/规划数据/课题数据/报告数据/论文数据/公文数据．www.720428.com/down_detail.php?DId=92960）

案例思考

1. 当前在我国股市中政策能够起较大作用，能否说明我国的股市还处于政策市？为什么？

2. 公司经理以自身利益的最大化为目标对公司经营产生什么影响？

10.1 经典现代金融学的局限与行为金融的产生

美国经济学家和心理学家丹尼尔·卡尼曼（Daniel Kahneman）荣获2002年度的诺贝尔经济学奖，这使得原来在国内颇为陌生的行为经济学（行为金融学）得到了很多人的关注，特别是心理学与经济学和金融学的密切联系引起了不少学者的浓厚兴趣。由于行为经济学的主要发展表现在金融学领域，在某种程度上，行为金融学比行为经济学更广为人知，也有着较长的发展历史。本章评述了基于理性经济人假设的经典现代金融学本身的发展及其遇到的困境，阐述了情感心理学、认知心理学和社会心理学的主要理论观点以及对行为金融学的贡献，并提出了一些初步的评论和观点。

现代金融学作为经济学的一个重要分支，是随着经济学的发展而发展起来的，而现代经济学理论最核心的假设之一就是理性经济人假设。经济学理论中的理性经济人指“有理性的、追求自身利益或效用最大化的人”。新古典经济学家把理性经济人看成是一个对苦乐能够作出迅速权衡的计算者，而苦乐以人们可以体验到的“效用”来度量。随着以“公理化系统”为基础的科学方法论的兴起，经济学家提出了一套基于公理化系统的“选择偏好”理论。所谓选择偏好是物品之间的满足自反性、传递性、完全性的一种关系，偏好指标是为了给出供选择物品的一个顺序，而不是代表绝对的效用。

在此基础上，借助数理的推证，经济行为就具有了科学意义上的理性，经济学似乎就成了一门“真正的科学”。

依据这种推理方法，在探讨了什么样的选择偏好可以与效用最大化行为是一致的基础上，经济学家首先在静态条件下创立了考察资源配置效率和社会福利的一般均衡理论和福利经济学，然后又深入到不确定性和跨时期问题。不确定性条件下的理性经济人是在一定的预算约束下追求期望效用最大化，这就涉及人们对不确定性事物发生概率的主观判断和对待不确定性的态度，即所谓信念和风险偏好问题（也有经济学家放弃了期望效用，发展了非期望效用的选择理论）。对于跨时期的动态决策，又涉及人们对未来的预期和预期的更新以及预期的精确程度等问题。对未来的预期以信念为基础，预期的更新基于信念的更新，它遵循贝叶斯公式，则这种动态的理性称为贝叶斯理性。关于预期的精度，经济学家穆思（Muth）和卢卡斯（Lucas）等人创立了理性预期理论，理性经济人在这里就成了理性预期的经济人，具有动态思维，而且他现在预期的事将来果真发生。对应地，经济学发展出一套理性预期均衡理论，这种理论中的经济人非常精明，把理性演绎到了极致的程度，具有“完美理性”。在理性预期均衡下，市场价格能够对商品（资源）作出正确的评估，社会资源能够得到合理配置。

基于理性经济人假设和一般均衡理论或无套利定价理论的分析框架，自20世纪50年代初以来，经典现代金融学提出了一系列重要的原创性理论，如阿罗—德布鲁（Arrow - Debreu）的一般经济均衡理论，马克维茨（Markowitz）的投资组合理论，关于公司财务的莫迪格利安尼和米勒（Modigliani - Miller）理论，夏普（Sharpe）等人的资本资产定价理论，法玛（Fama）的有效市场理论，布莱克—斯克尔斯—默顿（Black - Scholes - Merton）的期权定价理论和罗斯（Ross）的套利定价理论等。在相当长一段时间内，这些理论较好地解释了金融市场的运行机理和金融资产的定价机制，成为现代金融学的理论基础。具有完美理性的经济人保证了无套利定价理论的适用性和金融市场的有效性。

但自1980年以来，随着金融学研究的深入，越来越多的被称为现代金融学“未解之谜”的、与上述经典现代金融理论解释不一致的现象被揭露出来。一些典型现象如：梅赫拉（Mehra）和普雷斯科特（Prescott）首先提

出的股权溢价之谜，即美国股票市场历史的总体收益率水平高出无风险收益率的部分很难由经典金融学理论的定价模型来解释；封闭基金之谜，即平均来说在市场中交易的封闭基金单位价格低于基金单位的净值，并且这个差距随时间的波动性很大，而费用、对基金管理人业绩的预期以及税收因素等理性因素都不能完全解释这一现象；投资者倾向于推迟出售处于亏损状态的股票同时过早卖掉处于盈利状态的股票的“倾向效应”；投资者倾向于购买过去表现最好或是最差的股票的“极端”行为等等。

上述“未解之谜”使许多学者意识到，仅仅依赖经典金融学的假设和分析框架无法更真实地描述和解释投资者的行为，原因是它对投资者理性的要求太强。事实上，金融学理论要解决两个重要问题：第一，通过最优决策模型解释什么是最优决策；第二，通过描述性决策模型讨论投资者的实际决策过程。在解决第一个问题方面，经典现代金融理论取得了很大的成功。同时，如果人们的实际决策过程就是最优决策过程，即人们确实是完美理性的经济人并依据相关分析框架进行决策，或金融市场确实是由这些理性经济人的行为所主宰，则经典现代金融理论也同时提供了一个关于投资者实际决策过程的很好的描述性模型。但是，如果人们的实际决策过程并不是（或在很多情况下并不是）如最优决策模型所描述的那样，即用最优决策模型作为描述性决策模型不能正确地描述和讨论投资者的实际决策过程，从而不能对金融市场的实际运行状况给予合理的解释。因此，要进一步研究和解释金融市场和投资者的实际状况，必须把分析建立在投资者的实际决策过程的基础上，从而导致了行为金融学的诞生。所谓行为金融学，就是以心理学关于人们决策行为的研究为基础，探讨人们的实际决策行为是如何影响金融市场的运行和金融产品的定价的。在某种程度上，可以说经典金融学描述的是人们“应该”怎样行为，而行为金融学讨论的是投资者“实际”上是怎样行为的。行为金融学所依赖的心理学研究成果主要是与投资者信念、偏好以及决策相关的情感心理学、认知心理学和社会心理学的成果。

10.2 证券市场中的异象

10.2.1 股票市场是有效的吗？

格雷厄姆和多德在 1934 年《证券分析》一书中对 1929 年美国股票市场价格暴跌做出了深刻反思，认为股票价格的波动是建立在股票内在价值基础上的，股票价格会由于各种非理性原因偏离内在价值，但随着时间的推移这种偏离会得到纠正而回到内在价值，因此，股票价格的未来表现可通过与基础价值的比较而加以判断，而基础价值取决于公司未来盈利能力。

然而，令人吃惊的是股票市场价格长期偏离基础价值。股票市场和债券市场的价格波动比单纯由基础价值来决定的更剧烈。股票价格长期偏离基础价值的市场异象，使得股票价格只随基础价值变化而变化的观点受到挑战。大量事实表明，股票价格除了对影响基础价值的信息作出反应以外，还在一些非基础信息因素下作出显著的波动和调整。

大量的实证研究和观察结果更表明股票市场并不是有效的，存在收益异常的现象，这些现象无法用有效市场理论和现有的定价模型来解释，因此，被称为“异象”（anomalies）。

10.2.2 股票溢价之谜

股票溢价是指股票相对债券所高出的那部分资产收益。所谓的“谜”是指理论模型在定量分析中难以解释现实中如此高的股票溢价，即理论模型的数值模拟和实际经济数据间存在着难以解释的差距。

10.2.2.1 股票溢价之谜的表象

股票溢价发生在美国、英国、日本、德国、瑞典和澳大利亚等发达国家以及印度等新兴国家的证券市场均存在显著的股票溢价，由此可见高股票溢价的普遍性。

表 10-1 1802-2005 年美国证券市场收益

时间	市场指数平均收益率	无风险证券平均收益率	风险溢价
1802—2004 年	8.38%	3.02%	5.36%
1871—2005 年	8.32%	2.68%	5.64%
1889—2005 年	7.67%	1.31%	6.36%
1926—2004 年	9.27%	0.64%	8.63%

表 10-2 英国、日本、德国和法国证券市场收益

国家	时间	市场指数平均收益率	无风险证券平均收益率	风险溢价
英国	1900—2005 年	7.4%	1.3%	6.1%
日本	1900—2005 年	9.3%	-0.5%	9.8%
德国	1900—2005 年	8.2%	-0.9%	9.1%
瑞典	1900—2005 年	10.1%	2.1%	8.0%
澳大利亚	1900—2005 年	9.2%	0.7%	8.5%
印度	1991—2004 年	12.6%	1.3%	11.3%

10.2.2.2 股票溢价之谜的解释

通常的解释是，股票相对于无风险证券承担了更多的风险，由于风险溢酬的存在，股票应该获得更高的收益率。

短期股票市场回报率存在的风险很大，因此股票必须提供更高的回报率来吸引投资者。但股票短期风险并不能对股票溢价作出完整的解释，在长时期内，实际上是固定收入的长期债券，而不是股票拥有更高的风险，因为消费价格指数尽管每月变动很小，但在长时间间隔里是变化很大的，因而具有很大的购买力风险。

10.2.3 封闭式基金之谜

研究发现，封闭式基金单位份额交易的价格不等于其净资产现值，虽然有时候基金份额与资产净值比较是溢价交易，但实证表明，折价 10% 至 20% 已经成为一种普遍的现象。这种与有效市场假设相矛盾的价格表现就是所谓的封闭式基金之谜（Closed - end mutual fund puzzle）。

10.2.3.1 封闭式基金折溢价的特征

(1) 封闭式基金溢价发行。

（2）封闭式基金折价交易：封闭式基金交易价格从交易开始之后就会下降，其交易时折价超过 10%，并且通常就一直保持折价交易。

（3）封闭式基金折价率大幅波动：封闭式基金折价交易的程度随着时间的变化而波动。

（4）封闭式基金折价缩小：当宣布封闭式基金清算或者转为开放式基金时，基金价格会显著上升，折价变小，但直到最终清算或转为开放式基金之前，仍会有小部分的折价留存下来。

10. 2. 3. 2 封闭式基金之谜的行为金融解释

行为金融学学者认为，基金折价率的变化反映的是个人投资者情绪的变化，由此认为具有相同投资者结构的投资品种，将会受到类似的投资者情绪的影响。

（1）封闭式基金发行上市时，由于认知偏差的存在，噪音交易者对封闭式基金会非常乐观，这种乐观的程度远远超出了对基金未来业绩的理性预期，从而导致基金的过度交易，使基金的交易价格高于其资产净值，产生溢价。

（2）封闭式基金折价水平随投资者对基金未来收益水平预期的情绪波动而波动。

10. 2. 4 动量效应与反转效应

动量效应（momentum effect）亦称惯性效应，是指在较短时间内表现好的股票将会持续其好的表现，而表现不好的股票也将会持续其不好的表现。

在一段较长的时间内，表现差的股票有强烈的趋势在其后的一段时间内经历相当大的好转，而表现好的股票则倾向于在其后的时间内出现差的表现，这就是反转效应（reversal effect）。

代表性启发可用于解释“赢者输者效应”。输者组合是一些在连续几年内带有坏消息的典型公司，而赢者组合是一些在连续几年内均有好消息的典型公司。投资者依赖于过去的经验法则进行判断，并将这种判断外推至将来。由于代表性启发的存在，投资者对过去的输者组合表现出过度的悲观，而对过去的赢者组合表现出过度的乐观，即投资者对好消息和坏消息都存在过度反应。这将导致输者组合价格被低估，而赢者组合的价格被高估，价格偏离各自的基本价值。但是错误定价不会永久持续下去，在输者组合形成期

后这段时间，错误定价将会得到纠正。输者组合的业绩将会超出市场的平均业绩，而赢者组合的业绩将会低于市场的平均业绩。

10.2.5 过度反应和反应不足

过度反应是指投资者对最近的价格变化赋予过多的权重，对近期趋势的外推导致与长期平均值的不一致。反应不足是指证券价格对影响公司价值的基本面消息没有作出充分的、及时的反应。

10.2.5.1 过度反应和反应不足表现

对于过度反映，是由于人们过于重视新的信息而忽略老的信息，使得在市场上升时变得过于乐观而在市场下降时变得过于悲观。

反应不足在证券价格的变动上表现为当影响价格的消息到来后，证券价格会在最初价格反应的基础上，没有调整到其应有的水平，或者需要很长的时间才调整到其应有的水平。在这个价格调整过程中投资者可以通过在利好消息时买入证券和在利空消息时卖空证券来获得超额收益，这显然违背了有效市场的半强态有效，即不可能通过对公开信息的分析获得超额收益。

10.2.5.2 过度反应和反应不足的解释

代表性启发和保守主义是造成这一现象的重要心理因素。人们进行投资决策时，代表性启发法使投资者过分重视近期数据的变化模式，而对产生这些数据的总体特征重视不够，而且代表性启发法使人们太过于使用小样本的形式进行推断，于是可能造成人们对某种类型信息过度反应。一般说来，人们会对很容易处理的信息作出过度的反应，而对难以获取或处理成本高的信息反应不足。

过度自信和自我归因（self - contribution）偏差是导致这一现象的另一个重要的心理和行为因素。过度自信导致投资者夸大自己对股票价值判断的准确性；自我归因偏差则使他们低估关于股票价值的公开信息。

再有，投资者对信息处理的方式不一样，也可能导致这一现象。

10.2.6 规模效应

股票收益率与公司大小有关，即规模效应（Size effect），见表10-3。

表 10－3　　美国股票按流通市值分组的月度收益率

流通市值（百万 $）	月平均收益率（%）
125.8	1.783
380.3	1.534
927.3	1.291
2702.1	1.274
30659.9	0.998

此外，其他发达国家的证券市场也存在着规模效应，其中包括比利时、加拿大、日本、西班牙、法国等。如日本东京证券交易所小盘股与大盘股的平均收益率差异高达 8.47%。我国股票按流通市值分组的月度收益率如表 10－4 所示。

表 10－4　　我国股票按流通市值分组的月度收益率

流通市值（亿元人民币）	月平均收益率（%）
4.12	0.677
6.31	0.412
8.46	0.023
11.72	－0.066
24.27	－0.097

10.2.7　账面市值比效应

账面市值比（B/M，book－to－market ratio）或市盈率（P/E）可以粗略地用作估计股票价格的便宜程度。然而，在证券市场中存在着 B/M 最高的股票的平均收益比 B/M 低的股票要高的现象，这一异象称为账面市值比效应（B/M effect）。

把在纽约证券交易所、美国证券交易所和纳斯达克市场上交易的股票每年按账面市值比 10% 的间隔进行分类，然后计算出每类股票在下一年的平均收益，我们会发现 B/M 最高的 10% 的股票的平均收益比 B/M 最低的

10% 的股票每月高 1.53%（表 10-5）。

表 10-5 我国股票市场的账面市值比效应

组别	1	2	3	4	5	6	7	8	9	10
B/M 值	0.168	0.247	0.292	0.333	0.383	0.439	0.484	0.545	0.625	0.799
1 年收益率（%）	0.525	0.587	0.781	1.019	1.284	1.306	1.757	1.705	1.602	1.945
2 年平均收益率（%）	0.334	0.452	0.576	0.661	0.851	0.898	1.131	1.118	1.050	1.232

10.2.8 日历效应

股票收益率与时间有关，也就是说在不同的时间，投资收益率存在系统性的差异，这就是所谓的日历效应（calendar effect）。

10.2.8.1 一月效应

一月份的收益率明显高于其他十一个月的收益率现象称之为一月效应。

数据表明，1802 年至 2004 年间纽约股票交易所的股价指数的统计表明，其一月份股票的平均月收益率为 1.10%，而其他十一个月的月平均收益率为 0.7%，一月比其他月份的投资回报率高出 0.4%，如果将时间进行分段计算，发现股票市场的一月效应更加明显，在最近的时间段 1987 年至 2004 年期间，其一月份平均收益率为 2.16%，而其他月份的平均收益率为 0.92%，收益率差异高达 1.24%；日本东京证券交易所近 30 年的统计数据也表明其股票指数的一月份收益率比其他月份高出 3.3%。进一步研究表明，在英国和澳大利亚也存在一月效应。

10.2.8.2 周一效应

不但股票市场的投资收益率存在月度收益率异常现象，在日收益率上也存在异常现象。研究表明，股票市场的周一的平均回报率比其他交易日要低得多，我们称之为“周一效应”（表 10-6）。

表 10-6 美国、日本股票市场 1953 年至 1983 年间平均日投资收益率比较

国家	时间	周一	周二	周三	周四	周五	周六
美国	1953—1977	-0.17%	0.02%	0.10%	0.04%	0.09%	
日本	1970—1983	-0.01%	-0.06%	0.12%	0.03%	0.06%	0.10%

不过有趣的是，可能由于大家都知道周一效应的存在，纷纷进行套利，经过长时间的交易，投资者的套利行为将股票市场的周一效应逐渐消失。

10.2.9 指数效应

指数效应是指股票入选股票指数的成份股后带来股票收益率的异常提高的现象。

对于一个证券市场而言，每年都有一些股票从指数中撤出，通常都是因为这些公司被接管。然后交易所一般会用其他的股票取而代之，这在很大程度上是为了达到维持指数的代表性这一目标。入选这一指数是一件有趣且值得研究的事情，因为这不太可能传递其他公司的相关信息，但在实质上影响了对股票的购买。

在美国证券市场，公司入选标准普尔指数会给股票带来超额收益。在有效市场条件下是不会出现上述这些股票收益的规律的，原因是投资者可以利用这些规律进行套利活动，赢得超额回报。如果所有的投资者都这样做，则会使所有的投资者只获得平均回报，由此根除各种异象，而大量研究表明这些异象在世界许多国家普遍存在。

10.3 心理实验对预期效用理论的挑战

【小案例】

操 作 失 误

老张已经在股市里摸爬滚打了不少年头了，也积累了一定的投资操作经验。但持有的 5000 股 A 股票却令他十分头痛，这只股票是在整个股市相对高位上买的，长期被套，大盘涨的时候，它的涨幅却很小，大盘跌的时候，它却跌得比谁都快。终于，在一个他认为价格差不多的时候，决定把它卖掉。他按照即时的价格 B 填好卖出 5000 股 A 股的单子，摁下“确认”键，

电脑显示操作成功。长期以来令他困扰不已的心情终于舒缓了：从此以后，这只股票无论是涨还是跌都与我无关了。正当他感到无比轻松的时候，仔细一看却猛然发现自己犯了一个天大的错误！他账上的 A 股由原来的 5000 股变成了 10000 股！原来他把卖单填成了买单！

还好，他买入 A 股后，该股票价格并没有很大的波动，基本上在他刚刚买入的位置上。他因为是证券公司的大户，得到了万分之五的低交易费率，在他的感觉中，交易费是可以忽略不计的。也就是说，他既可以几乎无成本地把刚买入的 5000 股马上卖掉，以纠正自己的操作失误，也可以按原计划把打算卖掉的 5000 股加上不小心买进的股票合计 10000 股全部卖掉。但事实是，在接下来的一段时间里，他什么也没有操作。人们问他为什么买错了股票却不纠正错误？他说：看看再说吧。

案例思考

1. 既然价格 B 是老张认为股票 A 的卖价，那么当 B 不经意地变成他的买价时，他却也能欣然接受？难道他对股票的估值没有客观标准的吗？

2. 老张为什么继续持有不经意买进的股票？他原本准备卖掉的股票为什么会因为一个错误的操作而改变主意了？

3. 这种对股票买价和卖价自相矛盾的估值是什么心理导致的？

10.3.1 反射效应

人们在不确定性决策中，对每一问题的损失性预期的偏好都是对该问题的收益性预期偏好的镜像，因此，以 0 为中心对预期的反射正好反转了偏好的顺序，这一现象被卡尼曼（Kahneman）和特沃斯基（Tversky）称为“反射效应”（reflection effect）。

在收益性范围内，人们偏好较小的确定性收益而不喜欢可能性的更大收益，这种风险厌恶现象归因于确定性效应。在损失性范围内，人们偏好可能性更大损失，而不喜欢数量小一些的确定性损失，从而表现为风险寻求。对确定性高估的同一心理原理导致了收益区域内的风险厌恶和损失区域内的风险寻求。

10.3.2 孤立效应

为简化在不同选项中的选择，人们通常忽略各选项共有的部分而集中于它们之间相互有区别的部分。这一选择问题的方式可能引起不一致的偏好，因为预期可以以不止一种方式被分解成共同的和有区别的部分，不同的分解方式有时会导致不同的偏好，人们通常忽略选择中所共有的部分，这种现象称为“孤立效应”（isolation effect）。

10.3.3 偏好反转

偏好反转（preference reversals）是指决策者在两个相同评价条件但不同的引导模式下，对方案的选择偏好出现差异甚至逆转的现象，如机会赌局（P—bet）与金钱赌局（$—bet）的实验。

偏好反转现象普遍存在于生活中的各个领域。海曼克（Hammack）和布朗（Brown，1974）进行的一项调查中发现，猎人对于猎场被毁所愿接受的补偿额为1044美元，但仅愿支出247美元用于对猎场的保护使其免于毁坏。这种买价和卖价之间的差别之大确实让人诧异。又例如在以下两方案中进行选择：确定损失$50；25%概率的损失$200和75%的概率没有损失。试验结果表明，80%的受试验者偏好后者方案，这表现出风险寻求行为；另一方面，当用另一种表述方法来让被试验者进行选择时，仅仅有35%的人拒绝付出$50以防范25%可能性的损失$200。由此可见，当同样一笔钱（$50）从“不可避免的损失”框定转换为“为避免更多损失而付出的代价”框定时，便出现了偏好反转。

10.3.4 隔离效应

隔离效应（disjunction effect）是指即使某一信息对决策并不重要，或即使他们不考虑所披露信息也能作出同样的决策，但人们依然愿意等待直到信息披露再作出决策的倾向。Tversky 和 Shafir（1992）用掷银币的实验表明了隔离效应。

隔离效应可以解释为什么有时在重要的公告发布之前，出现价格窄幅波动和交易量萎缩，而在公告发布之后会出现更大的波动或交易量。

10.4 前景理论

【案例】

涨停的诱惑

在中国股票价格走势的技术图形中，有一种触碰涨停板以后不断下滑的“流星线”图形，其特征是开盘时迅速上拉，大多直接拉到涨停位置，然后全天逐波下跌。这种“倒锤”的 K 线图形如果处在顶部区域，并且伴随着很大的成交量，常常意味着反转的开始，即该股票在未来一段时间内会进入调整周期，当天的涨停价会成为短期内的最高价位。很多机构或者资金大户常常可能采用这种方式把股价拉高然后慢慢派发。大部分个人投资者却会继续持有这只股票，甚至在这个过程中买进，期待价格能够超越涨停的价位。事与愿违的是，股价却进入了调整，投资者也会越来越不愿卖掉持有的这只股票。

由于开盘时参与的投资者相对较少，很容易将股票拉至涨停位置。这使投资者产生了一个心理预期，即涨停价一方面作为卖出参考价深深地烙在该股票持有者的心中，使他们惜售；另一方面，涨停的表现吸引了未参与该股票买卖的投资者的注意力，成为目标价深深烙在这些投资者的心中，使他们在下调过程中买入该股票。涨停的诱惑正是资金大户巧妙地利用人性的弱点，成功地卖出他们在低位买进的股票的经典例子。

案例思考

1. 为什么投资者会在涨停以后期待更高的价格表现，因而继续持有甚至买入该股票呢？

2. 涨停的价位对投资者的决策产生了怎样的影响？

3. 如果以某个价格作为参考点，股票价格向上或者向下两种走势分别会对投资者产生怎样的心理影响，分别会有怎样的风险态度？

4. 他们通常分别会做出怎样的买卖决策行为？

10.4.1 前景理论简介

心理学家卡尼曼（Kahneman）带给人们一个新的理论——“前景理论”。前景理论是描述性范式的一个决策模型，它假设风险决策过程分为编辑和评价两个过程。在编辑阶段，个体凭借“框架”（frame）、参照点（reference point）等采集和处理信息，在评价阶段依赖价值函数（value function）和主观概率的权重函数（weighting function）对信息予以判断。价值函数是经验型的，它有三个特征，一是大多数人在面临获得时是风险规避的；二是大多数人在面临损失时是风险偏爱的；三是人们对损失比对获得更敏感。因此，人们在面临获得时往往是小心翼翼，不愿冒风险；而在面对失去时会很不甘心，容易冒险。人们对损失和获得的敏感程度是不同的，损失时的痛苦感要大大超过获得时的快乐感。

10.4.2 确定效应

所谓确定效应，就是在确定的好处（收益）和“赌一把”之间，做一个抉择，多数人会选择确定的好处。用一个词形容就是“见好就收”，用一句话打比方就是“二鸟在林，不如一鸟在手”，正所谓落袋为安。大多数人处于收益状态时，往往小心翼翼、厌恶风险、喜欢见好就收，害怕失去已有的利润。卡尼曼和特韦斯基称为“确定效应”（certainty effect），即处于收益状态时，大部分人都是风险厌恶者。

“确定效应”表现在投资上就是投资者有强烈的获利了结倾向，喜欢将正在赚钱的股票卖出。投资时，多数人的表现是“赔则拖，赢必走”。在股市中，普遍有一种“卖出效应”，也就是投资者卖出获利的股票的意向，要远远大于卖出亏损股票的意向。这与“对则持，错即改”的投资核心理念背道而驰。

10.4.3 反射效应

当一个人在面对两种都损失的抉择时，会激起他的冒险精神。在确定的坏处（损失）和“赌一把”之间，做一个抉择，多数人会选择“赌一把”，这叫“反射效应”。用一句话概括就是“两害相权取其轻”。

现实是，多数人处于亏损状态时，会极不甘心，宁愿承受更大的风险来赌一把。也就是说，处于损失预期时，大多数人变得甘冒风险。卡尼曼和特韦斯基称为“反射效应”（reflection effect）。

“反射效应”是非理性的，表现在股市上就是喜欢将赔钱的股票继续持有下去。统计数据证实，投资者持有亏损股票的时间远长于持有获利股票。投资者长期持有的股票多数是不愿意“割肉”而留下的“套牢”股票。

10.4.4 损失规避

如何理解“损失规避”？用一句话打比方，就是“白捡的100元所带来的快乐，难以抵消丢失100元所带来的痛苦”。

前景理论最重要也是最有用的发现之一是：当我们做有关收益和有关损失的决策时表现出的不对称性。对此，就连传统经济学的坚定捍卫者保罗·萨缪尔森，也不得不承认：“增加100元收入所带来的效用，小于失去100元所带来的效用。”

这其实是前景理论的第3个原理，即“损失规避”（lossaversion）：大多数人对损失和获得的敏感程度不对称，面对损失的痛苦感要大大超过面对获得的快乐感。

从整体上来说，这个赌局输赢的可能性相同，就是说这个游戏的结果期望值为零，是绝对公平的赌局。你会选择参与这个赌局吗？

但大量类似实验的结果证明，多数人不愿意玩这个游戏。为什么人们会做出这样的选择呢？

这个现象同样可以用损失规避效应解释，虽然出现正反面的概率是相同的，但是人们对“失”比对“得”敏感。想到可能会输掉50000元，这种不舒服的程度超过了想到有同样可能赢来50000元的快乐。

由于人们对损失要比对相同数量的收益敏感得多，因此即使股票账户有涨有跌，人们也会更加频繁地为每日的损失而痛苦，最终将股票抛掉。

一般人因为这种“损失规避”（lossaversion），会放弃本可以获利的投资。

10.4.5 迷恋小概率事件

买彩票是赌自己会走运，买保险是赌自己会倒霉。这是两种很少发生的事件，但人们却十分热衷。前景理论还揭示了一个奇特现象，即人类具有强调小概率事件的倾向。何谓小概率事件？就是几乎不可能发生的事件。

小概率事件的另一个名字叫运气。侥幸，就是企求好运，邀天之幸。孔子很反感这种事，他说：“小人行险以侥幸。”庄子认为孔子是个“灯下黑”，他借盗跖之口评价孔子：“妄作孝弟，而侥幸于封侯富贵者也。”对小概率事件的迷恋，连圣人也不能免俗。

前景理论指出，在风险和收益面前，人的“心是偏的”。在涉及收益时，我们是风险的厌恶者，但涉及损失时，我们却是风险喜好者。

但涉及小概率事件时，风险偏好又会发生离奇的转变。所以，人们并不是风险厌恶者，他们在他们认为合适的情况下非常乐意赌一把。

归根结底，人们真正憎恨的是损失，而不是风险。

这种损失厌恶而不是风险厌恶的情形，在股市中常常见到。比如我们持有一只股票，在高点没有抛出，然后一路下跌，进入了彻彻底底的下降通道，这时的明智之举应是抛出该股票，而交易费用与预期的损失相比，是微不足道的。

10.4.6 参照依赖

传统经济学认为金钱的效用是绝对的，行为经济学则告诉我们，金钱的效用是相对的。这就是财富与幸福之间的悖论。

所谓的损失和获得，一定是相对于参照点而言的。卡尼曼称为“参照依赖”（Reference Dependence）。老张最幸福的时候是他在20世纪80年代做“万元户”的时候，虽然现在自己的村镇已经改造成了城市，拆迁补贴也让自己成为了“百万元户”，但他感觉没有当年兴奋，因为邻里都是“百万元户”了。

讲这个故事的用意不难明白，我们就不再进行繁琐地论证了，得与失都是比较出来的结果。

传统经济学的偏好理论（Preference theory）假设，人的选择与参照点无关。行为经济学则证实，人们的偏好会受到单独评判、联合评判、交替对比及语意效应等因素的影响。

参照依赖理论：多数人对得失的判断往往根据参照点决定。

一般人对一个决策结果的评价，是通过计算该结果相对于某一参照点的变化而完成的。人们看的不是最终的结果，而是看最终结果与参照点之间的差额。

10.5 金融市场中的个体心理与行为偏差

10.5.1 处置效应

处置效应（Disposition Effect），是指投资人在处置股票时，倾向卖出赚钱的股票和继续持有赔钱的股票，也就是所谓的“出赢保亏”效应。投资者盈利时，面对确定的收益和不确定的未来走势时，为了避免价格下跌而带来的后悔，倾向于风险回避而做出获利了结的行为。当投资者出现亏损时，面对确定的损失和不确定的未来走势，为避免立即兑现亏损而带来的后悔，倾向于风险寻求而继续持有股票。

10.5.2 过度交易

无论是成熟的证券市场还是新兴的证券市场，股票交易的年换手率都相当高。也就是说，投资者在证券交易过程中，出现了过度交易。

一般说来，男性通常比女性在投资活动中更趋向于“过度交易”。行为金融学认为，过度交易现象的表现就是即便忽视交易成本，在这些交易中投资者的收益也降低了。

在投资者的心理偏差中，过度自信往往产生过度交易。投资者的交易策略，总是基于自己的某种判断，或者基于某种信息、技术面分析或者基本面分析。理性投资者交易的基本原则是卖出预期表现较差的股票买进预期收益较好的股票，如果投资者对自己的信息处理能力和决策能力过度自信，就会进行一些非理性交易。

10.5.3　注意力驱动交易

注意（attention）是心理活动对一定对象的指向和集中。指向性和集中性是注意的两个基本特征。然而，人类在不确定性决策中，存在有限注意力偏差。有限注意力是心理学范畴的概念，早期心理学通过实验探讨人的注意特征，大量研究结果表明人难以同时处理多项信息，如此一来，有限注意力使得人对一事物的注意必须牺牲以另一事物的注意为代价。所以，在“信息泛滥”的条件下，人倾向于关注显著刺激而忽视模糊刺激。而学者们试图通过引入有限注意力来解释金融现象，在投资者投资决策过程中，有限注意力会影响投资者对信息的反应，进而影响股票价格。

10.5.3.1　有限注意力与股票收益率的联动（comovement）

在股票买卖过程中，投资者会将自己的注意力在宏观经济方面的信息和微观层面上的信息进行先后分配，由此可能导致股票收益率的联动（comovement）。当宏观的经济的不确定性增加的时候，投资者首先会将注意力集中于处理市场层面的信息，然后才考虑与特定股票相关的信息。当市场层面的冲击到来时，投资者同时对其作出反应，导致不同的股票同时波动；而在接下来的时间里，投资者会把注意力转移到公司层面，导致不同的股票的联动性下降。

10.5.3.2　有限注意力与盈余公告后漂移（post - earnings announcement drift，PEAD）

当公司的盈利公告公布之后，公司的超额收益率向上或向下漂移。一方面，有限注意直接导致投资者忽视一些有用的信息，从而股价反应不足；另一方面，注意力与投资者的一些行为偏差（比如过度自信）相互作用，导致股价的过度反应。

10.5.4　羊群效应

金融市场中的“羊群行为”（herd behaviors）是指投资者在信息环境不确定的情况下，行为受到其他投资者的影响，模仿他人决策，或者过度依赖于舆论，而不考虑信息的行为。

在金融市场中，个人投资者和机构投资者均有羊群行为。羊群效应产生的原因：

（1）投资者信息不对称、不完全。模仿他人的行为以节约自己搜寻信

息的成本。人们越是缺少信息，越是容易听从他人的意见。

（2）推卸责任的需要。后悔厌恶心理使投资者为了避免个人决策投资失误可能带来的后悔和痛苦，而选择与其他人相同的策略，或听从一些投资经理和股评人士的建议，因为这样的话，即使投资失误，投资者从心理把责任推卸给别人，而减轻自己的后悔。

（3）减少恐惧的需要。人类属于群体动物，偏离大多数人往往会产生一种孤单和恐惧感。

（4）缺乏知识经验以及其他一些个性方面的特征，如知识水平、智力水平、接受信息的能力、思维的灵活性、自信心等都是产生羊群行为的影响因素。一般有较高社会赞誉需要的人比较重视社会对他的评价，希望得到他人的赞许，也容易表现出从众倾向；还有高焦虑的人从众性也比较强；女性比男性更具有从众心理与行为。

10.5.5 本土偏差

许多研究表明，投资者，尤其是个人投资者，在分散化投资时有“本土偏差”（home bias）的倾向，即投资者将他们的大部分资金投资于本国，甚至本地的股票，而不是如马克威茨的投资组合理论所认为的那样，投资于与本地股相关度低，能够降低系统性风险的外地股甚至是外国股票，从而降低投资组合的风险。

本土偏差的第一个表现就是投资者在投资中将绝大部分资金投资在国内市场，而只将很小一部分资金投资在海外市场。

本土偏差的另一个表现是，在国内股市中将大量的资金投资于自己任职的公司或者公司总部距离自己的住宅比较近的公司。

此外，投资者还常常选择将投资集中在自己就职的公司。美国《商业周刊》（1997）曾报道，在一些公司中，即使在雇员可以自由选择投资对象时，它们仍然倾向于投资他们本人工作的公司。

本土偏差的行为金融解释：

（1）幻觉。具有强烈本地偏好的投资者可能认为它们拥有信息优势。

（2）熟悉性偏好与控制力幻觉。熟悉性偏好认为，人们喜欢在自己比较熟悉的环境下行动，投资者购买本国、本地以及本公司的股票是因为他们对这些公司更熟悉，虽然这种熟悉同公司的基本面信息没有关系。

10.5.6 恶性增资

面对进退两难困境，决策者往往会倾向于继续投入资源，提升原方案的承诺，而且随着投入资源的增加，决策者表现出越来越强的“自我坚持”（self - perpetuating）的行为倾向，从而导致更深的陷入。对沉没成本的眷顾导致经理人在投资决策失误时产生“承诺升级”或称“恶性增资”（Escalation of Commitment），即当向一个项目投入大量资源（如资金和时间）后发现完成该项目取得收益的可能性很小，在明确而客观的信息表明应放弃该项目的情况下，管理者仍然继续投入额外资源。

（1）投资决策中的“恶性增资”与“承诺升级”。即一个项目投入大量资源后发现完成该项目取得收益的可能性很小，在各种客观信息表明应放弃该项目的情况下，经理人仍然继续投入额外的资源，即产生恶性增资。同时，研究还表明，决策者对自己负有责任的项目，更具有一种动机要证明其决策的正确性，并期望从对这个失败项目本身的追加投资中得到挽回，这就是所谓的“承诺升级”。

（2）恶性增资的行为金融解释。首先，“损失厌恶”是导致恶性增资的主要心理因素。其次，“过度自信”也是恶性增资的心理动因之一。最后，“证实偏差”也是推动恶性增资的一个重要心理因素。

10.6 金融市场中的群体行为特征与金融泡沫

10.6.1 金融市场泡沫

泡沫，即虚幻的，不真实的。金融市场由于有大量的投资者参与，其买卖行为直接对证券的价格产生影响，当一个市场的投资者共同形成一个非理性方向的预期时，市场的泡沫就这样诞生了。所以，金融泡沫就是指一种或一系列的金融资产在经历了一个连续的上涨之后，市场价格大于实际价格的经济现象。其产生的根源是过度的投资引起资产价格的过度膨胀，导致经济的虚假繁荣。如荷兰郁金香泡沫（荷兰，1635 年）、密西西比泡沫（法国，1720 年 5 月）、南海泡沫（英国，1720 年 12 月）、美国 1929 年的股市泡沫、日本经济泡沫（1986 年 12 月到 1991 年 2 月）、互联网泡沫（欧美和亚洲自 1995 年至 2001 年间的投机泡沫）和美国次贷危机（2007—2008 年）。

10.6.2　个体行为偏差与金融泡沫

行为金融学和心理学的研究表明，人类存在各种认知偏差。当投资者进行投资决策时如果表现出某些认知偏差，并且因此形成系统性的对资产价格的认知错误，则可能导致金融泡沫。投资者的有限注意和信息层叠就具有上述特征。

10.6.2.1　有限注意导致金融泡沫

当股价由于某些原因而上涨时，投资者由于有限注意而关注于上涨的股票，这样就可能形成正反馈机制，促使价格进一步上涨，进而又引起其他投资者的注意，导致股价严重超过基本价值，而如果这样的有限注意成为系统性的群体行为，就可能导致股市泡沫的产生。

10.6.2.2　信息层叠导致金融泡沫

由于每个投资者都通过观察他人的信息或者说公共信息进行决策，而忽略自己的私人信息，那么私人信息就没有贡献到公共信息中去，公共信息池中的信息难以得到更新，从而造成信息堵塞。这样的公共信息很难反映股票的基本价值，如果这样的信息层叠没有被及时打破，投资者群体信息层叠就可能导致股票价格严重偏离其基本价值，从而导致泡沫的生成。

10.6.3　机构投资行为与金融泡沫

10.6.3.1　声誉效应导致金融泡沫

声誉效应的核心观点是，与一个另类而可能成功的策略相比，人们更愿意表现出羊群行为成为失败群体中的一员。声誉模型有助于解释羊群聚集与分散的出现，并提供影响管理人员职业状态压力下的羊群效应的解释。

“共同承担责备效应”（Blame Sharing Effect）的存在导致了羊群行为。如果某决策者逆流而动，一旦他失败了，这一行为通常被视为是其能力不够的表现，并因此而受到责备；但是如果他的行为与大多数人一致，即使失败了，他会因看到其他许多人与他有相同的命运而不那么难过，而他的上级

(委托人)也会考虑到其他的人也同样失败了而不过分责备他。这样,决策者具有与别人趋同的愿望,以推卸自己承担决策错误的责任。

10.6.3.2 委托代理中的风险转嫁导致金融泡沫

作为代理人的投资决策者可以享受到资产价格(收益)上升带来的全部好处(upside return),但是对资产价格(收益)下跌的风险(downside risk)只承担有限责任,投资代理人可以通过申请破产保护等方式将超过一定限度的损失转嫁给投资委托人——资金的贷出方,这就是代理投资内生的风险转嫁(risk shifting)问题。

在投资的委托代理关系中代理人的利得函数是一个严格凸函数,资产的风险越大,对投资代理人就越有吸引力。当市场上有相当一部分投资决策者是投资代理人时,他们内生的风险转嫁激励就会使风险资产的均衡价格超过基本价值,均衡价格与基本价值的差就是资产的价格泡沫。

10.6.4 社会因素对金融泡沫的推动

在长期进化的过程中,人类形成了以集体为单元共同行动,共享信息的机制,这种机制具有一定的进化优势。但同时,它也存在着不恰当之处,最主要的方面是它限制了自由思想的交流、对某种话题的限制。人们在谈话时有情绪的反映,并试图保持礼貌。羊群行为的产生可能是因为沟通方式对人的思考能力和对回忆的限制,使得群体行为发生收敛。因此,在影响羊群行为的众多社会因素中,社会互动是其核心的内容。

10.6.4.1 口头信息传递导致金融泡沫

投资者通过各种不同社会关系和渠道来获得决策依据,而个人行为反过来也对其他主体产生影响,形成社会互动。总体上来说,社会互动中的信息传递方式可以分为两种:第一种是口头信息传递,第二种是媒体信息传递。

10.6.4.2 媒体信息传递导致金融泡沫

媒体在使大众对新闻更感兴趣的同时,也成了投机性价格变化的主要宣传者。他们通过报道公众早已熟知的股价变动来增加趣味性,以此提高公众对这些变化的关注程度,或者提醒公众注意过去市场上发生的事件和其他可能采取的交易策略。因此,媒体的参与能够导致更强烈的反馈,使过去的价格变化引起进一步的价格变化,它们也能引起其他一连串事情的发生。

首先，信息不是自动被投资者接受的，信息传播需要媒介，媒体的信息传播可能导致投资者的信息成本的下降，从而降低投资者的参与成本。

其次，媒体可能带有自身的利益，媒体基于自身利益释放的信息具有自身的特质性和有偏性，从而导致媒体偏见的形成。经过媒体过滤的投资信息可能与本源信息存在偏差，这种偏差可能是来自媒体的自身利益，媒体的发展局限，或是政府的压力。

再次，考虑投资者行为的特殊性，投资者购买是为了卖出，投资者更愿意购买能够吸引其他投资者的金融产品。而经由媒体传播的信息具有公开性、公众性和公正性，容易形成投资者的共同知识，从而为投资者之间的策略互动提供了信息平台。最后，从投资者的角度来说，投资者参与的信息需求也会影响媒体的信息偏好。

10.6.4.3 社会情绪对金融泡沫的推动

投资者的情绪严重影响了股票的价格，价值评估主观性强的股票更易受情绪的影响。

1. 乐观的预期

包括人们对未来走势的乐观估计、媒体的乐观报道、机构的乐观预测，证实偏差，放大正面的、积极的、乐观的新闻，对负面的、消极的信息视而不见，对负面的预测不屑一顾，甚至对背道而驰的论调感到愤慨……

2. 大量盲从投资者的涌入

社会的不同阶层纷纷被股市吸引，工人、牧民、司机、买菜的老太太、擦皮鞋的小童……大多数投资者都把股票投资作为投机，作为一夜暴富的工具、手段。整个社会都陷入炒股狂潮中。

3. 庞氏骗局

所谓庞氏骗局是指骗人向虚设的企业投资，以后来投资者的钱作为快速盈利付给最初投资者以诱使更多人上当。庞氏骗局是一种最古老和最常见的投资诈骗，是金字塔骗局的变体。当市场处于周期顶端时，人们完全处于过度乐观、过度自信和贪婪之中，人们很容易相信市场能够创造奇迹，有人利用泡沫环境中人们的过度乐观设置庞氏骗局极易取得成功，所以在市场顶部往往伴随着各种各样的庞氏骗局，这些庞氏骗局能够继续吹大泡沫。

【名人名言】

格雷厄姆的寓言

一个石油勘探者在去天堂的路上遇到圣徒彼得，彼得说："你有资格住进天堂里的石油职员大院，但是我们已经满员，没有办法让你挤进去。"勘探者想了一下，就对石油大院大声喊道："在地狱里发现石油了！"于是大院里的人们挤开门，蜂拥而出冲向地狱。彼得非常惊讶，请勘探者搬进大院。但是勘探者迟疑了一下说："不，我想我应该跟着他们一起去，那个发现说不定是真的呢！"于是，他自己也随众人直奔地狱……巴菲特在 1985 年的年报中讲述了这个故事，并且认为，直到现在，这样的故事依然在华尔街上演……

4. 股票齐涨

曾经有过股票投资经历的人在进行股票选择时常常会听到这样一种比较流行的说法：在低价股中寻找机会。很多分析人士口中所说的低价股，就是指绝对价位比较低股票。这种投资策略旨在告诉投资者，在择股时要应注重分析股票的内在价值，选择持有价值被低估的股票，进而待其价值上升时获取超额收益。这里隐含的假定是低价股的未来成长性和盈利性。事实上，在中国的股票市场上很多所谓的低价股大多都是垃圾股，还有不少是 ST 股票。这些股票因为没有业绩支撑，资产盈利能力长期低下，没有成长性，派现率低，因而往往跌得很惨。此外，很多所谓的科技股也是如此，主营业务不突出，回报率低。在科技股概念受到人们疯狂炒作时，这些科技类的低价股的价格被追捧得节节攀升，一旦概念消失之后这些股票往往就难有翻身之日了。对于这些低价股，我们发现了一个离奇的现象：在 2007 年的中国牛市期间，我国深、沪两市的低价股逐渐消失了。

10.7 行为投资决策

10.7.1 基本分析与技术分析的心理基础

10.7.1.1 个人与市场群体的博弈

在一个大多数市场参与者都是非理性或者是有限理性的资本市场中，怎样才能战胜市场？在金融市场上，价值投资理念是以公司内在价值为依据的，假定股票价格会在公司内在价值上实现均衡，是一种理性思考的投资策略；技术分析更多地考虑市场买卖双方投资者的博弈心理、行为与力量，从而判断股票价格可能的趋势与均衡，是一种基于群体博弈特别是买卖双方博弈的可能结果而采取相应的投资策略。

小实验

你离理性有几步?

有一天，您的好友邀请您与几十个同伴一同参加一个游戏。请您从1—100之间随意选取一个数字，写在纸条上交上来。游戏规则是，主持人会将每个人写出的数字进行统计，计算出平均数，再将该平均数乘以1/2，获得标准值。参与游戏的人中谁写的数字越接近于这个标准值，就越能够获得相应的奖励，其中最接近者得到最高奖励。那么请问，您会选择1—100之间的哪个数字呢？

实验结果对金融市场投资的启示是：完全的理性人和完全的盲从者都可能在市场博弈中失败。只有这种情况才能取得成功，即：既要知道股票的客观均衡值即公司的内在价值是多少，也要知道市场上参与者的理性只有有限的几步，所以也有通过技术分析判断市场上投资者的心理、价值取向和判断以及买卖双方的博弈力量，从而在一定程度上采取顺势而为的策略。在投资策略上则表现为价值投资理念和技术分析的结合。

10.7.1.2 技术分析方法的意义与局限

1. 技术分析方法的意义

技术分析是以统计学为技术基础，通过图表或技术指标的记录，研究市场过去和现在的行为反应，以推测未来价格的变动趋势。它包括指标技术分析和形态技术分析，但无论是指标技术分析还是形态技术分析，其目的都是预测市场未来发展趋势，同时表明这种趋势处于哪个阶段。技术分析的具体方法包括：K 线图表、道氏理论、趋势理论、反转形态、持续形态、移动平均线、波浪理论、成交量理论等等。

技术分析是指以市场行为为研究对象，以判断市场趋势并跟随趋势的周期性变化来进行股票及一切金融衍生物交易决策的方法的总和。技术分析法从股票的成交量、价格、达到这些价格和成交量所用的时间、价格波动的空间几个方面进行股票趋势分析并预测未来。技术分析的基本观点是：影响股票价格和交易量的种种因素中，除了决定公司价值的基本因素以外，还包括股票市场上的投资者对未来的希望、担心、恐惧等心理因素，并集中反映在股票的价格和交易量上。

技术分析更多地考虑市场买卖双方投资者的博弈心理、行为与力量，从而判断股票价格可能的趋势与均衡，是一种基于群体博弈特别是买卖双方博弈的可能结果而采取相应的投资策略。技术分析实际是对市场上各种不同类型的投资者（理性、有限理性和非理性等）表现的综合力量博弈状况进行的分析。

按技术图形最重要的意义在于为投资者提供了投资操作的规则，使投资者在作决策时排除情绪的影响，通过寻找交易价格的底部信号和顶部信号，形成一个买入和卖出的不带任何情绪的操作法则。技术图形使投资者判断出什么时候有人开始买进某个股票，而不必知道为什么会发生，投资者只需要关注哪些股票会涨和哪些股票会跌。

2. 技术分析方法的局限性

人们在进行技术分析时典型地运用了启发法，于是不可避免地可能犯启发式认知偏差，特别是代表性偏差。由于市场的复杂性，股票价格的变动受到许多因素的影响，价格预测是一件很艰巨的任务，于是人们找到了一个将复杂问题简单化的方法。技术分析实质是一种代表性启发法，即人们试图用过去熟悉的模式来对不确定的未来作出判断，不考虑这种模式产生的客观信息基础，或这种模式重复的可能性。这种代表性启发策略的运用可以使价格预测这个复杂的问题变得比较简单，但其预测结果可能是正确的也可能是错误的。

10.7.1.3 基本分析方法的意义与局限性

1. 基本分析法的意义

基本分析法是以长期投资为目标的投资分析工具，从内在价值入手，注重公司的内在潜力与长期发展前景。影响股票价值的因素主要有：经济环境、各经济部门及各行业的状况、企业的经营状况等。基本分析法就是利用丰富的统计资料，运用多种多样的经济指标，采用各种分析工具与方法，研究宏观经济环境、中观的行业兴衰、区域分析以及微观企业的经营现状与前景等，对企业价值作出客观的评价，并预测其未来的变化，作为投资者投资决策的依据。具体而言，投资者运用基本分析法确定股票价值，就是估算从未来该股票获得的所有现金流的现值和折现值，投资者必须考察公司的利润表、资产负债表和投资规划，估算出公司的销售收入、营运成本、公司所得税、会计折旧政策以及公司经营和发展所需资本的来源及成本；并且走访公司管理团队，并作出评价，从而获得大量的公司信息；再结合公司所处行业的发展前景和宏观经济、政治、社会环境等，获取公司未来发展机遇的信息。最终得出了公司盈利的预期增长率、预期股利支付率、市场预期利率水平和风险水平，再利用现金流贴现模型从而得出公司的基本价值。

2. 基本分析方法的局限性

基本分析中人们最容易犯的认知错误是框定依赖偏差。上市公司具有其固有的内在价值，但不同的估算方式会让投资者得出不同的结论，不同的人对同样信息的理解也各不相同，因而不可避免地出现不同程度的估值偏差。人们试图透过复杂的表现形式认清上市公司的本质，并对其作出准确的估算，但往往会不自主地受到表面现象的干扰，特别是当上市公司为了掩盖自身经营中存在的问题时，往往会进行一些“框定诱导”，即运用错综复杂的业务结构、频繁的购并活动和令人眼花缭乱的财务表现，来误导投资者对公司的判断。这种情况下，投资者要对公司的真实基本面作出正确的判断是非常困难的。

克服框定依赖偏差的办法，第一是深入的调查和分析，透过现象特别是错综复杂的表象去认清公司价值的本质，这需要投资者具备足够的知识、智慧并且投入足够的时间和精力；第二则是避免投资那些过于复杂和新颖的公司，那些公司即使没有在形式上进行框定诱导，也会因为经营活动过程过于复杂、业务过于超前、收购兼并活动过于频繁、扩张和业务发展过于快速等等原因，令企业经理人自身也难于驾驭和把握，其自身的认知不足也足以出现财务决策失误而导致公司价值的损害。为避免因此而带来的投资损失，最好的办法就是不去投资它。但要做到这一点需要投资者足够的判断力和控制力，因为这样的公司往往会以一种光辉灿烂的前景诱惑投资者的参与，而且代理问题（agency problem）的存在，也会促使机构投资者倾向于用魅力股的故事去打动他们的客户。

10.7.2 基于行为金融学的证券投资策略

证券市场上的各种异象以及非理性繁荣或恐慌，既反映了市场的非有效性，也为投资者提供了战胜市场的投资策略。行为金融实践家巴菲特、索罗斯、泰勒等利用市场运行的特点和投资者普遍的心理特征，各自有着独特的投资理念和投资策略，因此拥有了战胜市场的秘密武器。随着行为金融理论的发展，行为投资策略越来越为一些职业投资管理人所运用。具体而言，目前的行为投资策略主要有逆向投资策略、惯性投资策略、成本平均策略和时间分散策略、小盘股投资策略和集中投资策略等类型。

10.7.2.1 逆向投资策略与惯性投资策略

逆向投资策略（Contrarian investment strategy）就是利用市场上存在反转效应和赢者输者效应（winner - loser effect），买进过去表现差的股票而卖出过去表现好的股票来进行套利的投资方法。投资者在投资决策中，往往过分注重上市公司近期表现，并根据公司的近期表现对其未来进行预测，导致对公司近期业绩作出持续过度反应，形成对业绩较差公司股价的过分低估和对业绩较好公司股价的过分高估现象，这就为投资者利用逆向投资策略提供了套利的机会。

惯性投资策略（momentum investment strategy）是利用动量效应所表现的股票在一定时期内的价格粘性，预测价格的持续走势从而进行投资操作的策略。也就是买进开始上涨，并且由于价格粘性和人们对信息的反应速度比较慢，而预期将会在一定时期内持续上涨的股票，卖出已经开始下跌而由于同样的原因预期将会继续下跌的股票。

10.7.2.2 小盘股投资策略

小公司的存在比大公司高回报的现象，验证了小公司股票收益率在长期内优于市场平均水平，这就是所谓的规模效应。小盘股投资策略（Small company investment strategy）就是利用这种规模效应，对小盘股进行投资的一种策略。在使用该策略时，投资者找到具有投资价值的小盘股，当预期小盘股的实际价值与将来股票价格的变动有较大的差距时，可以考虑选择该种股票；先前被低估的小盘价值股一旦有利好消息传出时，市场上可能导致投资者对新信息反应过度，从而使股票价格大幅上涨。另外，由于小盘股流通盘较小，市场上投资者所犯系统性错误对其股价波动的影响更大，从而为掌握该种投资策略的投资者带来超额投资收益。

10.7.2.3 集中投资策略

选择少数几种可以在长期投资过程中产生高于平均收益的股票，或者说选择那些目前价值被低估，但具有长远发展前景的、具有投资价值的股票，然后将大部分资本集中在这些股票上，不管股市短期涨跌，坚持持股，直到这些股票的价值得到市场的发现，导致股价的回升，为投资者带来巨大的获利空间。

投资集中于价值被低估的投资策略之所以能够获得稳定的回报，主要有两个方面的原因：一是集中投资策略有助于减少投资者的认知偏差；二是该策略能够运用价值投资的理念而获利。

10.7.2.4 成本平均策略和时间分散策略

成本平均策略（dollar cost averaging strategy）是针对投资者的损失厌恶心理，建议投资者在将现金投资于股票时，按照预定的计划以不同的价格分批买进，以备不测时摊低成本，从而规避一次性投入可能造成较大风险的策略，分批投资可以使投资者投资成本得以平均化，而避免可能带来较高的损失。

时间分散化策略（time diversification strategy）是针对投资者的后悔厌恶心理，以及人们对股票投资的风险承受能力可能会随着年龄的增长而降低的特点，建议投资者在年轻时让股票占其资产组合较大的比例，而随着年龄的增长增加债券投资比例，同时逐步减少股票投资比例的投资策略。

10.7.3 证券投资过程中的偏差纠正措施

（1）避免跟风行为；
（2）避免过度交易；
（3）控制自身情绪；
（4）适时进行自我评估；
（5）合理规划自身的投资资产和投资目标；
（6）理性选择投资企业；
（7）选择合适的买卖时机；
（8）选择合理的止损点。

10.8 行为金融学研究的前沿动态

10.8.1 行为金融研究领域的扩展

在公司理财活动中，经理人受过度自信、过度乐观、从众行为等心理因素的影响，往往会出现过度投资、盲目并购扩张、恶性增资等非理性行为，这种有偏的决策会严重损害公司价值。由于决策者并非都能完全理性地按照理论中的模型去行动，因而我们需要重新审视“人”在理财活动中的重要地位，将人的行为因素纳入公司财务理论分析中。如融资决策的行为因素、投资决策的行为因素、并购决策的行为因素、股利分配决策的行为因素等等。

10.8.2 行为金融学研究方法的拓展

10.8.2.1 计算机模拟方法

在金融市场中的主体都具备自我调整和学习的能力，基于主体的计算模

型都将互动和学习纳入模拟基础知识中，并刻画出价格和市场信息的形成机理。虽然异质性主体这个概念并不是金融理论中的新生儿，建立基于主体的理性预期模型一直是金融研究的热点方向，但是为了更加贴近现实生活中的主体，计算机模拟的主体所处的环境往往设置得更加真实复杂，它们能对过去的表现进行调整。

10.8.2.2 实验室实验方法

实验方法逐渐被更多的金融学者所运用。与以往纯心理学实验不同的是，将金融情景引入实验室，为研究现实金融市场和契约环境提供可控环境，有效地解决了实证研究中代理变量和因素控制的难题。因此，实验方法被广泛用于对金融理论模型的检验和投资者现实心理和行为的考察。

10.8.2.3 实地实验方法

一方面加入金融情景的实验越来越普遍，而另一方面有不少研究者将目光跳出实验室实验，转向更贴近现实的实验方式比如实地实验来研究金融问题。传统的实验室实验由于在实验室环境之中，受试者非常清楚地意识到自己在做实验，可能存在某种暗示效应。这种暗示会影响受试者真实的决策，他们有可能帮助或者是阻碍实验人员，大大减弱了实验结果的真实性，而实地实验恰好弥补了这个缺点。

10.8.2.4 社会调查法

社会调查法是有目的、有计划、有系统地搜集有关研究对象社会现实状况或历史状况材料的方法。社会调查方法是研究性学习专题研究中常用的基本研究方法，它综合运用历史研究法、观察研究法等方法以及谈话、问卷、个案研究、测验或实验等科学方式，对有关社会现象进行有计划的、周密的、系统的了解，并对调查搜集到的大量资料进行分析、综合、比较、归纳，借以发现存在的问题，探索有关规律的研究方法。

10.8.3 行为金融学与其他学科的融合

10.8.3.1 与脑神经学的融合

在过去的 50 多年里，由于标准的理性人假设无法解释个人决策的非理性行为，一群综合了生物学（医学）、脑神经学和经济学的热情者开始向新的方向漂移，他们相信决定人的行为不仅仅是后天的社会性，更重要的是某种人类的机体物质在起作用，通过研究人在行为决策时的大脑活动，更深入理解人们在金融决策中的选择。比如：情感和风险会影响金融决策吗？风险会不会影响人们的判断？人究竟是如何面对不确定性？脑经济学家们对这些问题的研究成果，弥补标准理性人假设的非现实性缺陷，开创了经济学与金融学中的新领域——脑神经经济学，为行为金融研究提供大量的令人耳目一新的成果。

10.8.3.2 与社会学的融合

行为金融学的研究发生了一些微妙的改变，由过去的基于认知心理学的个体行为研究转向基于社会心理学的群体行为研究，因为金融市场参与主体不仅是“经济人”和“行为人”，同时也是“社会人”。在研究金融市场中的非理性行为时，社会经验和社会互动是两个核心的内容。

10.8.3.3 与边缘学科的融合

随着行为金融研究的不断深入，它与许多边缘学科如气象学、地理学、环境学等相融合，为解释金融市场中的各种现象，剖析其背后的形成机理，提供不同的研究角度。

本章小结

- 行为金融学是由心理学、行为科学及金融学交叉并结合而成，它是从人的观点来解释和研究投资者的决策行为以及它对资产定价影响的学科。行为金融学从心理学角度研究投资者行为和资产定价问题，冲破了标准金融理论的既有框架，解释了金融市场中存在的大量异象、投资者的非理性行为以及金融市场泡沫的产生、积聚和破裂。
- 行为金融学的理论基础：根据期望理论，行为投资者并非根据绝对收入规模，而是根据与初始参考点的收入或财富的比较来判断投资的收益与风险并进行决策的，在损失时投资者是风险偏好的，而在赢利时则是风险规避的，财富损失给投资者带来的痛苦比等量财富赢利带来的幸福要大（前者约为后者的 2.25 倍）。
- 行为金融学的投资行为，如有限理性、过度自信等，通过投资行为研究投资策略，行为金融理论对异常现象的解释：对于红利困惑，行为金融学运用“心理账户”、“不完善的自我控制”和“后悔厌恶”进行了分析；投资者依赖于过去的经验法则进行判断，并将这种判断外推至将来；行为金融认为，惯性效应产生的根源在于保守、锚定、过度自信和显著性所导致的一种启发式偏差——反应不足；但行为金融从心理的角度说明了赢者—输者效应和惯性效应存在的原因，但是其解释却遭到了标准金融支持者的反对，在他们看来这些现象的产生或是由于数据挖掘，或是来自风险弥补。

- 行为金融对市场中异常现象的投资策略：①反向投资策略；②动量交易策略；③成本平均策略；④时间分散化策略。

知识拓展

阅读材料：窥探索罗斯的投资艺术

“我的特长是我没有特定的投资风格……我并不按照既定的原则行事，但却留意游戏规则的改变。”

——乔治·索罗斯（George Soros）

1930年，在美国奥马哈市和匈牙利布达佩斯的两个犹太家庭中，分别诞生了一个男孩。在几十年之后，他们并肩成为令世界瞩目的两位投资大师。前一位被尊称为“股神”——沃伦·巴菲特，后一位是有“金融大鳄”之称的乔治·索罗斯。

与人们对巴菲特的普遍赞誉不同，对于索罗斯，大多数人的反应是贬多于褒。这个被称为“坏孩子”的国际大炒家，最成功的战绩就是狙击英镑及意大利里拉，令英、意两国被迫暂时退出欧洲货币系统；他亦曾两度突袭亚洲，掀起金融风暴。一将功成万骨枯，风暴过后，尸横遍野。因此，有人骂索罗斯是“魔鬼”，但在国际金融界也有不同的声音。德国德累斯顿本森银行亚洲区总经理罗威尔先生就认为：“我不是替索罗斯先生辩护，他的确很富有，但他的富有并不是靠赌博得来的。他总是对一种事物长期关注并认真分析研究，只有当他认准时才投下他的资金。所以当他出现于东南亚时，说明这里至少在某一方面已经很有问题了——从另一角度看，索罗斯的出现也许给这些国家带来了解决危机的办法。”

而索罗斯的自我评价是：“我是一个慈善的、哲学的金融推理者。”他在美国国会听证时明确地说，他的所作所为“只是把资产价格的泡沫戳了一个洞”，“是对金融市场的一次很必要的修正”，他这么做是使市场情况变得更健康。

一、反射理论

索罗斯的核心投资理论就是所谓“反射理论”。简单来说，反射理论是指投资者与市场之间的一个互动影响。索罗斯认为，金融市场与投资者的关系是：投资者根据掌握的资讯和对市场的了解，来预期市场走势并据此行动，而其行动事实上也反过来影响、改变了市场原来可能出现的走势，二者不断地相互影响。因此根本不可能有人掌握到完整资讯，再加上投资者同时会因个别问题影响到其认知，令其对市场产生“偏见”。

在索罗斯看来，投资大众的“偏见”正是金融市场动力的关键所在，因为投资者持“偏见”进入市场，而这种错误的行为又会影响市场看法及走势，构成索罗斯所谓的“流行偏见”。当“流行偏见”只属小众的时候，其影响力尚小，但不同投资者的偏见在互动中产生群体影响力，则将会演变成具有主导地位的观念，这就是索罗斯所谓的“羊群效应”。

当认知和真实的差距很大时，形势往往失去控制。索罗斯得出结论：“这种过程刚开始能自我强化却无法持久，因此最后必然反转。”盛极必衰、否极泰来，狂涨带来狂跌，狂跌酝酿着狂升，索罗斯便捕捉市场大起大落间的时机，每次都抢先一步带动投资者行为，为自己创造赚钱的机会。

索罗斯投资成功的关键在于认清在哪个时点，市场开始靠自己的动能壮大，这样的时点找出之后，投资人便知道连续涨跌不停的走势即将开始或者正在进行。索罗斯认为，连续涨跌不停的走势具有以下主要步骤：

（1）趋势还没有被确认；

（2）等到趋势已被确认，趋势往往会被强化，于是开始了自我强化的过程。流行的趋势与流行的偏见彼此强化，趋势仰赖于偏见，偏见会变强并愈来愈夸大，此时远离均衡状况便出现；

（3）市场走向经得起考验：偏见和趋势可能经得起各种外部冲击反复的考验；

（4）当偏见和趋势受到冲击后存留下来，便是“无可动摇”，索罗斯称之为“加速期”；

（5）信念与真实之间的背离很大时，是认清真相的时刻；

（6）最后形成自我强化的连续涨跌走势，情况开始逆转。

当信念不再强化趋势，整个过程就开始迟滞不前，失去信念会使趋势反转，而且这个过程会达到索罗斯所说的交叉点。于是市场往相反方向前进，就会出现索罗斯所称的灾难性的大涨或大跌。

索罗斯在实践中被认为是逆向操作者，但承认他与大众为敌时总是小心翼翼。虽然大部分时间他会跟着趋势走，但却一直在寻找趋势的转折点，唯有此时与大众为敌才有意义。

他的操作方法通常是：先形成一个假设，建立了仓位去测试这个假设，然后等市场证明这个假设的对或错。

二、森林法则

索罗斯的投资方式与其他投资大师非常不同，他没有严格的原则或规律可循。索罗斯善于察觉混乱状态，更像是一条蛰伏于森林湖泊旁等待猎物出现的巨鳄一样，等待正确的时机，然后奋力一击，像鳄鱼扑向猎物一般把握机会。

1. 耐心等待时机出现

投资者通常都是按照股票的基本面或者既有盈利来决定投资，但对索罗斯来说，这无疑是反应缓慢的过去式。他的做法是知微见著，一叶知秋，按现状的一些蛛丝马迹，去分析行将出现的未来转变；按预测来部署进攻策略，然后再静心等候捕杀的一刻。就像鳄鱼看见树旁的风吹草动，而预知将有兔子在某一个角落跳出来，因而在那附近等候一样。

索罗斯能从世界金融领袖的公开声明以及这些领袖所作的决定中，察觉出趋势、动向和节奏。索罗斯比大部分人更了解全球经济的因果关系，也就是A发生、B决定随之而来，再下来则是C。

研究、暂停、深思熟虑。索罗斯认为，整场游戏往往是长时期的战斗，因为利率和汇率变动的效果需要时间才能显现，因此需要很大耐性。索罗斯认为：“要成功，你需要休闲娱乐，你需要一段时间，紧紧缠住你的双手。”

2. 进攻时须狠，而且须全力而为

索罗斯是少数的风险大师。他所讲究的风险，不是如何循序渐进地一边保住既有利益一边赚取微利，而是如何用尽手头上每一个筹码，在大赚与大蚀的极端中取得平衡。

索罗斯认为进攻必须果断，不要“小心翼翼”地赚小钱，除非不出手，看准时机的话，必须要赚尽。索罗斯认为投资人所能犯的最大错误不是大胆，而是太过保守。

当这个时机出现时，他有胆量拿出所有身家下注，甚至循环抵押借贷以得到更多筹码，因为他认为，若有信心必涨，为什么投资得那么少？若没信心出击，就根本不应下注！在 1992 年的狙击英镑之役中，其手下大将史坦原本拟建立 30 亿美元或 40 亿美元的英镑空仓，而索罗斯的答案是：“你这样也算仓位？”于是提高至 100 亿美元。

3. 事情不如所料时，保命是第一考虑

索罗斯擅长绝处求生，懂得何时放弃。求生是投资者的一个重要策略。他投资成功的关键不仅在于懂得何时看对股票，而且还在于承认自己何时犯错。有时他的行动看起来像最嫩的新手，卖到低点买到高点。但是索罗斯的信念是：能在另一天卷土重来投入战斗。他说：“我不相信有一天醒来时已经破产。”索罗斯在做错时能及时止损离场，为的是：放弃战斗活下来，好在另一天再上战场。索罗斯止损退场要承受巨大的亏损，但是如果不及时止损，会赔得更多。

索罗斯了解自己建立的投资仓位可能有错，这虽令他失去安全感，但也使他提高警觉随时准备改正。这是由于索罗斯的哲学理念接受不完美是人性的一部分，所以对失败或犯错不抱负面态度。他指出：做错事不丢脸，错误变得明显时不去矫正才丢脸。他常以此自夸，不在于他常常做对，而在于他比其他多数人更善于发现自己何时做错。

如果市场变化和他期待发生的事不合，他便知道自己犯了错，但他会进一步探索找出自己什么地方算错了。一旦他认为自己知道答案，便有可能被迫修正原来的判断，或者完全舍弃，但他不喜欢只因环境变化而改变判断。索罗斯从父亲身上学到的主要教训是：冒险没有关系，但冒险时不要拿全部家当赌下去。索罗斯说：千万别赌整个家当，但有钱可赚时也不要呆在一旁。

三、双杀对冲

索罗斯凭对冲基金闻名。对冲基金（Hedge Fund），本来是指投资者为避免蒙受不确定的风险，故同时做多或做空期货以抵消风险并赚取差价。不过，这种避险式的投资方式，渐渐发展成一种两面下注的超级豪赌。

索罗斯采取的是主动式双杀（Double Play）。比如，索罗斯要他的助手从行业中挑出最好的公司，做多这支股票。另外投资一家业内最差的、负债沉重、财务报表很差的公司，这种股票如果咸鱼翻身可以翻很多倍，索罗斯会同时买进这两支股票。事实上，这种方法使索罗斯获得了很大的成功。与索罗斯同龄的巴菲特不玩杠杆交易，他是纯粹用现金的投资人。而索罗斯则是杠杆玩家，他有一套基本的财务控制方法，并确保自己的钱多于杠杆融资必需的资金。

四、链接：索罗斯三大经典战役

索罗斯前半生低调，但踏入20世纪90年代却频频有惊世之举。1992年的英镑之战、1997年的亚洲金融风暴与1998年香港官鳄大战，这三场战役令索罗斯尽人皆知，并为他赢得了“历史上最伟大的投机者”、“国际金融大鳄”等等毁誉参半的称号。

不过，东南亚之役的全胜，也许令索罗斯太过自信了，以致低估了俄罗斯的债务黑洞，俄罗斯金融危机令量子基金重创20亿美元。而接下来的2000年网络科技泡沫，索罗斯与史坦虽然估中了泡沫必然破灭，但却错估了时间，结果又狠狠地赔了一大笔，大将史坦及部分高层引咎辞职，索罗斯亦唯有重出江湖，重组公司。

生意阑珊的索罗斯公开承认自己已失去对金融走势的洞察力，而自己对金融市场的影响力也将消退。他在接受英国广播公司访问时表示：“我已经不想再刷新纪录，只对如何保障以前累积下来的资本感兴趣。我老了，得保守一点才行。我就像一个上了年纪的拳击手，不应再回到拳击场。”2000年4月28日，70岁的索罗斯举行记者招待会，表示以后不再从事股汇市场的豪赌活动，改奉行保守安全的投资策略。

（北京财智工作室王婉丁、钱经）

【本章阅读文献】

[1] 饶育蕾：《行为金融学》（第二版），复旦大学出版社2005年版。

[2] 科林·凯莫勒：《行为博弈——对策略互动的实验研究》，中国人

民大学出版社 2006 年版。

[3] 安德瑞·史莱佛:《并非有效的市场——行为金融学导论》,中国人民大学出版社 2003 年版。

[4] 赫什·舍夫林:《行为公司金融:创造价值的决策》,中国人民大学出版社 2007 年版。

[5] Richard. H. Thaler, *Advances in Behavioural Finance*, Russel Sage Foundation 1993 edition.

[6] James Mortier. *Behavioural Finance.* John wiley&Sons, ltd. 2004.

[7] James Montier, *Behavioural Investing: a Practitioner's Guide to Applying Behavioural Finance*, John Wiley & Sons, Inc. . 2007.

[8] K Daniel, D Hirshleifer, A Subrahmanyam. Investor psychology and security market under - and overreactions. *Journal of Finance*, Vol. 53, No. 6, pp. 1839 - 1885, December 1998.

[9] 刘力、张峥、熊德华、张圣平:"行为金融学与心理学",《心理科学进展》,2003 年第 3 期。

【生生合作项目】

本章生生合作项目安排:

行为金融与投资的文献综述

任务布置时间: 第十五周

生生合作讨论时间: 第十六周

目的: 通过本章的学习,学生应该对传统金融理论的发展脉络进行初步了解,并认识其存在的局限性;通过心理学实验的实施,了解人类投资决策过程中的心理和行为偏差,以及对金融市场的影响;通过案例分析和讨论,熟悉金融市场的实际运行状况;掌握基于行为金融理论的投资策略。

课前要求:

1. 通过本次讨论,使学生对所选调研主题的国内外研究现状有比较深入的了解,通过讨论学习前人的思想、观点与研究方法,提出自己的研究思路和框架，在此基础上着手编写综述论文。

2. 对所选内容写一篇两页纸的分析和 PPT 演示稿。在分析中，要求：

每组同学结合小组选定的调研主题，用一周的时间查阅与调研主题直接相关的二手资料 10—20 篇，进行详细阅读和评述分析，课堂汇报相关文献对生生合作小组选题的指导作用。

3. 确立各个角色：在生生合作互助中起积极作用的角色，比如观点提出者、检查者、准确性验证和详述人。

项目实施方案和流程：

（1）学生被分配到生生合作小组中。每个人单独写一篇与行为金融与投资领域相关内容的研究综述。

（2）每个成员向小组汇报他准备如何去写。基层小组成员仔细听取，提出一些问题，并列在纸上交给汇报的成员。每一个成员都要如此进行。

（3）学生单独寻找写论文所需的研究文章，同时也留意一下对小组中其他组员有用的资料。

（4）基层小组的成员一起合作写出每个研究论文，但合作的工作量必须是单独写论文字数的 2—3 倍。

（5）完成后，学生互相校正论文，纠正其中的拼写、字母大写、语法、语句的使用等方面的错误，并就如何更好地组织文章以及改善文章的其他地方提出建议。

（6）学生根据这些建议重新修改论文。

（7）基层小组成员重新互相阅读论文并签上他们的姓名（表明他们保证这篇论文的高质量），填在表 10 - 7 中。

➢ 我们理解课文和讲课中的基础概念、理论和研究。

➢ 我们了解课文和讲课中讨论的主要理论家和研究者。

➢ 我们能将理论和研究结果运用到实际情况中。

➢ 我们能将一个研究问题概念化，并设计出一个研究来检验我们的设想。

➢ 我们已经提交了我们选择的问题以及我们小组形成的对此问题的答案的简要总结。

表 10－7

姓名	了解课堂的理论及其研究者	签名	日期

课堂讨论的主要环节：

1. 向生生合作小组成员准确地解释你的所学、对课程内容的理解和结论。学生要认真地学习，能准确地将这些内容表述出来。

2. 当别人讲述时，要仔细听，解释一下从他们身上所学的与以往自己所学的知识是怎样连贯一致的，并向他们致谢。

3. 其他组同学监督学生的行为。看看他们是否知道分配的任务、步骤和资料。

4. 老师提供帮助：学生对学术性的资料感到棘手，老师可以帮助他们理清、重新说明或详细阐述他们要知道的内容。

内容和格式要求：

本次讨论课后，小组完成项目分析的 Word 和 PPT，第四周网上/书面（根据教学条件和教师要求）提交。

Word 版的格式要求：宋体小四号字，1.25 倍行距，A4 纸排版。网上提交文件请按以下方式命名：例如，“金融 082（2—10）”，意思是“金融学专业 082 班第二组的第十次作业”。请按照此格式网上提交作业，以利于教师对作业进行评阅和对小组进行指导。

思考与练习

一、名词解释

1. 股票的规模效应

2. 框定依赖

3. 事后聪明偏差

4. 羊群行为

5. 惯性投资策略

二、简答题

1. 行为金融与标准金融的具体差异表现在哪些方面？

2. 实验经济学对于经济学研究的意义是什么？

3. 传统经济学中理性人的假设是什么？行为金融学如何对其进行了修正？

4. 请举例说明人类心理和行为会对证券价格的影响。

5. 人类历史上曾出现过郁金香泡沫、南海泡沫是否与人类的某些心理或行为特征有关系，谈谈你的看法。

6. 比较标准金融和行为金融理论对封闭式基金折价之谜的解释。

7. 描述一个你知道的证券市场异象，为什么会出现？谈谈自己的观点。

8. 我国的股票市场中，股票的价格与基础价值相关吗？请收集数据予以说明。

9. 为什么股票的收益率会高于无风险证券的收益率呢？

10. 过度自信能够对过度交易进行解释吗？谈谈你的看法。

11. 导致羊群行为产生的原因有哪些？

12. 假如你作为一名投资者，你会出现本土偏差吗？为什么？

13. 试用行为金融学的观点解释“恶性增资”现象。

14. 市场中泡沫产生时会表现出哪些非理性的特征？

15. 你认为造成心理情绪周期波动的原因可能有哪些？

16. 描述证券市场上的情绪周期。

17. 羊群行为是一种理性行为还是非理性行为？为什么？如何避免羊群行为现象的产生？

18. 请举例说明我国金融市场的羊群行为。

19. 试用前景理论解释现实生活中的某一现象。

20. 简述技术分析的意义及局限性。基本分析存在的局限有哪些？

21. 前景理论在现实困境中遇到了什么困境？

22. 目前行为金融学的方法有哪些拓展？

23. 你认为行为金融学存在缺陷吗？如果有，是哪些方面？

24. 你认为行为金融学未来将向哪些方面发展？

三、案例分析

1. 我国的A股和H股的差价

A股与H股价差，是指同一家中国上市公司的A股和H股存在不同价格的现象。在2006年以来的一轮牛市中，自2007年5月印花税调整股票市场经历了大跌之后，A股市场在2007年6月再度大幅上涨，上证指数创下了6100多点的历史新高，而香港恒生指数也创下了21900多点的新高，但是，在两地上市的我国公司在现阶段基本出现了该公司H股价格远低于与A股的现象，而在2008年金融危机之后，A股和H股指数都呈现了不同程度的变化，而不同的股票的A股和H股在不同的时间，却出现了不同的差价（表10－8）。

表10－8

股票名称	收盘日期：2007.11.20		收盘日期：2008.6.16		收盘日期：2009.5.27	
	收盘A股价格（人民币元）	收盘H股价格（港币元）	收盘A股价格（人民币元）	收盘H股价格（港币元）	收盘A股价格（人民币元）	收盘H股价格（港币元）
海螺水泥	70.41	66.35	48.97	60.30	41.53	55.60
中国平安	118.32	88.15	49.94	59.40	39.61	53.75
招商银行	39.23	33.25	24.22	25.70	16.86	15.82
中海发展	31.52	19.72	20.63	22.15	13.20	11.46

问题：

（1）A股与H股的价差能说明内地和香港市场中有一个市场不是有效的吗？为什么？

（2）结合本章所学内容，你认为导致A、H股价差的原因有哪些？

2. 金经理是否存在羊群行为？

自1992年11月中国人民银行批准成立第一只规范的国内基金“淄博基金”开始，在短短的十几年中中国的基金业获得迅猛发展，成为股票市场的主要参与主题之一。基金也为中小投资者拓宽了投资渠道，传统观点认为，以散户为主的投资者结构是中国股市波动剧烈的主要原因，而中国基金业在政策的保护下迅速成长为投资市场的主力后却没有起到稳定股市的作用，反而引起中国股市在短时间内暴涨暴跌。导致基金作为机构投资者所具有的稳定市场的传统功能的丧失的主要原因在于众多投资基金相互模仿，对同种或同类证券采取相同的投资交易策略，主要体现为基金持股的以下两个特征：

（1）重仓股高度重叠。从沪深两市2008年度基金所持有的重仓股情况来看，招商银行、中国平安有上百只基金重仓买入，由五十只以上基金共同持有的股票达到十只以上（表10－9）。

表10－9 基金重仓股的基金覆盖面情况

序号	股票代码	股票名称	基金覆盖面（只）	持股总数（万股）	持股总市值（万元）	占该股流通市值比例%
1	600036	招商银行	138.00	234496.90	2851482.32	32.36
2	601318	中国平安	105.00	63814.09	1696816.70	16.25
3	600519	贵州茅台	98.00	19806.76	2152995.29	43.52
4	600030	中信证券	92.00	86406.69	1552728.21	13.15
5	600000	浦发银行	92.00	117812.72	1561966.08	23.52
6	002024	苏宁电器	74.00	93265.40	1670383.23	42.37
7	000002	万科A	73.00	187610.34	1210086.72	19.93
8	601186	中国铁建	72.00	84597.52	849359.14	34.53
9	600089	特变电工	68.00	45465.60	1085718.46	47.63
10	601398	工商银行	53.00	236256.76	836348.95	15.80

（2）追涨杀跌。在我国的证券市场上，明显地存在着股指顶峰时基金持仓增加，谷底时基金持仓减少的现象（表10－10）。这相当典型地反映出众多基金公司具有未经深思熟虑受其他投资者采取某种投资策略的影响而采取相同的投资策略，即盲目跟从的倾向。

表 10－10 基金持仓量与上证指数的关系

年份	2007（上）	2007（下）	2008（上）	2008（下）
上证指数（月均值）	3637.71	5221.71	3677.87	2147.94
基金持仓量（%）	72.045	56.065	60.519	21.294

问题：

（1）说明我国基金业中的特点及存在什么现象，这种现象是由于什么原因引起的？

（2）可以采取哪些措施避免上述现象的产生？

参 考 文 献

[1] Z. Bodie, A. Kane, A. J. Marcus: *Investments*, 4th Edition [M]. McGraw - Hill Companies, Inc. , 1999.

[2] Gregory Connor, Rober A. Korajczyk. Risk and return in an equilibrium APT: application of a new test methodology [J]. *Journal of Financial Economics*, 1988, 21: 255 - 290.

[3] Ross, S. A. Return, Risk and Arbitrage. In Friend and Bicksler, eds. , *Risk and Return in Finance* [M]. New York: Heath Lexington, 1974.

[4] Ross. S. A. The Arbitrage Theory of Asset Pricing [J]. *Journal of Economic Theory*. December, 1976.

[5] Fama E, French K. Dividend yields and expected stock returns [J]. *Journal of Financial Economics*, 1988, 22: 255 - 290.

[6] Roll R, Ross S. Economic forces and the stock market [J]. *Journal of Business*, 1986, 59: 383 - 403.

[7] Lehmann B, Modestd. The empirical foundations of the arbitrage pricing theory [J]. *Journal of Financial Economics*, 1988, 21: 213 - 254.

[8] Fama E, French K. Multifactor explanations of asset pricing anomalies [J]. *Journal of Finance*, 1996, 51: 55 ~ 84.

[9] Fama, Eugene F. and James D. MacBeth. Risk return, and equilibrium: Empirical tests [J]. *Journal of Political Economy*, 1973, 71: 607 - 636.

[10] Jobson, J. D. A multivariate linear regression test for the arbitrage pricing theory [J]. *Journal of Finance*, 1982, 37: 1037 - 1042.

[11] Shanken, Jay. Multivariate tests of the zero - beta CAPM [J]. *Journal of Financial Economics*, 1985, 14: 327 - 348.

[12] Shanken, Jay. Multi - beta CAPM or equilibrium APT: A reply [J]. *Journal of Finance*, 1985, 40: 1189 - 1196.

[13] Ross, Stephen A. The arbitrage theory of capital asset pricing [J]. *Journal of Economic Theory*, 1976, 13: 341 - 360.

[14] Theil, Henri. *Principles of Econometrics* [M]. Wiley, NewYork, NY, 1971.

[15] Roll, R., and S. Ross. The Arbitrage Pricing Theory Approach to Strategic Portfolio Planning [J]. *Financial Analysis Journal*, May/June, 1984.

[16] Roll, R. Style Return Differentials: Illusions, Risk Premia, or Investment Opportunities. In Fabozzi (ed.), *Handbook of Equity Style Management*. New Hope, PA: Frank Fabozzi Associates, 1995.

[17] Tufano, Peter. How Financial Engineering Can Advance Corporate Strategy [J]. *Harvard Business Review*, January - February, 1966.

[18] Minton, Bernadette A. An Empirical Examination of Basic Valuation Models for PlainVanilla U. S. Interest Rate Swaps [J]. *Journal of Financial Economics*, 44, Winter, 1997.

[19] 杨海明、王燕著:《投资学》, 上海人民出版社 1998 年版。

[20] 兹维·博迪等著, 陈雨露等译:《投资学精要》, 中国人民大学出版社和北京大学出版社 2003 年版。

[21] 刘红忠主编:《投资学》, 高等教育出版社 2003 年版。

[22] 杨大楷主编:《中级投资学》, 上海财经大学出版社 2004 年版。

[23] 威廉·夏普著:《投资学》, 中国人民大学出版社 1998 年版。

[24] 孙君敏、王频: "基于因子分析的套利定价模型及实证研究",《财贸研究》, 2007 年第 1 期。

[25] 余锦华、杨维权:《多元统计分析与应用》, 中山大学出版社 2005 年版。

[26] 马永开、唐小我: "不允许卖空的多因素证券组合投资决策模型",《系统工程理论与实践》, 2000 年第 2 期。

[27] 东朝晖: "对套利定价理论及应用的认识",《数量经济技术经济研究》, 2003 年第 5 期。

[28] 牛庆莲、张霞、杨月巧: "套利定价理论及应用",《山西财经大

学学报》，2002 年第 1 期。

[29] 张妍："套利定价理论在中国上海股市的经验检验"，《世界经济》，2000 年第 10 期。

[30] 韩德宗、朱晋：《证券投资学原理》，机械工业出版社 2008 年版。

[31] 朱顺泉：《投资学原理与应用》，清华大学出版社 2006 年版。

[32] 杨桂元、唐小我："组合证券投资决策模型研究"，《数量经济技术经济研究》，2001 年第 2 期。

[33] 唐小我、曹长修："组合证券投资有效边界的研究"，《预测》，1993 年第 4 期。

[34] 国涓："组合证券投资理论发展与统计方法的应用"，《财经问题研究》，2000 年第 10 期。

[35] 曹兴、邬陈锋、彭耿："基金经理激励：关于委托投资组合管理研究的评述"，《中南大学学报》（社会科学版），2010 年第 1 期。

[36] 侯振海："论我国海外证券投资的重要性及其投资组合管理"，《中国证券市场导报》，2008 年第 8 期。

[37] 陈浪南、屈文洲："资本资产定价模型的实证研究"，《经济研究》，2000 年第 4 期。

[38] 马静如："资本资产定价模型与深圳股票市场的实证研究"，《南开经济研究》，2001 年第 3 期。

[39] 程昆："外汇投资组合管理实践"，《农村金融研究》，2006 年第 5 期。

[40] 王婧彬："我国积极配置型基金积极组合管理能力研究"，《中国证券期货》，2010 年第 3 期。

[41] 曹凤岐、刘力、姚长辉：《证券投资学》，北京大学出版社 2000 年版。

[42] 王敏："家庭金融资产投资组合管理"，《世界经济情况》，2009 年第 5 期。

[43] 马夏冰："试论不同投资者实施投资组合管理的策略选择——包括博弈论与市场有效性的多角度解释"，《技术经济与管理研究》，2002 年第 5 期。

[44] 吴晓求：《证券投资学》，中国人民大学出版社 2009 年第 2 期。

[45] 赵锡军:《证券投资学》，中国人民大学出版社 2008 年第 11 期。

[46] 刘婵:《投资学》，中山大学出版社 2008 年版。

[47] 李春杰:《投资学》，哈尔滨工程大学出版社 2008 年版。

[48] 杨朝军:《证券投资分析》，上海人民出版社 2007 年版。

[49] 潘席龙:《固定收益证券分析》，西南财经大学出版社 2007 年版。

[50] 梅世云:《债券市场》，中国金融出版社 2008 年版。

[51] 潘君瑜：“金融危机背景下开放我国地方债券市场可行性探究”，《中国国情国力》，2010 年第 1 期。

[52] 孙爱丽、冯郁芬：“发展债券市场，完善中国资本市场”，《上海经济研究》，2009 年第 2 期。

[53] 何德旭、田红勤、陈林：“发展信用债券市场，提高直接融资比重”，《金融理论与实践》，2008 年第 1 期。

[54] 唐衍伟、陈刚:《股票指数衍生工具》，科学出版社 2009 年版。

[55]（美）罗伯特·E. 惠利著，胡金焱等译:《衍生工具》，机械工业出版社 2010 年版。

[56]（英）汉斯－皮特·多伊奇著，何瑛等译:《金融衍生工具与内部模型》，经济管理出版社 2009 年版。

[57] 张元萍:《金融衍生工具教程》（第二版），首都经济贸易大学出版社 2007 年版。

[58] 汪昌云:《金融衍生工具》，中国人民大学出版社 2009 年版。

[59] 周复之:《金融工程》，清华大学出版社 2008 年版。

[60] 张屹山:《金融衍生证券理论与实务》，经济科学出版社 2007 年版。

[61]（加）赫尔（Hull，j. C.）著，张陶伟译:《期货期权入门》，中国人民大学出版社 2001 年版。

[62] 魏明、王琼：“信用衍生品对我国信用风险管理的作用及其实施策略”，《管理世界》，2003 年第 10 期。

[63] 高晶：“浅析我国金融创新”，《黑龙江对外经贸》，2004 年第 6 期。

[64] 于辉：“对我国金融创新的理性思考”，《经济纵横》，2004 年第 7 期。

[65] 陈启红："基于次贷危机的信用衍生工具创新研究"，《金融经济》，2009 年第 2 期。

[66] 雷良海：《公司金融》，格致出版社 2009 年版。

后　记

本书是我们多年来专门在《投资学》、《投资组合管理》、《金融工程》、《证券投资学》、《衍生金融产品》等课程教学的实践、课程改革研究和资料积累的基础上，经过近两年来的修改整理完善才得以完成的。在完成该书的过程中，得到了浙江万里学院各级领导、同事、金融系学生等的帮助和支持，他们提供的相应的资料对提高本书的质量起到了很重要的作用。在此表示感谢！

写作过程中得到了单位领导和同事的帮助，他们提供了很好的建议和经费的保障；也感谢各位编者的家人对本书的支持和理解！

编　者

2011 年 2 月